Derek McKay Prinz Eugen von Savoyen

Derek McKay

PRINZ EUGEN VON SAVOYEN

Feldherr dreier Kaiser

Verlag Styria

Titel des englischen Originals: Prince Eugene of Savoy; Thames and Hudson LTD.
Ins Deutsche übertragen von Gerald und Uta Szyszkowitz.

Sämtliche in diesem Buch verwendeten Abbildungen wurden aus dem Bildarchiv der Österreichischen Nationalbibliothek, Wien, genommen.
Für den Schutzumschlag wurde ein Brustbild Prinz Eugens verwendet (um 1700, unbekannter Meister), das sich im Besitz des Kunsthistorischen Museums, Wien, befindet und derzeit als Ausstattungsbild für das Bundesministerium für Finanzen, Wien (ehemaliges Winterpalais Prinz Eugens in der Himmelpfortgasse), dient.

CIP-Kurztitelaufnahme der Deutschen Bibliothek

McKay, Derek
Prinz Eugen von Savoyen : Feldherr dreier Kaiser / Derek McKay. Aus d. Engl. von Gerald u. Uta Szyszkowitz. —
Graz, Wien, Köln : Verlag Styria, 1979
ISBN 3-222-11218-5

1979 Verlag Styria Graz Wien Köln
Alle Rechte vorbehalten
Printed in Austria
Umschlaggestaltung: Christoph Albrecht
Gesamtherstellung:
Druck- und Verlagshaus Styria, Graz
ISBN 3-222-11218-5

Inhalt

Ein Prinz von Savoyen .. 7
Leopold I. und sein Reich .. 12
Die Befreiung Ungarns .. 19
Krieg in Savoyen .. 28
Zenta .. 39
Zwei Jahre Frieden .. 46
Der Ausbruch des Spanischen Erbfolgekrieges .. 56
Präsident des Hofkriegsrates .. 64
Blindheim .. 73
Die Thronbesteigung Josefs I. .. 84
Turin und Toulon .. 92
Die Eroberung der südlichen Niederlande .. 102
Der verspielte Friede und Malplaquet .. 112
Patt in den Niederlanden und Tod Kaiser Josefs .. 121
Denain und Rastatt .. 128
Karl VI. und seine Minister .. 138
Ein neuer Krieg mit den Türken .. 147
Krieg in Sizilien und die Kabale gegen Eugen .. 158
Statthalter der Niederlande .. 168
Eugen als Kunstmäzen .. 175
Eugen und seine Freunde .. 185
Kalter Krieg in Europa .. 193
Der zweite Vertrag von Wien und Fleurys Rache .. 205
Eugen und die österreichische Armee .. 212
Der Polnische Erbfolgekrieg und Eugens Tod .. 220

Nachwort .. 228
Anmerkungen .. 232
Bibliographie .. 252
Zeittafel .. 257
Personenregister .. 260

Ein Prinz von Savoyen

Im August 1683 wartete Kaiser Leopold I. mit seiner Familie und seinem Hof in Passau an der Donau auf ein Wunder. Wien, die Hauptstadt der habsburgischen Monarchie und das Zentrum des Heiligen Römischen Reiches, war von Kara Mustafa, dem türkischen Großwesir, und seiner 90.000 Mann starken Belagerungsarmee von der christlichen Welt abgeschnitten worden. Zwischen Passau und Wien verbreiteten Reiterschaften der Tataren Angst und Schrecken. Von ihren Verwüstungen konnte sich Niederösterreich jahrzehntelang nicht mehr erholen, und auch der türkischen Armee fehlte es während ihrer Belagerung an Nahrungsmitteln.

Der kaiserliche Hof und die meisten wohlhabenden Bewohner der Stadt hatten vor einem Monat Hals über Kopf die Hauptstadt verlassen; denn Leopolds Feldarmee unter Karl von Lothringen war es nicht gelungen, die riesige türkische Armee auf ihrem Vormarsch von Ungarn nach Wien aufzuhalten. Nun aber schien es sehr unwahrscheinlich, daß der Kaiser die Stadt mit ihrer kleinen Garnison aus eigener Kraft würde wieder befreien können. Seine Hauptstadt war nur durch Hilfe von außen zu retten.

Wien hielt während der heißen Sommermonate den Sturmangriffen der Türken tapfer stand, während von Polen, den habsburgischen Erbländern und den deutschen Staaten eine Entsatzarmee aufgestellt wurde. Zum Glück für die Kaiserlichen erwies sich Kara Mustafas Artillerie als schwach. Und er unternahm wenig, um zu verhindern, daß der polnische König Johann III. Sobieski und der Kurfürst von Bayern, Maximilian Emanuel, ihre Truppen mit den Truppen Karls von Lothringen Anfang September vereinigten. Die nun vereinigte christliche Armee konnte ungehindert eine günstige Position auf dem Kahlenberg über Wien einnehmen.

Am 12. September griff das christliche Heer das Lager der Moslems in der Ebene an. Die Türken wurden überlistet und niedergeschossen: Kara Mustafa hatte nicht nur keine Vorsichtsmaßregeln gegen einen eventuellen Angriff getroffen, er beging auch den schweren Fehler, die Belagerung nicht rechtzeitig aufzugeben, sondern versuchte, den Feind allein mit seiner Kavallerie zu schlagen. Die Schlacht, die bis zum Abend andauerte, endete mit der totalen Niederlage der Türken und ihrer Flucht nach Ungarn. Sie wurden nicht verfolgt, aber Kara Mustafas Armee hatte nur ein Ziel, nämlich heimzukehren. Der Großwesir selber sollte nur bis Belgrad kommen. Hier erreichte ihn die seidene Schnur, die der Sultan ihm nach den ersten Nachrichten von der Niederlage geschickt hatte, und er wurde feierlich erdrosselt.

Wiens Notlage hatte das Gewissen der europäischen Katholiken und Protestanten wachgerüttelt. Geld und Freiwillige strömten von überall her zusammen. Nur Ludwig XIV. stand abseits. Aber mehrere Mitglieder des französischen Hochadels kämpften aus eigenem Antrieb in der Schlacht zur Rettung Wiens mit. Unter ihnen war Prinz Eugen von Savoyen.

Eugen war am 18. Oktober 1663 in Paris geboren worden. Zwar war er ein Untertan des französischen Königs, aber seine Eltern stammten beide von italienischen Familien ab. Seine Mutter, Olympia Mancini, war eine der drei Nichten, die Kardinal Mazarin ins Pariser Leben eingeführt hatte und die alle drei den heranwachsenden Ludwig XIV. bezaubern sollten. Bald übertrumpfte Olympia alle ihre Rivalinnen in der Zahl ihrer Liebesaffären und Hofintrigen. Ludwig scheint ihr bis 1680 seine Gunst gewährt zu haben. Als er allerdings entdeckte, daß sie sich mit Zaubereien und Giftmischereien befaßte, mußte sie die Flucht aus Paris und Frankreich antreten. Den Rest ihres Lebens verbrachte sie als Bittstellerin und Intrigantin in Brüssel und Madrid und starb 1708 in Brüssel.

Olympias Mann, Eugen Maurice, Prinz von Savoyen-Carignan und Herzog von Soissons, gehörte zu einer Nebenlinie der regierenden Herzöge von Savoyen. Er war ein tapferer Offizier der französischen Armee, stand aber ganz im Schatten seiner Frau und ertrug alle ihre Intrigen geduldig und loyal bis zu seinem frühen Tod im Sommer 1673. Sein Einfluß auf die Kinder war nur gering gewesen.

Das Ehepaar besaß fünf Söhne und zwei Töchter: Eugen Franz (Eugène François) war der jüngste Sohn. Weder Vater noch Mutter verbrachten viel Zeit mit den Kindern. Eine gewisse Stabilität brachte die französische Großmutter väterlicherseits ins Haus, Marie, Prinzessin von Bourbon-Soissons. Ihrer festen Führung wurde auch die Erziehung des sechzehnjährigen Eugen und seiner zwei Schwestern anvertraut, als die Mutter mit dem wenigen Geld, das der Familie geblieben war, aus Frankreich geflohen war. Auch Maries Tochter, Markgräfin Luise von Baden und Mutter von Eugens Vetter und späterem Freund und Mentor in der kaiserlichen Armee, dem Prinzen Ludwig von Baden, war ein zuverlässiger Faktor in der Familie.

Als dem jüngsten Sohn eines Fürsten stand Eugen nur die kirchliche oder militärische Laufbahn offen. Seine Großmutter war für die erstere. So bekam er eine Tonsur und war bald als der Abbé de Savoie bekannt. Wir wissen nur wenig von dem Leben des jungen Abbé in Paris bis 1683 und sind auf die bissigen Bemerkungen der Herzogin von Orléans angewiesen. Sobald er sich nämlich als Gegner ihres Schwagers, Ludwigs XIV., deklariert hatte, warf sie ihm homosexuelle Spiele mit Lakaien und Pagen vor, nannte ihn ein kleines Luder[1] und behauptete, daß er im Verkehr mit jungen Leuten sehr oft die

Frauenrolle übernommen habe.² Angesichts der laxen Erziehung seiner Mutter und der wenigen Liebe, die sie ihrem Sohn zuteil werden ließ, kann das durchaus wahr gewesen sein. Aber sobald Eugen Frankreich verlassen hatte, gibt es keine Anhaltspunkte mehr dafür, daß er sich homosexuell verhalten habe.

Die dauernden Skandale, die sich in seiner eigenen Familie abspielten, haben wohl bewirkt, daß sich Eugen zu einem reservierten und vorsichtigen jungen Mann entwickelte, der großen Wert auf seine Ehre und Integrität legte. Eine Folge seiner klerikalen Ausbildung war wohl die Freude an Büchern, die allerdings nicht so weit ging, daß sie aus ihm einen Gelehrten oder einen besonders sprachkundigen Menschen gemacht hätte. Zeit seines Lebens blieb Französisch die Sprache, in der er sich am besten auszudrücken verstand, obgleich er auch Italienisch fließend beherrschte. Sein Latein dagegen war schwach, und trotz seiner mehr als ein halbes Jahrhundert dauernden Dienste für das Haus Habsburg beherrschte er Deutsch nie so gut, daß er sich schriftlich in dieser Sprache ausdrücken konnte. Er konnte lediglich deutsch lesen und sprechen. Als Kind hatte er sich am liebsten mit Mathematik beschäftigt, was ihm während seiner militärischen Laufbahn sehr zustatten kam.

Im Februar 1683 erklärte Eugen zur Überraschung seiner Familie, daß er kein Kirchenmann zu werden gedenke; er wolle statt dessen dem Beispiel seines Vaters folgen und in das französische Heer eintreten. Da seine Großmutter ihm die Unterstützung verweigerte, wandte er sich an den König mit der Bitte, ihm ein Regiment zu übertragen. Der König aber wies ihn ab, möglicherweise, weil ihm die äußere Erscheinung Eugens für die militärische Laufbahn zu wenig geeignet schien. Eugen wirkte in der Tat schwächlich; außerdem war er dunkelhäutig, hohlwangig, hatte eine Stupsnase und einen immer offenstehenden Mund. Ein ebenso großes Hindernis mag jedoch auch der Einfluß des Kriegsministers Ludwigs XIV. gewesen sein. Denn Louvois haßte Olympia Mancini, weil sie die Heirat einer ihrer Töchter mit seinem Sohn abgelehnt hatte. Da ihm also die militärische Laufbahn in Frankreich versagt blieb, mußte Eugen sich anderswo bewerben.

Daß er sich an Kaiser Leopold I. wandte, war mehr als natürlich. Das Vordringen der Türken in Österreich bewog zahlreiche Kreuzfahrernaturen, Leopold ihre Dienste 1683 anzubieten. Für Eugen war jedoch noch wichtiger, daß einer seiner älteren Brüder, Ludwig Julius, bereits im kaiserlichen Heer diente. Als daher Eugen am 23. Juli die Nachricht erhielt, daß sein Bruder bei einem Scharmützel mit den Tataren den Tod gefunden hatte, beschloß er unverzüglich, nach Österreich zu gehen. Vielleicht hoffte er, das Regiment seines Bruders übernehmen zu können. Auch konnte er sich einige Hilfe von seinem Vetter Ludwig, dem Markgrafen von Baden, erhoffen, einem führenden General der kaiserlichen Armee, ebenso wie von einem entfernten Vetter, dem Kurfürsten Maximilian Emanuel von Bayern.

Am 26. Juli verließ Eugen mit seinem Freund Prinz Conti heimlich Paris, ohne die Erlaubnis des Königs einzuholen. Da Conti ein Prinz von Geblüt war, versuchten die Agenten des Königs, das Paar auf ihrer Durchreise durch Deutschland wieder einzufangen. In Frankfurt wurden sie eingeholt. Conti ließ sich bereden, nach Paris zurückzukehren, Eugen lehnte ab und ritt weiter.

Mitte August erreichte er Passau und wurde von Freunden des Markgrafen Ludwig von Baden willkommen geheißen. Dieser selbst befand sich bei der Armee. Der Onkel des Markgrafen, Hermann von Baden, war Reichshofratspräsident und der Anführer der antifranzösischen Gruppe an Leopolds Hof. Zu dieser Gruppe gehörte auch der spanische Botschafter Borgomanero, von dem es hieß, daß der Kaiser sich von ihm öfter beraten ließ als von seinen eigenen Ministern.[3] Borgomanero und die beiden Markgrafen von Baden sollten in den nächsten Jahren zu Eugens Beschützern werden. Der Spanier begann damit, indem er Leopold am 14. August den jungen Flüchtling aus Frankreich vorstellte.

Zwar hatte der Kaiser das Regiment von Eugens Bruder bereits vergeben, aber er akzeptierte sofort den jungen Prinzen als Volontär in seinem Heer. Möglicherweise zählte bei Leopold nicht nur Eugens Abfall von dem verhaßten Ludwig XIV., sondern auch sein italienischer Hintergrund. Italienische Generale waren nichts Außergewöhnliches im kaiserlichen Heer. Eugen stand jedoch bei der Schlacht um die Befreiung Wiens unter dem unmittelbaren Befehl seines deutschen Vetters Ludwig von Baden.

Trotz des völligen Mangels an Erfahrung zeichnete sich Eugen so sehr als tapferer Soldat aus, daß man ihm das nächste freiwerdende Dragonerregiment versprach. Er erhielt es zwei Monate später im Dezember 1683 und wurde damit ein Oberst des kaiserlichen Heeres. Die Einkünfte einer solchen Position waren nicht schlecht. Ein Regiment galt als das Eigentum seines Obersten und brachte seinem Inhaber zirka zehn- bis zwölftausend Gulden im Jahr. Ein Oberst bezog Präsente und Abgaben für Beförderungen, kassierte einen bestimmten Prozentsatz vom Sold seiner Leute und konnte vor allem einen gewichtigen Anteil jeder Kriegsbeute und aller vom Feind erhobenen Kontributionen für sich in Anspruch nehmen.

Dennoch war Eugens Einkommen trotz seiner Beförderungen in den achtziger Jahren unzureichend für einen Mann seiner Position. Als er in Passau ankam, hatte er nicht viel mehr als einen Ring und einen kleinen Geldbetrag besessen, den ihm Conti gegeben hatte, aber als Prinz verkehrte er in den höchsten Kreisen und befand sich infolgedessen bald in ernsten finanziellen Schwierigkeiten. Obgleich er in Borgomaneros Haus leben durfte, wenn er sich in Wien aufhielt, sah er sich gezwungen, seine Verwandten um Geld zu bitten. Max Emanuel von Bayern soll ihm eintausend Gulden als Starthilfe für die Karriere geliehen haben[4], aber am meisten half ihm das Oberhaupt des Hauses Savoyen. Herzog Viktor Amadeus von Savoyen schenkte ihm 1684 15.000 Lire und weitere 20.000 nach einem Besuch Eugens in Turin zu Beginn des folgenden Jahres. Erst 1688 besserte sich seine finanzielle Situation, als Herzog Viktor Amadeus ihm die Einkünfte von zwei Abteien in Piemont zusagte, die sich auf 20.000 Lire jährlich beliefen. Die Geldknappheit hatte 1685 und 1686 zur Folge gehabt, daß er erwog, in spanische Dienste zu treten, umso mehr, als Leopold selber nicht willens war, sein Einkommen zu erhöhen. Zur damaligen Zeit war es nichts Besonderes, von einer europäischen Armee zur anderen zu wechseln, aber Eugen sollte dann doch zeit seines Lebens derselben Herrscherfamilie treu bleiben. Niemals dachte er daran, nach Frankreich zurückzukehren. Und Ludwig ermunterte ihn auch nicht im geringsten dazu. Vielleicht bestärkte eine gewisse Verbitterung über des Königs Abweisung ihn in seinem Entschluß, Frankreich nach Kräften zu demütigen. Da alle Kontakte mit seinem früheren Leben bald verlorengingen, berief sich Eugen stets viel mehr auf seine Abstammung aus dem Hause Savoyen als auf seine französische Herkunft.

Leopold I. und sein Reich

Eugens neuer Herr, Leopold I., war wie Prinz Eugen für die Kirche bestimmt gewesen und wäre nie Kaiser geworden, wenn nicht sein ältester Bruder gestorben wäre. Die klerikale Ausbildung sollte von nachhaltigem Einfluß sein: Er blieb sich immer seiner religiösen Verpflichtungen bewußt und betrachtete seinen Thron als heiliges Pfand. Andererseits überließ er sich immer mehr einem frommen Fatalismus, der selbst dem päpstlichen Nuntius zu weit ging. Er wünsche, sagte dieser, „des Kaisers Gottvertrauen sei nicht ganz so groß".[1] Leopold litt unter seiner unglücklichen äußeren Erscheinung; denn er hatte die vorspringende Unterlippe und die dünnen Beine der Habsburger geerbt. Er versuchte diese Defekte durch ein würdiges Auftreten auszugleichen, durch einen gezwirbelten Schnurrbart, schwarze spanische Hofkleidung und rote Strümpfe, wußte jedoch nie etwas mit seinen Händen und seinem großen, mit Federn besetzten Hut anzufangen. Von allen Habsburgern vor Maria Theresia war er der Fleißigste, moralisch war er ohne Makel und besaß eine echte Begabung für die Musik, die für ihn, wie die Jagd, eine echte Entspannung bedeutete.

Leopold fehlte, was Ludwig XIV. sicher besaß, eine natürliche Begabung zum Herrschen. Obgleich er über eine gewisse Würde verfügte und auch versuchte, die Regierungskontrolle nicht aus den Händen gleiten zu lassen, konnte er nicht verhindern, daß seine Minister recht eigenmächtig handelten. Der englische Diplomat Stepney schreibt 1693, daß der Kaiser eine unentschlossene Natur sei, auf den immer die letzten Eindrücke am nachhaltigsten wirkten, so daß er oft von den verschiedenen Ansichten seiner Minister hin- und hergerissen werde, als ob diese nacheinander über ihn regierten.[2]

Leopold war 1658 zum Römischen Kaiser gewählt worden, aber zu Beginn seiner Regierung war seine Macht als Kaiser sehr beschränkt: Ludwig XIV. hatte mehr Einfluß bei den deutschen Fürsten als er. Leopolds Macht beruhte auf seinen Erbländern, die er im Alter von siebzehn Jahren nach dem Tod seines Vaters Ferdinand III. 1657 übernommen hatte. Diese Länder bildeten eine natürliche geographische Einheit. Seit dem 13. Jahrhundert Kern der habsburgischen Eroberungen, entsprechen sie im großen und ganzen dem heutigen Österreich. Wesentlich reicher waren die Länder, die die Habsburger seit 1526 als Könige von Böhmen regierten, nämlich Schlesien und Mähren. Diese Besitzungen wurden aber erst 1627 erblich in der Familie, und zwar nach der Niederwerfung des böhmischen Aufstands, der zum Ausbruch des Dreißigjährigen Krieges (1618–1648) führte. In Ungarn jedoch, das ebenfalls zu seinen Besitzungen gehörte, mußte Leopold sich erst zum König wählen lassen. Bis auf Ungarn blieben alle diese Länder vor der türkischen Besetzung im 16. Jahrhundert bewahrt, und vom alten Königreich Großungarn konnten die Habsburger immerhin einen schmalen Streifen halten, der sich von den Karpathen zwischen Steiermark und Plattensee bis einschließlich Kroatien zur Adria erstreckte.

Jeder Herrscher des 17. Jahrhunderts sah sich mit dem Problem konfrontiert, wie er am besten seine Macht auf Kosten lokaler Institutionen und Traditionen erweitern konnte. Ob die Könige es wollten oder nicht, sie waren gezwungen, absolutistische Politik als Antwort auf die Herausforderung der Adeligen und der Stände zu betreiben, im übrigen auch, um die Kosten ihrer Kriege decken zu können. Der Aufstand der protestantischen böhmischen Stände 1618 wurde wie ähnliche Unruhen in Österreich, Mähren und Schlesien mit einer solchen Wucht niedergeschlagen, daß die Krone nun in allen ihren Ländern, außer in Ungarn, eine Art katholischen Absolutismus einführen konnte. Verglichen mit Frankreich jedoch konnte man während der Regierung Leopolds noch kaum von Absolutismus und Zentralisation reden. Obwohl wir Begriffe wie „Österreich" und „österreichischer Staat" verwenden, hatten sie damals noch kaum reale Bedeutung: Leopolds Besitz bestand eigentlich in einer Ansammlung von einzelnen Provinzen, die zufällig vom gleichen Herrscher regiert wurden. Nur sehr langsam entwickelten sich zentrale Verwaltungsorgane für alle Provinzen der Monarchie.

Der habsburgische Absolutismus ruhte auf zwei Pfeilern: Erstens auf der Mitarbeit von Kirche und Adel und zweitens auf dem schrittweisen Aufbau eines stehenden Heeres und einer zentralen und provinziellen Bürokratie. Im 17. Jahrhundert war der erstgenannte Punkt der weit wichtigere. Die Monarchie und ihre Beamten identifizierten sich mit der katholischen Kirche und vor allem mit dem Jesuitenorden. Überall besaß die Kirche Landbesitz: Die große Zahl von Klöstern gab Österreich den Beinamen „Klösterreich". Und die Krone betrachtete sich als Verteidiger des Katholizismus.

Die Einführung des Katholizismus ging Hand in Hand mit einem immer stärkeren monarchischen Absolutismus auf Kosten der politischen Unabhängigkeit des Adels. Die Adeligen bekamen dafür die Partnerschaft mit der Krone geboten. Das galt besonders für Böhmen, wo der rebellische protestantische Adel ausgerottet und durch einen loyalen katholischen und oft nichtböhmischen Adel ersetzt wurde, der in die Zerstörung der legislativen Macht der Stände durch die Krone einwilligte, die früher den Kern der adeligen Macht und Unabhängigkeit dargestellt hatte. Dafür wurde er mit wichtigen Verwaltungs- und Ministerialposten belohnt. Eine ähnliche, wenn auch nicht so drastische Politik betrieb die Krone in den österreichischen Ländern. Hier gab es jedoch Grenzen für die Macht des Monarchen. Obwohl Österreich und Böhmen direkt durch zentrale Organe in Wien regiert wurden, mußte sich der Herrscher im lokalen Bereich die Macht mit dem Adel teilen. Sogar in Böhmen blieb das Recht der Bewilligung von Kriegssteuern in den Händen der vom Adel beherrschten Stände. Überall spielten die letzteren eine entscheidende Rolle in der lokalen Verwaltung und bildeten eine wirksame Barriere für die direkte Intervention der Regierung. Bei der Steuereinnahme, Rekrutierung und Einquartierung der Truppen arbeiteten die Stellvertreter des Kaisers immer mit permanenten Ausschüssen und Beamten der Stände zusammen.

Der Adel war zwar entschlossen, so wenig wie möglich Steuern zu bewilligen, aber auch bereit, der Dynastie zu dienen, so daß in allen habsburgischen Ländern er die Hauptstütze der kaiserlichen Herrschaft bildete. Auch in Ungarn unterstützten die katholischen Magnaten die Monarchie. Die Adeligen hatten das Monopol für alle Ämter in Wien, in den Provinzen und in der Armee. Die Hauptstadt zog Adelige aus ganz Europa, besonders aus dem Heiligen Römischen Reich und aus Italien, an, und die meisten assimilierten sich sehr rasch. Die einzige Ausnahme der aristokratischen Monopolstellung war der ständige Zustrom von Juristen in Verwaltungsstellen.

Die alte *Reichshofkanzlei*, die sowohl für das Heilige Römische Reich als auch für die habsburgischen Erbländer als Außen- und Innenministerium fungierte, wurde für die Erbländer nach und nach durch die *Hofkanzlei* ersetzt. Diese Entwicklung entsprach der Profilierung der habsburgischen Monarchie oder Österreichs als einer eigenwertigen Großmacht. Der Hofkanzler wurde schließlich der wichtigste Minister der Krone, allerdings pflegten Leopold und seine unmittelbaren Nachfolger stets den Rat aller Minister einzuholen, auch vom Reichsvizekanzler. Außerdem war die Machtfülle der Hofkanzlei durch die selbständigen Kanzleien von Böhmen und Ungarn stark eingeschränkt.

Auch die *Hofkammer* mußte sich Eingriffe in ihre finanziellen Kompetenzen gefallen lassen, einmal vom *Hofkriegsrat*, dann von der Hofkanzlei und schließlich von den Ständen in den Ländern. Infolgedessen stand es um die Einkünfte des Staates äußerst schlecht. Gelegentlich wurde nur ein Drittel des der Krone zustehenden Einkommens wirklich eingenommen, und in Kriegszeiten verschlechterte sich die Situation noch mehr. In den Kriegen zwischen 1689 und 1714 hatte Österreich die größte Differenz zwischen Ausgaben und Einnahmen von allen kriegführenden Mächten aufzuweisen. Ihre schwache finanzielle Situation machte es der Monarchie außerordentlich schwer, die Rolle einer Großmacht zu spielen: Krieg führen konnte der Kaiser nur mit fremder Hilfe. Und auch dann mußte die Monarchie sich noch große Summen ausborgen, entweder vom Ausland wie in den neunziger Jahren des 17. Jahrhunderts von Holland oder vom kaiserlichen „Hofjuden" Samuel Oppenheimer und später von der Wiener Stadtbank.

Viele dieser Probleme wären zu lösen gewesen, wenn es einen Ministerrat gegeben hätte, in dem der Kaiser mit seinen engsten Mitarbeitern allgemeine und aktuelle Probleme hätte durchdiskutieren können. Die *Geheime Konferenz*, die Leopold zu diesem Zweck 1659 gründete, wurde aber sehr schnell zu groß und unbeweglich. Erst als sein Sohn 1709 die Regierung übernahm, wurde eine neue Konferenz ins Leben gerufen, an der nur die wichtigeren Minister teilnahmen. Es wurden hier allerdings fast nur außenpolitische Fragen besprochen.

Obwohl sich die Regierungen des 17. Jahrhunderts, besonders die westeuropäischen, schon durchaus der Möglichkeiten bewußt waren, die sie hatten, um den Wohlstand ihrer Länder und ihre eigenen Einkommen zu heben, begannen die Habsburger erst unter der Regierung Karls VI. (1711–1740) ernstlich damit, Handel und Industrie durch den Staat zu fördern. Die wirtschaftliche Entwicklung unter Leopold dagegen ließ zu wünschen übrig: Erfolgreich wirtschafteten nur die Güter der Adeligen. Diese Güter realistisch zu besteuern, hätte geholfen, die finanziellen Probleme der Krone zu lösen. Aber der Adel war von der Besteuerung befreit und wurde wie die kirchlichen Großgrundbesitzer immer reicher. Während der zweiten Hälfte des 17. Jahrhunderts entwickelten sich besonders in Böhmen sowohl kirchliche als auch weltliche Großgrundbesitzer zu Großbetrieben, die einen großen heimischen und internationalen Markt belieferten. Das ging aber nur auf Kosten der Städte und der Bauernschaft. Der Niedergang der Städte als Handels- und Industriezentren wurde durch die Bauern selbst beschleunigt, da diese gezwungen waren, direkt in den Geschäften, Mühlen und Gasthäusern ihrer Herren zu kaufen, während diese vor allem mit dem Ausland Ex- und Importhandel trieben. Der nach 1683 stattfindende Städtebau war in der Hauptsache das Werk des Adels und der Kirche, welche dazu die Arbeitskräfte und das Material von ihren Gütern verwenden konnten. In Wien verlief die Entwicklung nicht so kraß, da der Hof einen großen Bedarf an Arbeitskräften und Waren hatte, aber die ehemals von Bürgern beherrschte Stadt wandelte sich in eine Stadt der Adelspaläste und Klöster.

Die Situation der Bauern war in den habsburgischen Ländern viel schlechter als in den meisten deutschen Ländern. Im Grunde genommen herrschte Leibeigenschaft. Die Großgrundbesitzer Böhmens, Mährens, des habsburgischen Ungarns und auch Niederösterreichs gaben sich ähnlich wie Großgrundbesitzer anderer Teile Europas östlich der Elbe nicht mehr mit Pachtzins und gelegentlichen Arbeitsdiensten zufrieden, sie bestanden darauf, daß die Bauern auf der Domäne und in den herrschaftlichen Industriebetrieben mitarbeiteten. Die Pachtgüter der Bauern wurden verkleinert, das bäuerliche Arbeitssoll drastisch hochgeschraubt, die Bewegungsfreiheit der Bauern eingeschränkt. Zwischen 1683 und 1702 schaffte es Ferdinand Fürst Schwarzenberg, sein Einkommen zu verdreifachen, nicht etwa durch landwirtschaftliche Verbesserungen, sondern durch die größere Belastung der Bauern. Es war der Bauer, der die Hauptlast der indirekten und direkten Steuern zahlte, ebenso wie die Abgaben für die Kirche. Die barocke Prachtentfaltung Mitteleuropas wäre ohne die Arbeit dieser Männer und Frauen nicht möglich gewesen.

Die Krone mischte sich in die Unterdrückung des Bauernstandes nicht ein: Sie konnte es nicht. Der habsburgische Absolutismus hing ganz von der Loyalität von Kirche und Adel ab. Bauern und Städte waren die Opfer eines monarchisch-aristokratisch-klerikalen Systems, welches sich ziemlich unverändert bis in das späte 18. Jahrhundert hielt.

Die Position des Kaisers war in den Ländern am schwächsten, in denen er als gewählter König von Ungarn regierte. Hier hatten die ungarischen Adeligen das Sagen. Bei jeder Königswahl stellte der Landtag in Preßburg seine Bedingungen an den neuen Herrscher und besaß das Recht der Auflehnung, wenn dieser das Recht brach, das der Landtag beschlossen hatte. Der französische Gesandte Grémonville notierte 1667 erstaunt, daß Leopold gezwungen war, sich „einer frechen Bevölkerung zu beugen und der Macht eines Landtags, der sich für gleichwertig, wenn nicht für überlegen hält".[3] Von Steuern befreit und allmächtig in der lokalen Verwaltung, zog der Adel auch hier seinen Nutzen aus der wachsenden Unterdrückung des Bauernstandes. Obgleich die Magnaten und der Landadel der ungarischen Tiefebene jetzt katholisch waren, blieb der magyarische Adel der bergigen Slowakei protestantisch. Das Toleranzedikt von Leopolds Vater Ferdinand III. hatte ihnen 1645 Religionsfreiheit zugesichert. Leopold freilich versuchte immer wieder, dieser Konzession ein Ende zu bereiten.

Die schwache Position der Krone in Ungarn wurde noch durch die Zustände, die jenseits der Ostgrenze herrschten, verschlimmert. Hier wurde ein großes Gebiet des alten Königreichs durch türkische Militärführer regiert. Sie gewährten Protestanten Religionsfreiheit und boten Rebellen aus Habsburg-Ungarn politisches Asyl. Da die Grenze nicht genau definiert war, bildete das ganze Gebiet die Szenerie für nichtendenwollende Gefechte. Man fand sich damit ab, „daß es in Friedenszeiten beiden Seiten zu gestatten sei... einander zu überfallen, um Vieh wegzutreiben und sich zu Pferd und zu Fuß zu bekämpfen".[4]

Seit der Thronbesteigung wollten Leopold und seine sukzessiven Minister dieser unerfreulichen Situation ein Ende bereiten. Der Adel zeigte aber nicht die geringste Bereitschaft, das Land vor den türkischen Überfällen zu schützen. Der Kaiser mußte deutsche Garnisonstruppen kommen lassen, für die die böhmischen und österreichischen Stände viel Geld aufzuwenden hatten. 1664 siegte die kaiserliche Armee unter Montecuccoli bei St. Gotthard an der Raab über die Türken und beendete damit den österreichisch-türkischen Krieg von 1663/64. In den nächsten zwanzig Jahren versuchte die österreichische Regierung, sich den ungarischen Adel mit denselben Mitteln gefügig zu machen, die man gegen den böhmischen Adel nach dem Dreißigjährigen Krieg angewandt hatte. Das Land bekam eine Militärregierung, der Protestantismus wurde unterdrückt. Aber dies führte nur zu weitverbreitetem Aufruhr und zu Partisanenkämpfen. 1681 mußte die Monarchie ihre Niederlage zugeben. Habsburg-Ungarn war schwächer als zuvor, weitere türkische Invasionen waren nur eine Frage der Zeit.

Der Grund für Leopolds Kompromißbereitschaft in Ungarn waren seine westeuropäischen Interessen. In den sechziger und frühen siebziger Jahren des 17. Jahrhunderts war die österreichische Politik darauf ausgerichtet gewesen, sich mit Ludwig XIV. über eine friedliche Teilung Spaniens und der spanischen Besitzungen in Europa und Übersee zu einigen; denn der spanische König Karl II. kränkelte von Jugend an, so daß nicht anzunehmen war, daß er lange leben und Kinder haben würde. Während Ludwig nur Thronansprüche für seine Kinder aus der Ehe mit Karls Halbschwester Maria Theresia stellen konnte, stützten sich Leopolds Ansprüche auf seine eigene Ehe mit der Schwester des jungen Königs, Margaretha Theresia, auf zahlreiche frühere Heiraten zwischen seiner Familie und den spanischen Verwandten, auf Versprechungen im Testament des letzten Königs, Philipps IV., und schließlich auf einen Familienvertrag von 1617.

Leopolds versöhnliche Haltung Ludwig gegenüber änderte sich mit Frankreichs Gebietsansprüchen während des holländischen Krieges von 1672 bis 1678. Der Kaiser sah sich gezwungen, für die Unabhängigkeit des Reiches einzutreten und eine Allianz mit Holland und Spanien zu bilden. Diese Gruppierung sollte die Basis für alle österreichischen Allianzen bis zum Ende des Jahrhunderts bilden.

Trotz des Friedensschlusses von 1679 gab es weiterhin eine antifranzösische Partei in Wien. Auch der Kaiser verfluchte alles Französische, verbot, daß an seinem Hof Französisch gesprochen wurde und empfahl den Gebrauch des Italienischen. Während der nächsten dreißig Jahre bestand die österreichisch-habsburgische Politik darin, die spanischen Ansprüche des österreichischen Zweigs der Familie zu verteidigen und die Teile des Elsaß und die drei Bistümer Metz, Toul und Verdun zurückzugewinnen, die Frankreich im Westfälischen Frieden 1648 zugesprochen worden waren. Nun mußte Leopold ab 1680 auch noch die religiös-kulturelle Aufgabe übernehmen, Mitteleuropa vor den Türken zu verteidigen, und sah sich immer wieder Aufständen in Ungarn gegenüber. Da es unmöglich war, die Probleme in West- und Osteuropa voneinander zu trennen, hatte die österreichische Monarchie während der Regierung Leopolds und seines Sohnes Josef enorme militärische und finanzielle Kosten zu tragen, die weit über die eigenen Mittel hinausgingen. Ein positives Resultat dieses Zweifrontenkrieges war, daß Wiens Einfluß im Reich zunahm und der Kaiser endlich mit substantieller Hilfe rechnen konnte.

Das große Ringen, aus dem Österreich als eine Großmacht hervorgehen sollte, begann in den achtziger Jahren, als Ludwig XIV. versuchte, Frankreich eine undurchdringliche Ostgrenze zu schaffen. Seine Mittel waren nicht die einer offenen Kriegsführung, er verstand es, immer wieder neue Gebietsansprüche zu stellen, indem er auf Abhängigkeitsverhältnisse zu bereits in seinem Besitz befindlichen Gebieten hinwies. Zur selben Zeit baute er ein massives Verteidigungssystem rund um Frankreich aus. Niemand stellte sich ihm in den Weg. Die deutschen Fürsten hatten viel zuviel Furcht vor ihm. Österreich aber war von seinem letzten Krieg gegen Frankreich finanziell total erschöpft und wurde 1679 erneut von der Pest heimgesucht. Der kaiserliche Hof war gezwungen, Wien und schließlich auch Prag zu verlassen. Gegen Ende des Jahres 1681 besetzte Ludwig XIV. die freie Reichsstadt Straßburg. Damit hatte er die vollständige Kontrolle über das Elsaß und den Schlüssel zum Rheinland in der Hand. Zwei Jahre später folgte der Griff nach Luxemburg.

Die Mehrheit von Leopolds Ministern, zu der auch der Präsident des Hofkriegsrats, Hermann von Baden, und Borgomanero gehörten, hätten Ludwig gerne Widerstand geleistet, aber der päpstliche Gesandte und gewisse klerikale Kreise in Wien bestürmten den Kaiser, einen europäischen Kreuzzug gegen die Türken anzuführen. Und schließlich zwangen ihn die Türken selbst, seinen Blick wieder nach Osten zu wenden. Er aber entschloß sich, das Gewitter, das sich 1681/82 im Balkan zusammenbraute, nicht zur Kenntnis zu nehmen. In Istanbul gab es einen neuen Großwesir, Kara Mustafa, der seine Position durch einen Angriff auf Wien zu stärken hoffte. Das Projekt des „Goldenen Apfels" konnte ihm Reichtum und militärisches Prestige bringen. Und der Hilferuf des führenden magyarischen Rebellen Thököly war der Vorwand, in Ungarn zu intervenieren.

Ludwig XIV. ermunterte die türkischen Ambitionen, da sie ihm die Möglichkeit gaben, die deutschen Fürsten und Spanien härter anzufassen. Aber schließlich führten seine Aktionen im Rheinland anfangs der achtziger Jahre doch zu einem Umschwung der Gefühle: Die neuen Herrscher in Sachsen, Hannover und Bayern wandten sich dem Kaiser zu. Im Jänner 1683 unterschrieb der junge und temperamentvolle Maximilian Emanuel von Bayern einen Verteidigungspakt mit Leopold und bot ihm seine Hilfe im Osten und Westen an. Diese Allianz und das im März geschlossene Bündnis mit Johann III. Sobieski von Polen retteten Leopold im Sommer 1683, als die Türken seine Hauptstadt umzingelt hatten.

Die Befreiung Ungarns

Als Prinz Eugen am Abend nach dem Sieg über Kara Mustafa die kaiserliche Hauptstadt zum ersten Mal betrat, lagen fünf Jahre Türkenkrieg vor ihm. In diesen fünf Jahren sollte er sich unter den Jüngeren als einer der vielversprechendsten kaiserlichen Heerführer profilieren. In Wien war man jedoch damals noch unentschieden, ob man die Türken verfolgen oder lieber den König von Frankreich bekämpfen sollte. Die antifranzösische Gruppe am kaiserlichen Hof machte ihren ganzen Einfluß geltend, daß die kaiserlichen Truppen nach Westen gegen den „christlichen Türken" Ludwig XIV. geschickt würden. Denn die Truppen Ludwigs XIV. hatten einige Tage vor der Befreiung Wiens begonnen, Städte in den Spanischen Niederlanden anzugreifen als Antwort auf die vorschnelle Kriegserklärung Spaniens. Dagegen traten die klerikale Partei und besonders die Anhänger des feurigen Hofpredigers und Vertrauten des Kaisers, Marco d'Aviano, mit ganzem Gewicht für einen Kreuzzug gegen die Osmanen ein. Auch die Heerführer Max Emanuel und Karl von Lothringen waren dafür. Karl, der Schwager des Kaisers, war als glühender Franzosenfeind bekannt und wäre unter anderen Umständen sofort für einen Krieg im Westen zu gewinnen gewesen: Sein Herzogtum Lothringen war noch immer in französischer Hand, da er sich geweigert hatte, es nach dem Friedensschluß von 1679 zu den Bedingungen Ludwigs XIV. zurückzunehmen. Nun aber schien der Krieg in Ungarn vordringlicher zu sein. Denn Sultan Mehmet IV. sah sich nicht genötigt, Frieden zu schließen: Er hatte Ungarn nach wie vor fest in der Hand.

Im März 1684 gründete Leopold die Heilige Liga mit Polen und Venedig gegen die Türken. Diese Allianz wurde von Papst Innozenz XI. enthusiastisch begrüßt. Er selbst spendete große Summen für den Krieg und befahl dem Klerus, überall in Südeuropa dasselbe zu tun. Zum ersten Mal seit dem Regierungsantritt Leopolds nahm sich die österreichische Politik ernstlich die Zerstörung der türkischen Herrschaft in Ungarn zum Ziel. Eine notwendige Voraussetzung dafür aber war Leopolds Zustimmung zu Frankreichs großem diplomatischen Triumph im Westen. Im August 1684 unterzeichneten Leopold und Spanien den Waffenstillstand von Regensburg, bei dem Ludwigs neueste Eroberungen, einschließlich Straßburgs und Luxemburgs, für zwanzig Jahre anerkannt wurden.

Wir wissen nur wenig über den Prinzen Eugen während dieser ersten

Feldzüge gegen die Türken. Dies ist nicht weiter verwunderlich, denn als junger Offizier wird er nur hier und da von Zeitgenossen kurz als Teilnehmer einer Schlacht oder einer Belagerung erwähnt. In seiner eigenen Korrespondenz, die er hauptsächlich mit seinem Vetter Viktor Amadeus von Savoyen führte, äußert Eugen wie gewöhnlich nur wenig über seine Gefühle und Erlebnisse. Obgleich er an allen türkischen Feldzügen bis 1688 teilnahm und sich durch Tapferkeit auszeichnete, wäre es absurd zu behaupten, daß er sie entscheidend beeinflußte. Immerhin gelang es ihm in jenen Jahren, sich unter der Protektion führender Männer als Berufssoldat zu etablieren und einige Vorteile aus seinen familiären Beziehungen zu ziehen. Er mußte auf diesen Feldzügen seine militärische Begabung unter Beweis stellen, und er tat dies mit einer für einen Mann seines Standes ungewöhnlichen Entschlossenheit, mit Lerneifer und der Bereitschaft, alle Unbequemlichkeiten auf sich zu nehmen. Er war genau der Typ des pflichtbewußten Berufsoffiziers, der in jeder Armee zu jeder Zeit anzutreffen ist. Im großen und ganzen scheinen diese Jahre weder unglücklich noch einsam gewesen zu sein. Und bald nach 1685 sollte Eugen Gesellschaft von anderen jungen französischen Aristokraten bekommen, die im kaiserlichen Heer den Ruhm suchten. Da war vor allem Karl Franz, Prinz von Commercy. Auch ihm war von Ludwig XIV. ein Regiment verweigert worden. Darauf kam er im Herbst 1684 nach Wien. Er war zwei Jahre älter als Eugen. Die beiden Männer wurden bald unzertrennliche Freunde, und Commercy war bald auf allen Feldzügen die rechte Hand des Prinzen Eugen.

Eugens Oberbefehlshaber Karl von Lothringen war ein aufrechter Soldat von einfacher Gemütsart, der in den Bann von Marco d'Aviano geraten war und wie dieser an die Notwendigkeit eines christlichen Kreuzzugs glaubte. Er war zwar in der Schlacht ein tüchtiger General, aber kein guter Stratege, der sich auch wenig um die Versorgung seiner Truppen kümmerte. Diesen Schwächen war es zu verdanken, daß sein Versuch, Buda, das Zentrum der türkischen Macht in Ungarn, zu erobern, jämmerlich scheiterte. Im Sommer und Herbst 1684 brach seine Armee in regennassen Gräben vor Hunger und Kälte zusammen. Aber im folgenden Jahr brachte er das ganze linke Ufer der Donau bis Buda unter seine Kontrolle und schlug im August das türkische Heer in Gran.

Die Kaiserlichen kamen jetzt tatsächlich in den Genuß bedeutender Geldspenden Roms und brauchten sich nicht über mangelnde Streitkräfte beklagen. 1685 war die Armee des Lothringers fast 100.000 Mann stark, 60.000 davon waren Österreicher, 38.000 stammten aus dem Reich. Denn die deutschen Fürsten hatten, wie der Kaiser selber, während und nach dem Dreißigjährigen Krieg stehende Heere aufgebaut und waren nun durchaus bereit, sie zu vermieten. Die Eroberung Ungarns war also nicht nur eine Leistung der Österreicher, sondern auch der Deutschen.

Die kaiserlichen Armeen verfügten über ein gut funktionierendes Nachschubsystem und waren nicht wie die Türken auf die Plünderung der Durchzugsgebiete angewiesen, aber die verlassenen Ebenen und Sümpfe der Donau und ihrer Nebenflüsse stellten die Kaiserlichen dennoch vor schwere Probleme. Eine Teillösung war dann die Nutzbarmachung der Wasserwege. Schon im Winter 1685/86 erwies es sich als unmöglich, die Truppen in Ungarn einzuquartieren: Aus dem ganzen Land zwischen Buda und Wien waren die Bauern in die Berge im Norden geflohen. Als der illegitime Sohn Jakobs II. von England, der spätere Herzog von Berwick, im Juli 1686 in Buda eintraf, verschlang er das ihm Vorgesetzte mit Heißhunger, denn seit seiner Abreise von Wien habe er nur von Wein und Brot gelebt, berichtete er. An der Straße hätten sie nicht das geringste zu essen gefunden. Ungarn sei das ärmste Land der Welt, denn es würde jeden Tag abwechselnd von den Türken und den Christen oder beiden geplündert.[1]

Als Oberst eines Regiments hatte auch Eugen mit diesen Schwierigkeiten fertigzuwerden. Bei der Belagerung von Buda 1684 war es seinen Truppen genauso schlecht wie den anderen gegangen, und nach dem Abbruch der Belagerung konnte er nur noch einen kümmerlichen Rest in die Winterquartiere in Böhmen und Mähren bringen. Eugen verbrachte die Winter nicht bei seinen Truppen, sondern übernahm die Praktik der anderen Befehlshaber, Sommerfeldzüge zu führen und den Winter zu Hause zu verbringen. Da er kein Haus besaß, in das er sich zurückziehen konnte – er war in Wien stets Gast des spanischen Botschafters –, benutzte er die Gelegenheit, Anfang 1685 nach Turin zu reisen, um Viktor Amadeus um Geld zu bitten. Er brauchte vor allem Geld, um sein ruiniertes Regiment wieder aufzubauen. Denn zu jener Zeit steckte er mehr Geld in die Armee, als er herausbekam. Im nächsten Winter unternahm er eine noch weitere Reise. Er besuchte seine Mutter in Brüssel, und dies war sein erstes Treffen mit ihr, seitdem sie vor sechs Jahren aus Paris geflohen war. Es war ein langer Besuch. Sie fanden sogar Zeit, zusammen nach Spanien zu reisen, wo sich Olympia anscheinend um eine Heirat und einen militärischen Posten für ihren Sohn bemühte. Aber darüber wissen wir nichts Genaues. Jedenfalls kehrte Eugen rechtzeitig zum Sommerfeldzug 1686 nach Wien zurück, hatte jedoch weder einen Posten noch eine Verlobung in der Tasche. Auch der Versuch, mit seiner Mutter wieder eine Beziehung anzuknüpfen, ist wohl gescheitert; denn in den nächsten Jahren unternahm er nicht den geringsten Versuch, sie wiederzusehen, erst zwanzig Jahre später, kurz vor ihrem Tod.

Engere Beziehungen als zu seiner eigenen Familie unterhielt Eugen zu den jungen Aristokraten, die auf ähnliche Weise wie er ihr Land verlassen hatten, um in Ungarn Dienst zu tun. 1686 gab es zahllose nichtdeutsche Fürsten und Adelige im kaiserlichen Heer. Der Krieg glich immer mehr einem Kreuzzug. Trotz Ludwigs XIV. Mißbilligung nahmen auch französische Adelige daran teil. Und der Sohn Jakobs II. fand bei seiner Ankunft eine „Überfülle von

Engländern" vor.² Die Eroberung Budas im Sommer 1686 wurde als Sieg für ganz Europa gefeiert, und Leopold, der sich oft als intoleranter Katholik gezeigt hatte, galt nun als Held der gesamten Christenheit.

Streitereien zwischen den kaiserlichen Generalen gefährdeten bald den schwer errungenen Sieg. Da viele der Befehlshaber regierende Fürsten waren, waren solche Dispute wohl unvermeidlich. Der Kurfürst Max Emanuel von Bayern hatte 1685 Leopolds einziges Kind aus erster Ehe geheiratet. Er und sein Freund und Anhänger, Ludwig von Baden, waren eigensinnige und impulsive junge Männer, die mit dem vorsichtigen Karl von Lothringen ihre Schwierigkeiten hatten. Sie glaubten, daß Emanuels Rang als Kurfürst und seine Verwandtschaft mit Leopold ihn über den Herzog stellen müßten oder ihm zumindest eine unabhängige Befehlsgewalt geben müßten. Aber der Lothringer war entschlossen, die Kontrolle über die Armee nicht aus der Hand zu geben und wurde dabei von Leopold unterstützt. Er hatte auch noch andere mächtige Verbündete, zum Beispiel den päpstlichen Nuntius Buonvisi und den unermüdlichen Marco d'Aviano, der die Armee begleitete und mit seinen italienischen Predigten die Truppen anzufeuern verstand, obwohl sie kein Wort verstanden. Daher konnte Karl von Lothringen 1686 mit der gesamten Armee Buda umzingeln, obwohl die Generale dagegen opponierten; denn die Belagerung stagnierte und kostete weit mehr als eine offene Schlacht. Während eines der vielen verlustreichen Angriffe erhielt Eugen, der dem Flügel unter Max Emanuel angehörte, seine erste leichte Verwundung. Am 2. September fiel die Stadt, und trotz aller Versuche seitens der Befehlshaber, es zu verhindern, wurde Buda geplündert und verbrannt, und die kaiserlichen Truppen brachten alle Türken um, die ihnen in die Hände fielen. Dies war möglicherweise auch Eugens Schuld, der einem zeitgenössischen Bericht zufolge mit seinen Dragonern vor der Stadt Posten bezogen hatte, um eventuellen türkischen Befreiungsversuchen zuvorzukommen. Er soll aber „seinen Posten verlassen und seinen Soldaten frei gegeben haben mit der Order, den Janitscharen keinen Pardon zu gewähren".³ Angesichts der Verluste, die die Kaiserlichen während der Belagerung erlitten hatten, und ihrer „spärlichen und verdorbenen Nahrung"⁴ war Plündern und Morden nach diesem Sieg wohl unvermeidlich und wurde von den Truppen als ihr Recht angesehen.

Die Eroberung Budas war der erste größere Sieg über die Türken in Mitteleuropa, seitdem im frühen 16. Jahrhundert Suleiman II. der Prächtige mit seinem Siegeszug begonnen hatte. Nach dem Fall Budas brach der türkische Widerstand durch ganz Ungarn bis Siebenbürgen und Serbien zusammen, und Fünfkirchen, Szegedin und Arad fielen noch vor Ende 1686 in die Hände der Kaiserlichen. Eugen selbst stieß mit Ludwig von Baden weit ins südliche Ungarn bis nach Esseg vor und begab sich erst Mitte November nach Wien.

Beflügelt durch ihren Erfolg, machten sich mehrere kaiserliche Generale, darunter auch Eugen, mit Max Emanuel im Januar 1687 auf den Weg nach Venedig. Die Stadt und ihr jährlicher Karneval waren bei der europäischen Aristokratie beliebte Reiseziele. Aber während seine Freunde sich bei Empfängen, Bällen und Liebesaffären vergnügten, scheint Eugen sich mehr für die berühmten Arsenale und Schiffswerften interessiert zu haben. Außerdem ergriff er die Gelegenheit, um im Februar Viktor Amadeus zu besuchen. Er hatte seinem Vetter bereits in Briefen und durch Tarino, den savoyischen Gesandten in Wien, klargemacht, daß er ohne finanzielle Hilfe nicht länger im kaiserlichen Dienst tätig sein könne. Wieder einmal sprang Viktor Amadeus ein. Und ab dem nächsten Jahr verschafften Eugen nun auch die Einnahmen aus den zwei Piemonteser Abteien die finanzielle Sicherheit, die er brauchte. Die Großzügigkeit des Herzogs erklärt sich sicher aus dem Wunsch, einem Mitglied seiner Familie behilflich zu sein; die beiden Männer scheinen sich aber auch gut verstanden zu haben. Viele Informationen über den Eugen dieser Jahre stammen aus seiner regelmäßigen Korrespondenz mit Viktor Amadeus.

Im Frühling 1687 gab Leopold dem Drängen Max Emanuels nach und überließ ihm, wenn auch zögernd, einen Teil der Armee zur Belagerung Peterwardeins. Ludwig von Baden und Eugen begleiteten ihn. Das Unternehmen mußte jedoch bald aufgegeben werden. Max konnte für Menschen und Vieh entlang der Theiß kein Futter auftreiben und war gezwungen, sich wieder mit Karl von Lothringen zu vereinigen. Die vereinigte kaiserliche Armee von 60.000 Mann stieß bald darauf mit einem zahlenmäßig stärkeren türkischen Heer unter dem Großwesir Suleiman Pascha zusammen, das zudem von den Kanonen der Festung Esseg beschützt wurde. Sie mußte sich schließlich zurückziehen, da die Truppen nichts mehr zu essen, ja nicht einmal mehr Wasser zu trinken hatten. Man entschloß sich, ein Lager bei Mohács zu errichten, wo 1526 König Ludwig II. von Ungarn von den Osmanen getötet worden war und sein Königreich verloren hatte. Am 12. August 1687 wurden die Türken in der Schlacht von Berg Harsan (Nagyharsány) vernichtend geschlagen. Es war die Art der Schlacht, die Karl von Lothringen sich gewünscht hatte und zu der er die ganze Armee brauchte. Daher mußte er gegen die Zersplitterung seiner Armee sein. Eugen zeichnete sich in dieser Schlacht durch die Kühnheit aus, mit der er seine Reiter in den Kampf führte. Ihm wurde darauf die Ehre zuteil, dem Kaiser in Wien persönlich die Siegesnachricht überbringen zu dürfen. Leopold überreichte ihm zum Dank ein mit Diamanten besetztes Porträt von sich selbst.

Berg Harsan öffnete den Weg nach Serbien und zerstörte endgültig die Macht der Türken in der ungarischen Tiefebene. Die unmittelbare Folge der Schlacht war außerdem eine Revolte in der zurückmarschierenden türkischen Armee, die sich bis nach Istanbul erstreckte, wo der Großwesir umgebracht und Sultan Mehmet IV. abgesetzt wurde.

Die Divergenzen zwischen Karl von Lothringen und seinen zwei Untergebenen, Max Emanuel und Ludwig von Baden, kamen nach Berg Harsan wieder zum Vorschein. Die beiden Prinzen verließen das kaiserliche Lager und reisten nach Wien ab. Eugen war darauf bedacht, sich in diesem Fall nicht mit seinen deutschen Vettern zu identifizieren. Er stellte sich hinter den Herzog, der den Sommerfeldzug mit dem Angriff auf Siebenbürgen abschließen wollte, einem Vasallenfürstentum des Sultans, das bisher vom Krieg verschont geblieben war.

Die Kaiserlichen marschierten die Theiß entlang nach Norden, eine Route, die Eugen noch mehrmals in seinem Leben benutzen sollte. Anhaltender Septemberregen hatte das Land in knietiefen Morast verwandelt, und es gab kein Holz zum Heizen und Kochen. Viele Soldaten wurden krank, und ihre Pferde starben an Futtermangel.[5] Als sie endlich die Theiß nach Siebenbürgen überschritten, praktizierten sie etwas, was schon zur Gewohnheit geworden war: Sie nahmen türkische Zivilisten fest und verlangten für ihre Freilassung Lösegeld.[6] Während der Belagerung von Buda waren an die hundert türkischer Frauen festgenommen und als Sklavinnen verkauft worden. Die Hübscheren behielten sich die Soldaten jedoch oft selbst.

Der Herrscher Siebenbürgens, Fürst Michael II. Apáfi, leistete dem kaiserlichen Heer keinen Widerstand, sondern war sofort bereit, Tribut zu zahlen und Winterquartiere zu beschaffen. Karl von Lothringen traf daher mit seinen Offizieren, darunter auch Eugen, vor Jahresende wieder in Wien ein, während seine Armee Siebenbürgen besetzt hielt. Der Weg zur Annexion stand offen. Sie wurde in den nächsten zehn Jahren Schritt für Schritt durchgeführt. Die Siege von 1685 und 1686 hatten auch direkte Folgen für Leopolds Position in Habsburg-Ungarn und dem ehemals türkischen Ungarn. Die den Türken abgewonnenen Länder wurden direkt von der Krone regiert, und der im September 1687 in Preßburg tagende Landtag wurde gezwungen, den Habsburgern das Erbrecht auf den ungarischen Thron zu bestätigen und das Recht zur Rebellion abzuschaffen.

Die Voraussetzungen für den Feldzug 1688 waren wegen der Unruhen im Osmanischen Reich besser denn je, aber Karl von Lothringen konnte daraus keinen Nutzen mehr ziehen, weil der Marsch nach Siebenbürgen seinem ohnehin schlechten Gesundheitszustand sehr geschadet hatte. Max Emanuel bekam nun den Oberbefehl übertragen. Trotz seiner zarten, fast femininen Erscheinung hatte dieser Prinz mit seinem Vorgänger viele Gemeinsamkeiten. Wie Karl von Lothringen zeigte auch er sich in der Schlacht von seiner besten Seite – Marco d'Aviano beschreibt ihn als „Feuer und Flamme"[7] —, aber keiner von beiden mochte sich um die Details eines Feldzuges kümmern. Das Ziel, das der Kurfürst sich für seinen ersten Feldzug als Oberbefehlshaber gesteckt hatte, war die Eroberung Belgrads, der Hauptstadt Serbiens, der einzigen größeren Stadt im nördlichen Balkan, die noch türkisch war.

Die Stadt war leichter zu erobern als Buda, denn beim Nahen der Kaiserlichen verließen die türkischen Truppen und Zivilisten die Vorstädte, verbrannten ihre Häuser und flohen auf Booten die Donau abwärts. Nur Serben und Juden blieben zurück und eine türkische Garnison in der Zitadelle. Die Greueltaten von Buda sollten sich hier nicht wiederholen. Die Soldaten durften plündern, was die Flüchtlinge zurückgelassen hatten, die Bewohner aber blieben verschont.

Eugen sollte den Sturm auf die Zitadelle nicht erleben. Er wurde vorher durch eine Musketenkugel am Knie schwer verwundet und mußte sich nach Wien bringen lassen. Die Heilung der Wunde zog sich bis Dezember hin. Dazu traten eine Bronchitis und eine Nebenhöhlenentzündung, die er sich schon auf dem Marsch nach Siebenbürgen zugezogen hatte. Darunter sollte er von nun an während der meisten Winter leiden. Das ständige Einnehmen von Schnupftabak machte die Sache nur schlimmer.

Der Feldzug von 1688 sollte Eugens vorläufig letzter gegen die Türken sein. In den nächsten Jahren mußte er gegen Frankreich zu Felde ziehen. Seine fünf ungarischen Kriegsjahre hatten ihm im November 1687 den Rang eines Feldmarschalleutnants eingebracht. Anläßlich dieser Beförderung meinte Karl von Lothringen zum spanischen Botschafter, der Prinz besäße weit größere Talente, als man bei seinem Alter vermuten würde: Er war vierundzwanzig. Ein Jahr später meinte der Franzose Villars, der mit ihm unter Max Emanuel gedient hatte, daß er unter den kaiserlichen Generalen den neunzehnten Rang einnehme, und fügte hinzu: „Der Prinz von Savoyen wird für einen sehr tapferen Mann gehalten, der ebenso vernünftig wie geistreich ist, lernbegierig und bemüht, der gute Offizier zu werden, zu dem er sicher das Zeug hat. Er ist ehrgeizig und sehr ruhmbegierig, läßt sich aber vor allem von seinem... Pflichtbewußtsein leiten."[8]

Die Einnahme Belgrads 1688 markierte vorläufig den Höhepunkt der kaiserlichen Siege gegen die Türken. Die nächsten zwei Jahre brachten durch den Krieg mit Frankreich, durch den Abzug deutscher Truppenteile aus Ungarn und durch neuerliches türkisches Vordringen eine Verschlechterung der kaiserlichen Position und schließlich den Verlust Belgrads 1690. Dies bedeutete allerdings noch keine ernsthafte Bedrohung der kaiserlichen Herrschaft in Ungarn. Die Türkenkriege hatten immerhin gezeigt, daß auch beträchtlich kleinere deutsche Feldarmeen mit den Türken fertig werden konnten.

Die kaiserliche Armee verdankte ihre Überlegenheit auf dem Balkan der Arbeit des Italieners Raimund Montecuccoli, der als Oberbefehlshaber und Präsident des Hofkriegsrats (1668–1680) die Lektionen anwandte, die er als junger Befehlshaber während des Dreißigjährigen Kriegs gelernt hatte. Seine große Leistung bestand darin, die österreichische Infanterie nach dem Muster der schwedischen Armee von Gustav II. Adolf zu modernisieren. Er machte sie beweglicher, indem er die unbeholfenen „tercios" von 2000 Mann durch halb so große Bataillone ersetzte. Zugleich reduzierte er die Anzahl der Spießträger, die ein unhandliches, vier bis fünf Meter langes Schwert zu tragen hatten, und erhöhte die Zahl der Musketiere. Nach seinem Tod wurde die Beweglichkeit noch erhöht, indem man die schweren Zündschnurgewehre durch Steinschloßgewehre ersetzte. Mit dieser Umstellung begann man in den achtziger Jahren, vollständig durchgeführt war sie erst um etwa 1710. Während der Türkenkriege wurde das Schwert durch einen kürzeren Speer und dann durch das Bajonett ersetzt, welches man am Gewehrlauf befestigte. Somit trug jetzt jeder Infanterist eine Waffe, mit der er defensiv und offensiv umgehen konnte. Die französische Armee, die in vielem der österreichischen überlegen war, besonders in ihrer Organisation, hat das Bajonett wesentlich später eingeführt.

Montecuccoli übernahm von den Schweden auch ihre leichte Feldartillerie und rüstete das österreichische Heer mit ein bis zwei Kanonen für tausend Mann aus. Diese Kanonen waren Drei- bis Vierundzwanzigpfünder. Obgleich er eigentlich ein Infanteriegeneral war, führte er auch bedeutsame Veränderungen in der Kavallerie durch, um sie auf den Stand anderer westlicher Heere zu bringen. Die Kavallerie machte ein Drittel des Heeres aus und war wegen des Unterhalts der Pferde besonders kostspielig. Sie war die Elite der Armee und zog die junge Aristokratie mehr an als die Infanterie. Unter Montecuccoli wurde sie eine immer beweglichere Truppe, die den Feind entweder mit dem Schwert oder mit der Schußwaffe angreifen konnte. Die schwere Rüstung der Reiter gehörte von nun an der Vergangenheit an. Um 1680 schützten nur noch Reste der ehemaligen Rüstung Kopf, Brust, Rücken und Arme der Kürassiere. Unter einem weißen Umhang trugen sie eine braune Ledertunika, ein weißes Jackett und rote Hosen. Als Waffen hatten sie Säbel, Karabiner und Pistolen. Die leichten Dragoner, Eugens Lieblingstruppe, sorgten für Schnellfeuer auf allen Teilen des Schlachtfelds. Wie die Kürassiere trugen sie weiße Umhänge und schwarze, dreieckige Filzhüte, aber ihre Uniformen waren bunter, nämlich blau, rot und grün. Sie kämpften zu Fuß oder zu Pferde – es war also eigentlich eine berittene Infanterie – und trugen gewöhnlich einen gebogenen Säbel und einen Karabiner, später dann das Steinschloßgewehr mit aufgepflanztem Bajonett. Kürassiere und Dragoner gab es in allen westeuropäischen Armeen. Die Österreicher hatten in den achtziger Jahren viel den ungarischen Reitern, den Husaren, zu verdanken, die durch ihre pelzbesetzten „Attilas" (Husarenjacken) auffielen. Sie wurden für Überfälle, für Futterbeschaffung und Aufklärungsritte eingesetzt. Es gab auch kroatische Infanterie, ebenfalls in Pelz und mit Karabinern und Säbeln bewaffnet.

Die besseren Schußwaffen und die größere Beweglichkeit verschafften den Truppen des Kaisers und der deutschen Fürsten einen entscheidenden Vorteil vor den Türken. Im türkischen Heer gab es weder Bajonett noch Steinschloßgewehr. Die türkische Infanterie, die Janitscharen, mußte sich auf ihre

Geschicklichkeit im Fechtkampf oder auf die alten Zündschlösser verlassen. Eine leichte Artillerie kannten sie nicht, und die komplizierten Manöver und Schlachtordnungen der Kaiserlichen waren den Türken vollständig fremd. Sie hatten eine große Anzahl von undisziplinierten Freischärlertruppen in ihrem Heer, mit denen sie versuchten, den Feind zu überrennen und einzukreisen. Die Kaiserlichen mußten nur darauf achten, daß sie ihre Formationen zusammenhielten, wenn Welle auf Welle von Janitscharen und Spahis (türkischer Kavallerie) auf sie zurollte, um sie dann mit ihren überlegenen Schußwaffen niederzumähen. Je wilder die Türken angriffen, umso mehr Männer verloren sie. So siegte man durch die überlegene Verteidigung, aber später sollte Eugen zeigen, daß die Türken auch im Angriff zu besiegen waren. Die Stärke der Türken machten allerdings lange Zeit ihre tatarischen Reiterschaften aus, die nur mit Pfeil und Bogen bewaffnet ausgeschickt wurden, um Nachschublager und Dörfer zu überfallen. Nur die schnellen Husaren konnten mit ihnen fertig werden.

Krieg in Savoyen

Gerade als Belgrad sich im September 1688 Max Emanuel ergab, überschritten französische Truppen den Rhein und brachen an mehreren Stellen in das Heilige Römische Reich ein. Ludwig XIV. und sein Kriegsminister Louvois hofften, daß diese kleine Kraftprobe sowohl die Türken ermuntern würde, weiter Krieg im Balkan zu führen, als auch den Kaiser und die deutschen Fürsten dazu bringen würde, Frankreichs letzte Gebietserweiterungen zu akzeptieren.

Ludwig hatte sich zu diesem Gewaltakt entschlossen, da ihm klar geworden war, daß er in Europa nicht mehr die Spitzenposition von 1684 einnahm. Damals hatten ihm seine militärische Überlegenheit und einige Bestechungsgeschenke mehr Einfluß im Reich verschafft, als Leopold je besessen hatte, während er Frankreich an seiner Nord- und Ostgrenze durch eine Kette von Befestigungsanlagen von dem berühmten Befestigungsfachmann Vauban schützen ließ. Diese „eiserne Barriere" war 1688 fast vollendet, aber nun stand Ludwig vollkommen isoliert da, ja, sah sich mit Mächten konfrontiert, die ihn demütigen wollten.

Der entschlossenste von Ludwigs Feinden war der holländische Statthalter Wilhelm III. von Oranien. Er hatte schon vor dem Regensburger Frieden die anderen europäischen Mächte zu einer Allianz gegen Frankreich überreden wollen, war jedoch auf wenig Echo gestoßen. Nach 1685 änderte sich aber die Situation von Grund auf, als Ludwig den Fehler beging, das Edikt von Nantes zu widerrufen und viele französische Protestanten des Landes zu verweisen. Voller Entrüstung standen nun die deutschen protestantischen Fürsten, besonders der Kurfürst von Brandenburg, gegen ihn auf, während zur selben Zeit Leopolds Prestige wuchs und ihm seine Erfolge in Ungarn das Image eines für die gesamte Christenheit kämpfenden Herrschers verliehen.

Beunruhigt durch die Feindseligkeit der deutschen Fürsten beschloß Ludwig, sie durch Einschüchterung zum Gehorsam zu zwingen. Er versuchte, einen frankreichfreundlichen Kandidaten bei der Wahl zum Erzbischof-Kurfürsten von Köln durchzusetzen und die Ansprüche seiner Schwägerin Liselotte, der Herzogin von Orléans, auf die Pfalz durchzubringen. Wilhelm von Oranien fand nun aber in Wien immer mehr Unterstützung für einen geschlossenen Widerstand gegen die französische Gefahr. Borgomanero und der Hofkanzler Graf Strattmann brachten Leopold dazu, stillschweigend

Wilhelms Invasion in England zu dulden, mit der Wilhelm seinen Schwiegervater Jakob II. auf die antifranzösische Seite zu bringen hoffte. Leopold bestand nur darauf, daß der Protestant Wilhelm die Sicherheit der englischen Katholiken garantierte und versprach, die österreichischen Ansprüche bei der spanischen Erbfolge zu unterstützen.

Diese Allianz war im Ansatz schon vorhanden, als Ludwigs Truppen im September 1688 ins Reich einfielen und die Pfalz verwüsteten. Statt die deutschen Fürsten einzuschüchtern, hatte die französische Aktion den gegenteiligen Effekt, und der englische Gesandte in Regensburg berichtete, „daß die Franzosen die Deutschen durch ihre Ausschreitungen so in Wut gebracht haben, daß die deutschen Staaten noch nie so einig waren in ihrem Willen, sich zu rächen".[1] Damit stand der Krieg, den Ludwig zu vermeiden gehofft hatte, vor der Tür und sollte neun Jahre bis 1697 dauern. Der Einfall in der Pfalz lieferte Wilhelm außerdem den Vorwand zur Invasion in England. Hier wurde er mit seiner Frau Maria zu gemeinsamen Herrschern ernannt, nachdem Jakob II. nach Frankreich geflohen war. Das Parlament war entschlossen, die neuen protestantischen Herrscher gegen ihren alten König und seinen französischen Beschützer zu verteidigen.

Es bestand nie der geringste Zweifel, daß Österreich sich an dem Kampf gegen Frankreich beteiligen würde. Dafür stimmten einmütig alle militärischen und politischen führenden Persönlichkeiten und Leopold selbst. Offen blieb die Frage, ob der Kaiser den türkischen Krieg beenden sollte oder nicht. Leopold folgte schließlich dem Rat seiner klerikalen Ratgeber, den Kreuzzug im Balkan fortzusetzen, und begab sich damit in einen Zweifrontenkrieg, der weit über den Mitteln seiner Monarchie lag.

Im Mai 1689 unterzeichnete Leopold die Große Allianz mit den Holländern, welche sich das Ziel setzte, Frankreich in seine Grenzen von 1659 zurückzudrängen. Der Allianz traten bald auch England, Spanien und die Mehrheit der deutschen Fürsten bei, darunter auch Max Emanuel von Bayern. Leopold galt jetzt, und das stimmte in gewisser Weise, als der Streiter für die Interessen des ganzen Heiligen Römischen Reiches, wobei die Interessen für seine eigene Dynastie und Erbländer zurücktraten. Sein Ziel in diesem neunjährigen Krieg war es, die territorialen Abmachungen der letzten vierzig Jahre wieder rückgängig zu machen und Frankreich zur Herausgabe vom Elsaß und der drei Bischofstümer Metz, Toul und Verdun zu zwingen. Leopolds neue Autorität gründete sich auf die freiwillige Zusammenarbeit der meisten deutschen Fürsten, welche eingesehen hatten, daß ihre privaten Interessen jetzt zurückzustehen hatten. Das sichtbarste Zeichen für die veränderte Situation war die Wahl von Leopolds ältestem Sohn zum Römischen König im Januar 1690. Er konnte jetzt ohne neuerliche Wahlen seinem Vater unmittelbar auf den Thron folgen.

Der neunjährige Krieg (1688–1697) sollte sich bald in unentschiedenen

Manövern und Belagerungen verzetteln, da es den Alliierten nicht gelang, das Netz der französischen Befestigungsanlagen in Flandern und im Rheinland zu zerstören. Es ging bald nur noch darum, welche Seite als erste finanziell zusammenbrechen würde. Während aber Ludwig auf einen solchen Krieg vorbereitet war, suchten die Alliierten, besonders Wilhelm, verzweifelt nach einem Ausweg aus dieser Situation. Ein solcher schien sich in Italien anzubieten, und hier sollte sich Eugen zum ersten Mal als selbständiger Befehlshaber durchsetzen.

Eugen war fünfundzwanzig Jahre alt, als er seinem Förderer Max Emanuel an den Rhein folgte. Bei der Belagerung von Mainz befehligte er drei Kavallerie-Regimenter und holte sich eine leichte Verwundung am Kopf. Wahrscheinlich wäre er bis zum Ende des Krieges weiter am Rhein geblieben, und zwar in einer vergleichsweise geringen Position; denn es gab genug deutsche Fürsten, die sich um höhere Kommandostellen bewarben. Aber 1690 taten sich neue Aussichten auf, als sein Vetter Viktor Amadeus der Großen Allianz beitrat.

Mehr als zehn Jahre lang hatte Viktor Amadeus unter den von Franzosen besetzten Festungen Casale und Pinerolo gelitten, durch die Ludwig XIV. sein Herzogtum praktisch unter Kontrolle hatte. So sehr er sich wünschte, die Franzosen loszuwerden, so wenig wollte er den französischen Herrn gegen einen spanischen oder einen österreichischen eintauschen. Während seines ganzen Lebens wechselte er daher ständig von einer Allianz zur anderen, um sich so seine Unabhängigkeit zu bewahren und alles für Savoyen herauszuholen. Er lernte es, keine Rücksicht auf Gefühle zu nehmen, und schon 1687 sagte der französische Minister in Turin, „sein Herz ist so steinig wie die Berge seines Landes".[2] Fast die gleiche Politik praktizierte auch Max Emanuel von Bayern in den kommenden Jahren, eine Politik, die Eugen nicht verstehen und verzeihen mochte. Denn für ihn war Loyalität ein Grundbegriff des militärischen und öffentlichen Lebens.

Im Juni 1690 versprachen Österreich und Spanien nach langwierigen Verhandlungen, Viktor Amadeus' Truppen aus dem Reich und aus Mailand zu schicken, die ihm helfen sollten, die Franzosen aus Savoyen zu vertreiben. Die Seemächte (England und Holland) erklärten sich zu kontinuierlicher finanzieller Hilfe bereit, einmal weil der neue Kriegsschauplatz französische Kräfte binden würde, zum anderen, weil sie ursprünglich hofften, jetzt würde sich der schwache Punkt im französischen Verteidigungssystem zeigen. Paget, Wilhelms III. Gesandter in Wien, formulierte es so: „Eine Tür hat sich nach Frankreich geöffnet, die, denke ich, groß genug ist, um uns in das Haus des starken Mannes zu lassen."[3]

Kurz nachdem das Bündnis unterschrieben war, traf Eugen, der zum General der Kavallerie befördert worden war, mit seinem Freund Commercy in Turin ein, um das Kommando über fünf kaiserliche Regimenter zu übernehmen. Eugens enge Verwandtschaft mit Viktor Amadeus hatte ihm dieses Kommando eingetragen, aber auch Borgomanero, Strattmann und der savoyische Gesandte Tarino hatten sich in Wien für ihn verwandt. Nur konnten diese Männer leider nicht durchsetzen, daß die Truppen noch rechtzeitig in Italien eintrafen, bevor Ludwig XIV. seinerseits Maßnahmen getroffen hatte. So schrieb Eugen empört an Tarino: „Ohne Truppen bin ich hier unnütz, und man wird sagen, daß wir nur kämen, um hier in die Winterquartiere zu gehen."[4]

Die kaiserlichen Truppen wurden dringend benötigt, weil Ludwig XIV. entschlossen war, Viktor Amadeus zu bestrafen und seinem General Catinat befohlen hatte, große Teile des Berglands und der Ebene von Piemont in Brand zu setzen. Einschüchterungen dieser Art waren typisch für die französische Kriegsführung. Sie zerstörten Reis-, Korn- und Maisfelder in der Poebene und verbrannten ganze Dörfer. Nach einigen Versuchen der Bauern, sich an den französischen Truppen zu rächen, indem sie sie aus dem Hinterhalt überfielen, wurden alle erhängt, bei denen man Waffen fand. In seinem verzweifelten Versuch, die Zerstörung zu stoppen, verwarf Viktor Amadeus den Rat Eugens und bestand darauf, die Franzosen am 18. August 1690 in Staffarda mit seinen und den spanischen Truppen anzugreifen. Nur durch Eugens geschickte Führung der Kavallerie und seinen besonnen durchgeführten Rückzug[5] wurde sein ungeschickter Vetter vor einer militärischen Katastrophe gerettet.

Als Eugens Truppen endlich eintrafen, kam es dennoch zu keiner Aktion, weil die spanischen Generale zahllose Einwände erhoben. Nach Eugens Worten waren „die Spanier wenig disponiert, den Krieg energisch zu führen".[6] Er mußte sich mit kleinen Streifzügen zufriedengeben. Bei einem dieser Gefechte im September konnte er seine Soldaten nicht davon zurückhalten, sich so brutal wie in den türkischen Kriegen zu benehmen: Sie kastrierten und töteten anschließend zweihundert französische Gefangene. Dabei war damals schon der Gefangenenaustausch im Westen üblich. Allerdings gab es Ausnahmen: Von den Kaiserlichen am Rhein gefangengenommene französische Truppen wurden in ungarische Garnisonen gesteckt.[7]

Bei Einbruch des Winters mußten für die Truppen Quartiere beschafft werden. Nach der Gewohnheit, diese Last möglichst auf andere abzuschieben, gab Wien die Order, Eugen möge seine Leute in Montferrat einquartieren, das dem franzosenfreundlichen Herzog von Mantua gehörte. Der Herzog versuchte daraufhin, dieses zu verhindern, indem er seine Bauern ermunterte, Eugens Mannschaften aus dem Hinterhalt zu überfallen. Die unterernährten und schlechtbezahlten Kaiserlichen plünderten ihrerseits die Dörfer und hängten jeden auf, bei dem sie Waffen fanden. Eugen hatte wenig Freude an dieser Art Kriegführung und rügte seine Regierung wegen ihrer mangelnden Unterstützung. Während sich Catinat immer auf die Hilfe und die Anweisungen aus Frankreich verlassen konnte, war Eugen gezwungen, jeden Winter seine

Truppen zu verlassen, um die Alpen zu überqueren und den kaiserlichen Hof persönlich darum zu bitten, den rückständigen Sold zu zahlen und Vorsorge für das nächste Jahr zu treffen.

Während der nächsten fünf Jahre sollte er die Schwächen der kaiserlichen Regierung sozusagen aus erster Hand erleben. Der Hofkanzler Strattmann und der kaiserliche Vizekanzler Königsegg waren zwar entschiedene Gegner Frankreichs und hatten den Ernst der Situation begriffen, aber sie waren Ausnahmen. Eine besondere Enttäuschung war für Eugen Rüdiger Starhemberg, der 1688 zum Präsidenten des Hofkriegsrates ernannt worden war. So tapfer er einst Wien vor den Türken verteidigt hatte, so wenig administrative Fähigkeiten zeigte er jetzt. Neutrale Beobachter hielten ihn für einen frühzeitig gealterten eitlen Gecken mit geringem politischem Einfluß.[8]

Eugen erkannte bald, wie wenig wert die meisten Minister waren und wie wenig verläßlich selbst der Kaiser war. Anfang 1693 schrieb er verbittert seinem Vetter Ludwig von Baden, jeder denke nur ans Essen, Trinken und Spielen, und die tragischen Zustände im Reich (Frankreich fiel gerade in Süddeutschland ein) hätten den Kaiser wohl eine Stunde lang beunruhigt, dann aber habe Gott sei Dank eine Prozession stattgefunden und er habe alles vergessen.[9]

Diese Trägheit am kaiserlichen Hof irritierte Eugen außerordentlich, er mußte sich aber auch persönlich frustriert fühlen, da er sich plötzlich wieder in eine subalterne militärische Position zurückversetzt sah. Das kleine kaiserliche Truppenkontingent, das er 1690 in Savoyen befehligen durfte, wurde in den folgenden Jahren erheblich durch Söldnertruppen der Seemächte ergänzt. So wurde das Heer der Alliierten zu groß, um von einem jungen Offizier und unbedeutenden Prinzen befehligt zu werden, und Eugen mußte sich mit einer zweitrangigen Rolle abfinden und sich Männern unterordnen, die es nicht fertigbrachten, Catinat zu überlisten und ihn zu einer Entscheidungsschlacht zu zwingen.

1691 übernahm Max Emanuel den Oberbefehl. Mit ihm kam der Neapolitaner Caraffa nach Savoyen, der sich einen zweifelhaften Ruf durch seine an protestantischen Rebellen in Ungarn verübten Grausamkeiten erworben hatte. Der bayrische Kurfürst war zwar als tapferer Heerführer bekannt, aber hier tat er wenig mehr, als Catinats befestigtes Lager zu bombardieren. Als Catinat schließlich zurückschoß, zeigte Max, daß er seine mangelnde Strategie durch Schneid zu überspielen verstand: Als die Franzosen anfragen ließen, wo er sich im Lager aufhielte, damit die Artilleristen dort nicht hinschössen, antwortete er „überall".[10]

Obwohl Eugen einen kleineren Erfolg für sich buchen konnte, als er am 28. Juni 1691 die Stadt Cuneo befreite, was in Wien und Deutschland mit Genugtuung zur Kenntnis genommen wurde, litt er unter der unentschiedenen Kriegführung. Er enthielt sich jedoch jeder Kritik am Kurfürsten, begab sich in diesem Winter mit ihm nach Venedig und begleitete ihn sogar in die Spielsäle. Max Emanuel konnte ihm in seiner Karriere noch wertvolle Hilfe leisten, und er war Eugen auch keineswegs unsympathisch. Caraffa kritisierte er allerdings in scharfen Worten. Im Bewußtsein, daß seine Worte weitergeleitet werden würden, schrieb er an Tarino nach Wien, daß wohl niemand weniger Soldat sein könne als Caraffa und daß sich seine Armee in einer unvergleichlichen Verwirrung und Unordnung befände.[11] Eugen dagegen begann jetzt seinen Regimentern die strenge Disziplin abzuverlangen, die später die Regel werden sollte.

Als Max Emanuel den Oberbefehl in Italien abgab, um 1692 Statthalter der Spanischen Niederlande zu werden, waren die Alliierten überzeugt, daß nur Eugen fähig sei, den Feldzug in Savoyen zu führen und zu beleben. Im Januar 1692 setzte sich der englische Gesandte Paget dafür ein, daß der Prinz den Oberbefehl unter der nominellen Führung Viktor Amadeus' erhielte, denn er glaube, Eugen sei eine große Persönlichkeit und ein sehr umsichtiger Befehlshaber... er kenne das Land sehr gut, sei beliebt und von seinen Soldaten geachtet. Leider war der Hof auf diesen Schritt nicht vorbereitet.[12] Leopold zog einen Mann vor, den er gut kannte: Caprara. Dieser wurde der unmittelbare Untergebene von Viktor Amadeus, der 1692 das Oberkommando erhielt.

Caprara hatte die allerbesten Chancen, zu einem Entscheidungsfeldzug zu kommen. Denn während seine Truppen aufgestockt wurden, zog Ludwig XIV. viele seiner Truppen ab, um sie konzentriert in Flandern einzusetzen. Aber anstatt die französischen Festungen von Casale oder Pinerolo zu erobern, brach Caprara zu einem Rachefeldzug nach Südfrankreich auf und brandschatzte und plünderte, was ihm bis Grenoble in die Hände fiel. Ludwig hatte also richtig kalkuliert, daß die Alliierten nichts weiter tun würden, als „einige Dörfer in meinem Land niederbrennen", und er war gewillt, das in Kauf zu nehmen.[13] Eugen nahm an diesem Überfall teil und soll zu Commercy gesagt haben: „Sagte ich nicht, ich würde nach Frankreich nur mit dem Schwert in der Hand zurückkehren? Ludwig verbannte meine Mutter, die Gräfin von Soissons, und jetzt habe ich Tausende seiner Untertanen verbannt, indem ich sie aus ihren Häusern und aus ihrem Land vertrieb."[14] Obgleich diese Worte unbestätigt blieben, war Eugen hart und nachtragend genug, um dies gesagt zu haben. Mehr als dreißig Jahre später bemerkte ein französischer Beobachter, daß er sehr verbittert sei über Ludwigs Behandlung seiner selbst und seiner Familie.

Nach einem weiteren ergebnislosen Feldzug in Piemont 1693, der mit einem unbedeutenden Sieg der Franzosen in Marsaglia im Oktober endete, wurde Caprara im folgenden Jahr nach Ungarn geschickt. Nun war Eugens Stunde gekommen. Wer sonst hätte den Oberbefehl in Italien übernehmen sollen? 1694 bekam er den Befehl, unter Viktor Amadeus das Kommando zu führen, mit der speziellen Instruktion, vorsichtig vorzugehen. Caprara hatte den Kaiser vor Eugens Ungestüm gewarnt.

Vorsicht war auf jeden Fall am Platz, nicht nur, weil die kaiserliche Regierung es nicht fertigbrachte, Eugen mit Soldaten und sonstigem entsprechend zu versorgen, sondern auch wegen der schwankenden Haltung des Herzogs, der sich 1694 fortwährend in Ausflüchte rettete. Viktor Amadeus verhandelte damals bereits heimlich mit den Franzosen, denn seit Marsaglia glaubte er einer weiteren Verwüstung seines Landes nur dadurch entgehen zu können, daß er Ludwig XIV. seine Hilfe verkaufte. Der französische König zeigte sich dafür empfänglich, obgleich die Gespräche sehr langsam in Gang kamen. Als Eugen endlich die alliierte Armee so weit hatte, daß sie Casale im Juli 1695 belagerte, war er erstaunt, daß sich die Festung augenblicklich ergab. Aber Ludwig hatte dazu im Frühling schon in einem Geheimabkommen zwischen Viktor Amadeus und dem französischen Gouverneur von Pinerolo, Tessé, seine Einwilligung gegeben. Denn Ludwig wollte mit Viktor Amadeus einen Separatfrieden schließen, um die italienische Kriegsszene zu neutralisieren. Viktor Amadeus war jedoch gerissen genug, um weitere französische Zugeständnisse zu verlangen. Nach einem Treffen mit ihm bemerkte Tessé, daß er gerade eine Reise zu „dem schwierigsten, mißtrauischsten, unentschiedensten Fürsten gemacht habe, der je existiert hat".[15] Erst als Ludwig ihm im Mai 1696 Pinerolo versprach, willigte der Herzog in einen Frieden ein. Im folgenden Monat verkündete er den Waffenstillstand, forderte die anderen Alliierten auf, der Neutralität Italiens für den Rest des Krieges zuzustimmen, und drohte, seine Truppen mit den französischen zu vereinen, falls sie sich weigerten.

Obgleich Eugens Mißtrauen nach der Übergabe von Casale beträchtlich gestiegen war, waren ihm die Aktivitäten von Viktor Amadeus weitgehend unbekannt geblieben. Der Waffenstillstand brachte nun alles ans Tageslicht. Nie wieder wollte Eugen seinem Vetter vertrauen; ihre Beziehungen blieben bis zum Ende ihres Lebens gespannt, obgleich Eugen den Herzog weiter als Oberhaupt der Familie respektierte und ihm noch zehn Jahre lang sehr persönliche Briefe schrieb.

Im Sommer 1696 rückten Eugen und der Kommandant der spanischen Truppen, Leganéz, weiter ostwärts, um Mailand zu decken, während man in Wien und Madrid nicht wußte, wie man auf Viktor Amadeus' Waffenstillstandsvorschläge reagieren sollte. Im September vereinigte Viktor Amadeus seine Truppen mit den französischen unter Catinat, und es war anzunehmen, daß sie nun Mailand angreifen würden. Eugen bestürmte Leopold, schnell zu entscheiden, ob man kämpfen oder Italien aufgeben sollte.

Leopold schwankte lange. Die Seemächte bedrängten ihn auszuhalten; denn sie fürchteten, Ludwig würde seine Truppen sonst woanders einsetzen und die Alliierten zu einem Frieden zu seinen Bedingungen zwingen. Aber Leopold hatte keine Truppen mehr, um sie in Italien einzusetzen. So unterzeichneten am 7. Oktober 1696 Österreich, Spanien, Savoyen und Frankreich den Vertrag von Vigevano, der Italien für neutral erklärte. Catinat zog mit seinen Truppen nach Norden, und Wilhelm III. vergab Leopold nie diesen „häßlichen Schritt"[16], der zur Auflösung der Großen Allianz und zu einem Frieden mit Frankreich führte.

Der Krieg in Italien hatte für Österreich bisher keine Priorität besessen. Während die Seemächte gehofft hatten, die französischen Energien von Flandern und dem Rhein abzulenken[17], hätten die Österreicher ihre Kräfte lieber am Rhein konzentriert. Ihre Interessen sollten sich erst nach dem Krieg dramatisch auf Italien richten, als der Plan auftauchte, die spanischen Provinzen in Italien in österreichischen Besitz zu bringen. Der Herrscher mit den größten Gewinnen war in dieser Zeit Viktor Amadeus. Er erreichte die Unabhängigkeit von Frankreich und bekam Pinerolo und Casale zurück. Die Bauern in Piemont und Savoyen hatten jedoch schwer dafür zu zahlen. Sie wurden von Catinat gezwungen, als Sappeure und Fuhrleute zu arbeiten, ihre Ernte und ihre Häuser wurden verbrannt und ihr Vieh geschlachtet oder als Zugtiere fortgeführt.[18]

Catinat hatte es verstanden, die Schwäche seiner inkompetenten oder weisungsgebundenen Gegner auszunützen. Er war ein Meister der defensiven Strategie, auf die auch Ludwig XIV. große Stücke hielt. Eugen aber brachte es fertig, aus diesen enttäuschenden und frustrierenden Feldzügen mit gesteigertem Ansehen hervorzugehen, als der einzige General nämlich, der entschlossen war zu handeln und Entscheidungen herbeizuführen. Man hielt ihn jetzt allgemein für fähig, den Oberbefehl über eine ganze Armee zu übernehmen. (1693 hatte man ihn zum Feldmarschall ernannt, aber das war, obwohl er erst dreißig war, keine so seltene Auszeichnung, wie man annehmen könnte; denn 1705 gab es nicht weniger als zweiundzwanzig Feldmarschälle in der kaiserlichen Armee.) In diesem Krieg schien er sich auch endgültig dazu entschlossen zu haben, dem Haus Habsburg zu dienen. Immer noch unverheiratet und fast ohne familiären Kontakt, war Wien zu seinem Zuhause geworden, wo er begonnen hatte, Besitz zu erwerben.

Die Ergebnislosigkeit und Trägheit der italienischen Feldzüge wiederholte sich in noch größerem Umfang während des neunjährigen Krieges. Das muß besonders die jungen Generale, welche in den achtziger Jahren in Ungarn gekämpft hatten, geärgert haben. Aber während die türkische Armee der westlichen außer in ihrer Größe weit unterlegen war, waren sich die westlichen Armeen ungefähr ebenbürtig. Zur gleichen Zeit begünstigte auch die allgemeine Entwicklung eine zögernde und unentschiedene Kriegstechnik.

Der Machtzuwachs der zentralisierten westlichen und mitteleuropäischen Staaten ging Hand in Hand mit der Schaffung von stehenden Heeren. Dieser Prozeß ist seit dem frühen 17. Jahrhundert zu beobachten, aber gegen Ende des

Jahrhunderts verstärken sich besonders in Frankreich, aber auch in anderen Staaten, sichtbar die Bemühungen der Regierung, ihre Armee unter Kontrolle zu bekommen. Die Rekrutierung, Finanzierung und Verpflegung der Truppen übernahm immer mehr der Staat, ebenso bestimmte er über Uniformen, Waffen und Ausbildung. Mit der Rekrutierung gab es anscheinend die geringsten Probleme. Es wurde im Winter rekrutiert, wenn die Landarbeiter der damaligen Agrargesellschaft arbeitslos waren. Die Freiwilligen waren gewöhnlich Männer, die keinen Hof besaßen, sehr oft die Zweitgeborenen. In schlechten Zeiten nahm die Zahl der Rekruten automatisch zu. Manchmal aber war der Bedarf so groß, daß man zur Zwangsaushebung schreiten mußte, besonders bei Vagabunden. Die Religion des Rekrutierten war ohne Belang: Im kaiserlichen Heer waren auch Protestanten geduldet. Während es Kavalleristen vergleichsweise gutging, war der gewöhnliche Infanterist, der sich noch nicht zum Roboter der Armee Friedrichs des Großen entwickelt hatte, ein entbehrlicher Gegenstand geworden. Er war viel leichter zu ersetzen als ein Pferd der Kavallerie, und der Respekt, der ihm im 16. Jahrhundert entgegengebracht wurde, war dahin. Er verdiente nicht mehr als ein Taglöhner, wenn er überhaupt entlohnt wurde. Getrennt von seiner Familie und früheren Gemeinschaft, schlecht ernährt und gekleidet, verachtet und gehaßt von der jeweiligen Bevölkerung, wurde der Infanterist unausweichlich immer brutaler und ergriff jede Gelegenheit zu desertieren oder sich an den Zivilisten durch Plünderung und Gewalttätigkeit zu rächen.

Das Hauptproblem für die Regierungen des 17. Jahrhunderts war die Finanzierung und Verpflegung der großen Armeen, die in Kriegszeiten bis zu 250.000 Mann stark waren. Besonders die Verpflegung bereitete große Schwierigkeiten, da die Entwicklung in der Landwirtschaft und im Transportwesen in keiner Weise mit den wachsenden Erfordernissen der modernen Kriegführung Schritt gehalten hatte. Im Dreißigjährigen Krieg mußten sich die Heere von dem ernähren, was ihnen auf ihrem Marsch durch das fremde Land in die Hände fiel. Größere Armeen konnte man aber auf diese Weise nicht mehr ernähren. In manchen Gegenden, zum Beispiel in Ungarn, wären sie Hungers gestorben, und selbst in der fruchtbaren Lombardei und in den Niederlanden wäre es zu großen Schwierigkeiten mit der Beschlagnahme und Verteilung der Nahrungsmittel gekommen. Daher mußten die Regierungen bereits vor einem Feldzug Vorräte und Waffen sammeln und sie an strategischen Punkten in Magazinen lagern.

Die im Dreißigjährigen Krieg weit verbreitete Methode, die Truppen durch Plündern sich selbst versorgen zu lassen, wurde also aufgegeben. Wenn noch zuweilen wie in der Pfalz und in Savoyen-Piemont geplündert und gebrandschatzt wurde, dann geschah es vordringlich, um den Feind einzuschüchtern oder um ihn aller Reserven zu berauben. An die Stelle der Plünderung trat immer mehr die Praxis, der feindlichen oder auch neutralen Bevölkerung

Kontributionen abzuverlangen, und zwar unter Drohung, Ernten und Dörfer zu verbrennen. Diese Methode gab der Bevölkerung einen gewissen Schutz, dem Heer eine regelmäßige Einnahmequelle, mit der sie sich Vorräte verschaffen konnten, und den Offizieren Gelegenheit, sich zu bereichern, was Caraffa und Caprara voll zu nutzen verstanden.[19] Auch Städte wurden nur noch geplündert, wenn sie sich nicht ergeben wollten.

Die Beweglichkeit der Heere war also sehr beschränkt, da sie die Verbindung mit ihren Nachschublagern nicht verlieren und sich nicht weiter als 140 bis 160 Kilometer von ihnen entfernen durften. Denn es war unmöglich, daß ein Heer seine sämtlichen Vorräte mit sich führte: Allein das Futter für Pferde, Zugtiere und Korn, Handmühlen, Ziegel und Brennholz zum Brotbacken für eine Armee von 60.000 Mann für die Länge eines Monats hätte einen 198 Kilometer langen Transportwurm von 11.000 Karren erforderlich gemacht.

Das Nachschubsystem der kaiserlichen Armee war wahrscheinlich das schlechteste in Westeuropa. Es war bekannt, daß die kaiserlichen Armeen sich mit schlechterem Essen als andere zufriedengaben und gewöhnt waren zu hungern. Ihre Ration bestand lediglich aus Brot, Salz und irgendeinem Getränk. Aber auch in den französischen Armeen gab es keine tägliche Fleischmahlzeit. Die Soldaten des späten 17. Jahrhunderts erhielten wahrscheinlich nur ein Drittel der Joule-Werte und des Proteins, welche als Mindestration an die Truppen des Ersten Weltkriegs ausgeteilt wurden. Daher waren sie auch nicht in der Lage, mehr als zwanzig Kilometer täglich zu marschieren, litten dauernd unter Skorbut und waren überhaupt eine leichte Beute für Epidemien, besonders für Ruhr und Typhus im Spätsommer und Frühherbst, wenn sie sich über ungewaschenes und unreifes Obst hermachten.

Zu Eugens Zeiten wurde die Versorgung mit Nahrungsmitteln, Kleidung und Munition der kaiserlichen Armeen hauptsächlich von jüdischen Lieferanten besorgt. Der berühmteste dieser „Hofjuden" war Samuel Oppenheimer, der über ausgedehnte internationale Kontakte und Kreditmöglichkeiten verfügte. Er verlangte für seine Dienste nicht wenig, konnte aber nie sicher sein, bezahlt zu werden.

Das Futter für die Pferde wurde im allgemeinen nicht gelagert. Ohne Rücksicht auf die Bauern holte man sich die Provision für vier bis fünf Tage an Heu und Hafer einfach vom Feld. Waren Wetter und Bodenbeschaffenheit schlecht, dann beeinflußte das natürlich entscheidend die Beweglichkeit einer Armee. Im Winter kam daher alles zum Stillstand, und es gab im Jahr höchstens hundert Tage, an denen man Krieg führen konnte. Einen großen Teil dieser Zeit aber verbrachte man damit, die eigenen Nachschublinien zu verteidigen und die des Gegners abzuschneiden.

Die schwierige Nahrungsmittelversorgung, die geringe Beweglichkeit und die Tatsache, daß auch der geschlagene Feind den Winter dazu benutzen konnte, sich ohne Sorge vor einem Angriff wieder zu erholen, all das machte die Kriegführung jener Zeit zu einer langwierigen Angelegenheit. Die Feldzüge mit ein und demselben Gegner zogen sich oft über mehrere Jahre, bis die finanzielle Erschöpfung auf einer oder auf beiden Seiten im Verein mit militärischen Niederlagen endlich für ein Ende sorgten.

Zenta

Als die kaiserliche Armee sich übel zugerichtet im September 1696 in Richtung Mailand zurückzog und feststand, daß der Krieg in Italien aus war, schrieb Eugen an Leopold, man möge ihn im nächsten Jahr gegen die Türken in Ungarn einsetzen. Ein ähnliches Gesuch richtete auch Prinz Commercy, Eugens engster Freund und Untergebener während der vergangenen zehn Jahre, an den Kaiser.

In Ungarn war es Mitte der neunziger Jahre zu einem Patt gekommen; denn die Kaiserlichen konzentrierten alle ihre Kräfte auf die bedrohliche Lage am Rhein. Auch die führenden Generale wurden nach Westen abgezogen, 1689 Karl von Lothringen und Max Emanuel, 1692 Ludwig von Baden. Auf der anderen Seite hatten sich auch die Türken noch nicht so weit erholt, um an die Rückeroberung der an die Christen verlorenen Gebiete zu gehen. Allerdings machte Sultan Mustafa II. auch keine Anstalten, Frieden zu schließen oder auf Ungarn zu verzichten. Dazu konnte ihn nur eine totale militärische Niederlage bringen. Die Kaiserlichen schienen jedoch unfähig, zum letzten Schlag auszuholen, besonders unter den Befehlshabern, die auf Ludwig von Baden gefolgt waren, nämlich Caprara und ab 1696 Friedrich August, Kurfürst von Sachsen.

Der Kurfürst war erst Mitte zwanzig und von so kräftiger Statur, daß er bald als „August der Starke" bekannt war. Angeblich soll er so viele Kinder gehabt haben, wie das Jahr Tage hat. Für die, die ihn gut kannten, wie der englische Diplomat Stepney, war seine Ernennung eine Überraschung. Zwar nahm er nicht, wie Stepney prophezeit hatte, „einen Billardtisch und einen Tennisplatz mit ins Lager"[1], aber dennoch war er ein miserabler Feldherr. Er war wohl hauptsächlich deshalb nominiert worden, weil er 8000 Sachsen mitbrachte und Leopold ihn nicht mehr loswerden konnte. Den Rat der erfahrenen Generale nahm er nicht zur Kenntnis und wurde bald von allen verachtet. Einer von ihnen, der französische Emigrant Rabutin, äußerte freimütig im Hofkriegsrat, daß „die Ehre und der Vorteil, ein Kurfürst zu sein, nicht notwendig die Intelligenz und die Begabung zum Feldherrn mit sich zögen". Der Gedanke eines neuen Feldzugs unter Friedrich August brachte ihn zur Verzweiflung: „Unsere Soldaten haben allen Mut verloren...; denn sie haben nicht mehr Karl von Lothringen und nicht mehr Prinz Ludwig, um sie zu führen. Sicher könnte man Generale wie sie finden." Schlecht geführt und schlecht ausgerüstet stand die kaiserliche Armee kurz vor dem Zusammenbruch. Sie ernährte sich fast zur Gänze auf Kosten der ungarischen Bevölkerung. Sogar ein abgehärteter Kämpfer wie Rabutin, der der Meinung war, „daß man eher die Bevölkerung als die Truppen zu opfern habe", empfand Mitleid „für das Elend dieser armen Leute".[2] Die Verhältnisse schienen sogar noch schlimmer zu sein als die, die ein junger Engländer vier Jahre früher beschrieben hatte: „Hitze, Nässe und Lebensmittelmangel lasteten schwer auf uns, und nach Buda waren unsere Gesichter so gekennzeichnet, daß man glauben konnte, wir hätten die Blattern gehabt... In Esseg sehen alle aus wie Tote, ich bete zu Gott, daß ich hier gesund wieder rauskomme, denn ich war noch nie an einem so entsetzlichen Ort."[3]

Aus dieser mißlichen Lage konnte sich der kaiserliche Hof nur retten, indem er Friedrich August einen starken Mann unterstellte. Eugen schien genau der richtige für diese Position zu sein. Sowohl Ludwig von Baden, der den Oberbefehl am Rhein übernommen hatte und häufig mit Eugen korrespondierte, als auch der Präsident des Hofkriegsrats Rüdiger Graf Starhemberg traten beim Kaiser für Eugen ein. Aber Leopold zögerte. Wieder einmal hätte er lieber jemanden genommen, den er gut kannte, und so konnte er sich während des ganzen Winters 1696/97 nicht entscheiden. Schließlich gab er im April 1697 nach, einen Monat nachdem Starhemberg ein bemerkenswertes Lob über den dreiunddreißigjährigen Eugen abgegeben hatte: „Ich weiß niemand zu nennen", erklärte er dem Kaiser, „der mehr Verstand, Erfahrung, Fleiß und Eifer zu des Kaisers Dienst, der eine großmütigere und uneigennützigere Gesinnung, der die Liebe der Soldaten in höherem Grad besitzt als der Prinz."[4] Diese Hürde wurde also genommen, aber das Problem Friedrich August blieb ungelöst, bis der sächsische Kurfürst sich als Kandidat um den polnischen Thron bewarb, der seit dem Tod von Johann III. Sobieski im Jahr vorher leer stand. Kurz vor Beginn des Sommerfeldzugs reiste Friedrich August nach Krakau ab und wurde als August II. zum König von Polen gewählt. Obwohl keine Beweise vorliegen, haben Eugen und Rüdiger Starhemberg ihn anscheinend zu der Bewerbung sehr ermuntert und ihm die kaiserliche Unterstützung in Polen zugesichert, alles in dem Bestreben, ihn loszuwerden. Da es nun zu spät war, einen neuen Oberbefehlshaber zu ernennen, trat Eugen an seine Stelle und machte sich Anfang Juli auf den Weg, um seinen ersten wirklich selbständigen Feldzug zu führen.

Am 27. Juli nahm das kaiserliche Heer vor der starken Festung Peterwardein am Nordufer der Donau Aufstellung, um seinen neuen Oberbefehlshaber zu begrüßen. Schon physisch bestand ein gewaltiger Unterschied zwischen ihm und seinem Vorgänger. Der Prinz war nicht sehr groß und wenig anziehend und vor allem vollkommen uneitel. Zwar trug er eine üppige Perücke, aber den üblichen Offiziersrock aus perlgrauem Tuch mit goldener Borte hatte er schon lange gegen einen schlichten braunen Waffenrock eingetauscht.

Die 30.000 Österreicher, Sachsen und Brandenburger begrüßten ihn mit einem feierlichen Salut, und die verschiedenen Fahnen der Regimenter mit dem kaiserlichen Adler auf der einen und der hl. Maria oder irgendwelchen Heiligen auf der anderen Seite wirkten recht stattlich. Aber der Prinz blieb unbeeindruckt. Er schrieb an den Kaiser, daß er die Armee in einem „unbeschreiblich elenden Zustand" angetroffen habe. Die Disziplin sei total verfallen und in der Kriegskasse befände sich kein einziger Kreuzer, um die Truppen zu bezahlen.[5] Eugen mußte sich sofort 1000 Gulden von einem seiner Generale ausborgen. Dafür hatte er aber fähige Offiziere zur Verfügung: Commercy, der ihm als rechte Hand und als Kavalleriebefehlshaber schon unentbehrlich geworden war, Guido Graf Starhemberg und Siegbert Graf Heister, beide erfahrene Generale der Infanterie, und, das war das wichtigste, er war sein eigener Herr.

Mit welchen Hoffnungen Eugen auch diesen Feldzug begonnen haben mochte, allgemein erwartete man sich wenig von ihm. In dem Kriegsrat, den Rüdiger Starhemberg im Mai mit Friedrich August und Eugen abgehalten hatte, war beschlossen worden, rund um Peterwardein in die Defensive zu gehen und eventuelle türkische Einfälle in Südungarn und Siebenbürgen abzuwehren. Als der neue Oberbefehlshaber Wien verließ, tat er es mit der Warnung des Kaisers, „er solle nichts hasardieren, sichergehen und sich mit dem Feind in kein Treffen einlassen, außer mit einem großen Vorteil und fast sicherer Hoffnung auf einen glücklichen Ausgang".[6] Vorsicht war umso mehr am Platze, da im Juni ein Aufstand der Bauern und des niederen Adels in Oberungarn rund um Tokaj ausgebrochen war. Die Revolte, die sich an der Einquartierung plündernder Truppen entzündet hatte, verbreitete Panikstimmung bis Wien[7], und obgleich der junge Lothringer, Prinz Vaudémont, den Aufstand schnell niederschlug, begann Eugen seinen Feldzug mit einigem Unbehagen.

Da Eugen seine Verteidigerrolle ernst nahm, begann er damit, seine Stellung am Donau- und Theißufer von Peterwardein bis Szegedin zu verstärken und an verschiedenen Punkten Lager anzulegen. Er ließ alle verfügbaren Lebensmittel die Donau herunterschaffen, da das Land nördlich der Donau und westlich der Theiß damals unfruchtbares Sumpfland war. Die Vegetation bestand aus einigen Bäumen, niederem Buschwerk und Schilf. Während der sehr heißen Sommer trocknete das Land völlig aus, so daß es für die Armeen weder Wasser noch Gras gab. Der Transport auf dem Strom war daher sowohl für die Österreicher als auch für die Türken eine Existenzfrage. Die gegnerischen Flotten von Galeeren und Flachbooten lieferten sich oft wilde Wasserschlachten, und wenn widrige Winde die Schiffe aufhielten, wie es mit den Getreideschiffen im Juli passierte, befanden sich die Kaiserlichen in ernsten Schwierigkeiten. Doch ebenso ernst war die Gefahr, daß die Lieferanten gar keine Vorräte schickten. Eugen zeigte wenig Verständnis für die Schwierigkeiten des kaiserlichen Hauptlieferanten Oppenheimer, und bat den Kaiser dringend, er solle dafür sorgen, daß der Jude den Nachschub aufrechterhalte; denn lieber solle die Kreditwürdigkeit des Juden leiden, als daß Krone und Szepter Seiner Majestät in Gefahr gerieten.[8]

Am 19. August überschritt Sultan Mustafa die Donau in der Nähe ihres Zusammenflusses mit der Theiß. Die Erfolge des letzten Jahres hatten ihn sehr siegesbewußt gemacht: Auf speziellen Karren wurden Ketten für die deutschen Generale und Soldaten mitgeführt. Er war daher gar nicht überrascht, als Eugen sich am Ufer der Theiß entlang nach Zenta zurückzog. Das Ziel des Prinzen war jedoch, sich mit den Truppen Vaudémonts zu vereinigen, die nach der Unterdrückung der Revolte im Norden freigeworden waren, sowie mit der von Rabutin aus Siebenbürgen zurückgeführten Kavallerie. Nachdem dies geglückt war, kehrte er zu seinen Stellungen vor Peterwardein zurück, und zwar mit einer nun 50.000 Mann starken Armee. Während dieses mörderischen vierzehntägigen Marsches unter einem glühenden spätsommerlichen Himmel, wurde der kaiserlichen Armee eine Lektion in Disziplin erteilt.

Mustafa war sehr verblüfft, Eugen zurückkehren zu sehen. Das türkische Aufklärungssystem war offensichtlich recht schwach. Der Sultan hielt nun angesichts der neuen Situation einen Angriff auf die Kaiserlichen für zu riskant, da außerdem deren Nachhut von den Geschützen der Festung Peterwardein gedeckt war. Statt dessen zog er an der Theiß entlang aufwärts, um Szegedin zu erobern und dann über den Fluß nach Siebenbürgen überzusetzen, wo er Kontributionen fordern und Sklaven wegführen wollte.

Als Eugen durch seine Reiter über die Marschrichtung der Türken und über ihren Mangel an Kavallerie erfuhr, verfolgte er sie sofort mit seinen Truppen. Der Sultan verlor die Nerven. Aus Furcht, zwischen den vorrückenden Kaiserlichen und ihrer Garnison in Szegedin in die Falle zu geraten, begann er, die reißende Theiß bei Zenta mittels einer Notbrücke zu überqueren und hoffte, auf dem anderen Ufer nach Siebenbürgen marschieren zu können. Aber Eugens Truppen waren ihm dicht auf den Fersen. Und obwohl der sumpfige Boden ein schweres Hindernis für die Kavallerie darstellte, mußte die Armee Zehnstundenmärsche bewältigen. Eugen hatte die Idee eines Defensivfeldzugs ganz aufgegeben und bereitete sich darauf vor, zur Attacke überzugehen.

Am Morgen des 11. September gelang es den Husaren, einen türkischen Pascha gefangenzunehmen. Der Prinz drohte, nach seinen eigenen Worten, „ihn auf der Stelle in Stücke zu hacken"[9], und der erschrockene Türke verriet angesichts der gezogenen Säbel der kroatischen Reiter, daß Mustafa bereits den Fluß bei Zenta mit dem größten Teil der Artillerie und des Gepäcks überquert habe, nicht aber der Großwesir und die Infanterie. Eugen erkannte sofort seine Chance. Er trieb die Armee zu größter Eile an und ritt mit seinen Husaren voraus in Richtung Zenta. Am späten Nachmittag erreichte er das Hochland um Zenta und erblickte unter sich die türkische Infanterie, die noch

Ausschnitt aus dem Bericht Prinz Eugens an Kaiser Leopold I. über die Schlacht bei Zenta.

immer am westlichen Ufer darauf wartete, die Brücke überschreiten zu können. Ihr einziger Schutz bestand aus einer Wagenreihe und einigen Kanonen. Obwohl nur noch mit knapp vier Stunden Tageslicht zu rechnen war, entschied sich Eugen augenblicklich zum Angriff. Nach minimalen Vorbereitungen bildeten die Kaiserlichen eine Halbmondformation und schlugen los. Eugen entdeckte bald eine Sandbank neben der Notbrücke und befahl Guido Starhemberg und der Infanterie auf dem linken Flügel vom Fluß her hinter die Verteidigungslinien der Türken vorzudringen. Bei Einbruch der Dunkelheit war die Schlacht gewonnen. Der Sieg beflügelte Eugen zu einem poetischen Bericht an den Kaiser: „Dieser große und bedeutsame Sieg und diese großartige Schlacht endeten erst, als auch der Tag endete; es war, als hätte die Sonne sich entschlossen, nicht unterzugehen, bis sie mit ihren letzten Strahlen den Triumph der Waffen Ihrer Majestät bescheinen konnte." Tatsächlich aber wurden bis zehn Uhr nachts die Janitscharen von Eugens Soldaten niedergemetzelt. Man machte nur wenig Gefangene, denn die Soldaten seien, wie Eugen erklärte, so erregt gewesen, daß sie alle erstachen, die in ihre Hände fielen, trotz der hohen Geldsummen, welche die Paschas und türkischen Heerführer ihnen für ihre Leben boten.[10] Wahrscheinlich sind

20.000 Türken getötet worden und weitere 10.000 im Fluß ertrunken. Auch der Großwesir war tot. Seine eigenen Leute hatten ihn niedergeschlagen, als sie in voller Panik über die Brücke drängten. Eugen dagegen verlor nur ungefähr 300 Mann.

Erst am nächsten Tag, als die kaiserliche Armee den Fluß überquerte, in dem noch immer die Leichen der Türken trieben, zeigte sich die volle Größe des Sieges. Die türkische Infanterie war total zerstört, der Sultan und seine Kavallerie waren nach Temesvár geflohen und hatten die schweren Kanonen und das Lager zurückgelassen. Eugens Soldaten machten reiche Beute: 9000 Gepäckwagen, 6000 Kamele, 15.000 Rinder, die mit drei Millionen angefüllte Kriegskasse und verschiedene Kriegstrophäen, zu denen sieben Pferdeschwanzstandarten und vor allem das Amtssiegel des Großwesirs zählten.

Der Sieg war Eugens raschem Entschluß zu verdanken, seine Chance auf der Stelle zu nützen. Und angesichts der erkennbaren Fehler Mustafas und des schlechten Zustands der türkischen Truppen hatte der Prinz kühn, aber nicht tollkühn gehandelt. Er verzichtete auch darauf, den Sieg durch einen Angriff auf Temesvár oder Belgrad auszuschlachten, da er die Leistungskraft seiner Armee richtig einschätzte. Es war spät im Jahr, es hatte zu regnen begonnen, die Truppen mußten in Winterquartiere gebracht werden. Am 27. September gab es bereits über tausend Kranke. Das war nicht weiter überraschend, nach „sechs Wochen (Aufenthalt) in dieser Wüste, wo vor allem Holz unauffindbar war, wo es kein Futter gab und Wasser nur aus Tümpeln".[11] Eugen freilich brach mit Commercy und Starhemberg, einer 6000 Mann starken Kavallerie und ein paar leichten Kanonen zu einem einmonatigen Streifzug über „wilde und unerforschte"[12] Berg- und Waldpfade nach Bosnien auf. Höhepunkt des Einsatzes war die Plünderung und Brandschatzung des wichtigen, gänzlich unverteidigten Handelszentrums Sarajevo mit seinen Hunderten von weißen Minaretten. Eugen notierte in seinem Kriegstagebuch „unter den Türken (herrsche) eine schreckliche Konfusion".[13] Die kaiserlichen Terroristen traten dann über die Save ihren Heimweg durch Ungarn an, mit „einer großen Menge türkischer Kleider, vielen türkischen Frauen... viel Kleinvieh und Rindern"[14], und „brannten auf unserem Marsch rechts und links alles ab, was den Türken gehörte".[15]

Im November kehrte Eugen nach Wien zurück, wo er zum ersten Mal im Mittelpunkt eines triumphalen Empfangs stand. Man bereitete ihm öffentliche Ehrungen, der Kaiser ließ ihm ein kostbares Schwert überreichen und befahl die Anfertigung einer Sondermedaille, die auf der einen Seite ein idealisiertes Porträt des Prinzen schmückte und auf der anderen fünf halbbekleidete Damen mit türkischen Waffen und Standarten. Der Sieg verwandelte Eugen in einen europäischen Helden – über die Schlacht von Zenta erschienen zwanzig italienische und deutsche Druckschriften –, der über fünfundzwanzig Jahre lang das öffentliche Interesse auf sich ziehen sollte. Als „miles christianus" war er eine glänzende Propagandafigur für christliche Autoren, die sein praktiziertes Christentum verherrlichten.[16]

Zenta bot den Österreichern einen konkreteren Anlaß zum Feiern als der enttäuschende Friede, der zur selben Zeit mit Frankreich in Rijswick geschlossen wurde. Zenta genügte, um den türkischen Krieg zu einem Ende zu bringen, denn jetzt war auch der Sultan für Frieden. Dennoch zogen sich die Verhandlungen, welche die Seemächte als Vermittler führten, so lange hin, daß ein weiterer Feldzug im Sommer 1698 nicht zu vermeiden war. Eugen verbrachte den Sommer damit, seine Armee vor Peterwardein auf- und abmarschieren zu lassen, da die türkische Feldarmee sich vorsichtig außerhalb der Gefahrenzone hielt und bei Belgrad Stellung bezog. Im August kam es bei drei Dragonerregimentern fast zur Meuterei wegen Soldrückstand. Eugen ließ zwanzig Mann aufhängen, weitere zwölf erschießen und die restlichen Schuldigen Spießruten laufen, was zu jener Zeit die gebräuchlichste Form der Bestrafung im kaiserlichen Heer darstellte.

Zu Ende des Jahres begannen endlich die Friedensverhandlungen zwischen den Türken und ihren christlichen Feinden, zu denen seit 1695 neben den Kaiserlichen, den Venetianern und den Polen auch die Russen gehörten. Zusammen mit anderen Generalen wurde auch Eugen bei strategischen Problemen konsultiert, aber sonst führten Diplomaten die Verhandlungen. Am 26. Januar 1699 wurde der Vertrag von Karlowitz unterzeichnet, in dem ganz Ungarn und Siebenbürgen, außer dem Banat, dem Kaiser, Asowien den Russen, Podolien den Polen und Teile der dalmatinischen Küste sowie die Morea Venedig zugesprochen wurden. Vor weniger als zwanzig Jahren mußte sich Wien noch vor den nur hundert Kilometer entfernten türkischen Bollwerken fürchten; jetzt befanden sich die nächsten türkischen Festungen in Temesvár und Belgrad und waren beide selber mehr gefährdet als gefährlich. Österreich, das bis dahin ein Grenzland gewesen war, wurde nun zum Zentrum eines riesigen mitteleuropäischen Reiches. Dieser Friede gab Leopold auch eine neue Rückenstärkung für die Konfrontation mit Ludwig XIV.

Dabei war die Vertreibung der Türken von größerem Wert für die Monarchie als die neuerworbenen Länder. Denn diese waren mit Ausnahme Siebenbürgens zum größten Teil unfruchtbar. Die zurückgebliebene Bevölkerung fühlte sich weder den alten noch den neuen Herrschern verpflichtet. Aber schon zu jener Zeit fuhren Bauern aus Südwestdeutschland und aus Lothringen die Donau hinunter, um in „Griechenland" zu siedeln, wie sie es nannten. Zur selben Zeit kamen Slowaken aus den Karpathen und Serben, Griechen und Rumänen aus dem türkischen Reich selber nach Ungarn und begannen das Werk der Neubesiedlung.

Zwei Jahre Frieden

Der Zusammenbruch des türkischen Reichs in Mitteleuropa führte zu entscheidenden Veränderungen im Stadtbild von Wien. In den neunziger Jahren des 17. Jahrhunderts entwickelte sich die befestigte Grenzstadt zur aufstrebenden Hauptstadt des habsburgischen beziehungsweise deutschen Reiches. Die Innere Stadt, die durch Kara Mustafa stark gelitten hatte, wurde wieder aufgebaut, und in den Vorstädten außerhalb der Wälle wurden statt der abgebrannten Häuser neue gebaut. Die Innenstadt verwandelte sich in eine „Palaststadt"; denn hier hatte der Adel seine Winterpaläste. Zur selben Zeit baute er sich Sommerschlösser in den Vorstädten. Die heutige Ringstraße, die an Stelle der alten Befestigungsanlagen angelegt wurde, trennt noch heute die Innere Stadt von den Außenbezirken.

In der alten Innenstadt stellte die Hofburg eine gesonderte, etwas verbaute kaiserliche Enklave dar. Auch nach der Belagerung wurde hier wenig verändert. Obwohl Leopold seine von den Türken niedergebrannten Schlösser, die Favorita und Laxenburg, vollständig wieder aufbaute, war seine Bautätigkeit mit der seiner Untertanen nicht zu vergleichen: Dazu fehlte dem Kaiser das Geld.

Der weltliche und geistliche Adel gab in den letzten Jahren von Leopolds Regierung und während der seiner Söhne riesige Summen für seine Schlösser aus. Sie waren Opfer einer Krankheit geworden, die man den „Bauwurm" nannte. Voller Mitgefühl schrieb um 1710 der Kurfürst von Mainz seinem Neffen Friedrich Graf Schönborn, dem Reichsvizekanzler und fanatischen Bauherrn: „Bauen ist etwas Teuflisches. Hat man einmal begonnen, gibt's kein Ende."[1] Die größten Bauherren waren die Liechtensteins. Fürst Adam Liechtenstein, der 1701 von einem Berichterstatter für den reichsten Mann Europas gehalten wurde, empfand überhaupt keine Skrupel über seine Verschwendungssucht, sondern betrachtete sie als soziale Pflicht: „Da Gott der Allmächtige mir so viel Reichtum geschenkt hat, möchte ich im Jahr 30.000 Gulden spenden, aber nicht faulen Bettlern... sondern bedürftigen Künstlern und Arbeitern."[2]

Die Rekonstruktion Wiens war aber weniger beeindruckend, als sie hätte sein können. Ganze Stadtteile blieben unberührt und wurden immer überfüllter, da in besseren Gegenden Häuser niedergerissen wurden, um Platz für die Paläste zu schaffen. Diese überfüllten Stadtteile hatten 1713 besonders schwer unter der Pest zu leiden. Aber auch das aristokratische Viertel rund um die Hofburg enttäuschte manchen Besucher. Ein Hannoverianer fand 1730 die Paläste der Innenstadt zwar glänzender als die Pariser „hôtels", aber die Straßen, in denen sie sich befanden, seien „sehr eng und windig".[3] Ungefähr fünfzehn Jahre früher hatte Lady Mary Wortley Montagu darüber geklagt, es sei schwierig, „die schönen Fronten der Paläste zu betrachten... alle aus weißem Stein (es handelte sich um weißen Verputz) und außergewöhnlich hoch; denn da die Stadt für so viele Menschen zu klein ist, scheinen die Architekten diesen unglücklichen Umstand dadurch ausgleichen zu wollen, daß sie eine zweite Stadt auf die erste setzen, so haben die meisten Häuser fünf, manchmal sechs Stockwerke..."[4]

Die engen Straßen und hohen Gebäude gaben der Innenstadt etwas Finsteres. Mit der Straßenbeleuchtung stand es ebenfalls schlecht: Die Wiener spotteten, durch die Lichter könne man die Dunkelheit besser sehen. Der Durchschnittsbürger hatte immer eine Laterne mit sich, der Adelige wagte sich nicht zu Fuß auf die Straße, sondern ließ sich in der Sänfte tragen oder in der Kutsche fahren.

Leopold glich seine Bescheidenheit als Bauherr durch die Summen aus, die er in seine Musik- und Theateraufführungen steckte. Diese farbenfrohen rituellen Spektakel schienen ein Bedürfnis der Adeligen der Barockzeit zu erfüllen. Es konnte sich dabei genausogut um religiöse Prozessionen wie um Ballette handeln. Leopolds Hochzeit wurde zum Beispiel 1667 durch ein Ballett gefeiert, bei dem tausend Personen mitwirkten. Zweihundert Musiker allein saßen auf einer Galeere, die auf einem künstlichen See mitten auf dem Schloßplatz schwamm. Diese höfischen Spiele dienten der Unterhaltung des gesamten Wiener Adels; denn höfische Kultur und städtische Kultur waren fast identisch. Die dunkle spanische Hofkleidung und Etikette stand freilich in deutlichem Kontrast zu dem Leben der Aristokraten in ihren Palästen, wo man sich mit Empfängen, Bällen und Kartenspielen vergnügte. Obwohl der Kaiser gelegentlich die allzu hohen Einsätze beim Kartenspiel verbot, stellten ausländische Besucher fest, daß die Österreicher vom Kartenspielen genauso besessen waren wie von ihrem „geliebten Bauch... an den die Österreicher gewöhnlich am meisten denken".[5] Diese Besucher, besonders wenn es sich um Aristokraten aus dem Heiligen Römischen Reich und anderen europäischen Ländern handelte, welche auf dem Weg nach Italien waren, wurden von der Wiener Gesellschaft mit offenen Armen aufgenommen. Manchen von ihnen, die immerhin an die Welt der aristokratischen Privilegien gewöhnt waren, fiel der Standesdünkel und die Protzerei der Wiener unangenehm auf. Der englische Gesandte und ehemalige Offizier, Lord Cobham, war darüber so empört, daß er 1715 um seine Abberufung bat.[6] Ein Jahr später schrieb Lady Mary Wortley Montagu, daß die Wiener sich nur aufregten, wenn es um Etikettefragen ging, und erzählte einem Briefpartner die bemerkenswerte

Geschichte von zwei Damen, die sich bis zwei Uhr früh in ihren Kutschen in einer engen Gasse gegenübersaßen, weil keine der anderen Platz machen wollte. „Schließlich kamen die kaiserlichen Posten, um sie zu trennen. Auch dann wollten sie sich nicht von der Stelle rühren, bis man auf die Idee kam, beide im gleichen Augenblick auf eine Sänfte zu heben, worauf nun noch die Rangfrage bei den beiden Kutschern gelöst werden mußte, die hierin ebenso verbissen wie ihre Herrinnen waren."[7]

Wegen dieser Streitfragen kam es unter der Dienerschaft häufig zu Prügeleien, während ihre Herren sich duellierten. Eine besonders heftige Schlägerei zwischen Lakaien vor dem Haus Ludwigs von Baden wurde vom Hausherrn dadurch beendet, daß er einige Handgranaten aus dem Fenster warf, damit der Ball in seinem Hause ungestört weitergehen konnte.

Das Wien des späten 17. Jahrhunderts besaß eine sehr gemischte Bevölkerung, die 1690 von 80.000 auf 135.000 im Jahr 1721 gestiegen war. Während der Adel Spanier, Italiener, Ungarn und Franzosen absorbierte, gab es in den niederen Schichten viele Slawen und Juden. Die einzige Funktion dieser expandierenden Bevölkerung bestand immer mehr darin, dem Hof und dem weltlichen und kirchlichen Adel zu dienen.

Fast drei Jahre lang konnte sich Eugen nach seinem letzten Feldzug gegen die Türken voll dem Leben in der aristokratischen Gesellschaft Wiens widmen. Seine fremde Abstammung war dabei kein Hindernis, da in diesen Kreisen Italienisch und Französisch genauso fließend wie Deutsch gesprochen wurde. Eugen hatte Zeit und Geld. In diesen Friedensjahren hatte er für nichts anderes als für sein Dragonerregiment zu sorgen. Er war nun ein reicher Mann, obgleich man nichts Genaues über sein Einkommen weiß. Seine Geschäftsbücher sind nach seinem Tod verlorengegangen. Er erzählte jedoch 1699 Villars, daß er nur 50.000 Livres (ungefähr 37.500 Gulden) jährlich als Feldmarschall in der kaiserlichen Armee verdiente. Außerdem bezog er aber die Einkünfte von den zwei Abteien in Savoyen, und 1698 und 1702 schenkte ihm Leopold konfisziertes Land in Süd-Ungarn, in Siklós und Vörösmarton. Viel eingebracht dürften ihm diese Besitzungen allerdings nicht haben, wenn man den Zustand der Landwirtschaft im Ungarn jener Zeit bedenkt. Dazu kam, daß sie sehr sumpfig waren. Angeblich soll er sich sehr an der Beute in Zenta bereichert haben. Wie dem auch sei, die Einkünfte aus Savoyen bildeten wohl den Grundstock seines Vermögens, bis er 1703 Präsident des Hofkriegsrats wurde.

Er ging sehr vorsichtig mit dem Geld um, das er besaß, und benutzte es zum großen Teil dazu, Besitz zu erwerben. Er machte keine Schulden und bezahlte alle, die er in Paris vor seiner Flucht gemacht hatte. Da ihm nichts daran lag, Land zu erwerben, um daraus Einkünfte zu beziehen, kaufte er kein Gut[8], auf dem er als „Landedelmann" hätte leben können wie sein Freund Guido Starhemberg.[9] Statt dessen etablierte er sich in Wien in der Nähe des politischen Machtzentrums und kaufte Anfang der neunziger Jahre ein Haus in der Himmelpfortgasse. Nach und nach erwarb er dann auch die Nachbarhäuser rechts und links davon hinzu. Als er von seinem siegreichen Feldzug gegen die Türken zurückkehrte, war bereits ein schönes Stadtpalais für ihn errichtet worden, dessen Erweiterung und Verschönerung sich über die nächsten Jahre hinzog. Außerdem erwarb er ein Stück Land in einem südöstlichen Vorort Wiens, von dem man eine schöne Aussicht auf die Stadt und den Kahlenberg hatte. 1700 ging man an die Anlage der Gärten; das Schloß, das zukünftige Belvedere, sollte erst gebaut werden, wenn er das nötige Geld dafür hatte. 1698 konnte er auch die Donauinsel Czepel unterhalb Budas erwerben, indem er 15.000 Gulden anzahlte und weitere 70.000 innerhalb der nächsten zwei Jahre. 1701 lagen bereits die Pläne für ein Schloß vor.

Diese Besitzungen und seine militärische Position machten den Prinzen zu einem angesehenen Mitglied der Hofaristokratie. Andere Ausländer wie Montecuccoli, Caraffa und Caprara besiegelten allerdings ihre Assimilation, indem sie oder ihre Kinder in alteingesessene Familien einheirateten. Eugen aber war 1698 als Fünfunddreißigjähriger noch immer Junggeselle. Bei dem unruhigen Leben, das er geführt hatte, war das nicht weiter verwunderlich, aber nun war es Zeit, zu heiraten und seine eigene Familie zu gründen. In einer Epoche des Ehehandels dürfte es kein Problem gewesen sein, eine Braut zu finden; seine Mutter hatte sich bereits um eine spanische Heirat bemüht. 1690 schlug Ludwig von Baden ihm vor, seine Schwägerin zu heiraten, Franziska von Sachsen-Lauenburg. Tatsächlich haben sich die beiden kennengelernt. Eugen war der Prinzessin als „ein gar wackerer und galanter Herr, auch der teutschen Sprache wohl kundig"[10] vorgestellt worden. Aber sie scheinen kein großes Gefallen aneinander gefunden zu haben; denn man hört nichts mehr, weder über diesen noch über weitere Versuche, Eugen zu verheiraten. Vielleicht zog Eugen es vor, Junggeselle zu bleiben, weil er auf die Einkünfte aus den savoyischen Abteien im Falle seiner Verheiratung hätte verzichten müssen.

Weiß man etwas über die Beziehungen Eugens zu Frauen? Die Antwort lautet nein. Deutsche und österreichische Historiker haben sich sehr zurückhaltend darüber geäußert[11], was im Kontrast zu der Neugierde steht, die schwedische Historiker für einen Zeitgenossen Eugens, einen weiteren militärischen Genius, der nicht heiratete, nämlich Karl XII., empfanden. In Eugens Fall ist man auf Vermutungen angewiesen. Er selbst war extrem zurückhaltend[12], und wenn er sich je einem Menschen anvertraut hat, so liegt darüber nichts Schriftliches vor. So sind wir zum großen Teil auf die Berichte ausländischer Gesandter und seiner Generale angewiesen. Daraus geht hervor, daß er in Gesellschaft Frauen nicht auswich, aber es gibt keinen verbindlichen Hinweis auf irgendeine Geliebte bis in die späten vierziger Jahre. Es ist andererseits unwahrscheinlich, daß über eine zufällige Liaison berichtet worden wäre. Aber auch auf homosexuelle Neigung läßt, seitdem er Paris verlassen hat, nichts schließen. Und das hätten sicher französische Agenten und Minister und andere Beobachter zu Protokoll gegeben. Im großen und ganzen kann man davon ausgehen, daß der Prinz Intimbeziehungen emotionaler und körperlicher Art gleichgültig, ja ablehnend gegenüberstand, da sie nicht zu seiner sonstigen Selbstbeherrschung gepaßt hätten.

Die Kontakte mit seiner Familie hatten sich sehr gelockert, nachdem er 1686 einige Monate mit seiner Mutter verbracht hatte. Seine Schwestern starben in mittlerem Alter, ohne daß er sie je wiedergesehen hätte. Von seinen Brüdern starb Ludwig Julius 1683, ein anderer, Philipp, 1693. Ludwig Thomas, der älteste, diente in der französischen Armee, bis er sich mit Ludwig XIV. überwarf. Darauf versuchte er vergeblich im Ausland, militärisch zu reüssieren, bis er sich schließlich bei Eugen in Wien einfand. Dieser konnte ihm auch 1702 ein Regiment verschaffen, aber schon im gleichen Jahr kam er am Rhein ums Leben. Er hatte als einziges von Olympias Kindern geheiratet, und seine Kinder wurden von Eugen als Erben eingesetzt.

Wichtiger als die Familie waren Eugen in diesen Jahren seine Freunde in der Armee, besonders die beiden Lothringer Commercy und Vaudémont. St. Saphorin, ein französischsprechender Schweizer, war ein weiterer Freund. St. Saphorin sammelte zu jener Zeit Bücher, die er auch las, und es ist anzunehmen, daß auch Eugen sich so beschäftigte.[13]

Eugen beschränkte jedoch seinen Freundeskreis in Wien nicht auf französisch sprechende Emigranten. Er pflegte engen Kontakt mit einigen von Leopolds Ministern, mit Strattmann und Königsegg und mit dem böhmischen Kanzler Kinsky bis zu dessen Tod 1699. Er schloß sich auch an eine Gruppe jüngerer Leute an, die aus führenden österreichischen Familien stammten, vorläufig aber erst am Rande des politischen Einflusses standen: an Kinskys Neffen Johann Wenzel Graf Wratislaw, an Ludwig Philipp Graf Sinzendorf, den Sohn des früheren, der Korruption beschuldigten Präsidenten der Hofkammer, und an Gundaker Graf Starhemberg, einen jüngeren Halbbruder von Rüdiger Graf Starhemberg und Vetter des Infanteriegenerals Guido Graf Starhemberg. Wenn diese Männer auch noch keinen direkten Einfluß auf Leopold hatten, so hatten sie doch Zugang zu dem kaiserlichen Reichsvizekanzler Kaunitz und vor allem zu König Josef, dem Thronerben. Alle verkehrten selbstverständlich in Hofkreisen, in die der Kaiser zu jener Zeit auch Eugen einlud und ihm gewisse Funktionen übertrug. Als zum Beispiel 1698 Peter der Große Wien besuchte, um Leopold vergeblich zu bitten, den Krieg mit den Türken fortzusetzen, gab Leopold dem Zaren einen Maskenball (eine sogenannte „Wirtschaft") im Gewächshaus von Schloß Favorita. Die Gäste wurden gebeten, über die elegante Einrichtung und die zahllosen Wachskerzen in Gold- und Silberkandelabern hinwegzusehen und sich vorzustellen, sie seien in einem Landgasthaus. Der Kaiser und die Kaiserin spielten Wirt und Wirtin, die Gäste kamen als Räuber, Zigeuner und Bauern.

Eugen hatte die besondere Ehre, dem Wirt als Oberkellner zur Hand zu gehen, während Peter sich als frischer Bauernbursche amüsierte.

Zur Jahrhundertwende schien Leopold auf der Höhe seiner Macht zu stehen. Er hatte den Türken den Frieden von Karlowitz diktieren können, und die Zukunft seiner Dynastie schien mit zwei gesunden Söhnen gesichert zu sein; Josef, geboren 1678, und Karl, geboren 1685. Josef war bereits in Ungarn und im Heiligen Römischen Reich zu seinem Nachfolger gewählt worden. Dabei war die Regierung Leopolds in puncto Effektivität und Ministerqualität auf einem Tiefpunkt angelangt. Der Kaiser besaß keinen einzigen Ratgeber, der geeignet gewesen wäre, seine eigene Führungsschwäche zu kompensieren. Je älter er wurde, umso konservativer wurde er. Und so waren auch seine Minister. Genau wie der Kaiser selbst neigten sie auf eine hartnäckige Weise zur Unentschlossenheit. Der Hofkanzler Graf Buccelini war ein Flame, der weder Begabung noch Interesse für seine Aufgabe, die Außenpolitik, zeigte. Obersthofmeister und Vorsitzender der Konferenz – eine ziemlich leistungsschwache Versammlung – war der lethargische Graf Harrach. Die Verantwortung für die Außenpolitik trug in Wirklichkeit der Reichsvizekanzler Dominik Graf Kaunitz. Als erfahrener Diplomat erkannte er wohl, daß die Regierungsmaschine nicht von alleine laufen konnte, aber mit dieser Erkenntnis stand er ganz alleine. Auch die Hofkammer unter ihrem Präsidenten Graf Salaburg war in einem chaotischen Zustand, und die Armee wurde vollständig vernachlässigt. Da Leopold immer mehr Zeit der Religon widmete, war anzunehmen, daß ein Wechsel erst mit dem Wechsel der Monarchen eintreten würde.

Leopold I., der zwar völlig blind für die Schwächen seiner Regierung zu sein schien, war andererseits ungeheuer versessen auf die Bewahrung und Vergrößerung seiner dynastischen Rechte und seines internationalen Prestiges. Darin ähnelt er Ludwig XIV. Nach Karlowitz ließ er sich sogar wegen der umstrittenen spanischen Erbfolge in einen neuen Krieg mit Frankreich treiben. Die Initiative lag freilich wieder einmal bei anderen.

Obwohl die Seemächte und Spanien am 20. September 1697 mit Frankreich einen Friedensvertrag unterzeichneten (Rijswick), verschob Leopold seine Unterschrift Monat für Monat, da seit dem Sieg von Zenta der kaiserliche Hof damit liebäugelte, weiter Krieg zu führen.[14] Dabei zeigte diese leere Prahlerei nur einmal mehr, daß die „Augustissima Casa niemals etwas zur rechten Zeit tat".[15] Während es Leopold nicht gelang, eines der wichtigeren Gebiete wieder in seinen Besitz zu bringen, die sich Ludwig XIV. im Lauf der letzten fünfzig Jahre in Deutschland angeeignet hatte, erhielten die Alliierten durch diesen Frieden mehr, als sie verdienten: Ludwig XIV. anerkannte Wilhelm III. in England und gab Lothringen, Luxemburg und einige Festungen am Rhein zurück, wenn er auch Elsaß und Straßburg behielt. Ludwig war zu diesen Konzessionen bereit, weil er den Krieg beenden und Österreich und die Seemächte trennen wollte, bevor Karl II. von Spanien starb.

Um das Problem der spanischen Erbfolge kreiste dann auch die gesamte europäische Diplomatie. Dabei handelte es sich um kein neues Problem: Es existierte seit der Thronbesteigung des kränklichen vierjährigen Karls II. im Jahre 1665. Da er keine Erben besaß, hing sein Tod dreißig Jahre lang als Drohung und Verlockung über den europäischen Fürstenhöfen. Und seine hartnäckige Weigerung zu sterben verleitete einen Diplomaten zu der Bemerkung, „es ist sicher weniger zermürbend, ihm eins auf den Kopf zu geben, als ganz Europa weiter über seinen Gesundheitszustand im unklaren zu lassen".[16]

Europa war deshalb an seinem Nachfolger so interessiert, weil sein Reich so unermeßlich groß war: Außer Spanien und seinen Kolonien gehörten ihm die südlichen Niederlande und Luxemburg. In Italien besaß er Mailand, Neapel und Sizilien, Sardinien und Enklaven an der toskanischen Küste. Unglücklicherweise waren Karls nächste Verwandte Herrscher der zwei größten europäischen Staaten, Frankreich und Österreich. Sowohl Ludwig XIV. als auch Leopold I. waren Söhne von spanischen Prinzessinnen und hatten wiederum welche geheiratet. In Leopolds Fall war die Sache komplizierter, da seine spanische Frau, bevor sie starb, nur ein Kind geboren hatte, die Erzherzogin Maria Antonia, welche Max Emanuel von Bayern heiratete. Bei ihrer Hochzeit hatte sie auf ihre spanischen Ansprüche zugunsten ihres Vaters verzichtet. Denn Leopold wollte sich diese Ansprüche für sich und seine direkten Nachkommen sichern, für die Söhne aus seiner dritten Ehe mit Eleonore von Pfalz-Neuburg. Er dachte jedoch nie ernstlich daran, daß er oder sein ältester Sohn Josef König von Spanien werden sollte. Diese Rolle sollte sein jüngster Sohn Erzherzog Karl übernehmen, der bezeichnenderweise bereits auf den Namen des spanischen Königs getauft worden war. Desungeachtet war Leopold trotz seines ausgeprägten dynastischen Denkens bereit, eine Teilung der Erbschaft zu erwägen, lehnte es allerdings ab, zu Lebzeiten Karls II. darüber zu diskutieren.

Die übrigen europäischen Mächte konnten sich nur mit Schrecken vorstellen, daß das ganze spanische Reich entweder Frankreich oder Österreich zugeschlagen würde. Die ideale Lösung wäre die Thronbesteigung eines unabhängigen Herrschers gewesen, und das wünschten sich auch die Spanier. Der naheliegendste Kandidat war das Kind Maria Antonias und Max Emanuels von Bayern. Unglücklicherweise starb das „bayrische Kind" schon 1699. Während sich nun österreichische und französische Gesandte in Madrid um Einfluß auf den König stritten, wurden anderswo Versuche unternommen, zu einer diplomatischen Lösung zu kommen.

Nach Rijswick waren sowohl Ludwig XIV. als auch Wilhelm III. bereit, ihre eigenen und die europäischen Probleme auf friedlichem Wege zu lösen: Es bestand das gegenseitige Einverständnis, daß man für weitere Kriege zu erschöpft war. Die beiden Mächte zogen es vor, allein zu verhandeln, um dann das Ergebnis als „fait accompli" Kaiser Leopold vorzulegen. Die Schwierigkeiten, mit Wien zu verhandeln, waren ja bekannt. Nachdem die erste Lösung, auf die man sich einigen konnte, durch den Tod des „bayrischen Kindes" vereitelt wurde, stimmten Wilhelm und Ludwig im Juni 1699 einem zweiten Teilungsvertrag zu. In diesem Vertrag sollten Spanien, West-Indien und die südlichen Niederlande von Erzherzog Karl regiert werden, und Ludwigs eigener Thronerbe, der Dauphin Ludwig, sollte die italienischen Besitzungen erben. Ludwig beabsichtigte damals mit Wilhelms Einwilligung, die italienischen Besitzungen gegen die Herzogtümer Lothringen und Savoyen zu tauschen.

Diese Pläne machten sich zwar gut auf dem Papier, aber in Wirklichkeit wollten weder die Spanier ihr Reich zerstückelt haben, noch waren die Länder, die man Habsburg zugedacht hatte, jene, die Leopold haben wollte. Das Problem bestand darin, daß Wilhelm III., der sich sehr wohl der strategischen Bedeutung der südlichen Niederlande und der Vereinigten Provinzen für England bewußt war und der wirtschaftlichen Verflechtung dieser beiden Staaten mit Spanien und den spanischen Kolonien, einer französischen Einflußnahme in diesen Ländern nicht zustimmen konnte. Dagegen schien eine französische Expansion in Italien, Savoyen und Lothringen ungefährlicher.

Ab 1697 versteiften sich die Kaiserlichen auf Mailand, wenn sie schon sonst nichts bekommen sollten. Erstens weil Mailand kaiserliches Lehen war und „wegen seiner Fruchtbarkeit und Nähe zu den kaiserlichen Erbländern", und zweitens bedeute Mailand den Zugang nach Italien; hätten die Franzosen Mailand, dann hätten sie ganz Italien.[17] Der kaiserliche Vizekanzler Kaunitz ging sogar so weit, in der Konferenz vom August 1699 zu fordern, Leopold solle Mailand, Neapel und Sizilien verlangen und den Rest könne haben, wer wolle.[18] Die Kaiserlichen waren daher auch ganz gegen den Teilungsvertrag, der sie aus Italien ausgeschlossen hätte.[19]

Leopold und seine Minister waren sogar entschlossen zu kämpfen und Mailand so schnell wie möglich zu besetzen. Sie versäumten freilich, den anderen Mächten ihre eigenen Vorschläge zu einer friedlichen Lösung zu unterbreiten, bevor es zu spät war, und Leopold ließ nie erkennen, daß er grundsätzlich zu einer Teilung bereit war und daß nicht er selbst das österreichische Erbteil antreten wolle, sondern sein jüngerer Sohn. Er war aber der Meinung, daß die spanischen Ansprüche sein gottgegebenes Recht seien und daß es allein ihm, und nicht irgendwelchen internationalen Verträgen gebühre, dieses Recht an seinen Sohn weiterzugeben. Durch den Gebietszuwachs nach dem Frieden von Karlowitz war seine Position nun so stark, daß er auf Kompromisse verzichten konnte. Vor allem aber glaubte er im Jahr 1700, daß Karl II. nicht so bald sterben würde und die österreichische Partei in Madrid ihn eventuell dazu überreden werden könne, sein ganzes Erbe den österreichischen Verwandten zu überlassen.

Leider starb Karl II. jedoch schon im November 1700 und hinterließ sein ganzes Reich testamentarisch dem jüngsten Enkel Ludwigs XIV., Philipp von Anjou. Man hoffte in Madrid, daß Philipp, von dem das Testament verlangte, daß er auf alle französischen Thronansprüche zu verzichten habe, das spanische Reich mit Hilfe Frankreichs vor dem Zerfall bewahren würde. Ludwig XIV. beeilte sich, das Testament für seinen Enkel zu akzeptieren, während Leopold es auf der Stelle ablehnte: Für ihn war es noch weit schlimmer als der Teilungsvertrag. Der Kaiser sah aber ein, daß er in irgendeine Teilung würde einwilligen müssen, obwohl ihm, wie er in der Konferenz verlauten ließ, „Italien über alles" ging.[20] Mit ungewöhnlicher Energie betrieb er die bis dahin planlos verlaufenen Vorbereitungen zur Eroberung Mailands. Als er am Abend des 18. November 1700 vom Tod Karls II. hörte, befahl er Rüdiger Starhemberg, das italienische Unternehmen mit Caprara, Eugen und Commercy durchzusprechen, und schon nach drei Tagen wurde Eugen mit dem Oberbefehl über 30.000 Mann betraut, die im folgenden Jahr in Italien einmarschieren sollten.

Wien hatte nur wenig dazu getan, sich für seine Unternehmung fremde Unterstützung zu sichern. Zwar hatte man mit Brandenburg im November 1700 ein Bündnis geschlossen – der Preis war Leopolds Zustimmung zu Friedrichs Selbsternennung zum König von Preußen –, und man unterhielt auch mit Hannover und der Pfalz gute Beziehungen, aber von den italienischen Staaten war keine Hilfe zu erwarten und ebenso unklar war, wie die Seemächte reagieren würden. Wegen gewisser Schwierigkeiten in England und in der Republik konnte auch Wilhelm III. nichts gegen die Thronbesteigung Philipps unternehmen und mußte ihn als Philipp V. anerkennen. Auch Max Emanuel von Bayern und seinen Bruder, den Erzbischof von Köln, hatte Ludwig für sich gewonnen, indem er Max in seiner Position als Gouverneur der südlichen Niederlande beließ. Zu Beginn des Jahres 1701 waren französische Truppen in die südlichen Niederlande eingedrungen und waren nun dabei, nach Mailand zu marschieren, dessen spanische Verwaltung mit dem Gouverneur Karl Heinrich Prinz Vaudémont (der Vater von Eugens Freund) sich für Philipp erklärt hatte. Auch die benachbarten Herzogtümer Modena und Mantua erklärten sich zur Aufnahme französischer Garnisonen bereit, und auch Neapel erkannte Philipp an. Um die französische Dominanz in Italien zu vervollständigen, verheiratete im April 1701 Viktor Amadeus von Savoyen seine Tochter mit Philipp von Anjou, erneuerte sein Bündnis mit Frankreich und sagte seine Hilfe im Falle eines Krieges zu.

So war zu Beginn des Jahres 1701 Leopold von Ludwig diplomatisch überrundet worden und konnte sich nur auf die eigene militärische Stärke verlassen. Diese war nicht allzu groß, und wenig war auch zur Verbesserung der Finanzen getan worden. Diese Tatsachen waren Ludwig durch seinen Gesandten in Wien, Villars, wohl bekannt. Aber die österreichischen Minister rechneten damit – und damit sollten sie recht behalten –, daß eine Initiative

Österreichs die Seemächte dazu bringen würde, sich ebenfalls gegen Frankreich zu wenden. Die ersten Siege in Italien würden die Seemächte ermutigen, Österreich beizutreten, während eine österreichische Niederlage sie zum Widerstand gegen die wachsende Übermacht Frankreichs animieren würde.

Der Ausbruch des Spanischen Erbfolgekriegs

Der Kampfesmut Leopolds und seiner betagten Minister sank während der ersten Monate des Jahres 1701, als langsam klar wurde, daß die Seemächte sich mit ihrer Hilfe nicht sehr beeilten. Aber sein Sohn Josef und Dominik Kaunitz rieten dem Kaiser durchzuhalten. Die Verantwortung für den italienischen Feldzug lag derweil allein auf Eugens Schultern; denn der Hofkriegsrat befand sich in einer Krise: Der Vizepräsident Caprara starb im Februar 1701, und Rüdiger Starhemberg starb nach schwerer Krankheit im Juni. Wenn Eugen sich Hoffnungen auf eines der beiden Ämter gemacht haben sollte, so wurden sie enttäuscht. Leopold faßte den katastrophalen Entschluß, den opportunistischen Höfling Heinrich Fürst Mansfeld zum Präsidenten zu ernennen. Dieser war ein unfähiger und selbstgefälliger Mensch, dem die Bedürfnisse der Armee vollständig gleichgültig waren.

Ende Mai kam Eugen bei seinen Truppen in Rovereto (Bistum Trient, heute Italien) an. Die fast 30.000 Mann waren in guter Form. Denn da Leopold momentan nur einen Krieg führte, war es möglich gewesen, die erste Wahl zu treffen.[1] Eugen bestand darauf, sich seine Untergebenen selbst zusammenzusuchen, lauter enge Freunde, Commercy, Guido Starhemberg und Vaudémont, obwohl sich dessen Vater als Gouverneur von Mailand gerade für Philipp V. erklärt hatte. Eugens Endziel war die Eroberung Mailands und Neapels, aber dazu mußte er erst einmal in Italien sein. Der ganze Norden des Landes, von Savoyen bis Venedig, war von französischen Truppen besetzt und von ihren savoyischen und spanischen Alliierten. Catinat, der wieder das Kommando führte, blockierte alle Pässe von Tirol in die Lombardei. Die Franzosen prahlten, „die kaiserliche Armee müsse sich Flügel wachsen lassen, um nach Italien zu kommen".[2]

Es gab keine andere Möglichkeit, als einen neuen Übergang zu finden, und Eugen entschied, die Armee weiter östlich über die Berge zu führen, obgleich man damit die venezianische Neutralität verletzen würde. Hunderte Tiroler mußten Schnee schaufeln und Wege durch die wilden Täler von Terragnolo und Fredda freischlagen, damit die Truppen mit Zugtieren und Artillerie durchziehen konnten.[3] Anfang Juni hatte das Gros der Armee die Alpen ohne größere Pannen überschritten und betrat zwischen Verona und Vicenza venezianisches Territorium. Die Zeitgenossen verglichen diese heroische Tat sogleich mit Hannibals Marsch, und unmittelbar danach erschienen bereits die ersten Stiche, die das Ereignis verherrlichten. Eugen, dem alle Prahlerei gänzlich fremd war, schrieb an Leopold, daß es ein Wunder sei, daß eine Armee mit ihrer Artillerie so gefährliche und steile Berge überwinden konnte, wo es vorher keine Straßen gab und sich niemand daran erinnern konnte, daß hier je ein Karren durchgefahren sei.[4]

Catinat wurde dadurch vollkommen überrumpelt und fand nicht mehr zur eigenen Initiative zurück. Von nun an ging ihm alles schief, und er wurde zunehmend deprimierter. Da er nicht sicher war, ob Eugen vorhatte, nach Neapel zu marschieren oder in Richtung Mailand, verteilte er seine Truppen, so daß Eugen es leichter hatte, die vielen Kanäle und Flüsse in diesem Teil Nordostitaliens zu überschreiten. Die französische Aufklärung war schwach, Eugen, der seine Aufklärertrupps persönlich begleitete und jeden Gefangenen gründlich ausfragte, war weit besser informiert.[5] Es ist erstaunlich, daß er bei allem noch Zeit fand, dem Kaiser lange Berichte zu schreiben und ein offizielles Kriegstagebuch zu führen. Seine Berichte waren jedenfalls viel detaillierter als die der meisten anderen Feldherren, einschließlich Marlboroughs.

Durch mehrere Finten gelang es Eugen, sowohl die Etsch als auch den Mincio vor Ende August zu überschreiten und sich damit die Nachschubrouten nach Südtirol zu sichern. Die viel größere französische Armee war eigentlich ständig auf dem Rückzug. Zu spät realisierte Catinat, daß er den Österreichern niemals hätte die Initiative überlassen dürfen, und er mußte vor Ludwig XIV. zugeben, daß „bis jetzt der Krieg nicht erfolgreich gewesen ist".[6] Das war Ludwig XIV. nur zu bewußt. Besonders erzürnte ihn die Nachricht von der Niederlage, welche ein Teil der französischen Armee bei Carpi am 9. Juli einstecken mußte. Auf Catinats Entschuldigungen, er habe sich um die Verbindung mit seinen Lagern kümmern müssen, antwortete der König: „Die Kaiserlichen marschieren durch ein ihnen unbekanntes Land; sie haben dort weder Lager noch Befestigungen, aber nichts hält sie auf. Sie dagegen haben Städte und Flüsse in der Nähe, und das Land ist auf Ihrer Seite. Ich habe Sie davor gewarnt, daß Sie es hier mit einem unternehmungslustigen jungen Prinzen zu tun haben: Er kettet sich nicht an irgendwelche Kriegsregeln, während Sie ihm nur folgen und ihn gewähren lassen."[7]

Catinat mußte zurücktreten, aber Ludwig beging den Fehler, ihn durch den betagten Herzog von Villeroy zu ersetzen. Dieser war ein weit besserer Höfling als Soldat, aber ein Günstling von Ludwigs Frau, Madame de Maintenon, und ein Jugendfreund des Königs. Auch in dem Elternhaus Eugens war er zu dessen Kinderzeit oft ein und aus gegangen. Als Villeroy Ende August am Kriegsschauplatz eintraf, war er sich seines Erfolges gewiß, obwohl sich die französische Armee noch weiter in die Lombardei zurückgezogen und Mantua aufgegeben hatte.

Anstatt Angst zu kriegen, als Villeroy und seine große Armee zum Angriff übergingen, freute sich Eugen über die Aussicht auf eine Entscheidungsschlacht. Er wartete am östlichen Ufer des Oglio darauf, angegriffen zu werden, wählte sich sehr sorgfältig seine Position und brachte seine Truppen und Kanonen vor der kleinen Festung Chiari in Stellung. Von drei Seiten war er durch Flüsse geschützt, und da nicht genug Platz für eine Kavallerieattacke war, konnte er auf einen Frontalangriff der französischen Infanterie zählen. Er kannte den Gegner mittlerweile genau genug, um vorauszusagen, daß sie alles auf einen wilden Sturmangriff setzen würden, und damit hatte er recht. Catinat warnte zwar Villeroy vor der Stärke der kaiserlichen Position, aber Villeroy schob diese Warnung mit den scharfen Worten beiseite, der König „hat nicht so viele tapfere Männer ausgeschickt, damit sie den Feind durch ihre Ferngläser betrachteten".[8] Mit dreimaligem „Es lebe der König" stürzte sich am 1. September die französische Infanterie in die Schlacht und wurde von Eugens Truppen niedergemäht.[9] Zweitausend Franzosen wurden getötet, die kaiserlichen Verluste waren geringfügig. Chiari war ein Vorgeschmack auf die blutigen Schlachten des Spanischen Erbfolgekriegs.

Die Schlacht endete mit dem Rückzug der Franzosen. Villeroy war so niedergeschlagen, daß er keine neue Schlacht riskierte. Zwei Monate lagen sich die beiden Armeen nur eine Meile voneinander entfernt am selben Ufer des Oglio gegenüber. Auch Eugen mochte keinen Angriff riskieren, zu gut war die Verteidigungsstellung der Franzosen.

Jeder lauerte darauf, daß der andere abziehen würde, um ihn dann auf der Stelle anzugreifen. Je mehr es in den Herbst ging, umso härter wurden die Lagerbedingungen. Futter war so knapp, daß Eugens Pferde manchmal mit Laub gefüttert werden mußten. Aber noch schlimmer ging es den Franzosen, da ihr Lager sich auf sumpfigem Grund befand. Mitte November gelang es ihnen, mit nur geringen Verlusten den Oglio zu überschreiten und ihre Winterquartiere in Mailand zu erreichen. Hier machten sie sich allerdings bei der Bevölkerung höchst unbeliebt, weil sie Kontributionen von über fünf Millionen Lire bar und über zwei Millionen in Futter verlangten.[10] Das meiste mußten sie mit Gewalt eintreiben. Während sich die Franzosen und die italienischen Bauern dauernd Gefechte lieferten, waren Eugens Beziehungen mit den Einheimischen gut. Er konnte seine Leute unter Kontrolle halten und erreichte, daß nur Futter fürs Vieh geschnitten wurde und die Bauern ihre Ernte in Ruhe einbringen konnten. Wegen kleinerer Plündereien ließ Eugen vier Dutzend Soldaten hinrichten und berichtete dem Kaiser, daß er seine Truppen zu einer so strengen Disziplin erzogen habe, wie sie möglicherweise noch nie in einer Armee geherrscht habe.[11]

Die Winterquartiere bezog Eugen in dem pro-französischen Herzogtum Mantua. Auch er mußte Kontributionen erheben, da er während des vergangenen Jahres weit weniger Hilfe von Wien bekommen hatte, als er gehofft hatte. Die wenigen Geldsendungen gingen auch weit mehr auf die persönlichen Bemühungen des Kaisers als auf die des Hofkriegsratspräsidenten Mansfeld zurück. Dieser war hauptsächlich damit beschäftigt, seine Position zu stärken und Kaunitz zu verdrängen.[12]

Trotz seiner finanziellen Schwierigkeiten war der Feldzug zweifellos ein Erfolg für Eugen. Zwar hielten die Franzosen sich noch immer in Mailand, aber ihre Position war stark angeschlagen. Gegen Ende des Jahres zweifelte Villeroy, ob er sich in der Provinz überhaupt weiter halten können werde, so feindlich stand ihm die Bevölkerung gegenüber. Er warnte Ludwig XIV., er müsse „den Krieg in Italien aufgeben oder versuchen, im nächsten Jahr in diesem Land gesunde Verhältnisse zu schaffen".[13] Eugens Stellung dagegen schien gefestigt, und der Erfolg seines Feldzugs hatte wie erwartet die Seemächte auf die Seite des Kaisers gebracht. Der Prinz hatte Wilhelm III. über seine Fortschritte in Italien auf dem laufenden gehalten[14], und seit Jahresbeginn hatte auch sein Freund Wratislaw als kaiserlicher Gesandter in London um Hilfe bitten können. Am 7. September 1701 unterzeichneten die Seemächte mit Leopold die Große Allianz von Haag und bereiteten sich darauf vor, im nächsten Frühjahr in den Krieg in Italien einzutreten. Auch über eine neue Teilung des spanischen Reichs konnten sie sich einigen. Philipp sollte Spanien und die Kolonien behalten, Leopold gab sich mit den italienischen Provinzen und auf englisch-holländischen Druck mit den südlichen Niederlanden zufrieden[15] unter der Voraussetzung, daß Leopold seinen Anteil dem Erzherzog Karl überlassen würde.[16] Wilhelm III. starb jedoch, bevor England und Holland noch in den Krieg eingetreten waren, und sein Tod bedeutete das Ende der Personalunion zwischen England und den Vereinigten Niederlanden. Beide Länder blieben jedoch bei ihrem Entschluß, Spanien zu teilen. Der führende Kopf der Republik war nun Heinsius, in England die beiden wichtigsten Minister der neuen Königin Anna, Schatzkanzler Godolphin und der Oberbefehlshaber der englischen Armee, Marlborough.

1702 sah sich Ludwig XIV. nicht nur mit dem Konflikt in Italien, sondern auch mit Feindseligkeiten in den Niederlanden und am Rhein konfrontiert. Denn nun bekam Leopold auch hier genügend Unterstützung von den deutschen Fürsten, um einen neuen Feldzug unter Prinz Ludwig von Baden zu beginnen. Dieser setzte sich zum Ziel, die französischen Gebietsgewinne der letzten fünfzig Jahre zurückzuerobern. Das Hauptinteresse der Österreicher lag jedoch nun in Italien; hier konnten sie direkte Territorialgewinne erzielen, hier hatten sie auch doppelt so viele Truppen stehen wie in Deutschland. Alle Minister zeigten sich Spanien gegenüber gleichgültig, das sie als einen Leichnam ansahen, den alleine zu besitzen es sich kaum lohne, wenn man nicht die italienischen Gebiete dazubekäme.[17] 1702 konnten sie jedoch nur wenig tun, um diese begehrten Provinzen zu erobern, und die Seemächte hatten wenig Interesse daran, hier die österreichische Herrschaft zu etablieren.

Während der ersten Monate des Jahres 1702 verkam die kaiserliche Armee vor Eugens Augen in ihren Winterquartieren in Mantua. Bis zu fünfzig Mann mußten in verfallenen Häusern untergebracht werden, andere mußten auf der bloßen Erde schlafen, oft gab es nichts als Brot und Wasser. Von ihrem Sold für die fünf Wintermonate konnte er ihnen nur einen Monat bezahlen; denn das wenige Geld, das er erhielt, mußte dazu benutzt werden, Lebensmittel in Venedig und Ferrara einzukaufen. Diese Mißstände trieben Eugen dazu, unkonventionelle Taktiken gegen die Franzosen anzuwenden. Mitten im Winter, da sonst alle kriegerischen Aktivitäten ruhten, entschied er sich, Cremona in der Lombardei zu erobern, wo Villeroy sein Hauptquartier aufgeschlagen hatte. Ein Priester nämlich, einer der Kontaktleute Commercys in Cremona, hatte den Kaiserlichen verraten, daß von seinem Keller ein trockengelegter Kanal unter den Wällen hindurch ins Freie führe. In der Nacht vom 31. Jänner auf den 1. Februar 1702 krochen daher einige Grenadiere durch den Kanal, töteten die Wachen am nächsten Tor und öffneten es der Kavallerie und Infanterie des Prinzen Eugen. Die Überrumpelung der Franzosen war komplett. Viele ihrer Offiziere, darunter Villeroy, wurden im Halbschlaf gefangengenommen. Aber da an einigen Stellen von den Franzosen, besonders aber von den irischen Soldaten, die Eugen für die besten des Gegners hielt[18], verzweifelt Widerstand geleistet wurde, beschloß der Prinz um fünf Uhr nachmittags einen schnellen Rückzug, bevor französische Truppen aus den umliegenden Quartieren zum Entsatz herbeieilen konnten. Was so glänzend als Meisterstreich begonnen worden war, fand nun ein kümmerliches Ende, und Eugen bemerkte bitter einem französischen Gefangenen gegenüber: „Ich habe immer Pech und nichts gelingt mir."[19] Die Franzosen fühlten sich dennoch durch die Gefangennahme ihres Oberbefehlshabers so gedemütigt und verunsichert, daß sie sich aus dem ganzen Gebiet zwischen Adda und Oglio zurückzogen.

Obgleich diese Gefangennahme eine europäische Sensation und für Ludwig eine üble Schlappe war, enthüllte sie sich im nachhinein als ein Segen für die Franzosen. Denn während Villeroy zu einer vergnüglichen Gefangenschaft nach Graz abtransportiert wurde, ersetzte ihn Ludwig durch den Herzog von Vendôme, der aus ganz anderem Holze war. Schon als Zwölfjähriger hatte er seine Karriere als Soldat begonnen; er war ein Enkel Heinrichs IV. und ein Vetter ersten Grades von Eugen. Er war bekannt dafür, daß er bis in den Nachmittag schlief, sich schlampig kleidete und mit seinen Soldaten sehr familiär umging. Aber in der Schlacht war er ein fähiger Anführer und ein geschickter Parierer von Eugens Manövern. Seine Armee setzte sich aus Franzosen, Spaniern und Savoyern zusammen und war 80.000 Mann stark, während Eugen höchstens über 33.000 verfügte. Darüber hinaus konnte Vendôme auf feste Unterstützung aus Versailles rechnen, während Eugen fast ganz auf sich selbst angewiesen war.

Der Prinz wußte, daß es keinen Zweck hatte, sich um Hilfe an Leopold oder Mansfeld direkt zu wenden. Er schrieb daher im März und April dem

Jesuitenpater Bischoff, den er zwar nicht persönlich kannte, der aber einigen Einfluß auf Leopold und Josef besitzen sollte. Indem er ihn um seine Unterstützung bat, meinte er, er würde in Wien auf unfaire Weise von Leuten kritisiert, die sich selbst mit großen Worten aufplusterten, aber nicht das geringste Verständnis für Kriegsdinge aufbrächten... Meine Kriegführung wird als kroatisch lächerlich gemacht... Man versorgt mich weder mit Geld noch mit Lebensmitteln..."[20] Ende Mai drohte Eugen dem Kaiser, da er seit zwei Monaten kein Geld mehr erhalten habe, würde er am Ende des Feldzugs das Kommando zurücklegen. Er könne nicht länger die furchtbare Bürde tragen, die ihn Tag und Nacht quäle, nämlich mitansehen zu müssen, wie der Kaiser nicht nur die Ehre seiner Armee verlöre, sondern auch seine Krone, sein Szepter, seine Armee, Land und Leute.[21] Als er einen seiner Kavalleriegenerale, den Ungarn Pálffy, persönlich zu Leopold schickte, stellte ihm der Kaiser lediglich besorgte Fragen über Eugens Gesundheit, ob es dann wahr sei, daß „Eure Durchlaucht so grau wären und so übel aussähen. Worauf ich (Pálffy) ihm erwiderte, wie es anders sein könne, indem man Ihnen weder mit Antwort auf Ihre Schreiben, noch mit Geld und anderen Notwendigkeiten zuhalte".[22]

Solange es um die Armee in Italien so schlecht stand, konnte Eugen höchstens versuchen, möglichst viele französische Truppen festzuhalten. So wiederholte sich das Grundmuster des neunjährigen Krieges. Im Frühling 1702 gelang es Eugen, die Flüsse Mincio und Po als Linien einzuhalten und sich im Herzogtum Mantua zu verschanzen. Er wußte jedoch, es war nur eine Frage der Zeit, daß sich seine Armee demnächst von selber auflösen würde. Geld war so knapp, daß sogar die Offiziere auf ihren wöchentlichen Sold verzichten mußten. Die Desertierungen nahmen zu, das Lebensmittelproblem wurde immer kritischer, und auch für Futter war kein Geld mehr da, nun, nachdem die erste Mahd verfüttert war. Der ohnehin nur sporadische Nachschub aus Tirol drohte zu versickern, während die Bauern ihre verwüsteten Felder im Stich ließen und davonrannten.[23] Die Beziehungen zu den Einheimischen hatten sich sehr verschlechtert, nun waren es die Kaiserlichen, welche auf alle möglichen Anschläge mit Erhängungen und der Zerstörung von Häusern und Gehöften antworteten.

Obendrein wurden die erschöpften Truppen im Juli vom Sumpffieber heimgesucht, und trotz aller Appelle nach Wien gab es keine Ärzte für die Armee. Als Commercy krank wurde, mußte er von einem gewöhnlichen Feldscherer behandelt werden. Mit den Medikamenten für die kaiserliche wie übrigens auch für jede andere Armee war es ebenfalls schlecht bestellt. 1701 reichten zwei Wagen aus, um die Medikamente für die gesamte Armee des Prinzen zu befördern. 1697 beklagte sich Guido Starhemberg, daß man seinen Soldaten in Ungarn nur nutzlose Abführmittel und Schweißpuder mitgegeben hatte. Das Generalkriegskommissariat war aber der Meinung, daß geduldiges Abwarten eine wesentlich heilsamere Methode beim gemeinen Soldaten sei als teure Medikamente, und daher gelang es dem Kommissariat, seine jährlichen Ausgaben in diesem Punkt auf 40.000 bis höchstens 70.000 Gulden zu beschränken.

Im August 1702 war Eugen auf dem Tiefpunkt angelangt. Er mußte jetzt etwas riskieren, wenn seine Armee überhaupt noch zu sicheren Winterquartieren kommen sollte. Sonst hätte er sie über Tirol nach Hause führen und Italien den französischen Herren überlassen müssen.[24] Am 24. August überfiel er daher ein Drittel der französischen Armee unter Vendôme in Luccara. Es mißlang jedoch, die Franzosen aus ihrem Lager zu vertreiben; erst der Einbruch der Nacht machte dem blutigen Gemetzel ein Ende. Das Feuer auf beiden Seiten muß so wild gewesen sein, daß Eugen schrieb, „keiner der ältesten Generale, Offiziere und Soldaten konnte sich an so etwas in den letzten Kriegen erinnern".[25] Die Franzosen verloren 4000 Mann, die Kaiserlichen halb so viel. Eines der Opfer war Prinz Commercy, den eine Kugel in die Kehle getroffen hatte. Beim Anblick der Leiche brach Eugen in Tränen aus: Commercy war zwanzig Jahre lang sein bester Freund gewesen.

Obwohl Eugen in seinem Bericht an den Kaiser mit Stolz auf die Tapferkeit seiner Armee hinwies, brachte die Schlacht keine Gewinne, außer daß sich Vendôme während der nächsten Monate vor überstürzten Unternehmungen hütete. Bis zum Ende der Saison lagen sich die beiden Armeen in ihren befestigten Lagern bewegungslos gegenüber. Eugens Truppen waren der Auflösung nahe: Die unbezahlten Soldaten desertierten, wo sie nur konnten, die Pferde starben, und der Prinz mußte mitansehen, wie seine Offiziere ihr Ansehen aufs Spiel setzten, indem sie wie der einfache Infanterist zu Fuß gingen.[26] Am 5. November bezog Vendôme endlich seine Winterquartiere, so daß sich nun auch Eugen nach Quartieren für seine Truppen umsehen konnte und am Po entlang nach Carbonara zog, obwohl er wußte, daß es in der ganzen Gegend keinen Strohhalm mehr gab. Den Zustand seiner Leute beschrieb er dem Kaiser folgendermaßen: „Wir haben nun Ende November, und die Truppen haben noch nicht ihren Sold für den vorangegangenen Winter erhalten, geschweige denn für den Sommer. In der Zwischenzeit müssen die Leute nackt herumlaufen."[27]

Eugen zweifelte nicht, daß der Hauptfehler bei Mansfeld lag. Der Präsident des Hofkriegsrats war sicher ein inkompetenter Mensch, der sich laut Stepney, dem englischen Diplomaten, mehr von „persönlichen als allgemeinen Interessen"[28] leiten ließ und voll „seltsamer Vorstellungen steckte, während doch sein Geschäft praktische Erfahrung und nicht Spekulationen verlangte".[29] Wahrscheinlich nahm er sich nie die Mühe, Eugens lange Klagebriefe zu lesen. Es dauerte oft zwei Monate, bis er antwortete. Und dann riet er lediglich, Geduld zu haben und in die Defensive zu gehen, bis man Hilfe würde senden können, wie er auch versprach, daß 1703 genügend Truppen nach Italien entsendet werden würden, um Neapel und Mailand zu erobern.[30] Zugleich versicherte er dem Kaiser, daß Eugens Armee groß genug sei und er die Unterhaltskosten übertreibe. In Gegenwart Stepneys tadelte er den Prinzen, er habe seine Armee durch seine Operationen im Winter ruiniert.[31]

Durch Mansfeld wurde die ohnehin schlechte Situation noch verschlimmert. Die Monarchie war durch den Zweifrontenkrieg in Deutschland und in Italien finanziell total erschöpft. Bei einem Treffen mit Stepney im Dezember 1702 hoben Harrach, Mansfeld und Kaunitz hervor, daß sie im folgenden Jahr 5 Millionen Pfund für den Krieg auszugeben gedächten. Das war mehr als die gesamten Ausgaben für den Krieg der Briten.[32] Andererseits hatten die Kaiserlichen Anfang 1702 sich schriftlich dazu verpflichtet, 130.650 Mann ins Feld zu führen und hatten tatsächlich nur 40.000 in Italien und 20.000 am Rhein eingesetzt.

Ende Dezember 1702 war die Armee in Italien auf 20.000 Mann zusammengeschrumpft. Diese führte Eugen in Mirandola und Modena in die Winterquartiere, übergab das Kommando Guido Starhemberg und begab sich selbst nach Wien, nachdem mehrere Rücktrittsdrohungen während des Herbstes wirkungslos verhallt waren. Am 8. Jänner 1703 kam er in der kaiserlichen Hauptstadt an, sehr zum Mißvergnügen Mansfelds, der vergeblich versucht hatte, ihn „auf Distanz zu halten". Der Präsident war bereits heftig von Ludwig von Baden kritisiert worden, und diese Kritik war vom Thronerben Josef unterstützt worden. Denn dieser war im Sommer in Deutschland gewesen und war sehr erzürnt über die mangelnde Hilfe, die man von Wien aus Ludwig von Baden erwiesen hatte.[33]

Obwohl Eugen voller Verzweiflung über den Feldzug 1702 nach Wien zurückkehrte, war er inzwischen eine europäische Berühmtheit geworden. Die versuchte Einnahme Cremonas und die Schlacht von Luccara hatte man überall in den Hauptstädten der Alliierten gefeiert: Zumindest bewunderte man seine Taten mehr als den Stillstand am Rhein und in den Niederlanden. Dennoch war der Feldzug kein Erfolg gewesen: Eugen hatte alle Hoffnung fahrenlassen müssen, Mailand zu erobern, und nach Luccara war seine Armee sichtbar verkommen. Vendôme ärgerte sich nicht ganz zu Unrecht über den Ruf, dessen sich Eugen sogar in Frankreich erfreute. Am 1. Dezember erklärte er dem französischen Kriegsminister Chamillart, daß das Terrain mit seinen vielen Flüssen und Kanälen es schwierig mache, einen zähen Feind daraus zu vertreiben und fügte dann hinzu: „Aber wenn Sie sich die Mühe nehmen, auf der Karte nachzusehen, wo wir standen, als der Feldzug begann, und wo wir jetzt stehen, müssen Sie zugeben, daß Eugen möglicherweise ein Schlaukopf, aber sicherlich ein Pechvogel ist."[34]

Präsident des Hofkriegsrats

Als Eugen im Januar 1703 nach Wien kam, schien es mit allen Hoffnungen auf Expansion und Eroberung, mit denen die Monarchie vor zwei Jahren in den Krieg gezogen war, endgültig zu Ende zu sein. Ja, Österreich stand vor einer neuen Konfrontation: Max Emanuel von Bayern hatte sich im August 1702 in aller Öffentlichkeit für die Bourbonen erklärt.

Prinz Eugen ging auf die Vierzig zu. Er wirkte ernst und schweigsam, und seine schlichte Kleidung unterstrich noch den Eindruck der Fremdartigkeit unter all den eleganten und selbstzufriedenen Menschen rund um Leopold.[1] Obwohl er überall in hohem Ansehen stand, war er selbst sehr deprimiert über die Vergeblichkeit seiner Bemühungen, den Kaiser und seine Minister auf den Ernst der Situation und die Notwendigkeit, etwas dagegen zu tun, aufmerksam zu machen. Seine Gesundheit litt sichtlich unter dem Streß, und der englische Gesandte Stepney, der ihn gerne mit Wilhelm von Oranien verglich, meinte besorgt, die Gesundheit Eugens hinge „an einem dünnen Faden".[2]

Die Schlüsselfigur in allen Kriegsangelegenheiten war nach wie vor Mansfeld, der Präsident des Hofkriegsrats. Eugen trat ihm bemüht freundlich entgegen und nahm sogar sein erstes Mahl nach seiner Rückkunft in Wien mit ihm ein, aber nachdem er einige Zeit der leeren Eloquenz des Präsidenten gelauscht hatte, drohte ihm die Geduld zu reißen. Er bombardierte ihn mit wöchentlichen Memoranden und empfand immer mehr Verachtung für ihn. In seiner Privatkorrespondenz nannte er Mansfeld und Salaburg schlicht „zwei Esel".[3] An Guido Starhemberg in Italien schrieb er, daß man zu diesen Ministern wie gegen eine Wand rede.[4] Als ihm Mansfelds Pläne für die Sommerfeldzüge vorgelegt wurden, war er sprachlos: „Ich habe in meinem ganzen Leben noch nie etwas so Lächerliches gesehen."[5] Wann immer Eugen es schaffte, zum Kaiser vorzudringen, lauschte dieser freundlich seinen beschwörenden Worten, aber seine Antworten ließen erkennen, daß er Eugen nur loswerden wollte.[6] „Man kann kaum eindringlicher reden und schreiben, als ich es getan habe. Der Kaiser weiß es und verspricht Abhilfe, aber mit der Ausführung hapert es. Er schreibt ein ‚billet piquant' und glaubt, eine Menge getan zu haben."[7] Weder Bitten noch Rücktrittsdrohungen hatten irgendwelchen Effekt.

Mitte Mai befand sich Eugen immer noch in Wien. Er hatte nämlich guten Grund anzunehmen, daß bald ein Ministerwechsel eintreten würde, der sich positiv für ihn und die Armee auswirken könnte.[8] Seit Anfang des Jahres versuchte nämlich eine starke Gruppe in Wien, den Kaiser dazu zu bringen, Harrach, Mansfeld und Salaburg zu entlassen und sie durch Männer mit mehr Schwung und Enthusiasmus zu ersetzen. Denn Eugens Probleme in Italien waren ja nur Teilaspekte des allgemein schlechten Gesamtzustands. Eugen unterstützte diese oppositionelle Gruppe, übernahm aber nicht ihre Führung. Seine Versicherung Guido Starhemberg gegenüber, daß er selbst nicht anstrebe, Präsident zu werden[9], sollte man allerdings nicht zu ernst nehmen. Die Gruppe hatte innerhalb der kaiserlichen Familie selbst einen starken Befürworter in der Person des Thronerben. Josef schrieb im April an Ludwig von Baden: „Meine größte Arbeit jetzt ist, den Kaiser zu persuadieren, mit diesen eine Änderung zu machen ... und wenn es nicht bald geschieht, so ist es hernach zu spät."[10] Hinter Josef stand der Kurfürst von der Pfalz, der Bruder der Kaiserin Eleonore, der für eine energische Kriegführung gegen Frankreich eintrat. 1703 schickte er einen Gesandten nach Wien, der Leopold zur Entlassung Mansfelds bereden sollte. In seinem Begleitbrief schrieb er, man solle Mansfeld aufhängen, er sei bereit, das Seil zu zahlen.[11] Auch Vizekanzler Kaunitz, den Harrach von den Sitzungen der Konferenz ferngehalten hatte, arbeitete an demselben Ziel, zusammen mit Sinzendorf und Wratislaw, seinen beiden jungen Schützlingen. Die wichtigste Persönlichkeit dieser Gruppe war jedoch der noch ziemlich unbekannte Prinz Salm, ein ehemaliger Lehrer des Thronerben, jetzt Mitglied der Geheimen Konferenz und entschiedener Befürworter des Widerstandes gegen Frankreich.

Der Kaiser aber hing an seinen alten Ministern und nahm einfach nicht zur Kenntnis, welcher Druck von allen Seiten auf ihn ausgeübt wurde. Auch Landmarschall Graf Traun warnte ihn, wenn er nicht etwas unternähme, wäre es um sein Land und seine Familie geschehen ... „Die österreichischen Staaten werden leicht wieder einen Herrn finden, während es nicht sicher ist, ob das Haus Österreich seinen Besitz behalten kann."[12] Harrach war ein so alter Freund, daß ihn nur der Tod von Leopolds Seite reißen konnte, aber fast genauso hing der Kaiser an Mansfeld und Salaburg. Diese beiden waren sicher loyale und redliche Männer, und Mansfeld war dazu noch kultiviert und beredsam.[13] Salaburg hatte als Präsident der Hofkammer versucht, das Beste mit dem herrschenden System zu machen. Sein Unglück war, daß die meisten Wiener Bankiers ihn im Stich ließen, so daß er große Summen aus der eigenen Tasche vorstrecken mußte[14] und nur mit den Krediten Oppenheimers den Krieg finanzieren konnte. Das Rechnungssystem der Hofkammer funktionierte nicht mehr, und seine Beamten wurden mit den Anforderungen der Kriegszeit nicht mehr fertig. Die Hofkammer hatte zum Beispiel geschätzt, daß für den Feldzug 1702 23,5 Millionen benötigt würden, aber die Einnahmen aus den verschiedenen österreichischen Staaten, die Anleihen auf Bergwerke und andere Einkünfte hatten nur die Hälfte dieses Betrages ausgemacht.

Mansfeld und Salaburg waren genauso Opfer wie Ursache gewisser Krankheiten der Monarchie. Die größte Verantwortung trug der betagte und fatalistische Kaiser selbst. Er hing an seinen alten Dienern, schloß seine Augen vor den Realitäten und hoffte im übrigen auf „Wunder". Stepney gab die Schuld den „Übelständen einer langen und trägen Regierung" und meinte, daß jeder zukünftige Minister, besonders der Finanzminister, „in einem oder zwei Jahren verbraucht und weggeworfen werden wird".[15] Was nottat, war ein neuer Kaiser, neue Minister und ein neues Regierungssystem.

Leopold aber machte weiter keine Anstalten, seine alten Minister zu entlassen. Nun hatten sich aber im Juni 1703 bayerische Truppen in Tirol festgesetzt, während in Ungarn eine kleine, im Mai ausgebrochene Revolte an Umfang gewann. Am schlimmsten aber waren die Folgen des am 1. Mai eingetretenen Todes von Samuel Oppenheimer, dem „Hofjuden". In seinem Bericht schrieb Stepney, daß der Mann „sehr nützlich"[16] war, aber er war weit mehr als nur nützlich. Unter Salaburg war er nicht nur der Verantwortliche für den gesamten militärischen Nachschub gewesen, er hatte auch fast die ganze Finanzverwaltung geführt. Obgleich Leopold die Abhängigkeit von Oppenheimer unangenehm war, hatte er sie am Ende als ein notwendiges Übel akzeptiert, genauso wie die Kooperation mit protestantischen Verbündeten. Aber mit seinem Tod stürzte auch Oppenheimers Finanzimperium zusammen. Sein Sohn versuchte zwar verzweifelt, die Gläubiger zu vertrösten, aber die Krone, welche Oppenheimer angeblich 18 Millionen Gulden schuldete[17], war zu pleite, um ihn vor dem Bankrott zu retten. Salaburg mußte zugeben, daß Österreich einen „Schlag erlitten hatte, der schlimmer war als alles, was Frankreich ihm antun konnte".[18]

Ende Juni wurden sogar Leopolds Nerven schwach: Er entließ Salaburg und machte Mansfeld zum Oberstkämmerer. Das war ein Posten, der wenig Pflichten mit sich brachte, dafür aber den täglichen Kontakt mit dem Kaiser. Die zwei leeren Ministersessel wurden mit Gundaker Starhemberg und Prinz Eugen besetzt. Starhemberg wurde Präsident der Hofkammer, Eugen Präsident des Hofkriegsrats. Jedermann hielt den Prinzen für den einzig möglichen Nachfolger in diesem Amt, er selbst übrigens auch. Sowohl Leopold als auch Josef waren erstaunt, daß er bei Annahme des Amtes keinerlei Bedingungen stellte, außer daß er um ihren Beistand ansuchte.

Wesentlich für den Erfolg sollte sich Eugens Zusammenarbeit mit dem neuen Präsidenten der Hofkammer, Gundaker Starhemberg, „seinem intimen Freund"[19], erweisen. Kammer und Kriegsrat arbeiteten nun eng zusammen. Starhemberg war ein anerkannter Finanzfachmann und unterhielt enge Kontakte mit Wiener Bankiers. Als Vizepräsident der Hofkammer hatte er sich stets Salaburgs Politik der Großanleihen und seiner Abhängigkeit von Oppenheimer widersetzt. Glücklicherweise war er selber reich genug, um nicht der Korruption zu verfallen. Auf der Stelle machte er sich an die Neuorganisation seiner Abteilung. In mehreren langen Sitzungen unter dem Vorsitz Josefs wurde von den wichtigsten Ministern eine Finanzreform ausgearbeitet. Schon im August 1703 hatte man einen Versuch unternommen, die Schwierigkeiten der Regierung durch die Gründung einer Girobank zu lösen, aber sie war nicht so erfolgreich wie erhofft gewesen. So wurde sie 1706 durch die Wiener Stadtbank ersetzt, deren Direktor Starhemberg selber war. Zum ersten Mal wurden die Einnahmen und Ausgaben realistisch geschätzt und der ernsthafte Versuch unternommen, das Defizit durch erhöhte indirekte Steuern auszugleichen. Es erwies sich jedoch als unmöglich, die Stände dazuzubringen, ihre Steuerkontrolle an den Staat abzugeben. Obgleich Starhembergs Maßnahmen nicht einen unmittelbaren Erfolg nach sich ziehen konnten, verbesserte sich die Situation ab 1704 schrittweise, trotz der hohen Kriegskosten von ungefähr 25 Millionen Gulden jährlich. Die Seemächte halfen in Form von Anleihen – die Holländer liehen während des Krieges 5,9 Millionen Gulden und die Engländer 3,5 Millionen – und indem sie die Söldnerregimenter der kaiserlichen Armee besoldeten. Und sobald die Alliierten die ersten Eroberungen machten, war es den Kaiserlichen möglich, einen Teil der Kriegskosten durch Steuern aus dem besetzten Italien und Bayern zu decken.

Als Hofkriegsratspräsident war Eugen auch Vorsitzender des Ministerrates geworden, der in allen wichtigen Angelegenheiten befragt wurde. Seit Montecuccoli war er der erste Präsident, der sich weiter als Feldherr betätigte. Von seinen Kollegen, den Generalen, war ihm nur Ludwig von Baden in etwa ebenbürtig, was Erfahrung und Erfolg anging. Obgleich er vorläufig im Regierungszentrum in Wien zu bleiben hatte, versicherte er sowohl Guido Starhemberg in Italien und den alliierten Gesandten in Wien – und möglicherweise glaubte er selber daran –, daß er noch vor Ende des Jahres wieder in Italien sein werde. Seine wichtigsten Aufgaben waren jetzt die Reorganisation der kaiserlichen Armeen und die Ausarbeitung einer Strategie, mit der man die Bourbonen aus Italien und dem Reich vertreiben und die französische Macht zerstören konnte. Es war ihm klar, daß man dieses Ziel nur durch enge Kooperation mit den Seemächten erreichen konnte.

Er wußte auch, daß die Armee nicht von heute auf morgen zu verbessern war: Im November 1703 hatte er Starhemberg geschrieben, daß es „Zeit kosten wird, eine Armee wieder in Stand zu bringen, an deren Ruinierung man seit mehreren Jahren gearbeitet hat".[20] Er unternahm jedoch energische Schritte, um die Moral zu heben, stand in wöchentlichem Kontakt mit den Befehlshabern und schickte soviel Geld, wie er aufbringen konnte. In diesen ersten zwei Monaten seiner Amtsführung waren mehr Kuriere unterwegs als während der zwei letzten Jahre. Vor allem aber versuchte er die Qualität der Offiziere zu heben, indem er den Kaiser dazu brachte, am 5. September ein Dekret zu erlassen, nach dem es den Obersten verboten war, die Offizierspatente in ihren Regimentern zu verkaufen. Alle Ernennungen mußten nun über den Hofkriegsrat laufen, und Eugen benutzte ihn auch dazu, eine gewisse Disziplin in den Armeen durchzusetzen. Kurz nachdem er Präsident geworden war, befahl er einem seiner Generale in Tirol, scharf gegen Plündereien vorzugehen und Deserteure aufzuhängen. Der Gouverneur von Breisach wurde vor ein Kriegsgericht gestellt und wegen der Übergabe seiner Festung an die Franzosen hingerichtet.[21]

Die Reorganisation der Armee war eine Langzeitaufgabe. Die Umstände erforderten aber, daß auf der Stelle entschieden wurde, wie die bestehenden Kräfte am besten einzusetzen waren. Bayerns Eintritt in den Krieg hatte Ludwig XIV. erlaubt, sich 1703 in den Niederlanden in die Defensive zurückzuziehen und derweil mit voller Kraft das Reich und Österreich anzugreifen. Eugen fühlte sich zwar Max Emanuel persönlich zu Dank verpflichtet, aber er zweifelte nicht daran, daß man Bayern diesen Verrat zurückzahlen müsse. Schon im Januar 1703 hatte er zu Stepney gesagt: „Wir sollten mit größter Eile in des Kurfürsten Land eindringen und es (wenn der Kurfürst unsere Bedingungen ablehnt) verwüsten."[22] Mansfeld hatte vorgeschlagen, daß man die italienische Armee für diesen Zweck verwende, aber Eugen argumentierte mit Erfolg, daß es absolut unmöglich sei, die Armee aus Italien abzuziehen, solange die Franzosen dort eine stehen hätten.[23] Für den Kaiser war es wichtig, zumindest eine Defensivarmee in Italien zu belassen, um die politischen Ziele der Monarchie nicht in Vergessenheit geraten zu lassen. Italien war der einzige Teil des spanischen Imperiums, den Österreich aus eigener Kraft ohne das Wohlwollen der Seemächte erobern konnte.

Im Juni 1703 bekam der Kurfürst Verstärkung durch französische Truppen unter Villars und konnte nunmehr die Initiative ergreifen. Villars riet zu einem direkten Angriff auf Wien, das er für leicht einnehmbar hielt. Max Emanuel bestand jedoch auf einer Expedition nach Tirol, und diese sollte zu einem Fiasko werden. Die Bauern, welche zuerst Max Emanuel willkommen geheißen hatten, wandten sich sofort gegen ihn, sobald seine Truppen sich schlecht zu benehmen begannen, worauf ein schlimmer Partisanenkrieg begann. Eugen schickte, kaum daß er Präsident geworden war, zur Unterstützung der Bauern 3000 Mann nach Tirol. Im September war der letzte Bayer aus Tirol wieder draußen. Vendôme, der von Ludwig den Befehl bekommen hatte, Max Emanuel bei seiner Expedition in Tirol beizustehen, war zu spät gekommen und mit zuwenig Leuten. Eugen hatte also recht gehabt, daß die kaiserliche Armee unbedingt in Italien zu verbleiben habe.

Der Fehlschlag des französisch-bayerischen Angriffs auf Österreich war zum Teil Glück, zum Teil dem Widerstand der Bauern, zum Teil Eugens Taktik zu verdanken. Die Gefahr, die von Bayern ausging, bestand jedoch weiter. Ende des Jahres waren zwar Tirol und andere österreichische Provinzen frei, das ganze Donautal in Süddeutschland und die rheinischen Festungen Breisach und Landau waren jedoch in der Hand des Feindes.

Diese ungelösten Probleme und die wachsende Krise in Ungarn machten es unmöglich, daß Eugen im Herbst des Jahres 1703 wieder zu seinen Truppen in Italien stieß. Guido Starhemberg fühlte sich angesichts der mächtigen Armee Vendômes verlassen und verraten. Seine Briefe an Eugen klangen immer kälter, und zwischen den beiden Männern entwickelte sich bald eine heftige Animosität. Eugen erhielt nun als Präsident des Hofkriegsrats von seinen Befehlshabern ebensolche Briefe, besonders von Starhemberg, wie er sie selbst einst an Mansfeld geschrieben hatte. Obgleich einige Rekruten nach Italien geschickt worden waren und mehr Geld dorthin geflossen war als sonstwohin, beklagte sich Guido Starhemberg im September 1703, daß von seinen 50.000 Mann nur 18.000 dienstfähig seien und daß er deshalb wünsche, das Kommando niederzulegen.[24]

Auch Eugen fühlte sich in seiner Position nicht viel glücklicher. Auch er begann bereits nach einem Monat von Rücktritt zu reden. Das Haupthindernis für jede durchgreifende Handlung war nach wie vor der Kaiser. Stepney hatte richtig vorausgesagt, daß es keine eigentliche Erneuerung geben würde, solange der gegenwärtige Kaiser lebte.[25] Der Kaiser aber dachte nicht daran zu sterben, trotz seiner geschwollenen Beine und der Befürchtungen seines Arztes.[26] Eugens Klagen schenkte er wenig Beachtung, obwohl der Prinz selber erklärte, er habe zu ihm „heftiger als irgendein anderer Minister gesprochen".[27] Vor allem aber versäumte er es, der Opposition entgegenzutreten, die sich am Hof und innerhalb der Regierung gegen die von Eugen und Starhemberg geplanten Reformen gebildet hatte. Mansfeld und Harrach kritisierten, wo sie nur konnten, die jungen Männer und unterstützten Leopolds natürliche Neigung, „den Rest seines Lebens möglichst bequem zu verbringen".[28] Es war auch nicht einfach, den anderen Ministern den Ernst der Situation begreiflich zu machen. Sie kamen nicht einmal zu den Sitzungen der Konferenz. Ebenso gefährlich war der unter den Beamten herrschende Geist, daß ohnedies nichts zur Rettung der Situation getan werden könne. Im November schrieb Eugen verbittert an Guido Starhemberg: „Ich möchte lieber ein Galeerensklave sein, als auf diese Weise als Kriegsratspräsident zu dienen."[29]

Sechs Monate nach Eugens Amtsübernahme sah die militärische Lage der Monarchie schlechter aus als zu Beginn seiner Tätigkeit. Am bedrohlichsten war im Moment der Aufstand in Ungarn. Die Verzweiflung der Bauern über die Verwüstungen der türkischen Kriege und die drückenden österreichischen Steuern, zu denen noch die Abgaben für die Feudalherren kamen, waren die Ursache für die Revolte gewesen. Dann aber gelang es Franz II. Rákóczy und anderen Magnaten, den Bauernaufstand in einen Krieg für die Wiederherstellung der alten ungarischen Verfassung und die Rechte der Protestanten umzuwandeln, wobei sie durch Ludwig XIV. unterstützt wurden. Ende 1703 beherrschten die Rebellen fast ganz Ungarn. Ihre Reiterschaften unternahmen

Streifzüge bis nach Mähren und Niederösterreich hinein. Sogar Wien wurde von Panik ergriffen; und die Menschen strömten aus den Vorstädten und umliegenden Dörfern in die befestigte Innenstadt.[30]

Mitte Dezember begab sich Eugen persönlich nach Preßburg. Er war tief entsetzt über die Situation, die er hier vorfand, und berichtete dem Kriegsrat am 22. Dezember: „In Summa überall ist nichts, und aus nichts kann ich auch nichts machen."[31] Er erlaubte zwar, daß so loyale Magyaren wie Esterházy mit den Rebellen verhandelten, aber damit wollte er nur Zeit gewinnen. Er mißtraute Rákóczy, der in Wien sein Nachbar gewesen war, zutiefst und wollte die Rebellion mit Gewalt zerschlagen. Inzwischen sorgte Josef in Wien für tatkräftige Unterstützung: Aus den kaiserlichen Reitställen wurden Pferde geschickt und reiche Adelige, wie Liechtenstein und Czernin, streckten gewaltige Geldsummen vor, während der übrige Adel, die Kaufleute und Beamten Steuern zu zahlen und von der Einwohnerschaft „jedes Haus einen Fußsoldaten zu stellen hatte".[32] Aber alle diese Maßnahmen – man zog auch Truppen aus Tirol ab – reichten gerade aus, daß Eugen die Donaubrücken verstärken konnte, um ein Weitervordringen der Rebellion zu verhindern. Von einer Offensive gegen die Aufständischen konnte keine Rede sein.

Mitte Januar verließ der Prinz Preßburg, als er vernahm, daß die Bayern Passau eingenommen hatten. In Wien breitete sich Schrecken aus, man saß dort wie in einer Falle zwischen den Bayern und den Ungarn. Der holländische Gesandte Bruynincx war überzeugt, daß es mit Österreich zu Ende ging. So schrieb er am 16. Januar: „... Es sieht so aus, als stände der Feind bald vor den Toren Wiens, von beiden Seiten kommend. Es ist absolut nichts da, um sie aufzuhalten, kein Geld, keine Truppen, nichts ist für die Verteidigung der Stadt getan. Bald werden wir kein Brot mehr haben. Ich halte einen allgemeinen Aufstand für möglich, denn Sie können sich nicht vorstellen, wie böse die Leute vom Kaiser, der Regierung und dem Klerus reden."[33] Wenn der Hof hätte fliehen wollen, er hätte nicht gewußt wohin.

Auch Eugens Einschätzung der Situation war äußerst düster. Kurz bevor er nach Wien zurückkehrte, erinnerte er Josef an das Sprichwort „Gott hilft dem, der sich selbst hilft".[34] Aber die Krise ging vorbei. Österreichs Feinde konnten nicht glauben, daß sie nur nach Wien zu marschieren brauchten. Die Bayern trauten sich nicht über Passau hinaus, die ungarischen Rebellen blieben in Ungarn.

Leopold hatte sich während der kritischen Tage passiv verhalten, aber das hatte Josef Gelegenheit geboten, sich mit mehr Macht zu versehen. Er führte nun regelmäßig den Vorsitz in der Konferenz, die viermal wöchentlich zusammentrat.[35] Er war es, der auf Notstandssteuern für den Adel und den Klerus bestand, und sein Beichtvater Pater Bischoff mußte Leopold von der Moralität dieser Maßnahmen überzeugen.[36] Anfang 1704 setzte sich auch der Kurfürst von der Pfalz für eine dynamischere Politik ein. Er kam persönlich nach Wien, um Leopold noch einmal dringend zu raten, alle seine alten Minister zu entlassen. Er mußte jedoch im August, ohne seine Ziele erreicht zu haben, Wien wieder verlassen, und Bruynincx meinte dazu lakonisch: „Wenn ein Engel vom Himmel herab an diesen Hof gekommen wäre, so wäre es ihm nicht besser gegangen."[37]

Und doch hatte sich vieles in Österreich seit dem letzten Jahr verändert. Harrach, Mansfeld und Buccelini waren zwar noch im Amte, wurden aber von ausländischen Diplomaten nicht mehr zur Kenntnis genommen. Statt dessen war es jedermann klar, daß nun Josef, Kaunitz, Eugen und der Kurfürst von der Pfalz die Politik des Kaisers bestimmten.[38] Das vielleicht ermutigendste Zeichen für eine bessere Zukunft war der Beginn einer echten Zusammenarbeit der Alliierten. Der hierfür Verantwortliche war Eugens Freund Wratislaw, der österreichische Vertreter in London, dem auch die gutfunktionierende Verbindung zu dem englischen Oberbefehlshaber in den Niederlanden, Marlborough, zu verdanken war. Ende 1702 hatte Wratislaw London von der Bedeutung einer kaiserlichen Präsenz in Italien überzeugen können, und im Januar 1703 hatte Staatssekretär Nottingham eine englisch-holländische Beihilfe von 100.000 Pfund angeboten. Daraus ist zwar nichts geworden, weil die Holländer ihren Anteil nicht bezahlen wollten, aber das Angebot ist als Vertrauensbeweis für Eugen signifikant; denn die Engländer stellten die Bedingung, das Geld solle direkt zu Eugen nach Italien unter Umgehung des normalen Wiener Kanals geschickt werden.[39]

Ein greifbares Resultat der alliierten Diplomatie war der Abfall Viktor Amadeus' von Ludwig XIV. Solange Eugen sich in Italien aufhielt, hatte er vermieden, sich mit seinem Vetter zu treffen, um nicht des Verrates verdächtigt werden zu können, aber jetzt nach seiner Rückkehr nach Wien nahm er die Verhandlungen mit Savoyen durch einen Agenten des Herzogs auf.[40] Es ist zu bezweifeln, ob Viktor Amadeus tatsächlich 1703 mit den Franzosen gebrochen hätte, wenn nicht der englische Gesandte in Turin, Richard Hill, im September die Verhandlungen an die Franzosen verraten hätte. Vendômes sofortige Gefangennahme savoyischer Truppen brachte Viktor Amadeus im Oktober zur Unterzeichnung eines Vertrages mit den Alliierten, der ihm die englisch-holländische Unterstützung und 15.000 österreichische Soldaten sowie den Besitz von Montferrat und eines Teils des Herzogtums Mailand nach Friedensschluß versprach. Er ließ seine Untertanen nun einen Partisanenkrieg gegen die Franzosen führen, während Guido Starhemberg von Wien die Anweisung erhielt, die französischen Linien zu durchbrechen und sich mit Viktor Amadeus in Piemont zu vereinigen. Starmhemberg gelang dies im Dezember und Januar 1703/04 nach mehreren brillanten Manövern. Die Position der Franzosen war nun in Italien durch den Abfall des Herzogs zweifellos schwächer geworden, denn sie mußten nun nicht nur Mailand verteidigen, sondern auch gegen Savoyen Krieg führen.

Eine weitere positive Wendung brachte die Entscheidung des Königs von Portugal, im Mai 1703 einen Angriffspakt mit den Seemächten abzuschließen. Spanien sollte angegriffen und an die Stelle Philipps V. Erzherzog Karl gesetzt werden. Die Engländer hofften auf das portugiesische Handelsmonopol und auf spanische Handelskonzessionen in Übersee.

Leopold trat der portugiesischen Allianz nur zögernd bei. Er fürchtete, daß er zwar Spanien gewinnen, aber möglicherweise Italien verlieren würde. Außerdem wollte er sich nicht von seinem Lieblingssohn Karl trennen. Seine schließliche Zustimmung im Sommer 1703 war ein Ausdruck seiner Schwäche und der Stärke der Seemächte. Die Entsendung des Erzherzogs nach Spanien überstieg bei weitem die ursprünglichen Ziele der Alliierten. Sie mußten nun einen Krieg für die Übergabe des gesamten spanischen Erbes an die Habsburger führen. Der Kaiser konnte nämlich seinem Sohn keinerlei Unterstützung geben: Er wurde „fast so nackt, wie er auf die Welt gekommen war"[41], nach Spanien geschickt. Nach einer tränenreichen Abschiedsszene — beide Männer ahnten, sie würden sich nie wiedersehen – reiste der neunzehnjährige Erzherzog nach Den Haag und dann weiter nach England, um hier zu der englisch-holländischen Expedition nach Portugal zu stoßen. Leopold und sein ältester Sohn verzichteten auf ihre spanischen Ansprüche zugunsten des Erzherzogs Karl. Aber zugleich wurde Karl von einem geheimen Familienrat zu der Zustimmung gezwungen, daß das Herzogtum von Mailand und Finale an den Hauptzweig der Familie unter Josef fallen sollte.[42] Die beiden Brüder versicherten sich außerdem, daß die spanische und die österreichische Monarchie jeweils vom überlebenden Bruder und dessen männlichen Erben übernommen werden sollte, wenn der andere ohne Söhne sterben sollte. Es ist nicht bekannt, ob Eugen an diesen heimlichen Abmachungen beteiligt war. Es ist aber anzunehmen, daß es sich hier um eine reine Familienangelegenheit handelte.

Obgleich das oberste Ziel der österreichischen Regierung während des Spanischen Erbfolgekriegs die Zerstörung der französischen Hegemonie in Europa war, hatten die Österreicher außerdem ein spezifisches Interesse daran, so viel wie möglich in Italien in ihren Besitz zu bringen. Hier trat Österreich Frankreich am entschiedendsten entgegen. Spanien blieb dagegen immer im zweiten Feld und wurde als mögliches Ziel erst nach massiven alliierten Siegen an anderen Kriegsschauplätzen ins Auge gefaßt. Österreich selbst weigerte sich hartnäckig, mehr als Scheintruppen in Spanien einzusetzen. Als ab 1708 österreichische Truppen in den Niederlanden eingesetzt wurden, dann nicht so sehr, um die Niederlande für Erzherzog Karl zu erobern, als um Frankreich zu einem allgemein akzeptablen Frieden zu bewegen. Man darf nicht vergessen, daß der Großteil der österreichischen Streitkräfte besonders ab 1707 damit beschäftigt war, die ungarische Rebellion zu unterdrücken.

Blindheim

Im dritten Kriegsjahr erschien die militärische Lage Österreichs ziemlich aussichtslos. Solange Max Emanuel zu Ludwig XIV. hielt, mußte dauernd mit einem Angriff auf Wien und dem totalen Zusammenbruch gerechnet werden. Alle anderen Probleme erschienen daneben sekundär: Viktor Amadeus und Starhemberg mußten, so gut sie konnten, die Stellung in Italien halten, und im Osten begnügte man sich damit, die ungarische Revolte unter Kontrolle zu halten. Obwohl den Seemächten erlaubt wurde, als Vermittler zu fungieren, verhehlte keiner der Minister Leopolds, daß es ihnen dabei lediglich um Zeitgewinn ging, und daß sie vorhatten, die Revolte so schnell wie möglich mit Gewalt niederzuschlagen. Eugen sagte zu einem schockierten holländischen Gesandten, der sich darüber beklagte, daß die kaiserlichen Truppen zweihundert Dörfer in Siebenbürgen abgebrannt hatten, daß er wünschte, „es wären zweitausend gewesen".[1]

In Süddeutschland besetzte Max Emanuel von Bayern Anfang 1704 zusammen mit dem französischen General Marsin das ganze Donautal von Ulm nach Passau mit einer französisch-bayerischen Armee von 40.000 Mann. In Straßburg wartete Tallard darauf, mit 36.000 Mann durch den Schwarzwald zu Marsin in Bayern zu marschieren. Dagegen stand eine gleichstarke Armee unter Ludwig von Baden an den Stollenhofener Linien, einer fünfundzwanzig Meilen langen Befestigungskette, die Mitteldeutschland vor Frankreich schützen sollte. Die größten Truppenkonzentrationen befanden sich jedoch weiter nördlich in den Niederlanden, wo Villeroy, der durch seine Gefangenschaft nicht weiser geworden war, die spanischen Provinzen mit 46.000 Mann gegen eine viel stärkere englisch-holländische Armee unter Marlborough zu verteidigen hatte.

Süddeutschland war also momentan der strategisch schwächste Punkt der Alliierten. Im Februar 1704 waren sich Eugen, der Kaiser und der Kurfürst von der Pfalz darin einig, daß nur noch die Hilfe der Seemächte sie vor Max Emanuel retten konnte. Sie konnten damals höchstens darauf hoffen, daß die Seemächte einige Truppen Prinz von Baden zur Verstärkung schickten oder daß Marlborough Frankreich an der Mosel angriff, damit Ludwig von Baden freier gegen Max Emanuel agieren konnte. Aber Wratislaw bearbeitete bereits die englische Regierung, daß Marlborough eine englisch-holländische Armee an die Donau in Süddeutschland führen sollte. Wer diese Idee einer

Vereinigung der beiden Armeen zuerst gehabt hatte, wissen wir nicht. Sicher würde die Korrespondenz zwischen Wratislaw und Eugen darüber Aufschluß geben, aber leider ist diese nie gefunden worden.² Wir wissen nur, daß Marlborough schon 1703 daran dachte, Truppen an die Mosel und weiter südlich zu schicken, um das Reich zu retten. Im August 1703 äußerte er sich über die Notwendigkeit, eine Kriegsstrategie auszuarbeiten, damit die „konföderierten Armeen einander helfen könnten".³

Als Marlborough und Wratislaw Ende April 1704 Den Haag von England aus erreichten, war Marlborough bereits zu einer Expedition an die Donau entschlossen. Er mußte diesen Plan jedoch vor allen außer einem kleinen Kreis in London und Wien geheimhalten, bis seine Armee auf dem Marsch war. Am 1. Mai schrieb er Godolphin: „Ich bin mir bewußt, daß ich mir viel aufbürde. Aber wenn ich anders handelte, würde sich das Reich auflösen und damit die große Allianz." Ein Erfolg würde auch seine eigene und die Position seines Freundes Godolphin stärken und die Opposition jener Tories zum Schweigen bringen, die Frankreich lieber auf See als auf dem Lande bekämpft hätten. Als daher Marlborough durch Wratislaw am 5. Mai Wien seine Pläne öffentlich mitteilen ließ, bat er darum, daß die Kaiserlichen alles andere beiseite schöben, um mit ihm, Marlborough, gegen Bayern zu kämpfen. Außerdem bat er sie, ihm Eugen zu schicken, „da ich eines Sekunden von seinem Eifer und Experienz unumgänglich vonnöten habe".⁴

Leopold und seine Minister hatten in der Konferenz vom 12. April 1704 zwar beschlossen, daß Eugen sich nach Deutschland begeben sollte, um persönlich mit dem Kurfürsten von Bayern zu verhandeln, in derselben Konferenz wurde aber auch der Vorschlag Ludwigs von Baden abgelehnt, daß die Kaiserlichen eine Offensive an der Mosel starten und gegen Max Emanuel nur defensiv operieren sollten. Über Marlboroughs Kommen verlautete nichts in der Konferenz. Als aber Leopold von der Expedition Marlboroughs Mitte Mai offiziell Mitteilung gemacht wurde, schrieb er sofort an Wratislaw, daß eine Armee unter Eugen zu Marlborough geschickt werden würde, und an Ludwig von Baden, bei der Eröffnung des jetzigen Feldzugs könne an keine andere Operation gedacht werden.⁵

Prinz Ludwig von Baden aber sollte zu einem Problem werden. Marlborough hatte auf Eugen bestanden, weil ihn Ludwigs letzter Feldzug nicht überzeugt hatte. Aber schließlich war dieser noch immer Oberbefehlshaber der Reichsarmee, die Entsendung des Hofkriegsrats mochte ihn tief getroffen haben. Trotz ihrer engen früheren Zusammenarbeit und ihrer Übereinstimmung in puncto Mansfeld waren die zwei Vettern nicht mehr länger die zwei guten Freunde, die sie einst gewesen waren. Obwohl Ludwig von Baden brillante Siege gegen die Türken erfochten hatte und beim Volk unter dem Namen „Türkenlouis" bekannt war, entwickelte er sich jetzt, wo er auf die Fünfzig zuging, zu einem extrem reizbaren Mann, besonders dann, wenn er an der Gicht litt. Außerdem entsprach sein statisches Kriegskonzept, das er während des neunjährigen Krieges vertreten hatte, nicht den Vorstellungen Eugens und Marlboroughs, die eine Entscheidungsschlacht herbeizuführen wünschten. Dazu kam noch der Verdacht, daß Ludwig von Baden ein Sympathisant Max Emanuels sei, ein Verdacht, der sich im Mai 1704 verstärkte, als es ihm nicht gelingen wollte, Marsin auf seinem Marsch durch den Schwarzwald aufzuhalten. Zwar wußte sich Ludwig von Baden mit anderen alliierten Staatsmännern einig, daß es besser sei, zu einer friedlichen Lösung mit Max Emanuel zu kommen, aber er zeigte sich auffällig geduldig bei diesen Verhandlungen und auffällig abgeneigt, Bayern anzugreifen. Eugen war oft erzürnt über seinen Vetter, verdächtigte ihn jedoch nie des Verrats und gab sich weiter Mühe, freundlich mit ihm zu sein, was in diesem Fall nicht nur eine Sache des Taktes, sondern auch ein Tribut an die Vergangenheit war. Als er jedoch Wien am 25. Mai verließ, gab ihm Leopold I. Vollmachten mit, um sich notfalls über seinen Vetter hinwegzusetzen. Der Kaiser schien im Moment volles Vertrauen zu Eugen zu haben und stand das ganze Jahr hindurch mit ihm in direkter, geheimer Korrespondenz.[6] Auch Harrach und Mansfeld standen dem Kaiser noch nah, aber sein eigentlicher Ratgeber war jetzt der Herzog von Moles, der Gesandter Karls II. von Spanien in Wien gewesen war und ein politischer Gesinnungsgenosse von Wratislaw.[7]

Als Max Emanuel hörte, daß Eugen Wien verlassen hatte und auf dem Weg nach Deutschland war, schrieb er an Ludwig XIV.: „Der Prinz von Savoyen kann nur an den Kriegsschauplatz gekommen sein, weil er etwas Großes vorhat."[8]

Am 19. Mai setzte sich, was Winston Churchill Marlboroughs „rote Raupe" nannte, von Bedburg aus in Bewegung. Die mit roten Jacken bekleideten Truppen hatten keine Ahnung, daß vor ihnen ein Zweihundertfünfzig-Meilen-Marsch von den Niederlanden an die Donau lag. Keine zeitgenössische Armee aber hätte dafür besser ausgerüstet sein können. Während des ganzen Marsches gab es bei jedem Halt neuen Proviant, und in Heidelberg erhielt zum Beispiel jeder Soldat ein Paar neue Schuhe. Die ursprünglich 19.000 Mann starke Armee schwoll unterwegs durch deutsche und dänische Verstärkung auf etwa 40.000 Mann an. Nur 9000 Soldaten waren britischer Nationalität.

Durch mehrere falsche Manöver führte Marlborough nicht nur die holländischen Befehlshaber in die Irre, sondern vor allem die Franzosen. Wie er gehofft hatte, folgte ihm Villeroy mit einem großen Teil seiner Armee auf der französischen Rheinseite, so daß nunmehr keine wirkliche Gefahr mehr für die Alliierten an der holländischen Grenze bestand. Der Marsch an die Donau dauerte fünf Wochen, und während dieser Zeit wurden von den kaiserlichen Generalen wichtige Entscheidungen getroffen.

In der ersten Juniwoche traf Eugen in Ludwig von Badens Hauptquartier bei

Ulm ein, und am 8. stieß Wratislaw zu ihnen: Er hatte sich Marlboroughs Expedition angeschlossen, um eventuelle Schwierigkeiten mit Ludwig von Baden und Eugen aus dem Weg zu räumen: Marlborough kannte ja keinen von beiden persönlich. Inzwischen hatten die Kaiserlichen eine große Anzahl eigener Truppen in Süddeutschland zusammengezogen und Ludwig von Baden unterstellt. Marlborough und Eugen hofften, daß ein Teil von ihnen zusammen mit der englischen Armee gegen Bayern vorrücken würde; der Rest wurde an den Stollenhofener Linien benötigt, um eine französische Überschreitung des Rheins oder weitere französische Verstärkungen durch den Schwarzwald abzuwehren. Ludwig von Baden schien nun der richtige Mann für dieses Kommando zu sein. Aber Graf Wratislaw versuchte vergebens, ihn davon zu überzeugen: Ludwig wollte im Zentrum des kommenden Kampfes bleiben. Geschickt drehte er den Spieß um und sagte zu Wratislaw: „Versuchen Sie den Prinzen dazu zu überreden. Er ist der einzige Mann in der Armee, der mit einem so verantwortungsvollen und risikoreichen Kommando betraut werden könnte." Worauf Eugen erwiderte: „Der Kaiser hat mich in das Reich geschickt, um unter dem Kommando seines Generalleutnants zu dienen, und da ich nie Schwierigkeiten gemacht habe, dorthin zu gehen, wohin immer mich die Pflicht rief, bin ich bereit, den Befehlen des Generalleutnants zu gehorchen."[9]

Er muß den Auftrag, der ihm auch geschmeichelt haben dürfte, nicht ungern angenommen haben; denn einmal vermied er dadurch einen direkten Zusammenstoß mit seinem Vetter, und es war anzunehmen, daß Ludwig von Baden sich nun zu deklarieren haben würde; zum zweiten mag ihn die schwierige strategische Lage in Stollenhofen echt gelockt haben: Villeroy hatte inzwischen seine Armee mit dem Rest von Tallards Truppen bei Straßburg gegenüber von den Stollenhofener Linien vereinigt.

Zusammen mit Wratislaw ritt Eugen am Montag, dem 9. Juni, zu Marlboroughs Lager am Neckar in Württemberg. Die beiden Männer reagierten sofort positiv aufeinander und blieben bis Freitag zusammen. Dies sollte eine der wenigen dauerhaften Freundschaften in Eugens Leben werden. Drei Monate später stellte Stepney überrascht fest: „Unsere Generale leben in so vollkommener Harmonie, als wenn sie Brüder wären."[10] In einem undatierten Brief an den Herzog von Savoyen beschreibt Eugen Marlborough so: „Hier ist ein Mann von hohen Qualitäten, mutig, außerordentlich liebenswürdig, mit dem brennenden Wunsch, etwas zu erreichen. Mit all diesen Vorzügen ist ihm durchaus klar, daß man General nicht in einem Tag werden kann, und er ist für seine Person sehr bescheiden."[11] Obgleich beide Männer sich gelegentlich kritisierten, waren sie sich in ihrem Verlangen nach einer Entscheidungsschlacht vollkommen einig. Beide trugen auch größere politische Verantwortung als die anderen Generale und waren ganz auf die Zerstörung der Übermacht Frankreich konzentriert. Und doch waren sie so verschieden: Der Engländer war ungefähr zehn Jahre älter. Er hatte noch nie in einer größeren Schlacht das Kommando geführt, obwohl seine militärische Lehrzeit unter Turenne schon weit zurücklag. Er war ein geschickter Diplomat und Politiker, er war äußerst attraktiv und bezauberte jeden durch sein Lächeln und seine Konversation. Dabei war er ein treuer Ehemann, hatte ausgeprägten Familiensinn und war bekannt für seinen Geiz. Da er dauernd von Kopfweh geplagt wurde, beschäftigten sich seine Briefe unentwegt mit seiner Gesundheit. Eugen dagegen erwähnte nie, ob er sich gut oder schlecht fühlte. Er war ein unattraktiver, eher häßlicher Mann, interessierte sich wenig für Geld, Familie und Frauen und setzte den Erfolg auf dem Schlachtfeld über alles.

Die Enttäuschung dieses Treffens war die Nachricht, daß Eugen an den Rhein gehen und Ludwig von Baden mit Marlborough zusammenarbeiten würde. Eugen warnte Marlborough vor Ludwig von Baden als einem schwierigen Mann und gab ihm vertraulich zu verstehen, daß der Kaiser ihn bevollmächtigt habe, notfalls „Maßnahmen zu ergreifen, ihn (Baden) nicht bei der Armee zu lassen".[12]

Am 13. Juni trafen sich die drei Generale im Hof des Gasthofes zum Lamm in Groß-Heppach östlich von Stuttgart. Bei diesem Treffen wurde vereinbart, daß Ludwig von Baden und Marlborough abwechselnd jeden zweiten Tag das Kommando führen sollten. Es stand allerdings stillschweigend fest, daß Marlborough das Oberkommando führte. Am nächsten Tag schon reiste Eugen an den Rhein ab.

Die Armee Marlboroughs und Ludwigs von Baden von 50.000 Mann war um ungefähr fünftausend Mann stärker als die französisch-bayerische, die seit Mai in Ulm lag. Eugen befand sich am Rhein in einer weit schwächeren Position. Er stand mit nur 30.000 Villeroys Armee von 50.000 gegenüber. Aber zur Überraschung des Prinzen benutzten die Franzosen ihre Überlegenheit nicht dazu, ihn anzugreifen, einmal weil der Rhein sehr hoch stand, zum zweiten wegen fehlender Direktiven von Paris. Im Vorgefühl, daß Max Emanuel vorhatte, mit den Alliierten Frieden zu schließen, befahl Ludwig XIV. Tallard, weitere 26.000 Mann durch den Schwarzwald zu Marsin und zum Kurfürsten zu führen. Als Eugen davon erfuhr, entschloß er sich, mit 18.000 Mann Tallard zu folgen und die übrigen 12.000 zur Verteidigung Stollenhofens zurückzulassen für den Fall, daß Villeroy angreifen sollte. Dies war ein Wagnis, aber es erwies sich als richtig: Villeroy blieb dort, wo er war.[13]

Eugen gelang es allerdings nicht, Tallards Armee auf ihrem Weg durch die Berge zum Stehen zu bringen. Tallard hatte sich und seine Armee sehr gut versorgt: 8000 Wagen waren mit Brot und Mehl für die Armee beladen, zwei Maultierzüge deckten den Bedarf der Feldherrn an guten Speisen und Weinen. Trotzdem plünderten seine Soldaten das Land, das sie durchzogen, mit dem Resultat, daß „die wütenden Bauern mehrere tausend Männer umgebracht hatten, als die Armee endlich den Schwarzwald verließ".[14] Dieses Verhalten war aber typisch für alle französischen Armeen in diesem Feldzug. Der französische Colonel de la Colonie beschreibt das Verhalten der Truppen unter Marsin in Schwaben folgendermaßen: „Nach ihrer Ankunft auf dem Lagerplatz gingen sie gewöhnlich Holz und Stroh holen und plünderten unter diesem Vorwand das Land... Sie kamen mit vierhundert bis fünfhundert Schafen zurück, Kühen und Ochsen, von Weiden, die so weit entfernt vom Lager waren, daß die Einwohner sich ganz sicher gefühlt hatten."[15]

Inzwischen hatte sich bei Marlborough und Ludwig von Baden noch kein Erfolg einstellen wollen. Um den Verhandlungen mit dem Kurfürsten mehr Nachdruck zu verleihen, stürmten sie am 2. Juli die feindliche Stellung bei Donauwörth an der Donau. Aber der teuer erkaufte Sieg schien sinnlos, denn der Kurfürst und Marsin verschanzten sich nun in der Festung Augsburg, um auf Tallard zu warten. Eugen riet seinen zwei Mitkämpfern, noch einmal anzugreifen, bevor Tallard angerückt war. Aber Marlborough zögerte. Er erklärte Godolphin, er müsse erst das Brot nachkommen lassen: „Denn die Truppen, die ich die Ehre habe zu befehligen, können nicht ohne Brot leben, und die Deutschen, die an Hunger gewöhnt sind, können nicht ohne uns ausrücken."[16] Gegen den Protest Ludwigs von Baden entschloß er sich, „das Land des Kurfürsten abzubrennen und zu verwüsten, um ihn zu zwingen, sich unseren Bedingungen zu fügen".[17] Ungefähr 500 bayerische Dörfer wurden im Juli gebrandschatzt, Dörfer, die dem hannoverischen General Bellingk zufolge „reich und dicht besiedelt" waren, und es tat den Offizieren weh, „40, 50 und mehr Dörfer innerhalb einer Stunde in Rauch aufgehen zu sehen".[18] Die berühmte Mutter Ross, die mehr als zehn Jahre in britischen Armeen diente, bis man ihr Geschlecht entdeckte, beschrieb die Zerstörung so: „Wir verschonten nichts, mordeten, brandschatzten und verwüsteten alles, was wir nicht wegtragen konnten. Die Kirchenglocken zerbrachen wir, um sie mitnehmen zu können. Ich füllte zwei Bettbezüge mit Feinmetall, Frauen- und Männerkleidern, mit Samt und etwa hundert holländischen Mützen, die ich in einem Geschäft geplündert hatte. Das alles verkaufte ich einem Juden, welcher der Armee folgte, um unsere Beute aufzukaufen, für vier Pistolen."[19]

Der Kurfürst sandte verzweifelt seine Truppen aus, um der Zerstörung Einhalt zu gebieten. Obwohl er stark angeschlagen war und seine Familie ihn bat, die Front zu wechseln, hielt er aber weiter stand.

Während sich dies in Bayern abspielte und Eugen weiter Tallard wie ein Schatten folgte, war Eugen immer unzufriedener mit der Situation und fürchtete, die englische Armee würde sich auf den Heimweg machen, wenn es nicht bald zu einer Schlacht käme. So schrieb er an den Herzog von Savoyen, er könne die Leistungen Marlboroughs und Ludwigs von Baden seit der Aktion von Donauwörth nicht bewundern. Sie rechneten damit, daß der Kurfürst sich zu einem Vergleich bereitfinden werde und amüsierten sich mit dem Brandschatzen einiger Ortschaften, anstatt gemäß seiner Ideen, die er ihnen deutlich genug dargelegt habe, direkt gegen den Feind zu marschieren. Für ihn stand fest, daß auch Marlborough an einer Entscheidung gelegen sein mußte; denn: „Wenn er nach Hause gehen muß, ohne sein Ziel erreicht zu haben, dann wird er gewiß erledigt sein."[20] Das Hauptproblem war nach wie vor Ludwig von Baden, der, wie er dem Kaiser am 31. Juli mitteilte, „sehr schwer zu einer Operation zu bewegen war".[21] Ludwigs Hauptziel schien darin zu bestehen, sich für den nächsten Feldzug in eine gute Position zu bringen. Am 30. Juli schrieb Wratislaw an Leopold I., daß Baden ihm in einer Diskussion, als man ihn wieder einmal zur Aktion drängen wollte, gesagt habe: „Sie verstehen nichts vom Krieg, und damit ist die Diskussion beendet." Und Wratislaw meinte: „Der einzige Mensch, dem er das nicht sagen kann, ist der Prinz."[22]

Drei Tage, nachdem Tallards Einheiten sich mit denen Marsins und denen des Kurfürsten in Augsburg vereinigt hatten, verließ Eugen seine Truppen in einem Lager am Kesselbach, einem kleinen Nebenfluß der Donau östlich von Höchstädt, und ritt mit nur einem Diener zu dem nicht weit entfernten Baden-Marlborough-Lager. Zu seiner Erleichterung hörte er, daß Baden gerade eingewilligt hatte, mit 15.000 Mann Ingolstadt zu belagern, den letzten größeren bayerischen Stützpunkt. Ohne Ludwig von Baden wurden sich Marlborough und Eugen schnell einig, ihre Armeen nun schleunigst zu einem Angriff zu vereinen. General Schulenburg schreibt in seinem Tagebuch: „Die Karte lag vor ihm wie ein Schachbrett, und Eugen probierte die Züge aus. Er war ganz Feuer und Flamme. Endlich hatte er ein Wesen gefunden, daß ihn verstand, seine Umsicht zu schätzen wußte und genauso dachte wie er. Auch Marlboroughs schönes Gesicht strahlte. Er lauschte mit der kühlen Begeisterung des Engländers, war aber doch erstaunt über Eugens zahlreiche Vorsichtsmaßnahmen. Warum ging er so vielen Möglichkeiten nach, wenn eine schon zum Sieg genügte?"

Später fügte Schulenburg hinzu: „Es ist charakteristisch für Eugen, Schwierigkeiten und Hindernisse zu bedenken, bevor er eine Aufgabe übernimmt. Wenn der Augenblick zum Handeln gekommen ist, ist er mit voller Kraft und Aktivität dabei."[23]

Inzwischen hatten die Feinde unter sich zu streiten begonnen: Trotz Tallards dringender Bitte um Vorsicht wollte Marsin unbedingt Eugen angreifen, bevor er sich mit Marlboroughs Armee vereinigt hatte. Am 10. August bemerkte Eugen das Näherrücken des Feindes und schrieb an Marlborough: „Jetzt ist alles eine Sache der Schnelligkeit. Wenn Sie morgen nicht zu mir stoßen, fürchte ich, wird es zu spät sein. Kurz, der Feind ist hier..."[24] Marlborough beeilte sich daraufhin, seine Truppen zu Eugen zu bringen, die Franzosen jedoch rückten nicht weiter vor, stritten sich und merkten nicht einmal, daß die Alliierten sich vereinigt hatten.

Am 12. August machten Eugen und Marlborough einen ersten Erkundungsritt. Von dem Kirchturm in Tapfheim konnten sie die feindlichen Stellungen durch ein Fernglas erkennen. Die französische Armee, die mit ihren etwa 56.000 Mann etwas stärker war als die 52.000 Mann starke der Alliierten, nahm eine etwa sechs Kilometer lange Front ein, die von einigen Gehölzen und dem Dorf Lutzingen im Norden bis zu Blindheim an der Donau reichte. Tallards Truppen standen zwischen Blindheim und einem anderen Dorf, Oberglau, während die Armee des Kurfürsten und Marsins zwischen Oberglau und Lutzingen lag. Die zwei französischen Armeen waren ein wenig voneinander getrennt, beide aber waren nach vorne durch den Nebelbach abgedeckt. Obgleich die meisten Untergebenen Eugens und Marlboroughs die französische Position für außerordentlich stark, ja zu stark hielten, zögerten die beiden Heerführer keinen Moment, eine Schlacht für den folgenden Tag anzusetzen. Während die französischen und bayerischen Generale nicht wahrnahmen, was ihnen drohte, schliefen weder Marlborough noch Eugen. Als Marlborough am Morgen des 13. um zwei Uhr früh Eugen besuchte, fand er ihn Briefe schreibend vor. Eine Stunde später gaben Hörner und Trommeln das Zeichen zum Aufbruch. Durch den dunklen Frühnebel bewegten sie sich in neun Kolonnen vorwärts, fünf unter Marlborough ganz nahe der Donau, die anderen vier nordwärts unter Eugen. Erst gegen sechs entdeckten die Franzosen alliierte Truppen auf dem sumpfigen Gelände am anderen Ufer des Nebelbachs, und auch dann brauchte Tallard noch eine ganze Stunde, bis er endgültig davon überzeugt war, daß sich eine Schlacht ankündigte. Zu dieser Zeit waren Marlboroughs Truppen schon kampfbereit, aber es wurde Mittag, bis Eugen seinen Weg über das schwierige Gelände bis zu seiner geplanten Stellung flußaufwärts gefunden hatte. Inzwischen bauten Marlboroughs Truppen Notbrücken über den Nebelbach und legten sich reihenweise flach auf den Boden, um dem Artilleriefeuer der Franzosen zu entgehen.

Nach dem Plan der Alliierten sollte Eugen mit 16.000 Mann die 23.000 Mann starken Truppen Marsins und des Kurfürsten angreifen, während Marlborough mit 36.000 Mann Tallards Truppen von 33.000 Mann zerstören sollte. Marlborough konzentrierte die Infanterie auf dem linken Flügel, dem die französische Infanterie in und um Blindheim gegenüberstand. Rechts mischte er Infanterie und Kavallerie. Dem gegenüber stand Tallards linker Flügel, der fast ausschließlich aus Kavallerie bestand. Tallard änderte kaum die Stellung, die die Truppen innerhalb des Lagers innegehabt hatten. Seine Kurzsichtigkeit war ein schwerer Nachteil für ihn. Es scheint aber in seiner Absicht gelegen zu sein, Marlborough erst über den Strom zu lassen und ihn dann zurückzuschlagen.

Als die Schlacht am frühen Nachmittag begann, stieß Marlborough mit ganzer Kraft gegen Tallards linken Flügel vor. Seine Truppen kamen ziemlich ungehindert über den Fluß und erwiesen sich zu Tallards Mißvergnügen als ungemein kräftig: Die Mischung von Infanterie und Kavallerie bedeutete, daß das Pferd nach jedem Angriff vom Feuer der Infanterie geschützt wurde. Das große gelbe Stoppelfeld am Fluß war ideal für Marlboroughs säbelschwingende Kavallerie. Tallards Kavallerie lichtete sich, da sie keine Unterstützung durch die französische Infanterie erfuhr, die sinnlos rund um Blindheim Aufstellung genommen hatte. Am späten Nachmittag war die Schlacht gewonnen. Tallards Kavallerie war zusammengebrochen, die Infanterie umzingelt und zur Übergabe gezwungen. Man machte 11.000 Gefangene, darunter war auch der unglückliche Tallard.

Weiter nördlich war es Eugen gelungen, die Lage zu halten. Obgleich die beiden französischen Armeen nie wirklich versuchten zu koordinieren, gab es einen gefährlichen Moment, als ein Teil von Marsins Infanterie, die irischen „Wildgänse" (irisch-katholische Truppen in französischem Dienst), Marlboroughs Flanke angriffen. Die Situation konnte jedoch gerettet werden, weil Eugen Marlborough sofort auf seine Bitte eine Kavallerieeinheit schickte. Dabei war die Stellung des Prinzen selbst sehr schwierig. Nicht nur, daß er zahlenmäßig stark unterlegen war, er hatte auch in der Person des Kurfürsten einen fähigen Gegner vor sich. So verlangte er von seinen Leuten weit mehr, als sie geben konnten, und am allerwenigsten schonte er sich selbst. Nach den Worten des preußischen Generals Grumbkow war es „fast ein Wunder, daß er der Gefahr entkam".[25] Nachdem er seinen linken Flügel mit kaiserlicher Kavallerie in drei erfolglose Angriffe geführt hatte, mußte er zwei seiner Soldaten erschießen, um eine allgemeine Flucht zu verhindern. Mit den verachtungsvollen Worten „Ich will mit mutigen Männern kämpfen, nicht mit Feiglingen"[26] preschte er zum rechten Flügel der preußischen und dänischen Söldnerinfanterie vor. Das mörderische Gemetzel nahm erst ein Ende, als die Nachricht von Tallards Niederlage den Kurfürsten und Marsin zum Rückzug bewogen. Sie konnten ziemlich intakt in der hereinbrechenden Dunkelheit entkommen: Eugens Truppen waren zu erschöpft, um ihnen zu folgen.

Die Schlacht wurde auf Marlboroughs Teil des Schlachtfeldes gewonnen. Im Gegensatz zum halbblinden Tallard, der nie zur rechten Zeit auf dem rechten Platz war, hatte Marlborough alle Operationen persönlich überwacht. Auch er hatte schwere Verluste hinnehmen müssen: Er hatte genausoviel Tote und Verwundete wie der Gegner, nämlich 12.000. Am meisten aber hatten nach den Worten des Generals Richard Kane „die unter Prinz Eugen gelitten".[27] Eugens Standhalten war aber für die Schlacht genauso entscheidend gewesen wie sein Drängen nach Entscheidung in den Tagen vorher.

Beide Männer waren voll des Lobes für einander. Aus Marlboroughs Bericht an seine Frau ist keineswegs Kritik herauszulesen, wie manche Interpreten behaupten: „Die Armee M. de Tallards, gegen die ich kämpfte, ist so gut wie erledigt, jene des Kurfürsten von Bayern und des Marschalls de Marsin, gegen die Eugen stritt, hat, fürchte ich, nicht viele Verluste erlitten; denn ich kann nicht finden, daß er viele Gefangene gemacht hat. ... Wäre der Erfolg des

Prinzen seinem Verdienst entsprechend gewesen, hätten wir mit diesem Tag dem Krieg ein Ende bereitet."[28]

Seine Kritik an der kaiserlichen Kavallerie war allerdings ebenso streng wie Eugens: Ihre Verluste beliefen sich im Gegensatz zu anderen Truppenteilen unter Eugen lediglich auf 200 Tote und Verletzte.[29] Daher mochte er dem Kaiser auch keinen Brief schicken, sondern sandte ihm nur einen Gruß; denn „ich konnte ihm nichts über seine Truppen sagen, weil Eugen mit ihnen zweimal zurückgeschlagen wurde und sie, hätten wir an jenem Tag nicht gesiegt, zerstückelt worden wären".[30] Eugen hätte sich, wenn er gewollt hätte, darüber beklagen können, daß er die schwierigere Aufgabe in dieser Schlacht und bei diesem seit hundert Jahren vollkommensten Sieg[31] zu erfüllen gehabt hatte.

Die Alliierten machten reiche Beute: 5400 Wagen mit Proviant und Munition, 34 Kutschen mit den Frauen der französischen Offiziere, 334 Mauleseln beladen mit Geschirr, der Kriegskasse und 40 großen Kanonen. Dies alles wurde zwischen den alliierten Truppen gerecht geteilt, die Soldaten bekamen außerdem das Recht, die eigenen und feindlichen Toten zu plündern. Obgleich Marlborough fast alle Gefangenen gemacht hatte, teilte er sie zu gleichen Teilen mit Eugen, teils aus Höflichkeit, so daß die Kaiserlichen einen Gefangenenaustausch mit den Franzosen ausführen konnten, teils um sie loszuwerden. Die gefangenen bayerischen Soldaten wurden in Ungarn und Italien eingesetzt. Aus dem Vorhaben, die Offiziere als Reichsverräter zu behandeln, wurde nichts.[32] Der geschlagene Tallard, der verwundet war und außerdem seinen eigenen Sohn in der Schlacht verloren hatte, erfuhr eine sehr freundliche Behandlung durch Marlborough, bevor er nach England gebracht wurde. Man stellte jedoch fest, daß Eugen die französischen Gefangenen auffällig kalt abfertigte.

Die Herrscher bedankten sich bei ihren Feldherren auf sehr verschiedene Weise. Während Marlborough ein Herzogtum erhielt und das Versprechen, daß ihm die englische Nation ein Schloß (Blenheim) bauen würde, zahlte Leopold lediglich 6000 Gulden an die Stadt Wien, damit Eugen in seinem Palais in der Himmelpfortgasse von Steuern und Einquartierung befreit werde.

Die Schlacht von Blindheim war die Entscheidungsschlacht des Krieges. Für Wien war nun die bayerisch-französische Gefahr gebannt, und Süddeutschland war wieder frei. Zugleich festigte der Sieg die große Allianz und stärkte die Ministerschaft Marlboroughs und Godolphins in England. Am wichtigsten war, daß an einem Nachmittag die vierzigjährige Übermacht Ludwigs XIV. und seiner Armee zusammenbrach: Frankreich selbst mußte sich nun auf eine Invasion gefaßt machen.

Während Marsin und der Kurfürst ihre Armeen beinahe intakt aus Blindheim hinausführen konnten, erlitten sie große Verluste während der Flucht durch den Schwarzwald. Viele plündernde Soldaten wurden von wütenden Bauern niedergeschlagen, ihre Habe verbrannte oder ging verloren. Max Emanuel begleitete die Franzosen, denn er hatte sich entschieden, die Friedensangebote der Alliierten abzulehnen, Bayern vorläufig aufzugeben und seinen Gouverneurposten in den spanischen Niederlanden wieder anzutreten.

Ende November eroberten die Kaiserlichen Landau am Rhein zurück, und Marlborough nahm auf seinem Rückmarsch in die Niederlande Trier ein. Mit dem letzten Widerstand bayerischer Truppen in Bayern war es Mitte November vorbei, als Max Emanuels Frau zustimmte, Bayern dem Kaiser zu übergeben. Ende November kam Eugen für einen Monat nach München, um die Einquartierung der kaiserlichen Truppen in Bayern vorzunehmen und eine Militärverwaltung einzusetzen, deren Hauptaufgabe es war, die bayerischen Abgaben nach Wien zu leiten. Denn Bayern wurde als eroberte Provinz behandelt, die bis zum Frieden von 1714 schwer für den Verrat des Herzogs zu zahlen hatte.

Die Thronbesteigung Josefs I.

Nach Blindheim lag nun die militärische Initiative bei den Alliierten. Diese entschieden, daß Marlborough 1705 versuchen sollte, über die Mosel in Frankreich einzubrechen, während sich die Kaiserlichen auf die Stellung am Rhein und auf Norditalien konzentrieren sollten. Die Eroberung der spanischen Territorien in Italien war immer noch Wiens heißester Wunsch, und obwohl die Seemächte sich für diese Ansprüche nicht sehr erwärmen konnten, sahen sie ein, daß Savoyen befreit werden und die Franzosen auch hier aus dem Feld geschlagen werden mußten. Während des Jahres 1704 hatten sich Viktor Amadeus und Guido Starhemberg nicht aus der Gegend um Turin verdrängen lassen, eine kleine kaiserliche Einheit wäre allerdings fast nach Südtirol zurückgetrieben worden. Eugen hatte zwar bisher die Hilferufe aus Italien ignoriert, aber er war fest entschlossen, 1705 mit einer ansehnlichen Armee nach Oberitalien zu kommen. Allerdings nur unter der Bedingung, wie er Starhemberg mitteilte, daß „ich sehe, daß man eine rechte Armee zusammenrichten und diese nicht wie bisher mit bloßem Flickwerk, sondern mit allen unumgänglichen Requisiten versehen sein werde, damit ich nicht dabei meine Ehre und Reputation zu verlieren..."[1] Dieses Jahr 1705, das als ein Jahr der Konsolidierung gedacht war, sollte sich als besonders verhängnisvoll erweisen: Eugen mußte nicht nur darum kämpfen, daß Wien nicht alle Kontrolle über die Kriegführung verlor, er mußte auch wieder einmal das Kommando über eine erbärmlich ausgerüstete Armee in Italien übernehmen.

Als Eugen Ende 1704 von Bayern nach Wien zurückkehrte, mußte er feststellen, daß man ihn erstens nicht sehr überschwenglich feierte, zweitens, daß sein Einfluß stark zurückgegangen war. Während seiner Abwesenheit und besonders während der Zeit, in der Josef sich für einige Monate bei der Rheinarmee aufhielt, hatte der Kaiser sein Ohr wieder seinen alten Freunden Harrach, Mansfeld und Buccelini geöffnet. Nicht nur im Hofkriegsrat, auch in der Hofkammer unter Gundaker Starhemberg machten diese Männer wieder ihren Einfluß geltend. Eugen stellte sich deshalb mit seinem ganzen Gewicht hinter Wratislaw; denn dieser trat am energischsten gegen die alten Minister auf. Die unterschiedliche Größe der beiden Männer regte die Wiener zu folgendem Witz an: „Früher wurde der kleine Jesus vom großen Christopherus getragen, jetzt ist es umgekehrt."[2] Aber die Zusammenarbeit zeigte im Augenblick wenig praktische Resultate. So lehnte Leopold den Vorschlag ab,

Wratislaw zum Gouverneur von Bayern zu ernennen, worauf für Stepney im März 1705 feststand, daß Wratislaw unter diesem Kaiser zu keinem Einfluß mehr kommen würde.[3]

Ebensowenig Erfolge konnte Eugen in der militärischen Sphäre verzeichnen. Während des ganzen vorangegangenen Jahres hatte er Leopold vergeblich bedrängt, Heister, den Oberbefehlshaber in Ungarn, zu entlassen; denn er hielt diesen für einen unfähigen, zu sinnlosen Terroraktionen neigenden General. Der Prinz hätte dem nutzlosen Verbrauch von Geld und Menschen in Ungarn gerne ein schnelles Ende mit „Feuer und Schwert"[4] gesetzt. Aber mehr noch erbosten ihn die Zustände in Italien. Er stellte fest, daß bis zu seiner Rückkehr so gut wie nichts für den kommenden Feldzug getan worden war. Im März 1705 drohte er wieder einmal mit seinem Rücktritt, falls Heister nicht entlassen würde und die bayerischen Gelder nicht voll und ganz in die Kriegskasse gesteckt würden. Zwei Wochen ließ er sich nicht mehr bei Hofe blicken.[5]

Eugens Verhalten war das Ergebnis persönlicher Enttäuschung und beruflicher Frustration. In Stepneys Worten steckte wahrscheinlich mehr als ein Körnchen Wahrheit, als er schrieb, der Prinz sei „über die Anerkennung verbittert, die Marlborough in England genoß, und... nichts dergleichen wurde ihm hier zuteil; immer wieder wies er in dem Gespräch mit mir darauf hin; damit zeigte er, wo der Schuh drückte; denn unter seiner vorgegebenen Bescheidenheit ist genausoviel Ehrgeiz verborgen wie bei jedem anderen..."[6] Aber Eugen wußte auch, was vor ihm lag: ein weiterer demütigender Feldzug in Italien. Und was ihn besonders als Feldherrn kränkte, war nicht so sehr das Lob, das Marlborough zuteil wurde, als dessen Geschicklichkeit, eine Armee aufzustellen, die seinen Fähigkeiten entsprach.

Nach zwei langen Wochen empfing Leopold endlich Eugen für eine Viertelstunde und versprach ihm genügend Geld für Italien. Damit war der Kaiser nicht dem Rat seiner Freunde gefolgt, auf Eugens Bluff einzugehen, ihn zu entlassen und statt seiner Heister zum Hofkriegsratspräsidenten und Guido Starhemberg zum Oberbefehlshaber in Italien zu machen.[7] Es lag nun einmal nicht in der Natur des Kaisers, irgend jemanden zu entlassen. Außerdem wußte er wohl um den schlechten Eindruck, den dieser Schritt auf die Alliierten gemacht hätte.

Eugen akzeptierte das wertlose Versprechen des Kaisers und reiste am 18. April nach Italien ab, „mehr als Apostel, denn als General, da er mit leeren Händen kam".[8] Der holländische Gesandte Bruynincx gab die düstere Prophezeiung von sich, daß „dieser Feldzug kein glücklicher werden würde".[9] Ebensowenig optimistisch war der Prinz; seine Beziehung zum Kaiser muß ihn tief beunruhigt haben. Aber am 5. Mai 1705 starb Leopold I., nachdem er wochenlang unter Blähungen, Verstopfung und geschwollenen Beinen gelitten hatte. Dazu war der Kummer über seinen „lieben Karl" in Spanien gekommen.

Leopolds Tod wurde vom Hof und von der Wiener Bevölkerung echt betrauert. Dabei war er vorher nicht sehr beliebt gewesen.[10] Auch Eugen hatte, nachdem er ihm mehr als zwanzig Jahre gedient hatte, ein gewisses Gefühl für ihn entwickelt, er wußte jedoch, daß es mit Josef I. leichter werden würde.

Fürst Salm, der unmittelbar nach Josefs Thronbesteigung Obersthofmeister wurde, versicherte Stepney vierzehn Tage später, der neue Kaiser sei entschlossen, Prinz Eugen in allem Nötigen zu unterstützen.[11] Tatsächlich sandte man ihm beträchtliche Summen nach Italien[12], aber kurz vor Ende des Feldzugs klagte Eugen, man hätte ihm bei weitem nicht die versprochene Summe zukommen lassen. Es waren aber hauptsächlich die Versäumnisse Leopolds, unter denen seine Armee noch immer litt. Und die Situation wäre noch schlimmer gewesen, wenn nicht Marlborough Ende 1704 8000 Preußen in Berlin für ihn angeworben hätte. Sie wurden von den Seemächten für Eugens Einsatz in Italien besoldet.

Die Armee, die Eugen im April in Rovereto erwartete, hatte sich nach Guido Starhembergs Aussage zu einem „aufrührerischen Parlament"[13] entwickelt. Im Schnitt gab es täglich fünfzig Deserteure, die Offiziere waren seit fünfzehn Monaten ohne Sold. Die neuen Rekruten waren wenig besser, manche kamen mit Luntengewehren, andere mit überhaupt nichts. Später konfiszierte Josef alle Gewehre, die man in Bayern finden konnte, und schickte sie nach Italien. Es waren auch kaum Magazine angelegt worden, und Eugen fehlte es an Material zum Brückenbauen, wodurch seine Beweglichkeit empfindlich eingeschränkt wurde.

Die französische Armee dagegen war groß und stand unter dem Kommando des fähigen Vendôme, der niemals seinen Gegner unterschätzte, da, wie er im März 1705 schrieb, „jede falsche Bewegung alles ruinieren könnte".[14] Er hatte mit der schwierigen Aufgabe fertigzuwerden, den Widerstand der Einheimischen zu brechen und die Österreicher daran zu hindern, von Südtirol in die Lombardei einzufallen. Auch dieses Jahr sollte Turin nicht fallen, obwohl Viktor Amadeus keine Hilfe von außen bekam und er sich schlecht mit Guido Starhemberg verstand, der zwar ein fähiger, aber sehr reizbarer General war.[15] Zur Entschuldigung Starhembergs ließe sich sagen, daß er seit der Belagerung von Buda vor zwanzig Jahren an einer Speerspitze in seiner Schulter litt. Anstatt sich auf Turin zu konzentrieren, verlegte aber Vendôme seine Truppen in die Lombardei, um die Kaiserlichen abzuwehren, und das war genau das, was Eugen sich wünschte. Denn mit seiner nur 30.000 Mann starken Armee versuchte der Prinz gar nicht ernsthaft in die Lombardei einzubrechen oder sich mit Viktor Amadeus in Savoyen zu vereinigen, sondern war nur darauf bedacht, die französischen Truppen so zu beschäftigen, daß der Druck auf Turin nachließ.[16]

Es gelang Eugen im Juni, sich östlich der Etsch festzusetzen. Alle Versuche jedoch, noch weiter nach Westen vorzudringen, wurden durch Vendômes geschickte Verteidigung der Flüsse und durch Eugens Schwierigkeiten, sie zu überqueren, vereitelt. Anhaltender schwerer Regen überschwemmte die Straßen und ließ die Flüsse über die Ufer treten. Tausende ertranken.[17] In dieser Situation, wo „jeder kleine Graben wie ein Fluß ist"[18], er aber keine Boote und kein Material zum Brückenbauen hatte, war Eugen vollkommen hilflos. Sein Nachschubsystem war fast ganz zusammengebrochen, so daß die Armee von der Hand in den Mund lebte. Krankheit und Desertion waren an der Tagesordnung. Trotzdem verlor er nicht sein Selbstvertrauen und hielt seine Armee so gut er konnte zusammen. Eine Beschreibung seiner täglichen Routinearbeit hat uns ein französischer Spion geliefert, der sich in sein Lager eingeschlichen hatte: „Er scheint ein sehr energischer Mann zu sein, ist dauernd im Sattel und hält strikte Disziplin... Mittags ißt er zwei Fleischgerichte, trinkt dazu reichlich hiesigen Wein aus einem Silberkrug und beendet die Mahlzeit mit Käse und Obst. Auf das Abendessen verzichtet er, zieht sich zurück und steht sehr früh auf."[19]

Unter diesen Umständen hätte Eugen es vorgezogen, da zu bleiben, wo er war, aber verzweifelte Hilfeappelle von Viktor Amadeus und Kritik in Wien an seiner „plötzlichen Vorsicht"[20] bewogen ihn dann doch dazu, aktiv zu werden. Am 16. August versuchte er in einem blutigen und vergeblichen Ansturm, die Adda bei Cassano zu überqueren.

Als Eugen endlich im November den Feldzug abbrach, hatte er drei weitere Monate unproduktiven Manövrierens hinter sich. Er war gezwungen gewesen, Plünderungen zuzulassen, und mußte mit ansehen, wie seine Leute die Anordnungen der Offiziere mit Gelächter quittierten. Er schrieb Marlborough, seine Armee sei ruiniert, die Pferde erschöpft, das Land aufgeweicht.[21] Aber das, was von seiner Armee blieb, befand sich in einer guten Position, um den Kampf im nächsten Jahr wieder aufzunehmen. Und man hatte immerhin Viktor Amadeus ermöglicht, Turin zu halten. Er rechtfertigte sich selbst, indem er schrieb, daß der Krieg „kein Eroberungskrieg, sondern ein Krieg der Ablenkungsmanöver" gewesen sei, welcher 80.000 gegnerische Truppen festgehalten hätte.[22]

Auch Marlboroughs Feldzug an der Mosel war kein Erfolg, und in Ungarn war noch immer nicht der Aufstand niedergeworfen, der 20.000 kaiserliche Soldaten in Ungarn festhielt. Im November 1705 erhob sich auch Bayern gegen die kaiserliche Okkupation. Schon im Februar waren die Straßen voll von vagabundierenden Bettlerhorden gewesen, die durch die Verwüstungen von 1704 heimatlos geworden waren.[23] Nun empörten sich auch immer mehr Bauern gegen schwere Steuern, Einquartierungen und immer ärgere Rekrutierung, für die Eugen verantwortlich war. Eugen war es auch, der jetzt auf Strafmaßnahmen drang, und am Ende des Jahres war Bayern durch Militärgewalt, Exekutionen und Deportationen auf die Knie gezwungen.

Ein zweites Jahr wie 1705 konnte die Allianz kaum durchstehen. Alle in

Blindheim gemachten Punkte schienen wieder verlorengegangen zu sein. In Italien nun war das Hauptproblem akuter Geldmangel, und es war allen klar, daß dem nur die Seemächte abhelfen konnten. Marlborough kannte durch seine Korrespondenz mit Eugen die italienischen Probleme sehr genau. Außerdem hatten Eugen und Wratislaw gedroht, ohne finanzielle Hilfe von außen müsse sich der Kaiser aus Italien zurückziehen. Ob diese Drohung wirklich ernst zu nehmen war, ist zu bezweifeln, denn der Rückzug hätte die Aufgabe von Österreichs wichtigstem Kriegsziel bedeutet. Aber Marlborough brauchte diese Drohung nicht, um am 5. Oktober 1705 an Wratislaw zu schreiben: „Es scheint mir höchste Zeit zu sein, sich mit diesem Krieg in Italien zu beschäftigen, der so viele feindliche Truppen bindet, die uns anderswo in den Rücken fallen würden, wenn wir sie nicht in Italien besiegen."[24] Im Herbst unternahm daraufhin Marlborough eine Marathonreise durch Deutschland, um auf Kosten der Seemächte Söldnertruppen für Italien anzuwerben. Im November kam er auch nach Wien und versprach eine Anleihe von 250.000 Pfund (ungefähr 2 Millionen Gulden), bestand jedoch darauf, daß sie direkt dem Prinzen ausgezahlt werde und in Italien zu verbrauchen sei. Als Eugen nach Wien zurückkam, konnte er mit weit mehr Zuversicht den nächsten Feldzug planen als im Vorjahr. Mit der Aussicht auf englisches Geld und der festen Unterstützung des neuen Kaisers war er jetzt entschlossen, 1706 zu Viktor Amadeus in Savoyen durchzubrechen.

Josef I. war ein ganz anderer Charakter als sein Vater. Bei ihm, meinte Stepney, habe sich das Blut der Kurfürsten von der Pfalz mit dem besseren Blut der Österreicher vermischt.[25] Er war untersetzt, hatte blaue Augen und blondes Haar und ein normales Kinn. Josef war energisch und aktiv und ein besessener Jäger.[26] Im Gegensatz zu seinem Vater hatte Josef mehrere Mätressen. Obwohl er darauf bedacht war, seine Frau Wilhelmine Amalia nicht öffentlich zu brüskieren, verbrachte er, als er älter wurde und sie offensichtlich keine Kinder mehr bekommen würde, schon gar nicht einen Sohn, immer mehr Zeit mit seinen Freundinnen und auf der Jagd. Sein Günstling, Graf Lamberg, wurde von einem französischen Agenten 1707 als ein Mann beschrieben, „dessen einziges Verdienst darin besteht, daß er ein guter Jäger und Zuhälter ist".[27]

Er war in einer Zeit aufgewachsen, da die Habsburger gerade ihre Macht auf dem Balkan und im Reich vergrößern konnten, sein Selbstbewußtsein als Herrscher war daher ein gänzlich anderes als das seines Vaters. Er teilte auch nicht dessen religiösen Fatalismus und war von seinem Lehrer Salm erzogen worden, klerikalen, besonders jesuitischen Einfluß abzulehnen. Er war ein erklärter Gegner der Franzosen und war stolz darauf, ein Deutscher zu sein. Die kaiserliche Würde unterstrich er durch prächtige Kleidung und Juwelen und durch seine anmaßende Art gegenüber den Reichsfürsten. Wahrscheinlich war seine Macht im Reich größer als die jedes anderen Kaisers des achtzehnten

Jahrhunderts. Er nahm an den Sitzungen seiner Minister teil und erwies sich als sehr urteilsfähig. Er bestand darauf, daß man ihm gehorchte, aber leider bestand er nicht auf einer radikalen Umbildung der Verwaltung. Geld und Zeit investierte er verschwenderisch für seine Vergnügungen.[28] An seinem Hof spürte man nicht, daß Krieg geführt wurde: Jeden Januar feierte man den Fasching, und im Juli 1708 wurde Josefs Geburtstag mit einer „nächtlichen Oper gefeiert, in den Gärten der Favorita, wo sich alle Schauspieler hoch zu Roß oder in Triumphwagen wie im alten Rom zeigten".[29] Andererseits verstand er es, seine Mätressen, Beichtväter und persönlichen Günstlinge schön im Hintergrund zu halten und sich von fähigen Männern beraten zu lassen. Er erkannte und unterstützte meistens Eugens vordringliche militärische Probleme. So setzte er sich zum Beispiel während einer Konferenz am 8. Oktober 1705 dafür ein, daß alles, was möglich ist, für Eugen in Italien getan würde. Er war der tatkräftigste der drei Kaiser, denen Eugen diente, und unter ihm war er am glücklichsten. Die Erfolge seiner kurzen Regierung (1705–1711) sollten nicht nur seinen Ministern zugeschrieben werden: Josef hatte entscheidenden Anteil an ihnen.

Kurz nach seinem Regierungsantritt entließ Josef I. Harrach, Mansfeld und Heister. Zum Obersthofmeister ernannte er Fürst Salm, der gleichzeitig Präsident einer kleineren „Conferenz" von fünf Ministern wurde. Die Hofkanzlei wurde geteilt und ein erster und zweiter Hofkanzler ernannt, Seilern und Sinzendorf, beide Schützlinge von Josefs Onkel, den Kurfürsten von der Pfalz. Seilern, ein gewissenhafter Jurist, entstammte einer reichsdeutschen Handwerkerfamilie. Die Außenpolitik war nun endgültig der Hofkanzlei entwachsen. Sie fiel an Wratislaw, der sie von seiner eher ungewöhnlichen Position als zweiter böhmischer Kanzler aus verwaltete. 1705 starb der kaiserliche Vizekanzler Kaunitz. Josef ersetzte ihn durch den jungen Neffen des Kurfürsten von Mainz, Friedrich Karl Schönborn, der bisher wenig Einfluß besessen hatte. Da Gundaker Starhemberg Präsident der Hofkammer und Eugen Präsident des Hofkriegsrats blieben, lag nun die Macht ganz in den Händen jener, die sich mit Eugen im Kampf gegen die alten Minister verbündet hatten. Die meisten waren dreißig und vierzig Jahre alt und fest entschlossen, die österreichische Macht zu verteidigen und zu vergrößern. Stepney, der sich heftig mit Wratislaw über das österreichische Vorgehen in Ungarn gestritten hatte, verdammte sie als eine Ansammlung „junger, gewalttätiger und arroganter Minister".[30]

Das neue Regime wies zwei schwache Stellen auf: die Uneinigkeit zwischen den Ministern und der permanente Geldmangel. Ohne die Seemächte war Österreich vollkommen kampfunfähig. Nach Josefs Regierungsantritt unternahm Gundaker Starhemberg sofort energische Maßnahmen zur Rationalisierung der verfügbaren Gelder, und nach 1705 waren die kaiserlichen Finanzen so weit geordnet, daß nicht mehr mit den Pleiten der Ära Salaburg zu rechnen war. Die Einnahmen hatten sich verdoppelt. Das Grundproblem der inadäquaten Besteuerung des Großgrundbesitzes blieb allerdings unter dieser Regierung und unter der folgenden bestehen.

Die Divergenzen unter den Ministern machten sich sofort bemerkbar. Schon vor Leopolds Tod hatte Herzog Moles, ein Freund Wratislaws, versucht, Starhemberg als Präsident der Hofkammer zu ersetzen. Obgleich Moles 1706 Wien als Gesandter Karls in Spanien verließ, blieb eine gewisse Feindseligkeit zwischen Starhemberg und Wratislaw bis zu dessen Tod bestehen,[31] und dies hatte wiederum eine ähnliche Kälte im Verhältnis zwischen Starhemberg und Eugen zur Folge. Noch unangenehmer machten sich jedoch die Versuche des herrschsüchtigen Fürsten Salm bemerkbar, sich zum eigentlichen Regierungsoberhaupt zu machen. Als Onkel von Josefs Frau Wilhelmine Amalia und als Reichsfürst empfand er Wratislaw und Eugen als Hindernisse auf seinem Weg zur Macht. Das eigentliche Hindernis aber war neben seiner chronisch schlechten Gesundheit der Kaiser, der zwar seinen ehemaligen Lehrer duldete, aber keineswegs liebte.

Salm hatte in den türkischen Kriegen mitgekämpft und betrachtete sich selbst nicht ganz zu Unrecht als einen militärischen Experten. So kritisierte er scharf Eugens italienischen Feldzug von 1705 und wurde in seiner Kritik von Guido Starhemberg unterstützt, als dieser Ende des Jahres nach Wien kam, bevor er Heister als Oberbefehlshaber der ungarischen Streitkräfte ersetzte. Guido behauptete, Eugen hätte Viktor Amadeus Hilfe bringen können, wenn er gewollt hätte.[32] Eugen seinerseits verübelte es Salm, daß dieser ihn von Wien aus seiner Meinung nach nicht genügend unterstützt hatte und wo er nur konnte, störend in die Arbeit des Hofkriegsrates eingriff. Nun muß man fairerweise sagen, daß der Hofkriegsrat kaum sehr erfolgreich arbeiten konnte, wenn sein Präsident nur im Winter anwesend war. Selbstverständlich mußten Eugens Anstrengungen, alles unter seine Kontrolle zu bekommen, Mißfallen erregen, ebenso seine Art, alles beiseite zu schieben, was nicht dazu diente, den Krieg zu gewinnen, besonders dort, wo er das Kommando führte. In einer stürmischen Konferenz am 22. März 1706 mußte sich Eugen vor Salm, aber nicht von Salm, ins Gesicht sagen lassen, „daß seit der Zeit Wallensteins es eine Maxime des Hauses Österreich war, Schwert und Geldbeutel nicht derselben Person anzuvertrauen", und daß er mit den Finanzen nichts zu tun habe, außer auf ausdrücklichen Befehl.[33]

Während Eugens Abwesenheit war Wratislaw Salms stärkster Opponent. Er fand zwar wenig Unterstützung bei den anderen Ministern, aber er besaß das Vertrauen und die Freundschaft sowohl Josefs als auch seines Bruders Karl. So agierte er als Verbindungsmann zwischen den beiden Brüdern, die, solange Karl in Wien war, sehr mißtrauisch miteinander umgingen. Während der Erzherzog (Karl III. nannten ihn die Alliierten) in Spanien war, stand Wratislaw mit ihm in freundschaftlicher Korrespondenz und wurde von Karl oft mit „mein lieber Dicker" angeredet. Als einer der ersten hatte er begriffen, daß Karl einmal den Thron besteigen könnte, wenn nämlich Josef und Wilhelmine Amalia ohne männlichen Erben bleiben würden. In diesem Fall, schrieb er Karl Ende 1706, würde es unrealistisch sein, über Deutschland und Spanien zu herrschen, während er Deutschland und Italien sehr wohl regieren könne.

Die Streitereien unter den Ministern während Josefs Regierungszeit waren zwar sehr unangenehm, blieben aber zum größten Teil auf den persönlichen Bereich beschränkt: Zum Kampf gegen Frankreich waren alle Minister gleich fest entschlossen. Auch Eugens Position hatte nicht unter den Zwistigkeiten zu leiden, da Josef nur wenig auf Salms militärische Ratschläge gab und sich dagegen persönlich sehr für Eugens Forderungen in Wien einsetzte.

In einem Punkt gab es allerdings auch in politischer Hinsicht Divergenzen: Salm, hinter dem gewöhnlich Hofkanzler Seilern stand, sah Josef hauptsächlich als Haupt des Reiches, dessen erstes Interesse es sein sollte, Deutschlands territoriale Integrität gegen Frankreich zu verteidigen und die verlorengegangenen Länder zurückzuerobern. Wratislaw war mehr an der Entwicklung Österreichs als Großmacht gelegen, mit Territorialansprüchen in Italien und in gewissem Ausmaß auch in Bayern. Er war bereit, nicht nur auf die Ansprüche Habsburgs im Elsaß, sondern auch in Spanien und in den spanischen Niederlanden zu verzichten, wenn man die spanischen Besitzungen in Italien halten konnte. Trotz seiner Freundschaft mit Erzherzog Karl stellte er sich taub, wenn Karl um österreichische Militärhilfe in Spanien bat. Eugen teilte zwar im großen und ganzen Wratislaws Vorstellungen, hielt es aber darüber hinaus für wichtig, eine starke Barriere im Reich gegen Frankreich zu errichten.

Turin und Toulon

Wenn man von einem „annus mirabilis" des Spanischen Erbfolgekrieges reden will, dann war das sicher 1706, als die Alliierten Norditalien und den größten Teil der südlichen Niederlande eroberten und der französische König verzweifelt ums Überleben kämpfen mußte. Obgleich in diesem Jahr der österreichische und der englische Oberbefehlshaber getrennte Schlachten schlugen, wäre der österreichische Erfolg in Italien ohne die Hilfe der Seemächte undenkbar gewesen. Nicht nur, daß man durch die englische Anleihe fünf Monate Krieg finanzieren konnte, es bestanden auch ganze Truppenteile in Eugens Armee aus deutschen Söldnern, die die Seemächte angeheuert hatten. 1706 vergrößerte sich Eugens Armee dadurch von 18.000 auf 28.000 Mann.

Der italienische Feldzug begann mit einer Katastrophennachricht. Als Eugen Mitte April zu seiner Armee stieß, hatte diese gerade eine Niederlage durch Vendôme in Calcinato am 19. April einstecken müssen und befand sich auf dem Rückzug an den Gardasee. Eugen konnte gerade noch die Organisation dieses Rückzugs übernehmen. Den Verlust von 3000 Mann nahm er gelassen auf und verzichtete darauf, Reventlow vor ein Kriegsgericht zu stellen, da es nur zeigen würde, „daß nicht jeder eine Armee kommandieren kann".[1] Die nächsten zwei Monate verbrachte er damit, seinen Truppen Disziplin beizubringen, und wartete im übrigen auf die Ankunft der Hilfstruppen aus Deutschland. Da er jetzt seine Soldaten regelmäßig entlohnen konnte, durfte er auch verlangen, daß sie sich ordentlich aufführten, so daß in diesem Jahr die Ernte ungestört eingebracht werden konnte.

Eugen verbrachte also den Mai und fast den ganzen Juni in den Bergen. Die Franzosen glaubten sich in Sicherheit, da sie die Verteidigungslinien, die Vendôme an der Etsch hatte errichten lassen, für einen undurchdringlichen Wall hielten. Im Westen war La Feuillade ziemlich sicher, Turin noch in diesem Sommer erobern zu können. Aber Turin fiel nicht, da es geschickt von General Daun verteidigt wurde, und La Feuillades Truppen vergeudeten ihre Kraft in den Turiner Bergen, wo sie hinter Viktor Amadeus und seiner Kavallerie her waren.[2]

Ende Juni war Eugen bereit zum Aufbruch. An der Etsch entlang marschierte er nach Süden und überquerte die Etsch am 6. Juli an einem schwachen Punkt der Verteidigungsanlagen bei Rovigo. Indem er weiter nach

Süden zog, warf er Vendômes Berechnungen über den Haufen, daß er sich in der Nähe Tirols und seiner Magazine halten würde. Mitte Juli überschritt Eugens Armee den Po und begann am Po entlang westwärts zu marschieren. Vendôme schrieb am 10. Juli voller Optimismus an den französischen Kriegsminister Chamillart: „Was die Belagerung Turins angeht, so können Sie sicher sein, daß Eugen sie nicht wird aufheben können. Es gibt genug Plätze, an denen wir ihn aufhalten können, wenn er wirklich daran denkt, nach Turin durchzustoßen."[3]

Es war ein Glück für Vendômes Ruf, daß er zu diesem Zeitpunkt Italien verließ, weil man ihn dringend gebeten hatte, das Kommando in den Niederlanden zu übernehmen. Hier war Villeroys Armee von Marlborough am 23. Mai bei Ramillies zerschlagen worden und befand sich auf einen chaotischen Rückzug. Die Spanischen Niederlande und möglicherweise Frankreich standen der englisch-holländischen Armee offen. Eugen wird über die Abreise des Mannes, der seit 1702 alle seine Manöver in Italien erfolgreich pariert hatte, nicht allzu unglücklich gewesen sein.

Ludwig XIV. ersetzte Vendôme durch seinen jungen Neffen, den Herzog von Orléans, der absolut abhängig von den Ratschlägen seiner Generale war, besonders Marsins. Unglücklicherweise war nun gerade Marsin ein vom Pech verfolgter Kommandant, der schon an den Niederlagen in Blindheim und Ramillies beteiligt gewesen war. In den kommenden Monaten sollte ihn eine lähmende Depression befallen. Beide Männer begingen nun den Fehler, die Lombardei vor einem eventuellen Flankenangriff Eugens zu beschützen, anstatt ihn in seinem Marsch nach Turin aufzuhalten. Sie wollten einfach nicht glauben, daß er schnurstracks auf die belagerte Stadt zumarschierte.

Juli und August bewegte sich Eugens Armee am Südufer des Po weiter westwärts und stieß dabei kaum auf französischen Widerstand. Trotz seiner 30.000 Mann starken Armee kam Eugen ohne seine Lager in Tirol aus, weil er genug Geld hatte, um Proviant einzukaufen. Im Gegensatz zum vorigen Jahr war diesmal Hitze und Dürre das Hauptproblem: Man marschierte im Mondlicht. Trotzdem erreichte die Armee am 29. August Carmagnola, wo Viktor Amadeus mit seinem Häuflein auf ihn wartete.

Als Orléans endlich realisierte, daß Eugens Ziel Turin war, beeilte er sich ebenfalls dorthin zu kommen, um La Feuillades Belagerung zu verstärken. Die französischen Feldherren waren sich nicht einig, wie sie vorgehen sollten. La Feuillade und Marsin verwarfen Orléans Vorschlag auszurücken und den Feind direkt anzugreifen, und bestanden darauf, in ihren Schützengräben auf Eugens Armee zu warten. Es hätte auch nicht dem militärischen Denken der Franzosen, besonders nicht Ludwig XIV. entsprochen, eine Entscheidungsschlacht nach der Art Eugens und Marlboroughs zu suchen. Außerdem glaubte Marsin nicht mehr daran, daß er Erfolg haben könnte. Am 6. September schrieb er in einem Brief an Chamillart, den er seinem Beichtvater persönlich anvertraute: „...dieser Brief soll Ihnen erst übergeben werden, wenn ich tot bin. Seitdem ich den Befehl des Königs erhielt, nach Italien zu gehen, werde ich von der Vorstellung geplagt, daß ich in diesem Feldzug mein Leben lassen werde. Die Gedanken an den Tod beschäftigen mich Tag und Nacht... P. S. In dieser Minute überschreitet der Feind den Po."[4]

Eugen und Viktor Amadeus überquerten tatsächlich den Fluß, um die französische Armee am folgenden Tag von Westen anzugreifen. Vier Tage früher, am 2. September, hatten sie die Franzosen vom Superga-Hügel aus beobachtet und festgestellt, daß sie auf einen Angriff unvorbereitet und an einem Punkt besonders verwundbar waren. Eugen hatte triumphierend zu seinem Vetter gesagt: „Mir scheint, diese da sind schon halb geschlagen."[5] Und an diesem schwachen Punkt griff die kaiserlich-savoyische Armee am Morgen des 7. September an. Die kaiserlichen Grenadiere und die preußische Infanterie unter Prinz „Bulldogge" Anhalt-Dessau brachen durch die französischen Befestigungen und machten den Weg frei für die Kavallerie. Eugen war auf schwere Verluste vorbereitet und schonte sich selber nicht. Zwei seiner Adjutanten fielen bei diesem Angriff, und er selber wurde von seinem verwundeten Pferd geschleudert. Die Franzosen aber gaben die Belagerung auf und flohen, obwohl nur ein Teil ihrer Armee besiegt und sie um ein Drittel weniger Verwundete hatten. Orléans trug zwei Verwundungen davon, konnte aber dennoch den Rückzug organisieren. Und Marsins Befürchtungen sollten sich erfüllen: Er erhielt eine schwere Verletzung in der Hüfte und starb nach der Amputation des Beines, die einer von Viktor Amadeus' Chirurgen durchgeführt hatte. In letzter Minute konnte Eugen ein allgemeines Abschlachten der verwundeten Franzosen durch die Kaiserlichen verhindern. 5000 Soldaten und 3000 Pferde sowie fast das gesamte Gepäck der Franzosen fielen der siegreichen Armee in die Hände.

Eugens Marsch durch Norditalien hatte die Zeitungsleser der alliierten Länder während des ganzen Sommers in Spannung gehalten; sein Sieg über die wesentlich größere französische Armee und die Befreiung Turins führten zu öffentlichen Begeisterungsausbrüchen, besonders in England. Auch Marlborough äußerte sich höchst erfreut, und das, obgleich Eugens Sieg fast seinen eigenen Erfolg bei Ramillies überschattete. Aber niemand hatte sich so wie er für die Befreiung Turins eingesetzt. „Es ist unmöglich für mich, die Freude zu beschreiben, die ich darüber empfand", schrieb er seiner Frau, „denn ich schätze nicht nur den Prinzen, ich liebe ihn aus ganzem Herzen."[6] Eugen gab seinerseits sofort zu, daß nur das englische Geld diesen Sieg ermöglicht hatte.

Der Schlacht um Turin folgte auf dem Fuß die Besetzung der Lombardei durch die Kaiserlichen. Die französischen Truppen hielten sich auch hier in der Defensive. Als Eugen und Viktor Amadeus am 26. September Mailand betraten, begrüßte der Großteil der Bevölkerung die neuen Herren durchaus freundlich. Die Truppen konnten nun hier und im benachbarten Parma nach

Belieben einquartiert werden. Parma, die Toskana und einige der päpstlichen Gebiete wurden sofort zu Kontributionen gezwungen, was im nächsten Jahr immerhin zwei Millionen Gulden einbrachte. Diese hatte man auch dringend nötig; denn da das englische Geld verbraucht war, stand die Armee wieder vor dem Nichts.[7] Im März 1707 beklagte sich Eugen wieder einmal bitter über seine Mittellosigkeit und schrieb einen sarkastischen Brief an Salm, der nicht glauben wollte, daß Eugens Armee von Wien aus ungenügend versorgt würde. Salm hatte sich auch darüber gewundert, wie es überhaupt zu Schwierigkeiten „in einem so freundlichen und fruchtbaren Land wie Italien" kommen könne. Eugen schrieb Salm, das sei leider genauso gut möglich wie die Tatsache, daß ein so freundliches und reiches Land wie Österreich nie seinen finanziellen Verpflichtungen nachkäme, weil seine Wirtschaft eine Mißwirtschaft sei.[8]

Trotz dieser Mißstände befand sich die kaiserliche Armee in Norditalien Anfang 1707 in einer uneinnehmbaren Position. Ludwig XIV. war durch die zwei Niederlagen von Ramillies und Turin schwer getroffen worden. Obwohl er nach außen das Gesicht wahrte, soll er bei Madame de Maintenon in Tränen ausgebrochen sein. Auch öffentlich zeigte er seine Enttäuschung. Während er noch seinen alten Freund Villeroy nach Ramillies mit den Worten getröstet hatte: „Herr Marschall, in unserem Alter hat man eben kein Glück mehr",[9] drehte er La Feuillade den Rücken zu, als dieser sich bei Hof zeigte. Die Prioritäten für Ludwig XIV. bestanden in der Verteidigung der Nordgrenze Frankreichs und in der Unterstützung Philipps V. in Spanien; denn Erzherzog Karl und die englisch-holländische Armee hatten sich bereits in Katalonien festgesetzt. In der Hoffnung, die noch in Italien verbliebenen Truppen zu retten, verhandelte Ludwig während des Winters mit Eugen. Am 13. März 1707 unterzeichnete Eugen eine Übereinkunft, die allen französischen Truppen den Abzug gestattete: Er tat dies, um sich die Ausräumung der letzten französischen Garnisonen zu ersparen, aber er verärgerte damit unvermeidlicherweise die Seemächte.

Bald nach der Befreiung Turins wurde Eugen zum Statthalter von Mailand ernannt. Dieser Posten brachte Eugen 150.000 Gulden jährlich und war als Belohnung gedacht. Für Eugen und Wratislaw war dies zweifellos ein politischer Sieg. Karl verlieh ihm die Würde von Spanien aus, aber seine Anweisungen erhielt Eugen von Wien: Damit sollte den Alliierten der Familienvertrag von 1703 verheimlicht werden, der Mailand dem österreichischen Zweig zugesprochen hatte.

Am 16. April ritt Eugen in vollem Staat auf einem prächtig aufgezäumten Kriegsroß in Mailand ein. Später wechselte er in einen von sechs Pferden gezogenen Wagen über, um sich zum Tedeum in die Kathedrale zu begeben. Die Straßen waren mit Teppichen ausgelegt und mit Blumen geschmückt. Dies war der glänzende Beginn einer mehr als anderthalb Jahrhunderte währenden österreichischen Herrschaft über die Lombardei.

Einer allerdings betrachtete die Festlichkeiten in Mailand mit unverhohlenem Ärger: Eugens Vetter Viktor Amadeus. Er hatte gehofft, selber Statthalter zu werden, und fürchtete außerdem, daß die Österreicher die Klausel ihres Vertrags von 1703 nicht einhalten würden, in der ihm ein Teil Mailands und ganz Montferrat zugesprochen worden waren. Die Seemächte mußten tatsächlich erheblichen Druck ausüben, bevor der Kaiser diese Gebiete der westlichen Lombardei 1707 und 1708 widerstrebend herausrückte. In der vordersten Front jener, die diese Gebiete zu behalten wünschten, stand Eugen, der sich auch für die Annexion Mantuas stark einsetzte, und zwar aus dem Grund, daß der Herzog als kaiserlicher Vasall Verrat geübt hatte. Für Eugen war dies Herzogtum der „Schlüssel zu ganz Italien".[10]

Die Kaiserlichen waren nun endlich in der Lage, ein Ziel der österreichischen Politik seit Leopold zu realisieren, nämlich die lehensherrlichen Rechte des Kaisers in Italien durchzusetzen.[11] Nach der Eroberung Mailands war demnach der nächste Schritt die Einnahme Neapels und Siziliens. Dort saßen die Anhänger Philipps von Anjou. Zu Beginn des Jahres 1707 wurden bereits Pläne für eine Expedition nach Süditalien ausgearbeitet. Die treibende Kraft war wieder einmal Wratislaw. Eugen unterstützte ihn nach Kräften.

Die Pläne stießen aber augenblicklich auf die heftigste Ablehnung der Seemächte. Ihrer Meinung nach sollte Österreich seine Armeen lieber direkt gegen Frankreich und Spanien ins Feld führen. Außerdem war ihnen der Machtzuwachs Österreichs in Italien nicht angenehm, auch wenn Josef behauptete, im Interesse seines Bruders zu handeln. Diese Ablehnung verstärkte nur die Entschlossenheit der Kaiserlichen. Nicht ohne Grund argwöhnten sie, daß die Holländer Neapel Philipp von Anjou anzubieten gedachten als Ersatz für Spanien, wenn es zu einem Frieden kommen sollte. Im Mai 1707 schickte Eugen 10.000 Mann unter Daun nach Neapel, das im Sommer und Herbst ziemlich mühelos erobert werden konnte: Weder Frankreich noch Spanien konnten Hilfe senden, da die englisch-holländische Flotte im Mittelmeer lag. Das besiegte Königreich Neapel mußte sich auf der Stelle an den Kriegskosten der Österreicher beteiligen.[12]

Als Eugen diese Expedition vorbereitete, war er voller Besorgnis, daß die Seemächte ihm nicht aus lauter Ärger die Hilfstruppen aus Norditalien entzögen. Um sie zu versöhnen, stimmte er daher zu, sich an einem ihrer Projekte zu beteiligen: an dem Angriff auf den französischen Hafen von Toulon. Marlborough hatte ihm dieses Projekt in einem Brief vom 27. Dezember 1706 ans Herz gelegt. Mit der Eroberung Toulons sollte die französische Flottenbasis am Mittelmeer zerstört werden, der französische Druck in Spanien und Flandern vermindert werden, weil Ludwig gezwungen war, seine Kräfte zu verteilen, und schließlich Marlborough erlauben, Frankreich einen Frieden zu diktieren, nachdem er seinerseits von den Niederlanden aus angegriffen hatte. Der französische Sieg im April 1707 bei

Almanza und die Durchbrechung der Stollenhofener Linien durch Villars einen Monat darauf bestärkten Marlborough nur in seinem Wunsch. Am 5. Juni 1707 schrieb er an Wratislaw: „England und Holland setzen alle ihre Hoffnungen auf den italienischen Plan und sind überzeugt, daß die Zukunft des Feldzugs, ja des ganzen Krieges davon abhängt."[13]

Obgleich Eugen im Prinzip für einen Angriff an Frankreichs Südostgrenze war, glaubte er nie an den Erfolg einer Belagerung Toulons, wußte aber, daß er wegen Neapel zuzustimmen hatte. Im Februar 1707 schrieb er dem Kaiser, daß „man der Impresa von der Provence und Toulon zustimmen müsse, schon um die Seemächte nicht zu disgutieren und die Flotte zu bekommen (das heißt: die Flotte zur Deckung der Neapelexpedition ins Mittelmeer), daneben im geheimen aber alles für Neapel vorbereiten möge".[14] Der englische Gesandte in Wien, Earl of Manchester, erhielt zwar von Josef die Versicherung, Eugen hätte den Befehl erhalten, gegen Toulon zu ziehen, aber er fand, daß alle Minister sich „sehr skeptisch über diese Kampagne äußerten..."[15]

Eugen erhob also zunächst keine Einwände gegen das Toulonabenteuer und versicherte dem englischen Gesandten in Savoyen, Chetwynd, kurz nachdem die Neapelexpedition im Mai gestartet war, daß „wir sicherlich das Projekt wagen werden". Die erforderlichen Dispositionen seien schon getroffen worden.[16] Die kaiserlich-savoyische Armee kam auf ihrem Marsch nach Frankreich jedoch nur langsam vorwärts. Erstens wollte man wohl Italien nicht verlassen, bevor sich nicht die ersten Erfolge bei der Neapelexpedition abzeichneten, zweitens war Viktor Amadeus krank geworden, drittens waren die Pässe nach Frankreich länger als sonst durch Schnee blockiert und viertens war die englisch-holländische Flotte Mitte Juni immer noch nicht eingetroffen. Als sie endlich eintraf, erhob Eugen die ersten Einwände, so daß Graf Manchester, der zu dieser Zeit das Lager besuchte, den Eindruck hatte, daß „sie keine große Ambition haben, Toulon zu erobern... Ihre ganze Ambition geht auf Italien".[17] Da die österreichische Armee bereits Neapel eingenommen hatte, bestand nun weniger Anlaß, sich kritiklos den Verbündeten anzupassen. Daher schrieb Wratislaw am 13. Juli an Marlborough: „Wir riskieren unsere Armee, nur um England einen Gefallen zu erweisen..."[18]

Ein weiterer Grund für Österreichs Zögern war die Situation an der eigenen Nordgrenze. Im September 1706 hatte Karl XII. von Schweden den entscheidenden Schritt unternommen, um die Koalition von Dänemark, Sachsen-Polen und Rußland zu brechen, indem er August von Sachsen-Polen zwang, in Altranstädt in Sachsen Frieden zu schließen und auf den polnischen Thron zugunsten von Karls Schützling Stanislaus Leszczyński zu verzichten. Während der folgenden Monate drohte Karl immer wieder von seinem Lager in Schlesien aus, in Schlesien die Rechte von Josefs protestantischen Untertanen zu verteidigen; denn Schweden hatte sich für diese Rechte beim Westfälischen Frieden verbürgt. Man mußte auch befürchten, daß er womöglich auch den zum großen Teil protestantischen ungarischen Rebellen zu Hilfe kommen würde und sich im Spanischen Erbfolgekrieg auf die Seite Frankreichs stellen würde. Um einen Streit zwischen Österreich und Karl zu verhindern, besuchte Marlborough ihn im April 1707 in seinem Lager, wo er damit beschäftigt war, sich auf einen Feldzug gegen Peter den Großen vorzubereiten. Er war zu einer Verständigung mit Österreich durchaus bereit, wenn Josef nur die Rechte der schlesischen Protestanten anerkannte. Obgleich Salm, Seilern und Schönborn Josef bedrängten, sich Karl XII. selbst auf die Gefahr eines Krieges hin zu widersetzen, folgte Josef dem Rat Graf Wratislaws und Eugens, die Bedingungen des schwedischen Königs zu akzeptieren. Ein Krieg mit Schweden war das letzte, was sich die beiden Männer wünschten. So standen sie auch dem Angebot Peter des Großen ablehnend gegenüber, mit seiner Hilfe den ungarischen Aufstand zu unterdrücken, und ebenso seinem Vorschlag, Eugen solle gegen Leszczyński als Kandidat für den polnischen Thron auftreten. Eugen nahm diesen Vorschlag nicht einmal ernst. Obgleich er die letzte Entscheidung Josef überließ, schickte er eine russische Abordnung, die ihn in Italien aufgesucht hatte, mit sehr allgemein gehaltenen Antworten weg und schrieb an Marlborough, die russischen Vorschläge seien „phantastische Märchen gewesen".[19] Die Krisensituation im Norden löste sich erst im September 1707, als man sich endlich mit Karl XII. geeinigt hatte und dieser sich nach Deutschland zurückgezogen hatte, um von hier aus gegen Peter den Großen zu ziehen und bei Poltava zu unterliegen.

Am 30. Juni verließen 35.000 Mann Piemont, um über die Berge an die französische Mittelmeerküste zu marschieren. Obgleich Viktor Amadeus nominell das Kommando führte, trug die eigentliche Verantwortung doch Eugen. Innerhalb von vierzehn Tagen hatten die Alliierten Nizza erobert, ohne auf wesentlichen französischen Widerstand zu stoßen. Aber schon am 12. Juli äußerte Eugen seine Zweifel an der Fortführung dieses Feldzugs, zu schwierig sei der Anmarsch durch die Berge, zu ausgedehnt ihre Linien, was zu Kommunikationsschwierigkeiten führe. Der zu allem entschlossene und eigensinnige Admiral Shovell brachte es jedoch fertig, während einem auf seinem Flaggschiff abgehaltenen Kriegsrat gemeinsam mit Viktor Amadeus diese Zweifel zu zerstreuen.

Die Alliierten trafen bei ihrem Vormarsch weiterhin nur auf minimalen Widerstand der Franzosen. Der französische Kommandant Tessé war sich zuerst nicht sicher gewesen, wo der Feind zuschlagen werde, hatte aber dann alle verfügbaren Truppen der Provence und der Dauphiné um Toulon zusammengezogen. Auch vom Rhein und von Spanien schickte Ludwig XIV. Truppen nach Südfrankreich, obwohl er nicht glaubte, daß die Invasion eine echte Gefahr darstellte. Dies sei „eine übereilte und undurchführbare Aktion", erklärte er. „Das sollen sie teuer bezahlen!"[20] Aber am meisten zu leiden hatte wieder einmal die ansässige Bevölkerung. Als sei es eine Selbstverständlichkeit, wurden Kontributionen verlangt, und trotzdem plünderten die Soldaten, besonders die aus Hessen, wo sie nur konnten, und ließen sich davon weder durch ihre Offiziere noch durch Eugen abhalten.[21] Auch die englisch-holländische Flotte ließ Truppen zu Terrorüberfällen an Land, vornehmlich, um Ernten abzubrennen. Die Verwüstung der Provence durch alliierte Truppen während dieses Sommers verursachte einen Schaden, der später auf 6,5 Millionen Pfund kalkuliert wurde.

Plündernd und brennend verlangsamte die Armee auf der engen Küstenstraße immer mehr ihr Tempo. Am 26. Juli endlich erreichte sie die Vororte von Toulon, wo Tessé während der letzten beiden Wochen die Verteidigung organisiert hatte. 4000 Matrosen und Bauern mußten ihm helfen, Gärten und Landhäuser zu planieren und an ihrer Stelle Verteidigungsanlagen zu errichten. Als Eugen zum ersten Mal diese Verteidigungsanlagen zu Gesicht bekam, riet er augenblicklich zum Rückzug. Wiederum mußte er sich Viktor Amadeus und Shovell beugen, aber er drängte darauf, daß man sich wenigstens zu einer konventionellen Belagerung entschlösse und nicht versuche, die Stadt zu stürmen.

Drei Wochen lang belagerte die alliierte Armee Toulon. Von Westen kamen nach Belieben französische Verstärkungen in die Stadt, und die meisten bayerischen und französischen Gefangenen, die nach Blindheim in die kaiserliche Armee gesteckt worden waren, desertierten nun und beklagten sich, ihr „Brot" sei „nicht größer als eine Mannesfaust und sehr schwarz" gewesen. Da sie ihr Trinkwasser aus verseuchten Gewässern entnehmen mußten, waren die Truppen bald von der Ruhr befallen. Dadurch, daß sie in Weingärten und Olivenhainen kampierten, wurde die Sache noch schlimmer: „Die Trauben, welche die Deutschen jeden Tag essen, und der Saft, den sie anstatt Wein trinken, verschlimmerte nur den Durchfall."[22]

Den Offizieren ging es wesentlich besser. Sie unterhielten gute Beziehungen zu den Offizieren der anderen Seite, und Tessé schenkte Eugen einen Übermantel und schickte ihm jeden Tag Eis.

Hingegen kam es zu immer schärferen Auseinandersetzungen zwischen den alliierten Feldherren. Viktor Amadeus gab sich alle Mühe, mit den Engländern auszukommen. Dabei war ihm die Zusammenarbeit mit dem jungen Chetwynd, dem englischen Botschafter in Savoyen, außerordentlich nützlich. Beide warfen nun Eugen vor, er treibe die Belagerung nicht energisch genug voran, und Chetwynd schrieb nach England: „Die meisten hier sind der Ansicht, daß Seine Hoheit hier weniger investiert als in andere Dinge."[23] Auch der pfälzische General Rehbinder schrieb verzweifelt an Marlborough: „Ich kann mir nicht vorstellen, daß je eine Belagerung so geführt wurde, wie es hier geschieht."[24] Chetwynd kritisierte Eugens Organisation der Armee.[25]

Eugen zögerte nicht, sich in seinen Briefen nach Wien zu verteidigen. An Wratislaw schrieb er, daß Viktor Amadeus, der „die größten Schwierigkeiten, um nicht zu sagen Unmöglichkeiten dieser Operation" erkenne, ihm alle Verantwortung zuschiebe, „nur, um nicht England und Holland zu vergrämen". Seine Vorsicht rechtfertigte er so: „Ich riskiere sofort alles, wenn ich die geringste Aussicht auf Erfolg habe", aber „ich werde nicht aus Gefälligkeit für England und für einen kleinen Gesandten (Chetwynd) zu einer Sache raten, die ich für unmöglich halte. ... Dies ist die schwierigste Operation, die ich in meinem Leben gesehen habe."[26] Eugen hatte begriffen, was die Engländer und besonders Shovell, der „nichts vom Landkrieg verstand"[27], nicht begreifen wollten, daß nämlich die Alliierten, selbst wenn es ihnen gelänge, Toulon einzunehmen, nicht imstande sein würden, die Stadt zu halten.

Am 20. August stimmte Shovell endlich dem Rückzug zu; denn französische Verstärkungen nahmen den Alliierten jede Aussicht auf Erfolg. Am nächsten Tag gelang es der alliierten Flotte, welche bis dahin durch widrige Winde von der Küste ferngehalten worden war, näherzukommen und die französische Flotte im Hafen zu bombardieren. Da die meisten französischen Schiffe vorher versenkt worden waren, um den Hafen zu blockieren, und nie wieder flott gemacht wurden, war die französische Flotte vor Toulon praktisch ausgelöscht. Für den Rest des Krieges waren die Alliierten die Herren des Mittelmeeres. Am 22. August hob die Armee die Belagerung auf und marschierte über die Küstenstraße nach Piemont, wo sie schon in der ersten Septemberwoche eintraf. Die Truppen benahmen sich allerdings genauso schlecht wie auf dem Hinmarsch, ihre Route war überall durch alle möglichen Gewalttätigkeiten, wie Feuer, Mord und Raub, gekennzeichnet. Chetwynd meinte sarkastisch, daß trotz des scharfen Tempos „wir momentan keine Klagen über die langen Märsche hören, was, meine ich, deutlich zeigt, wie schwach der Wille auf dem Hinmarsch war".[28]

Das ganze Unternehmen war schlecht geplant gewesen: Da die Alliierten nur durch eine enge Küstenstraße mit Italien verbunden waren, hätten sie die Stadt nur durch die ständige Unterstützung der Flotte halten können, besonders da ja nicht daran gedacht wurde, die Provence zu erobern. Von der See anzugreifen, wäre eine bessere Idee gewesen. Auf diese Weise wurde ja auch die französische Flotte vernichtet. Immerhin hatte man Ludwig dazu gebracht, seine Truppen in großer Zahl nach Süden zu verlagern, und das zu einem Zeitpunkt, da er im Begriff war, in Spanien und am Rhein durchzubrechen. Bedauerlich war, daß Marlborough aus dieser Situation keinen Nutzen ziehen konnte. Er war, wie Eugen ihm tröstend schrieb, „durch die übermäßige Vorsicht der holländischen Felddeputierten gelähmt worden, die nichts von unserem Beruf verstehen und nur die Meinung ihrer Generale vertreten, die wiederum nichts als den Verteidigungskrieg kennen".[29]

Die Expedition hatte auch die Beziehungen Eugens zu seinem Vetter, die ohnehin seit zehn Jahren schwierig waren, endgültig zerrüttet. Dem Prinzen wurde es immer klarer, daß der Herzog Ansprüche auf das ganze Herzogtum

Mailand stellen wollte. Er warnte daher den Kaiser vor einer Truppenreduzierung. Die Beziehungen zwischen Österreich und Savoyen sollten trotz ihrer Allianz bis zum Ende des Krieges sehr gespannt bleiben. Beim Friedensschluß von 1707 hatten sich die Österreicher eine starke Position in Italien erkämpft. Sie beherrschten nun Mailand, Mantua und Neapel. Sie hatten damit ihr Hauptziel erreicht und konnten nun darangehen, sich militärisch an anderer Stelle zu engagieren, am Rhein, in den Niederlanden und in Ungarn. Eugen konnte Mailand am 28. November beruhigt verlassen, um sich nach Wien zu begeben.

Die Eroberung der südlichen Niederlande

Gegen Ende 1707 änderte sich der Charakter des Spanischen Erbfolgekriegs. Nachdem die Franzosen Italien verlassen hatten und sich gezeigt hatte, daß Philipp V. in seinem Kampf gegen Erzherzog Karl immer besser mit der Flotte zusammenarbeitete, begann Ludwig XIV. sich ganz auf die Verteidigung des eigenen Landes zu konzentrieren, wobei er sich auf das massive Festungssystem entlang der nördlichen und östlichen Grenzen stützte.

Während der Belagerung Toulons war Eugen klar geworden, daß die Alliierten Frankreich niemals zu einem akezptablen Frieden durch eine Invasion in den Südwesten des Landes zwingen könnten. Ein entscheidender Sieg konnte nur im Norden errungen werden. Daher schrieb der Prinz auf seinem Rückzug von Toulon Marlborough einen Brief, in dem er ihm vorschlug, in Savoyen und in Spanien im nächsten Jahr (1708) in die Defensive zu gehen und dafür eine neue Armee unter seinem (Eugens) Kommando an der Mosel aufzustellen. Diese Armee konnte zur Kooperation mit den Armeen am Rhein und in den Niederlanden benutzt werden, und Eugen würde den nördlichen Kriegsschauplatz dominieren können, ohne den neuen Kommandanten der Rheinarmee, den Kurfürsten Georg Ludwig von Hannover, zu beleidigen.

Marlborough konnte jedoch auf Eugens Vorschläge nicht gleich eingehen; nicht, weil sie ihn nicht überzeugt hätten, sondern weil er und sein Freund und Verbündeter Godolphin in England immer mehr an Boden verloren. Ihr Einfluß auf Königin Anna schwand dahin, und sie mußten sich mit Hilfe der Whigs der Tories erwehren. Ein Preis dieser Hilfe aber war eine intensivere Teilnahme am Krieg in Spanien. Unter dem Druck der Whigs war Marlbourough gezwungen, den Kaiser darum zu bitten, Eugen nach Spanien zu entsenden: Nur der Prinz konnte anscheinend die dortige verfahrene Situation retten. Aber Marlborough war ziemlich sicher, daß Eugen ablehnen würde.

Er hatte recht: Eugen hatte nicht die geringste Lust, nach Spanien zu gehen; er wußte, daß keine Aussicht bestand, für Spanien eine ausreichend große Armee aufzustellen. Als er Ende 1707 nach Wien zurückkehrte, versuchten gerade Salm und seine Freunde, den Kaiser zur Entsendung Eugens nach Spanien zu überreden. Sie hofften, wenn er nur weg wäre, könnten sie Guido Starhemberg zum Hofkriegsratspräsidenten machen. Es gelang aber dem Prinzen, den Spieß umzudrehen und den Kaiser dahinzubringen, Guido

Starhemberg nach Spanien zu schicken. Nichtsdestoweniger war diese ärgerliche Episode für Eugen und Wratislaw ein Grund mehr, Salm zu mißtrauen. Ihrer Meinung nach nahm er einen höchst unheilvollen Einfluß auf den Krieg. So lasteten sie ihm Villars erfolgreiche Überquerung des Rheins im Sommer und das Unvermögen des Kaisers an, den ungarischen Aufstand zu unterdrücken.[1] Salm konnte sich auf die meisten Minister und vor allem auf die Kaiserin stützen. Und Wratislaw und Eugen wagten nicht, auf seine Entlassung zu drängen, da es so aussah, als würde der Kaiser ihn in seiner Stellung als Obersthofmeister durch Kardinal Lamberg, den unfähigen Statthalter von Bayern und Onkel seines Günstlings, Graf Lamberg, ersetzen.[2] Salm blieb also und schoß weiter aus dem Hinterhalt auf Eugen. 1708 versuchte er sogar, ihn als Statthalter von Mailand durch den Herzog von Modena zu ersetzen, der sowohl mit ihm als auch mit der Kaiserin Wilhelmine Amalia verwandt war. Mit Wratislaws Hilfe und der Unterstützung Erzherzogs Karl behielt Eugen jedoch seinen Statthalterposten. Ende 1708 löste sich endlich die Nachfolgefrage Salm. Eugen schrieb nämlich an Wratislaw, er solle dem Kaiser mitteilen, er würde zurücktreten, wenn Lamberg zum Obersthofmeister ernannt würde. Dies brachte den Kaiser dazu, Wratislaw zu versichern, Salm würde, wenn er um den Rücktritt bäte, durch Fürst Trautson ersetzt werden. Dieser war sowohl für Wratislaw als auch für Eugen ein akzeptabler Mann. Der Kaiser beeilte sich auch bei anderer Gelegenheit, Eugen versöhnlich zu stimmen. Als dieser einmal beleidigt vom Hof fernblieb, weil einer seiner Neffen bei einem Faschingsball von Kaiserin Amalia gekränkt worden war, schrieb Josef I. ihm sofort einen versöhnlichen Brief. Auf den Rat Wratislaws teilte Josef auch im März 1709 die Konferenz, indem er eine Geheime Konferenz gründete, die sich hauptsächlich mit Außenpolitik beschäftigte. Da aber auch Salm und Seilern unter den Mitgliedern waren, befriedigte diese Neuerung Eugen und Wratislaw nur wenig.

Die politische Unsicherheit in England versprach nichts Gutes für den Feldzug 1708. Marlborough begann das Jahr äußerst pessimistisch. Wenigstens ging Eugen nicht nach Spanien, sondern er übernahm das Kommando an der Mosel. Am 26. März machte sich Eugen von Wien aus auf die Reise nach Den Haag, wo er Marlborough zu treffen hoffte. Vorher aber legte der Prinz einen Aufenthalt in Hannover ein, um dem Kurfürsten den Plan einer Moselarmee zu unterbreiten. Vom ersten Moment an waren sich die beiden Männer unsympathisch. Eugen berichtete, er sei „recht frostig" von Georg Ludwig[3] empfangen worden. Der Kurfürst lehnte sofort den Vorschlag ab, der dazu führen konnte, daß seine Truppenstärke geschmälert und er womöglich in den Schatten gedrängt würde. Nach zwei erfolglosen Tagen reiste Eugen nach Den Haag, wo auch bald darauf Marlborough eintraf.

Marlborough hatte England mit dem Entschluß verlassen, in diesem Sommer die Entscheidungsschlacht zu schlagen, die ihm im vergangenen Jahr nicht geglückt war. Obschon nun bereits vier Jahre seit ihrer Zusammenarbeit vergangen waren, war der Zauber zwischen ihnen nicht gewichen. Sie breiteten ihre Karten aus und besprachen gemeinsam den Feldzug, als sei keine Woche vergangen. Nur den holländischen Ratspensionär Heinsius zogen sie ins Vertrauen.

Als Kommandeur der englischen Streitkräfte in den Niederlanden hatte Marlborough seit Ramillies ständig unter der Ängstlichkeit der holländischen Generale und Felddeputierten gelitten. Eugen hatte schon 1705 Marlborough mitfühlend geschrieben: „Es ist scheußlich, daß so schwache und widersprüchliche Vorstellungen den Erfolg Ihrer Operationen vereiteln konnten... Ich spreche zu Ihnen als aufrichtiger Freund. Sie werden mit Ihrer Armee nichts Außerordentliches vollbringen können, solange Sie nicht absolut befehlen können..."[4] Jetzt setzte er sein ganzes Prestige dafür ein, von der holländischen Regierung mehr Freiheit für Marlborough zu erreichen. Die beiden Männer beschlossen bei diesem Treffen, daß Eugen mit seiner Moselarmee, die aus deutschen, von den Seemächten bezahlten Truppen bestehen sollte, die Franzosen an der Mosel verwirren und dann möglichst schnell zu Marlboroughs Streitkräften in den Niederlanden stoßen sollte.

Das Problem war aber nach wie vor Kurfürst Georg Ludwig, der noch immer nicht zugestimmt hatte. Daher begaben sich Ende April Marlborough und Eugen zusammen für drei Tage nach Hannover. Die Beziehung zwischen Eugen und dem reizbaren Kurfürsten hatte sich nicht gebessert, nur Georgs Mutter Sophie schien weniger feindselig zu sein. Sie fand, daß Eugen ein sehr höflicher Mann, mit guten Manieren, Geist und Verstand sei, „allein der häßliche Schnupftabak ist gar nicht schön".[5] Wahrscheinlich aber war es doch Marlboroughs Charme und seiner diplomatischen Geschicklichkeit zu verdanken, daß der Kurfürst grollend seine Zustimmung gab. Allerdings verheimlichten sie ihm, daß die Moselarmee später in die Niederlande marschieren sollte, und diese Täuschung sollte der Kurfürst ihnen nie vergeben. Nachdem Eugen zugesichert worden war, daß seine Truppen innerhalb eines Monats aufgestellt sein würden, reiste Eugen nach Wien und Marlborough nach Den Haag ab.

Eugen konnte Wien erst wieder am 5. Juni verlassen, die Lösung des Geldproblems hatte ihn länger als geplant aufgehalten. Die Landtage der österreichischen Erblande erfüllten immer widerwilliger die Forderungen nach Rekruten und Geld. Wo es ging, wurde daher vom Staat aus besteuert. Sogar Tanzlokale mußten einen Florin zahlen „für jeden Fiedler, der hier spielen durfte".[6] Die Unzufriedenheit mit der Besteuerung war so groß, daß schließlich auch Aufstände in Böhmen zu befürchten waren.[7] In Italien reichten die Kontributionen kaum für den Truppenunterhalt aus. Und in Bayern mußte man die Steuern mit Gewalt eintreiben.

Inzwischen wartete Marlborough voller Unruhe und leicht verärgert auf das

Eintreffen Eugens. Am 4. Juni 1708 schrieb er an Godolphin: „Ich will Eugen nicht tadeln, aber er wird zehn Tage später hier eintreffen, als er versprochen hat."[8] Ohne Eugen und seine Truppen konnte er nichts unternehmen und mußte sich weiter damit begnügen, die nach Ramillies eingenommenen flämischen Städte zu verteidigen. Erst Ende Juni versammelte sich Eugens Armee zu zwei Dritteln in Koblenz. An der Verzögerung waren die deutschen Fürsten schuld, die Schwierigkeiten bei der Aufstellung der Truppen gemacht hatten. Darauf ergriffen, wie Marlborough gefürchtet hatte, die Franzosen die Initiative. Denn trotz acht Kriegsjahren war Ludwig XIV. immer noch in der Lage, riesige Armeen aufzustellen: Sein absolutistisches Regierungssystem und Frankreichs dichte Bevölkerung ermöglichten es ihm, länger auszuhalten als die Alliierten. Eine Armee bekam Max Emanuel am Rhein, eine andere wurde unter Berwick an die Mosel geschickt, um einen eventuellen Angriff Eugens abzuwehren. Ludwig XIV. hatte den Hinweis Max Emanuels kaum nötig, mit Eugen hätten sie es mit „einem listigen Fuchs zu tun, der viele Tricks kennt".[9] Er wußte schon seit Mai, daß Eugen weiter in die Niederlande marschieren würde, und befahl daher Berwick, flexibel zu operieren. Außerdem befand sich ohnedies schon der Großteil von Ludwigs Truppen in den südlichen Niederlanden. Hier führte sein junger Enkel, der Herzog von Burgund, das Kommando. Vendôme war ihm unterstellt. Ludwig vertraute darauf, daß Burgund mit Hilfe Berwicks die Alliierten in einer „ruhmreichen Schlacht"[10] schlagen werde. Er hatte jedoch nicht bedacht, daß sich sein verwöhnter Enkel wohl kaum mit dem groben Soldatengeneral Vendôme vertragen würde.

Seit dem Sieg von Ramillies waren die belgischen Provinzen nördlich von Brüssel von einem englisch-holländischen Kondominium regiert worden. Die Bevölkerung hatte sich mürrisch gebeugt, aber in der ersten Juliwoche öffneten die Bürger von Gent und Brügge ihre Tore der französischen Armee. Das bedeutete, daß die Franzosen jetzt die ganze Küste südlich von Antwerpen beherrschten, ebenso wie die Flüsse und das Kanalsystem Westflanderns. Marlborough war somit nicht nur zahlenmäßig in der Minderheit, er war auch von den Franzosen glatt überspielt worden. In seiner ohnehin depressiven Stimmung hatte ihm dies gerade noch gefehlt. Unter diesem letzten Schlag brach Marlborough geistig und körperlich zusammen.

Am 6. Juli langte Eugen endlich in seinem Lager bei Asse an, er war der Armee mit einer kleinen Husareneskorte vorausgeritten. Als er den Herzog umarmte, war er entsetzt über dessen Aussehen und seine traurigen Worte, er sei „krank an Körper und Seele".[11] Aber Eugens Eintreffen rettete die Situation. Marlborough beruhigte sich. Eugen nahm ihm einen Teil seiner Arbeit und seiner Verantwortung ab und verbreitete schnell allgemeine Zuversicht um sich. Dem preußischen General Grumbkow teilte er gelassen mit, wenn die ansässige Bevölkerung sich weiter feindlich verhielte, „müsse sie mit Feuer und Schwert bezwungen werden".[12] Ein anderer Preuße, General

Natzmer, beschrieb die Veränderung so: Die Armee fand zu ihrem Mut zurück „durch Gottes Hilfe und den Beistand von Prinz Eugen".[13]

Innerhalb einiger Stunden hatten die beiden Feldherren entschieden, daß es zu gefährlich sei, auf Eugens Armee zu warten. Sie mußten sofort handeln, um zu verhindern, daß die Franzosen auch noch die Schelde beherrschten. Während sich die Armee auf den Marsch vorbereitete, ritt er zu einem kurzen Besuch nach Brüssel. Hier war seine Mutter todkrank geworden, sie starb noch im gleichen Jahr. Eugen blieb nur zirka zwei Stunden in Brüssel; denn die Armee war bereits in Bewegung. Nach einem erstaunlich kurzen Marsch — fünfzig Meilen in sechzig Stunden – über die staubigen Straßen Westflanderns erreichte die Armee am 11. Juli die Schelde bei Oudenaarde, gerade als die Franzosen sie weiter nördlich überschritten. Vendôme war ganz verblüfft, als er hörte, der Feind sei auch schon da. „Der Teufel muß sie hergebracht haben", rief er aus, „ein solcher Marsch ist doch unmöglich!"[14]

Die Schlacht von Oudenaarde unterschied sich wesentlich von den üblichen Schlachten des 18. Jahrhunderts, bei denen die Armeen sorgfältig voreinander aufgebaut wurden. Hier entzündete sich die Schlacht an dem ersten Zusammenstoß zwischen den vordersten Kolonnen der beiden Armeen, als Marlborough und Eugen ihre Soldaten zum Angriff führten, entschlossen, die Franzosen zu einer Schlacht zu zwingen, bevor sie sich zurückziehen konnten. Da Vendôme und der Herzog von Burgund die Schelde nördlich von Oudenaarde bereits überquert hatten, hätten sie mit wenig Mühe die ersten alliierten Truppen zurückschlagen können. Aber wie immer konnten sich Vendôme und Burgund nicht einigen: Des Herzogs von Burgund Truppen standen unter seinem Kommando aufgereiht auf einem Hügel und beteiligten sich nicht am Kampf. Vendôme schrieb später sarkastisch an den König: „Ich kann nicht verstehen, wie sechzig Bataillone und 180 Schwadronen es fertigbringen konnten, uns bei unserem sechsstündigen Kampf in aller Ruhe zuzusehen, so wie man sich eine Oper vom dritten Rang aus ansieht."[15]

Plötzlich sahen sich die Franzosen von allen Seiten umzingelt. Vendôme stieg vom Pferd und stürzte sich mit einer Pike in der Hand selbst in den Kampf. Die Franzosen leisteten verzweifelten Widerstand und kämpften um jede Hecke und jeden Graben; so entgingen sie der totalen Vernichtung, und die meisten Truppen konnten sich im Schutz der Dunkelheit davonmachen. Trotzdem wurden 7000 Franzosen gefangengenommen, teilweise durch eine List des Prinzen. Er hatte den hugenottischen Trommlern und Offizieren befohlen, den französischen Zapfenstreich zu schlagen und französische Sammelbefehle für mehrere Regimenter auszurufen.

Wieder einmal hatten die alliierten Befehlshaber hervorragend zusammengearbeitet und waren von den Holländern voll unterstützt worden. Eugen und der holländische General Ouwerkerk hatten die Truppen auf dem Schlachtfeld angeführt, den Oberbefehl führte Marlborough. Die beiden

Freunde betrachteten diesen Sieg daher auch als ihren gemeinsamen Sieg, und Marlborough sollte kurz danach schreiben: „Ich getraue mich zu sagen, daß Prinz Eugen und ich uns niemals um den Lorbeer streiten werden."[16] Allgemeines Lob erntete auch der Sohn des Kurfürsten von Hannover, der spätere Georg II., der die hannoveranische Kavallerie anführte, eine schneidige Figur in einem roten Mantel, den er zeit seines Lebens wertschätzen sollte. Auch der Stuartanwärter auf den englischen Thron, Jakob, nahm an der Schlacht teil, aber nur als Zuschauer auf Burgunds „drittem Rang".

Wir haben das Glück, daß einer der Gefangenen, Graf Biron, seine Eindrücke von den beiden alliierten Feldherren Saint Simon mitgeteilt hat. Dieser schreibt in seinen Memoiren: „Er war überrascht von der beinahe königlichen Pracht seines (Eugens) Quartiers und der beschämenden Kargheit jenes des Herzogs von Marlborough, der meistens an anderer Leute Tisch aß; von der vollkommenen Übereinstimmung zwischen beiden in der Abwicklung der Geschäfte, wobei die Details vielmehr Eugen oblagen; von dem tiefen Respekt, den alle Generale den beiden Feldherren entgegenbrachten, wobei im allgemeinen stillschweigend Prinz Eugen bevorzugt wurde, ohne daß der Herzog von Marlborough deswegen eifersüchtig war."[17]

Dieser Bericht scheint ziemlich genau der Wahrheit zu entsprechen, sowohl was Marlboroughs Geiz als auch was Eugens Kleinarbeit angeht. General Schulenburg dagegen, der an der Schlacht als Kommandant der sächsischen Hilfstruppen teilnahm, glaubte, daß Eugen weniger arbeitete als Marlborough. Er erzählte, daß der Prinz drei bis vier Stunden am Tag damit verbrächte, über die Kunst des Kriegführens zu plaudern. Von Kriegsräten schien er dagegen wenig zu halten. Außer vor Turin, sagt Schulenburg, habe er seine Dispositionen nie schriftlich gegeben, weil er der Meinung gewesen sei, jeder müsse wissen, was er zu tun habe, wenn die Armee einmal in Schlachtordnung aufgestellt sei.[18]

Graf Biron hat uns auch einen der seltenen Kommentare Eugens über seine Beziehung zu Ludwig XIV. überliefert. Während eines Abendessens sprachen die beiden Männer über die ausgezeichnete Qualität der Schweizer Truppen in französischen Diensten. Eugen meinte, einer der besten militärischen Posten sei, Oberst dieser Truppen zu sein, und fügte hinzu: „Mein Vater hatte ihn inne, und nach seinem Tod hofften wir, daß mein Bruder ihn erhalten würde, aber der König zog es vor, einen seiner natürlichen Söhne zum Obersten zu machen, anstatt uns diese Ehre widerfahren zu lassen. Er ist der Herr, und niemand kann ihm widersprechen. Jedoch ist es unmöglich, manchmal nicht so etwas wie Freude zu empfinden, wenn man in der Lage ist, ihn seine Mißachtung bedauern zu lassen."[19]

Nach der Niederlage bei Oudenaarde organisierte Vendôme einen geordneten Rückzug zu den Verteidigungsanlagen von Gent und Brügge. Zur selben Zeit führte Berwick seine Truppen von der Mosel nach Ostbelgien. Die

Franzosen waren deutlich in der Überzahl, auch nachdem sich Eugens Truppen mit denen Marlboroughs vereinigt hatten. Aber sie waren von ihrer Niederlage so geschockt, daß sie in diesem Jahr nur noch in die Defensive gingen. Marlborough hatte gehofft, ihre Demoralisierung unmittelbar ausnützen zu können: Er machte den tollkühnen Vorschlag, den Krieg durch einen Marsch auf Paris zu beenden, indem man die massiven französischen Festungen umging und sich von der Flotte vor der französischen Küste mit Vorräten versorgen ließ. Aber Eugen schreckte vor diesem Risiko zurück, vor allem nach seinen schlechten Erfahrungen vor Toulon, wo es sich auch um eine kombinierte Operation gehandelt hatte. Zusammen mit den holländischen Generalen bestand er darauf, daß die alliierte Armee zuerst Lille erobern sollte; denn der Besitz dieser Festung war für ihn die Voraussetzung für jeden Angriff auf Frankreich. Seine Hartnäckigkeit in dieser Frage ist interessant. Es ist der erste Hinweis darauf, daß Eugen es aufgab, die bewegliche Strategie seiner türkischen und italienischen Feldzüge in den Niederlanden und im Rheinland und auf das dortige komplizierte Festungssystem anzuwenden. Wie sein Vetter Ludwig von Baden verließ er sich immer mehr auf die konservative Strategie von Belagerung und Verteidigung der Nachschubrouten.

Marlborough gab nach, erlaubte sich aber ein paar kritische Worte an den Führer der Whigs, Halifax, am 26. Juli: „... Bestände unsere Armee nur aus Engländern, wäre das Projekt sicher zu verwirklichen, aber wir haben viele unter uns, die sich mehr vor dem Hunger als vor dem Feind fürchten."[20]

Man machte sich also an die Belagerung von Lille. Unter den Augen der französischen Armeen führte Eugen seine Truppen, die einen 7 Meilen langen Zug bildeten, von Brüssel nach Lille. Der Riesenwurm bestand aus 100 großen Belagerungskanonen, 60 Mörsern und 3000 Wagen, die von 16.000 Pferden gezogen wurden. Die Zugtiere waren von den Alliierten in den flämischen Provinzen, aber auch in der Picardy und im Artois zusammengetrieben worden. Anfang August hatten Überfallkommandos von diesen Provinzen Kontributionen verlangt. Und Ludwig stimmte zu, daß im Artois 1,5 Millionen Pfund gezahlt wurden, um die Brandschatzung der Städte zu verhindern. Obwohl er jahrelang dieselben Mittel in Deutschland angewandt hatte, war der alte König jetzt tief empört und erklärte das Vorgehen der Alliierten als „wider alle Kriegsregeln".[21]

Die Belagerung Lilles begann in der zweiten Augustwoche 1708. Obgleich er noch nie eine größere Belagerung geleitet hatte, übernahm Eugen das Kommando, während Marlborough mit dem Rest der alliierten Armee ihn vor Angriffen von Vendôme und Berwick deckte. Winston Churchill nannte diese Belagerung „die größte Belagerungsoperation seit der Erfindung des Schießpulvers".[22] Lille war nämlich das Paradestück des genialen Festungsbaumeisters Vauban und stellte das stärkste Glied der Festungsreihe entlang der Nordgrenze Frankreichs dar. Die Alliierten mußten 12.000 Bauern anstellen, um Gräben von insgesamt neun Meilen anzulegen. Eugens Gegner war Marschall Boufflers, ein Veteran des Belagerungskriegs Wilhelms III. in den Niederlanden. Trotzdem erwarteten Marlborough und Eugen, daß die Stadt sich in einigen Wochen ergeben werde. Es sollte Winter werden, bis sich ihre Hoffnungen erfüllten.

Obgleich Ludwig XIV. seinem Enkel, dem Herzog von Burgund, klarmachte, sein wahres und einziges Ziel sei, Lille zu verteidigen[23], hatten weder der Herzog von Burgund noch Berwick Lust, sich auf eine weitere offene Feldschlacht mit Marlboroughs Truppen einzulassen. In seiner Verzweiflung sandte der französische Hof seinen Kriegsminister Chamillart nach Lille, um die Streitereien zwischen dem Herzog und Vendôme zu schlichten und sie zum Handeln anzutreiben. Er hatte jedoch genausowenig Erfolg wie die Briefe Ludwigs XIV., in denen er seinen Enkel beschwor, weniger Zeit mit seinem jüngeren Bruder zu vertun und sich nicht allzusehr der Astronomie hinzugeben. Chamillart berichtete von einem totalen Chaos: „Wenn einer weiß sagte, sagte der andere schwarz."[24]

Als sich trotzdem die Belagerung bis in den späten September hinzog, versuchte Eugen sein Glück mit immer verlustreicheren Sturmangriffen. Bei einer solchen Gelegenheit streifte ihn eine Kugel über dem linken Auge. Als Ludwig XIV. davon hörte, soll er zu Madame de Maintenon gesagt haben: „Ich wünsche dem Prinzen Eugen sicher nicht den Tod, aber ich würde es nicht bedauern, wenn seine Wunde ihn daran hinderte, weiter an diesem Feldzug teilzunehmen."[25]

Immerhin mußte er sich einige Tage zurückziehen, und Marlborough übernahm vorübergehend das Kommando. Er war unzufrieden mit dem Fortschritt der Belagerung und fand nun heraus, daß die Schuld wohl bei den Ingenieuren lag, die seiner Meinung nach nichts verstanden und außerdem Betrüger waren. Marlborough stand schon wieder am Rand des Zusammenbruchs: Die vergangenen Wochen und die jetzige Leitung der Geschäfte waren zu viel für ihn. Er litt ständig an Kopfweh und fühlte sich „wie tot".[26] Eugen dagegen zeigte keine Anzeichen von Ermüdung. Weder seine Verwundung noch ein vorausgegangener Anschlag auf sein Leben schienen ihm etwas auszumachen. Als er im August einen Brief aus Holland öffnete, fand er darin nur ein „fettiges Stück Löschpapier".[27] Er ließ es zwar sofort zu Boden fallen, spürte aber dennoch eine leichte Übelkeit, während sein Adjutant, der das Blatt aufhob und daran roch, von Schwindel befallen wurde und ein Hund, dem man es um den Hals band, kurz darauf starb. Eugen tat die Sache mit der Bemerkung ab, er sei an diese Dinge von Italien her gewöhnt.

Nur aufgrund von Eugens Entschlossenheit wurde die Belagerung trotz der wachsenden Nachschubprobleme und der vorrückenden Jahreszeit fortgesetzt. Burgunds und Berwicks Armeen hatten die Alliierten von der Küste und vom Norden abgeschnitten. Marlboroughs Sekretär, Adam Cardonnel, schrieb verzweifelt am 24. September an George Tilson: „Es scheint eine schwarze Wolke über unseren Häuptern zu hängen... Ich wünschte, wir hätten die Belagerung vor zehn Tagen aufgehoben, je eher wir das tun, desto besser."[28]

Die Armee überlebte jedoch, weil Marlborough es schaffte, Lebensmittel auf kleinen Booten von Ostende über das von den Franzosen absichtlich unter Wasser gesetzte Land heranzuschaffen. Außerdem schickte er unermüdlich Futterbeschaffungstrupps bis Ypern aus. „Ihr dürft keine Mühe scheuen oder auf die Klagen der Bauern hören. Sie haben genügend für den eigenen Bedarf versteckt."[29] Obgleich die Soldaten für das Korn Marktpreise bezahlten, waren die Bauern „so wenig hilfreich wie möglich".[30]

Als Marschall Boufflers endlich am 22. Oktober die Stadt übergab und sich zur weiteren Verteidigung in die Zitadelle zurückzog, waren die Verluste der Alliierten fünfmal so groß wie in Oudenaarde. Die Kosten der Belagerung sollen sich auf fast eine halbe Million Gulden belaufen haben. Erst am 9. Dezember übergab Boufflers endlich auch die Zitadelle den Alliierten. Eugen und Marlborough gewährten seiner Garnison freien Abzug, um sich weitere blutige Kämpfe zu ersparen. Der englische Oberst Blackader zeigte sich jedoch ganz und gar unbeeindruckt durch die Unterredung zwischen den beiden großen Männern, Prinz Eugen und Marschall Boufflers. Alles war „Zeremoniell und Lobhudelei, keine Realität".[31]

Nach der Eroberung Lilles zogen sich die alliierten Truppen nach Süden in ihre Winterquartiere zurück und nahmen Gent und Brügge wieder ein. Ende des Jahres waren die Niederlande bis auf einige südliche Ausläufer der Spanischen Niederlande wieder ganz in alliierter Hand, sowie ein Teil Frankreichs rund um Lille. Dieser Erfolg war trotz der französischen Übermacht erzielt worden und trotz der Schwierigkeiten zu Beginn des Feldzugs. Eugen selbst sagte über diesen Feldzug: „Wer das nicht gesehen hat, hat nichts gesehen."[32]

Es ist zwecklos, herausfinden zu wollen, welcher der beiden Feldherren hier der verdienstvollere war: Weder Marlborough noch Eugen hielten sich damit auf. In gewisser Weise war Eugen Marlboroughs Untergebener in führender Position; denn seine Armee wurde fast zur Gänze von den Seemächten finanziert. Aber beide Männer betrachteten sich als gleichwertige Partner. Und Wratislaw kam der Wahrheit wohl am nächsten, als er kurz nach Oudenaarde an den Erzherzog Karl in Spanien schrieb: „Wenn Eugen nicht in die Niederlande gekommen wäre, wäre alles schiefgegangen... Die Schlacht bei Oudenaarde hätte nicht stattgefunden und man hätte sich auf einen schlechten Frieden gefaßt machen müssen."[33]

Der Krieg in den Niederlanden hatte alles andere in den Schatten gedrängt. Die Konflikte am Rhein und an Frankreichs Südostgrenze waren wegen der enormen Truppenverschiebung nach Norden bedeutungslos geworden. In

Spanien war es Starhemberg nur mit Mühe gelungen, die Bourbonen am weiteren Vordringen zu hindern, obgleich die englische Flotte Minorca eingenommen hatte und nun das ganze Mittelmeer beherrschte. Trotz ständiger Aufforderungen der Seemächte hatten die Österreicher keine weiteren Truppen nach Spanien entsandt, weil sie möglichst viele Truppen in Ungarn einsetzen wollten. Eugen hatte das unterstützt, weil er noch immer glaubte, daß man der Rebellion nur mit dem Schwert Herr werden würde.[34] Die Situation in Ungarn war deshalb so bedrohlich, weil fast die gesamte Agrarbevölkerung, die Bauern wie die Großgrundbesitzer, dem Kaiser feindlich gegenüberstand und es den Anführern der Rebellion gelungen war, einen derartig wirksamen Guerillakrieg zu organisieren, daß die Kaiserlichen gezwungen waren, in den Städten in Garnison zu gehen. 1708 gab es jedoch die ersten Anzeichen, daß den Rebellen die Luft ausging. Dies bedeutete einen Triumph für Heister, der nach Starhembergs Abgang nach Spanien wieder eingesetzt worden war. Eugen schrieb ihm jedoch wenig Verdienst an diesem Erfolg zu und kritisierte seine Strategie. Er sei „im Kreis herumgegangen".[35]

Der verspielte Friede und Malplaquet

Die Eroberung Lilles war ein schwerer Schlag für Ludwig XIV. Die französischen Finanzen waren erschöpft, für den französischen Kriegsminister Chamillart war die Niederlage Frankreichs eine beschlossene Sache. Der König streckte daher Friedensfühler nach Holland aus, und die Holländer erklärten sich zu Verhandlungen bereit. Als es immer sicherer wurde, daß im Frühling 1709 in Den Haag eine Friedenskonferenz stattfinden würde, mußten sich nun auch die österreichischen Minister zum ersten Mal seit Kriegsbeginn darüber klarwerden, was sie eigentlich verlangen sollten.

Als Eugen zu Beginn des Jahres 1709 nach Wien zurückkehrte, war er durchaus nicht in der Stimmung, Kompromisse zu schließen. Nur eine vollständige Niederlage würde seiner Meinung nach Frankreich, dieses „Monstrum"[1], zur Räson bringen. Er war daher sehr in Sorge, daß die Holländer womöglich einen Separatfrieden schließen könnten. Zwar war er ganz gut mit den holländischen Politikern ausgekommen, verachtete sie aber insgeheim und nannte Heinsius einen „kleinen Mann". Als die holländischen Deputierten während eines Essens im vergangenen September die Heldentaten Alexander des Großen priesen, soll Eugen ausgerufen haben: „Es gab ja auch keine Deputierten in Griechenland."[2] Im Februar und März beschloß die Konferenz einmütig, Eugen als den kaiserlichen Bevollmächtigten zu den Verhandlungen nach Den Haag zu schicken. Auf seine und Wratislaws Bitte stellte man ihm Sinzendorf an die Seite. Alle Minister waren sich einig, daß sie das ganze spanische Königreich für das Haus Habsburg beanspruchen sollten. Auf Eugens Vorschlag wurde außerdem beschlossen, Ludwig XIV. zur Wiederherstellung der Reichsgrenzen von 1648 zu zwingen, das heißt, auch das Elsaß und die drei Bistümer in Lothringen wieder herauszurücken. In seinem Wunsch, eine stärkere militärische Barriere an Rhein und Mosel aufzubauen, näherte sich Eugen mehr der Position von Salm, Seilern und Schönborn als der von Wratislaw, der mehr an den österreichischen Eroberungen in Italien interessiert war und dafür auch die Reichsgrenze geopfert hätte.[3]

Dichte Schneefälle, welche Wien angeblich stärker von der Umwelt abschnitten als einst die Türken[4], hinderten Eugen daran, vor dem 27. März in Brüssel zu sein. Als er nach Den Haag kam, war der französische Bevollmächtigte Rouillé bereits in intensiven Verhandlungen mit den Holländern. Ärgerlich bestand er darauf, daß man den Mann hinauswürfe, wenn er sich nicht mit der vollständigen Übergabe von Spanien und der Herstellung der Reichsgrenzen von 1648 einverstanden erklärte. Am 9. April traf Marlborough in Den Haag ein und stellte sich hinter Eugen, worauf die Holländer einschwenkten.

Die Alliierten konnten so stark auftreten, weil die neuesten Nachrichten aus Frankreich sie in ihrer Ansicht bestätigten, daß Frankreich am Ende seiner Kraft war. Der außergewöhnlich harte und lange Winter, der Wien so viel Schnee gebracht und die Themse mit Eis bedeckt hatte, schien Frankreich besonders schwer getroffen zu haben. Der Frost von Januar bis März hatte die Saat im Boden vernichtet. Menschen, Tiere, Bäume und Weinstöcke waren erfroren. Sogar in Versailles aß man Haferbrot. Die Garnisonen in Nordfrankreich meuterten; Frankreich war ein wehrloses Land geworden.

Ludwig XIV. war so auf Frieden erpicht, daß er seinen Staatssekretär Torcy persönlich im Mai nach Den Haag entsandte. Torcy kam nicht als offizieller Bevollmächtigter zu einer offiziellen Konferenz, sondern als verzweifelter Mann, der durch inoffizielle Gespräche hinter verschlossenen Türen retten wollte, was zu retten war. Aber die Einigkeit der alliierten Vertreter war für ihn entmutigend. Eugen und Marlborough wohnten im selben Haus und traten wie eine Person auf. Und die holländischen Verhandlungsführer Heinsius und Buys waren fest entschlossen, an Englands Seite zu bleiben. Obgleich Eugen anfangs gefürchtet hatte, daß Torcy lediglich gekommen war, um Zeit zu gewinnen, kam er am 17. Mai zu der Ansicht, daß „Frankreich nicht in der Lage ist, den Krieg weiterzuführen".[5] Ende des Monats überreichte man Torcy eine Liste mit zweiundvierzig Friedensbedingungen für Ludwig XIV. Eugen hatte den Punkt durchgesetzt, auf dem er am meisten bestanden hatte – die ganze spanische Monarchie einschließlich Neapels und Siziliens an den Erzherzog Karl –, aber er zeigte sich dafür bereit, eine Reichsgrenze zu akzeptieren, die zwar Straßburg und einen Teil des Elsaß umfaßte, aber Frankreich das restliche Elsaß und die drei Bistümer in Lothringen überließ. Außerdem forderten die Alliierten, besonders auf Druck der Holländer, daß bei Abschluß eines Waffenstillstands drei französische und drei spanische „Kautionsstädte" von den Alliierten besetzt werden sollten, um sicherzugehen, daß Ludwig XIV. sich auch an die Friedensbedingungen hielt. Wenn sie innerhalb von zwei Monaten nicht erfüllt sein würden, drohten die Alliierten mit der Wiederaufnahme der Kampfhandlungen.[6] Zuletzt forderte man von Ludwig, daß diese Bedingungen auch von seinem Enkel akzeptiert wurden und dieser Spanien zu räumen habe.

Eugen versicherte Kaiser Josef in einem Brief vom 29. Mai, daß an Frankreichs Zustimmung kaum zu zweifeln sei[7], aber Ludwig XIV. lehnte die Friedensbedingungen kurzerhand ab. Die Klauseln über die „Kautionsstädte" und die Wiederaufnahme der Kampfhandlungen nach Ablauf von zwei Monaten ärgerten ihn genauso wie die Forderung, daß er gegen Philipp vorgehen solle. Der französische König wollte lieber das Risiko eines neuen Feldzugs eingehen, als diese Bedingungen annehmen. Er hatte jetzt einen neuen Kriegsminister, Voysin, der glaubte, Frankreich könne weiterkämpfen, und er fand einen General, nämlich Villars, der bereit war, das zu tun. Von Hunger gequält ließen sich viele rekrutieren, und inzwischen kam so viel spanisches Silber ins Land, daß Ludwig sein Korn im Ausland einkaufen konnte.

Die alliierten Vertreter waren sprachlos, als Torcy ihnen Ludwigs Ablehnung der Friedensbedingungen zuschickte. Sie hatten nicht gedacht, daß die Klausel, Spanien betreffend, Schwierigkeiten bereiten würde. Torcy hatte ihnen versichert, Ludwig brauche Philipp nur befehlen, Spanien zu verlassen, und dieser würde es tun. Nach dem Nein des französischen Königs neigten die Holländer zu der Ansicht, daß Ludwig nie wirklich Frieden gewollt habe. Aber sowohl Eugen als auch Marlborough begannen einzusehen, daß es ein Fehler gewesen war, Ludwig zu Handlungen gegen seinen Enkelsohn zu zwingen.[8] Anders als die Holländer waren sie bereit, eventuell einen Separatfrieden mit Frankreich abzuschließen, um dann erst zu versuchen, Philipp aus Spanien zu vertreiben. Als sie aber versuchten, die Schuld für das Mißlingen der Verhandlungen den Holländern in die Schuhe zu schieben, wurde Heinsius wütend, denn weder Marlborough noch Eugen hatten vorher irgendwelche Einwände gegen diesen Punkt erhoben, ja, sie waren in den Verhandlungen genauso unnachgiebig aufgetreten wie alle anderen auch. Torcy fand zwar, daß der Prinz Dispute über Geringfügigkeiten gerne vermied, aber sich „sehr fest bei den wesentlichen Punkten" zeigte. Über das Elsaß zum Beispiel war es zu stürmischen Szenen gekommen.[9] Andererseits hatten weder Marlborough noch Eugen ein Interesse daran, den Krieg mit Frankreich fortzusetzen, und hätten es vorgezogen, mit Ludwig XIV. weiter wegen Spanien zu verhandeln. Ludwig machte aber keine Alternativvorschläge. Für Marlborough, der demnächst sechzig wurde, wäre ein Friede ein größerer Triumph gewesen als jeder noch so erfolgreiche Feldzug. Das zeigen alle seine Briefe aus jener Zeit. Auch Eugen zweifelte, ob die Verlängerung des Krieges die Situation zum Besseren wenden würde. Er wußte, daß die Holländer niemals die Zerstörung Frankreichs sanktionieren würden. So sah er äußerst pessimistisch in die Zukunft. Denn selbst wenn Ludwig XIV. die Bedingungen doch noch akzeptierte, würde sich Frankreich „in wenigen Jahren wieder erholt haben und seine Nachbarn von neuem molestieren".[10]

Bei weitem unnachgiebiger hatte sich Salm gezeigt, der, unterstützt von Seilern und Schönborn, heftig kritisiert hatte, daß Eugen die Franche-Comté, die drei lothringischen Bistümer und Teile des Elsaß den Franzosen überlassen wollte. Über diese Kritik war wiederum Eugen sehr wütend. Er faßte sie als eine persönliche Attacke auf und schrieb am 18. Juli an Sinzendorf, seinen Verhandlungspartner in Den Haag: „Salm ... ist ein Dummkopf, der nie weiß, was er sagt."[11]

Die Ablehnung der Franzosen beeindruckte die Alliierten insofern nicht allzusehr, als sie fest darauf vertrauten, die Franzosen im nächsten Feldzug entscheidend schlagen zu können. So schrieb Marlboroughs Schwiegersohn Sunderland am 13. Juni: „Die französischen Truppen und das ganze Land befinden sich in einem so miserablen Zustand, daß entweder der König von Frankreich auf unsere Forderungen eingehen muß, oder unsere Armee wird ungehindert nach Paris marschieren."[12] Dazu kam es jedoch nicht, weil Ludwig den Mann gefunden hatte, der ihn retten konnte.

Marschall Villars galt als ein unangenehmer Prahlhans, der genauso rücksichtslos wie korrupt war. Aber niemand konnte leugnen, daß er ein erfolgreicher Feldherr war, und deshalb wandte sich Ludwig in seiner Not an ihn und unterstellte ihm seine nördlichen Armeen.

Villars war wie Marlborough und Eugen ein Anhänger einer beweglichen Strategie, aber jetzt sah er sich zu einer defensiven Haltung genötigt. Das dringendste Problem bestand jetzt für ihn in der Ernährung und Einkleidung seiner Truppen. Dies schaffte er, indem er einerseits den Hof schröpfte, wo er nur konnte, andererseits Lebensmittel einfach konfiszieren ließ, in Warenhäuser einbrechen und Korn einziehen ließ. Mitte Juni hatte er wieder Ordnung in eine halb verhungerte Armee gebracht, die schon dabei gewesen war, ihre Waffen und Uniformen gegen Lebensmittel einzutauschen.

Er mußte nach dem Scheitern der Verhandlungen auch nicht mit einem unmittelbaren Angriff der Alliierten rechnen; denn diese hatten sich eigentlich nicht auf einen neuen Feldzug eingestellt, und Marlborough und Eugen zögerten, mit ihren großen Armeen, die relativ gut im Stand waren, in das vom Regen durchweichte, verhungerte Frankreich einzudringen. Am 9. Juni informierte Marlborough Godolphin, sie verbrauchten momentan derartig viele Lebensmittel, daß er dieses Problem mehr fürchte als alle Prahlereien des Marschalls Villars.[13]

Villars benützte die Regenzeit, um sich in einen langen Streifen befestigter Dörfer, Schanzen und Gräben von Douai bis Béthune einzugraben, der als Frankreichs hinterste Verteidigungslinie galt. Als sie diese Barriere besichtigten, berichtete Marlborough seiner Frau: „Prinz Eugen, ich selbst und alle Generale hielten es nicht für ratsam, ein solches Risiko auf uns zu nehmen"[14] und anzugreifen. Konnte man nicht Villars umgehen und direkt nach Paris marschieren? Wie aber sollten sie bei einem solchen Marsch die Truppen ernähren? Marlborough griff seine alte Idee wieder auf, die Invasionstruppen durch die Flotte über den Hafen Abbeville mit Nachschub zu versorgen. Aber wieder erhoben Eugen und die Holländer Einwände, und Marlborough stimmte zu, Tournai zu belagern. Ludwig XIV. war hoch erfreut, daß die Alliierten keinen Versuch unternahmen, Villars aus seiner Verteidigungsstellung herauszumanövrieren und schrieb triumphierend: „Das große Projekt des Feindes ist auf die Belagerung Tournais zusammengeschrumpft."[15]

Warum vertrödelten die Alliierten wirklich auf diese Weise den Sommer, wo doch eine solche Belagerung sicherlich einige Wochen in Anspruch nahm? Sie glaubten wohl, Frankreich sei eigentlich schon erledigt, und man brauche nur noch ein wenig Druck auszuüben, Städte einzunehmen und Land zu verwüsten, damit Frankreich vollständig zusammenbräche. So schrieb Marlborough während der Belagerung von Tournai an Heinsius: „Das Elend und Durcheinander in Frankreich ist so groß, daß sie bald ruiniert sein müssen… wenn es stimmt, wird der König von Frankreich bald gezwungen sein, ein offenes Wort zu reden."[16] Zugleich aber fehlte es den Alliierten an Initiative und Ideen. Zu ihren glänzendsten Siegen waren sie bisher durch das Vorgehen des Feindes gezwungen worden, jetzt, da die Initiative bei ihnen lag, waren sie unfähig, aus ihrer Position etwas zu machen. Auf allen ihren gemeinsamen Feldzügen hatte sich Marlborough sehr auf Eugens Rat gestützt, ja, es scheint sogar, er hat auf das Urteil des Prinzen mehr als auf sein eigenes gehört. Jetzt riet Eugen zu einer konservativen Strategie; denn die Zeit schien auf seiten der Alliierten zu sein. Aber wenn Frankreich nicht bald zusammenbrach, würden die Alliierten viele Feldzüge brauchen, um sich durch die französische Barriere, Festung für Festung durchzubeißen. Mit dieser Strategie gaben sie dem Feind Gelegenheit, seine Lage zu verbessern, ebenso wie sich auch die Situation in den alliierten Staaten sehr wohl ändern konnte. Im Augenblick standen die Alliierten auf der Höhe ihrer Macht und ihres Erfolges: Das sollte nicht lange so bleiben.

Die Belagerung Tournais erwies sich als ein schwieriges Unternehmen. Während der anhaltenden Regenfälle im Juli und August füllten sich die mit Hilfe von Tausenden Sappeuren aus der Umgebung angelegten Laufgräben der Alliierten mit Schlamm. Noch schlimmer aber war, daß die Franzosen Stollen vor der Stadt gegraben und diese mit Minen ausgelegt hatten, so daß die Alliierten diese Gräben erst alle sprengen mußten, bevor sie sich den eigentlichen Befestigungsanlagen nähern konnten. In ihrer Angst, lebendig begraben oder in Stücke gerissen zu werden, weigerten sich die Soldaten der Alliierten, unter die Erde zu gehen. Auch Geldangebote nützten nicht viel. Eugen und Marlborough mußten hart durchgreifen und notfalls selbst in die Stollen steigen. Schließlich schaffte Eugen zweihundert Bergleute aus Piemont herbei, welche den Soldaten Unterricht erteilten. Jedenfalls waren die Verluste der Alliierten erschreckend hoch, und Tournai kapitulierte erst am 3. September.

Ludwig XIV. hatte während des Krieges seine Generale viel mehr unter Kontrolle als seine Gegner, welche ihren Feldherrn fast vollständige Handlungsfreiheit ließen. Obwohl sich das häufig lähmend auf die französischen Generale auswirkte, hielt es sie andererseits von tollkühnen Streichen ab. So hatte der König Villars befohlen, während des Sommers in der Defensive zu bleiben und einen Kampf nur zu wagen, wenn er „einen großen Vorteil" besäße. Villars hatte unter dieser Anweisung gelitten, nicht nur weil sie gegen seine Natur war, sondern auch weil seine Truppen mittlerweile so hungrig waren, daß man sie von den Pferden fernhalten mußte. Deshalb bat er Ludwig, den Feind angreifen zu dürfen, und schrieb: „Gott helfe uns, aber je mehr ich über das Lebensmittelproblem nachdenke, umso mehr finde ich, wir brauchen entweder Frieden oder eine Schlacht..." Ludwig gab nach und befahl ihm, „zu tun, was Sie für richtig finden..."[17]

Als die Alliierten sich nach Tournai an die Belagerung von Mons machen wollten, kam Villars aus seiner Verteidigungsstellung heraus und lud die Alliierten ein, ihn in der Waldlandschaft rund um das Dorf Malplaquet anzugreifen. Am 7. und 8. September postierte er die Flügel seiner Armee in zwei Wäldchen und ließ dazwischen eine Bresche für das Kreuzfeuer der Artillerie und Infanterie frei. Außerdem ließ er Bäume fällen und Barrikaden errichten. Die Alliierten gaben ihm viel Zeit dazu. Als sie sich am 10. endlich näherten, hätten sie ihn mit ihrer Überzahl leicht angreifen können, aber sie ließen noch einen Tag verstreichen und griffen erst am nächsten Tag an. Es scheint, als sei dieser Aufschub auf Eugen zurückzuführen. Jedenfalls war dies eine fatale Entscheidung, weil sich die Franzosen nun noch fester verbarrikadiert hatten. Eugen schrieb Josef in einem Brief am 9., daß sie keinen sofortigen Angriff wagten, bevor sie sich nicht besser über das schwierige Terrain informiert hätten.[18] So hatten sie auch Zeit, die holländischen Deputierten zu konsultieren und eine Streitkraft von 10.000 Mann abzuwarten, die von Tournai unter Schulenburg auf dem Weg war.[19]

Nach den üblichen Gebeten und der Ausgabe von Branntwein – die zweite in zwei Tagen – machten sich die alliierten Truppen am 11. September um drei Uhr früh auf den Marsch in die Wälder, wo der Feind auf sie wartete. 110.000 alliierte Soldaten hatten 80.000 Franzosen vor sich. Die Alliierten hatten vor, die Flanken des Feindes anzugreifen und ihn dadurch zu zwingen, aus der Mitte Truppen abzuziehen, um dann einen erfolgreichen Angriff ins Mittelfeld zu starten. Diesen Mittelangriff sollte Marlborough führen, während Eugen mit dem Großteil der deutschen Truppen den rechten Wald und die Holländer unter dem Prinzen von Oranien den linken angreifen sollten.

Malplaquet wurde zur blutigsten Schlacht dieses Krieges. Der ungestüme junge Prinz von Oranien führte seine holländischen Infanteristen auf dem linken Flügel in den Tod, während Eugen den ganzen Vormittag und frühen Nachmittag brauchte, um rechts den Feind aus dem Wald zu treiben. Der Kampf wurde immer mehr zum Mann-gegen-Mann-Kampf mit Bajonett und Gewehrkolben. Als Eugen eine Kugel hinter dem Ohr streifte, weigerte er sich, die Wunde auf der Stelle verbinden zu lassen und rief aus: „Was soll's, wenn wir doch hier sterben müssen. Und wenn wir überleben, dann haben wir genügend Zeit am Abend dazu!"[20]

Endlich zog Villars wie erwartet Truppen aus der Mitte ab, um den rechten Flügel zu stützen, der unter Eugens Ansturm ins Wanken geraten war, und

Marlborough konnte nun die Mitte durchstoßen. Marschall Boufflers mußte den Rückzug der Franzosen organisieren, da Villars schwer am Knie verwundet worden war. Die alliierte Armee war selber zu erschöpft, um den Franzosen nachzusetzen.[21] Ihre Verluste waren entsetzlich, an die 25.000 Tote und Verwundete, die Franzosen hatten nur halb so viele. Selbst hartgesottene Kämpfer waren über das Gemetzel erschüttert. Ein englischer Korporal namens Bishop und seine Begleiter versuchten, in der Nacht den Schreien der Verwundeten zu entfliehen, aber es war fast unmöglich, da drei, vier Meilen weit an allen Hecken und Gräben Verletzte lagen.[22] Schulenburg schrieb am nächsten Tag nach Hause: „Wir tun nichts anderes, als unsere Verwundeten zusammenzulesen und unsere Toten zu begraben und sind in großer Verlegenheit, weil es hier keine Stadt gibt, wo man sie in Hospitäler legen könnte. So werden viele sterben. Die toten Feinde liegen in großer Zahl nackt auf dem Schlachtfeld, darunter viele Verletzte, die noch keine Hilfe bekommen haben."[23]

Die Alliierten brauchten drei Tage, um ihre Verwundeten und Toten aufzulesen, und sie erlaubten den „Kapuzinern der benachbarten Städte, die französischen Verwundeten zu holen und ihre Toten zu begraben". Als die Hannoveraner am 15. endlich mit ihren Verwundeten in Brüssel ankamen, waren die meisten auf dem Transport gestorben. Die treffendsten Worte für das entsetzliche Blutbad fand wohl der hannoveranische General Ilten: „Im Jahre 1718 besuchte ich auf einer Reise noch einmal das Schlachtfeld. Die Bauern versicherten mir, daß sie lange Zeit ihre Felder nicht zu düngen brauchten."[24]

Während sich Marlborough nach dem Gemetzel eine Woche lang krank ins Bett legte, trat Eugen so unbewegt und gelassen wie immer auf. Während seiner ersten Feldzüge in Italien hatte er sich mehrmals kritisch über die Grausamkeit des Infanteriefeuers geäußert, jetzt schien er die immer blutigere Art der Auseinandersetzung als Tatsache hinzunehmen. Weder er noch Marlborough äußerten je Zweifel an ihrer Entscheidung, bei Malplaquet anzugreifen, dafür wurden sie offensichtlich von anderer Seite scharf kritisiert. Der englische General Kane schreibt in seinen Memoiren: ...„unsere beiden Generale wurden sehr getadelt, daß sie so viele Leben tapferer Menschen vergeudet hatten... Dies war die einzige Unbesonnenheit, die man Marlborough vorwerfen konnte, und man nahm allgemein an, daß Prinz Eugen ihn dazu gedrängt hatte."[25] Für diese Beschuldigung Eugens gibt es jedoch keine Beweise; nichts spricht dafür, daß diese Entscheidung keine gemeinsame gewesen ist. Wie auch immer, am Ende schob man in England Marlborough die ganze Schuld zu, und obwohl verhältnismäßig wenig Engländer unter den Toten waren, stärkte die Schlacht den friedenswilligen Tories den Rücken, während sich eine heftige Kritik an Marlboroughs „Schlächterrechnung" entzündete.

Unmittelbar nach der Schlacht dachten Eugen und Marlborough, Ludwig XIV. wolle nun endlich nachgeben. Aber sie irrten sich: Kein einziger Friedensappell kam aus Frankreich. Malplaquet hatte den französischen Widerstand nicht gebrochen. Ludwig war fest entschlossen weiterzukämpfen, und Villars war überzeugt, daß die Alliierten nicht so bald eine neue Schlacht riskieren würden und schrieb sarkastisch an den König: „... wenn Gott uns gnädig ist, läßt er uns noch so eine Schlacht verlieren und Ihre Majestät kann sicher sein, daß Ihre Feinde vernichtet sind."[26] Auch von den anderen Kriegsschauplätzen gab es für Frankreich erfreuliche Nachrichten. Am Rhein kam der Kurfürst von Hannover, den Eugen für das „Phantom eines Prinzen"[27] hielt, keinen Schritt weiter, und auch in Spanien machte Starhemberg keine Fortschritte, obwohl Ludwig XIV. seine Truppenstärke in Spanien erheblich verdünnt hatte.

Nach einem Monat schwanden Eugens und Marlboroughs Hoffnungen auf Frieden dahin. Obwohl man mitten in der Belagerung von Mons war, mußte die Armee jetzt schleunigst in die Winterquartiere gebracht werden; denn während der Belagerung von Mons war das Nachschub- und Transportwesen vollständig zusammengebrochen. Schulenburg gab Eugen und Marlborough die Schuld und kritisierte ihre Nachlässigkeit. Dieser von Eugen hochgeschätzte Infanteriegeneral beschrieb die beiden Feldherrn folgendermaßen: Marlborough war seiner Meinung nach „weit und breit der gerissenste Mann", und „Prinz Eugen hat kein anderes Interesse im Leben als kämpfen ... und daß sich alle vor dem Namen des Kaisers verneigen".[28] Das Bild, das er vom Prinzen während des Feldzugs zeichnet, unterscheidet sich allerdings sehr von der eher melancholischen Figur, die Eugen in Wien machte. Er schreibt: „Prinz Eugen kann alles ertragen ohne ärgerlich zu werden, er ist der fröhlichste Mann in der Welt."[29] Auch der preußische General Grumbkow beschreibt Eugen als „natürlich und bei jeder Gelegenheit gut gelaunt".[30]

Als der Feldzug von 1709 seinem Ende zuging, war noch immer kein Ende des Blutvergießens abzusehen. In Wien freilich war für Eugen auf der innenpolitischen Szene eine erfreuliche Wendung eingetreten: Salm war im August endlich abgetreten. Seine jahrelange Weigerung und Josefs Zögern, darauf zu bestehen, hatten Eugen in Rage gebracht, so daß er an Sinzendorf schrieb: „Diese dauernden Komödien ... machen unseren Hof überall im Ausland lächerlich."[31] Durch Salms Abgang besaßen Eugen und Wratislaw nun endlich die Macht, die sie mehr als fünf Jahre angestrebt hatten. Josef ernannte ihren Kandidaten, den Fürsten Trautson, zum Obersthofmeister, und jene Minister, die Salm unterstützt hatten, nämlich Seilern und Gundaker Starhemberg, machten nun schnell ihren Frieden mit Eugen.[32] Wratislaws enge Beziehungen zu Kaiser Josef wurden durch seine Freundschaft mit Josefs letzter Mätresse, der Gräfin Pálffy, noch gefestigt. Diese war die Tochter eines der besten Kavalleriegenerale des Prinzen Eugen.

Kaiser Josef erwies sich als generöser Herr und Meister, der seine Minister mit Geld und Landbesitz überschüttete. Josefs Favorit, Graf Lamberg, bekam 250.000 Gulden, Trautson, Gundaker Starhemberg, Sinzendorf und Wratislaw erhielten Landbesitz in Bayern. Eugen ging vorläufig leer aus, vielleicht, weil er schon den Statthalterposten in Mailand besaß, aber am 17. Dezember 1709 sagte ihm Josef einen in Ungarn konfiszierten Landbesitz im Werte von 300.000 Gulden zu. Eugen sollte diesen allerdings nie in Besitz nehmen, vielleicht, weil nichts Passendes gefunden werden konnte oder weil er bereits Grundbesitz in Ungarn besaß und an weiterem nicht interessiert war. Statt dessen bekam er die Summe in bar im Verlauf einiger Jahre ausbezahlt.

Patt in den Niederlanden und Tod Kaiser Josefs

Während des Winters 1709/10 beherrschten Eugen und Wratislaw zum ersten Mal alle wichtigen Regierungsorgane einschließlich der Konferenz. Endlich konnten sie nun mit Unterstützung des Kaisers alle verfügbaren Geldhähne für den Krieg aufdrehen, mußten aber dennoch im Laufe des Jahres 1710 eine weitere Anleihe von England in der Höhe von 86.950 Pfund erbitten, um die kaiserliche Armee in Flandern zu unterhalten.[1] Seit 1708 zahlten nun die Seemächte den Unterhalt für die kaiserliche Armee und ihre Hilfstruppen.[2] Denn die österreichischen Gelder flossen in andere Richtungen. Die Verteilung der insgesamt 133.000 Mann starken kaiserlichen Truppen ist sehr aufschlußreich für die Prioritäten der österreichischen Regierung: 1710 standen 16.000 Kaiserliche in den Niederlanden, 10.000 am Rhein, 12.000 in Spanien, 31.000 in Norditalien, 7500 in Neapel, 5000 in Böhmen und Schlesien, 49.000 in Ungarn. Die Konzentration auf Ungarn zahlte sich aus. Im Laufe des Jahres 1709 verbesserte sich dort weiter die Lage unter Heisters Oberbefehl.

Eugens häufige Abwesenheit von Wien bedeutete, daß er keine wirkliche Regierungsgewalt ausüben konnte. Es gibt auch nur wenige Anzeichen dafür, daß er gerne wie Salm als erster Minister gegolten hätte. Diese Rolle fiel natürlicherweise an Wratislaw und an den Kaiser selbst. Aber der Prinz erwartete, daß man ihm die Kriegsführung anvertraute und die Formulierung der Friedensziele. Im September 1709 bewilligte die Konferenz die Friedensbedingungen, die er in Den Haag ausgearbeitet hatte, besonders jene Klauseln, die der Reichsgrenze galten, und stimmte seiner Ansicht zu, man dürfe Ludwig XIV. nicht zwingen, gegen seinen Enkel Philipp vorzugehen. Die Kaiserlichen hatten nicht die Absicht, sich von den Seemächten zu trennen, aber ihr Vertrauen wurde Ende 1709 erheblich erschüttert, als sie den sogenannten Barriere-Vertrag zu Gesicht bekamen, den die Engländer und Holländer im Oktober geschlossen hatten. In diesem Vertrag hatten die englischen Whig-Minister, ohne Wien oder den zukünftigen Herrscher Karl zu konsultieren, den Holländern weitgehende Handelskonzessionen in Südamerika und ein ausgedehntes Festungssystem für die südlichen Niederlande versprochen. Dafür erhielten sie die holländische Anerkennung der protestantischen Thronfolge in England.

Als Eugen im April 1710 in Den Haag anlangte, verhandelten die Holländer bereits mit Frankreich in Geertruidenberg. Vorläufig jedoch noch ohne

Resultate. Die Holländer suchten Frieden und schlugen vor, Philipp solle Neapel und Sizilien behalten. So angenehm Ludwig XIV. dieser Vorschlag war, so wenig wollten ihn die Whigs und die Österreicher akzeptieren. Der Vorschlag der Österreicher, gegen Philipp in Spanien erst nach dem Friedensschluß vorzugehen, ein Vorschlag, den auch Eugen und Marlborough guthießen, wurde wiederum von den Whigs und den Holländern abgelehnt. Ludwig XIV. dagegen versuchte, eine Teilung der spanischen Monarchie zu erreichen. Er lehnte es zwar ab, selbst gegen Philipp vorzugehen, war aber bereit, den Alliierten bei seiner Vertreibung aus Spanien finanzielle Hilfe zu leisten und außerdem das Elsaß abzutreten.

Die Verhandlungen führten zu keinem Ergebnis, weil die Alliierten, besonders die Whigs, sich noch immer so stark fühlten, daß sie zu keinen Konzessionen bereit waren, während Ludwig wenig Grund sah, jetzt zu akzeptieren, was er im vorigen Jahr abgelehnt hatte. Die täglichen Verhandlungen wurden in Geertruidenberg von Sinzendorf geführt, Eugen war jedoch die letzte Instanz für alle entscheidenden Fragen. Er hatte den Eindruck, daß die Franzosen „durch die Conferenz nichts anderes gesuchet, alß uns zu amusiren"[3] und war daher nicht besonders überrascht und enttäuscht, als die Verhandlungen scheiterten.

Es gab nur eine Alternative: weiter Krieg zu führen. Für die alliierten Befehlshaber konnte es sich nur noch um wenige Monate handeln, bis Frankreich endgültig zusammenbrach. Es lagen genügend Informationen über die mißliche Lage auf der anderen Seite vor, wohingegen Eugen und Marlborough bis Mitte April eine gemeinsame Armee von 120.000 Mann aufstellen konnten. Ein großer Teil der von den Seemächten bezahlten Hilfstruppen wurde Eugen unterstellt. Aber trotz seiner Popularität wollten einige ihrer Generale lieber unter Marlborough dienen, da Eugen offensichtlich bei den Hilfstruppen nicht so auf Disziplin bestand wie bei seinen eigenen Truppen. Während des Toulouner Feldzugs hatten sich die Hilfstruppen sehr schlecht benommen, so daß der hannoveranische General Bülow nach seiner Transferierung zu Marlborough erleichtert schrieb: „Ich bin froh, diesem Pack entkommen zu sein... besonders da Eugens Armee in der alten kaiserlichen Art organisiert ist: Über alles wird gestritten, und auch die gemeinen Soldaten sind so schlecht diszipliniert, daß es schwer ist, sie zur Ordnung zu erziehen."[4]

Die alliierten Generale begannen den Feldzug 1710 mit der Belagerung von Douai. Man blieb also bei der konservativen Belagerungsstrategie. Diesmal zeigte sich Marlborough jedoch sehr optimistisch und schrieb Godolphin, er hoffe „auf einen ruhmvollen Feldzug, der uns viel Aktion bringen wird... Dieser Feldzug muß dem Krieg ein Ende bereiten".[5] Sein Untergebener Cadogan äußerte sich noch euphorischer. Er war überzeugt, daß nach der Eroberung von Douai nichts „unsere große und siegreiche Armee davon abhalten kann, nach Frankreich einzumarschieren".[6]

Aber gerade dieser Feldzug sollte der erfolgloseste des ganzen Krieges werden. Die Holländer wollten keine neue Schlacht wagen, und Marlborough wurde immer deprimierter und passiver: Der Streit seiner Frau mit der Königin und der Einfluß der pazifistischen Tories unter Harley führten im August zu der Entlassung der Whig-Minister und Godolphins. Auch Marlboroughs Position war nun sehr gefährdet. Eugen versuchte ihm zu helfen, so gut er konnte und schrieb dem österreichischen Gesandten in London, er würde zurücktreten, wenn man Marlborough absetzte und etwa durch den Kurfürsten von Hannover ersetzte, denn „der Mylord Duc seye mein special gutter Freind, mit welchem mich wohl verstehe".[7]

In dieser besorgniserregenden Situation gelang es keinem der alliierten Feldherrn, einen Ausweg aus dem militärischen Patt zu finden, und es wurde auch nicht der Versuch unternommen, die französische Armee in einer offenen Schlacht zu besiegen.[8] Ludwigs Lage hatte sich insofern verbessert, als er einige Truppen aus Spanien abziehen konnte. Dennoch ermahnte er Villars zur Vorsicht, weil er sich Entscheidendes von der neuen Tory-Regierung in England erwartete. Villars selber war nun ein Krüppel mit einem eisengeschienten Knie. Hätte er nicht gedroht, seine Chirurgen zu erschießen, hätten sie ihm das ganze Bein amputiert. So hatten sie nur das verfaulte Fleisch herausgeschnitten, während er bei vollem Bewußtsein, das ihm auch mehrere Flaschen Branntwein nicht rauben konnten, angebunden auf dem Tisch lag.

Douai fiel schon Ende Juni; den Rest des nassen Sommers verbrachte man mit kleineren Belagerungen, während Villars sich hinter einer neuen Verteidigungslinie zwischen Arras und Cambrai verschanzte. Nach Douai verfiel Marlborough in Passivität und vertrat die Ansicht, weitere Aktionen seien unmöglich, und Frankreich würde schließlich nach zwei, drei Jahren von der Anwesenheit zweier fremder Armeen in Nordfrankreich so zermürbt sein, daß es den Krieg beenden würde.[9]

Auch in der alliierten Armee war es um die Moral immer schlechter bestellt. Schulenburg schrieb an König August von Sachsen-Polen, daß „die Verwirrung weiter zunimmt in der Armee ... Ich sehe wenig Leute, die glücklich sind; ... Man spielt hauptsächlich Piquet..."[10] Ende August griff Marlborough wieder einmal seine alte Idee auf, bis nach Calais zu marschieren und von dort aus mit Unterstützung der Flotte anzugreifen. Und wieder äußerte Eugen seine Bedenken zu einem solchen Schritt, bevor man nicht noch weitere französische Festungen eingenommen hätte.[11] Schulenburg berichtete aber auch, daß Eugen „keinen anderen Gedanken" zu jener Zeit hatte, „als zu kämpfen, wenn sich nur eine Gelegenheit geboten hätte".[12] Villars sorgte dafür, daß sich keine bot. Und im November war es dann für Marlboroughs Plan zu spät, denn dem nassen Sommer war ein noch nasserer Herbst gefolgt. Sicher zögerte Eugen auch deshalb, seine Belagerungsstrategie aufzugeben, weil er nicht wußte, wie er in einem so ausgehungerten Land seine Truppen ernähren sollte. Außerdem griffen Typhus und Fleckfieber im Land und in der Armee um sich. Marlborough schrieb: „Zumindest die Hälfte der Dorfbewohner ist seit dem letzten Winter gestorben, und der Rest sieht aus, als käme er aus dem Grab. Dies ist so schrecklich, daß kein Christ das ansehen kann, ohne sich von ganzem Herzen einen schnellen Frieden zu wünschen."[13]

Als der Feldzug 1710 zu Ende ging, befand sich fast der ganze französische Festungsring in alliierten Händen. Jetzt wäre der Weg nach Paris offen gewesen, aber mit dem Feldzug ging auch die Zusammenarbeit Eugens und Marlboroughs zu Ende. Sie wußten es nicht und ließen sich diese letzte Chance entgehen. In Spanien war der englische Kommandant Stanhope bei Brihuega geschlagen und gefangengenommen worden: Es war nur noch eine Frage der Zeit, bis Erzherzog Karl und seine alliierten Streitkräfte aus dem Land geworfen würden. So schwanden die Aussichten eines Sieges über die Bourbonen oder auch nur über Frankreich dahin, aber der Ernst der Situation war weder Eugen noch sonst jemandem bewußt: Die Bemühungen der Tories um einen Separatfrieden mit Frankreich waren noch ein streng gehütetes Geheimnis, und niemand konnte ahnen, daß Kaiser Josef I. bald sterben würde.

Im Gegenteil: Die kaiserliche Regierung hatte allen Grund, mit den Leistungen des Feldzugs 1710 zufrieden zu sein, vor allem, weil die ungarische Revolte endlich niedergeschlagen worden war. Heister war aus gesundheitlichen Gründen zurückgetreten. Man hatte ihn durch Pálffy, einen geachteten ungarischen Kavalleriegeneral Eugens, ersetzt. Obwohl Eugen es vorgezogen hätte, die Aufständischen durch Waffengewalt für immer zu vernichten, trat Pálffy in Verhandlungen ein, konnte Rákóczy in die Isolierung treiben und den Weg für den Friedensschluß von Szatmár im April 1711 ebnen. Während diese Regelung die meisten Rebellen zufriedenstellte und die Grundlage für eine relativ ruhige dreißigjährige Periode legte, wurden doch nur wenige Truppen aus Ungarn nach Flandern und Spanien verlegt. Die meisten blieben in Ungarn, zum Teil, weil „der Geist der Rebellion noch immer in Ungarn lauerte und sich das Volk unruhig in den Dörfern zusammenrottete", wie einem englischen Minister berichtet wurde[4], aber auch weil die Truppen hier umsonst lebten.

Wenige Tage vor der Unterzeichnung des Friedens von Szatmár, am 7. April 1711, erkrankte Kaiser Josef plötzlich an den Blattern. Erst im vorigen November hatte eine seiner Töchter diese Krankheit durchgemacht, und „jedermann fürchtete für seine Person, da er Blattern nie gehabt hatte".[15] Er war schon auf dem Wege der Besserung, als Eugen in die Niederlande abreiste. Am 17. April war der Kaiser tot. Möglicherweise hatten seine Ärzte die geringe Chance, daß er durchkam, erstickt: „Sie hatten nicht nur keine frische Luft mehr ins Zimmer gelassen, sondern ihn außerdem in achtzehn Meter englischen Wollstoff eingewickelt."[16]

Als bekannt wurde, daß der Kaiser im Sterben lag, war die „Konsternation in Wien unbeschreiblich".[17] Wratislaw und Eugen waren tief bestürzt: Sie hatten einen Freund verloren. Eugen schrieb Wratislaw: „Ich habe den Kaiser wirklich geliebt."[18] Über ihre politische Position brauchten sie sich jedoch keine Sorgen zu machen, da die Konferenz auf der Stelle entschied, den Familienkontrakt von 1703 zur Geltung zu bringen, nach dem Karl an erster Stelle der Thronfolge stand. Bis zu seiner Rückkehr von Spanien sollte seine Mutter, die Kaiserin Eleonore, mit der Regentschaft betraut werden. In allen wichtigen Staatsangelegenheiten allerdings, so lautete die Anweisung Karls aus Spanien, solle sich Wratislaw mit niemandem sonst als Trautson beraten.[19]

Die Thronbesteigung des fünfundzwanzigjährigen Karls sollte nicht ohne ernste Folgen auf den Verlauf des Krieges bleiben. Während bisher nur Mailand für den österreichischen Zweig der Familie beansprucht wurde und die übrige spanische Erbschaft an Karl fallen sollte, wollte man jetzt das ganze spanische Erbe für einen Mann haben, für Karl VI. Zwar waren die Chancen auf eine Eroberung Spaniens sehr gering geworden, aber Österreich wollte die damit verbundenen Ansprüche auf die südlichen Niederlande und die Besitztümer in Italien keinesfalls aufgeben. Als Eugen im Mai nach Den Haag kam, waren allerdings sowohl die Holländer als auch der Tory-Minister Strafford entschieden dagegen, daß Karl König von Spanien und gleichzeitig Kaiser werden sollte.

Im Augenblick aber ging es für die Kaiserlichen darum, Karls Wahl zum Kaiser durchzusetzen. Als daher Eugen in Marlboroughs Hauptquartier eintraf, stimmte er nicht den Vorschlägen von Marlborough und Heinsius zu, gemeinsam in Flandern zu operieren, sondern zog am 14. Juni seine Truppen, nämlich 16.000 Mann, zur „Wacht" an den Rhein ab. Hier nämlich beunruhigte Ludwig XIV. die Deutschen mit massiven Truppenbewegungen. Er wollte zwar, wie wir jetzt wissen, keinesfalls irgendwelche größeren Operationen riskieren[20] – die geheimen Friedensgespräche mit London waren ja schon seit einigen Monaten im Gang –, er wollte nur störend auf die Kaiserwahl in Frankfurt einwirken.

Ebenso beunruhigend wie diese Demonstrationen französischer Stärke war für die Kaiserlichen die Tatsache, daß Karl sich nur zögernd von Spanien lösen konnte; denn er war zutiefst von seinem Recht auf den spanischen Königsthron beseelt und mochte seine treuen Katalonier nicht ohne weiteres im Stich lassen.[21] Eugen hatte ihn gleich nach Josefs Tod gebeten, sofort zurückzukehren, und in demselben Sinn hatten ihm sämtliche Minister geschrieben, es wurde jedoch Juli, bis Karl sich zur Abreise entschließen konnte, und selbst dann ließ er sozusagen als Pfand seine junge Frau Elisabeth in Barcelona zurück.

Den Sommer verbrachte Eugen am Rhein in der Defensive. Er benutzte die Zeit, um die Wahl in Frankfurt voranzutreiben und alle Kurfürsten in ihrer Loyalität zu Habsburg zu bestärken. Inzwischen gelang es Marlborough, eine weitere französische Feste, nämlich Bouchain, einzunehmen. Aber auch dadurch brach Frankreich nicht zusammen, so daß die englische Regierung immer entschlossener für einen Frieden eintrat.

Endlich im Oktober wählten die Kurfürsten Erzherzog Karl in Frankfurt zum Kaiser. Karl VI., wie er nun hieß, landete zu diesem Zeitpunkt gerade in Genua und begab sich daraufhin zur Krönung in die Kaiserstadt Frankfurt. Eugen kam ihm nach Innsbruck entgegen und traf ihn dort am 23. November. Der neue Kaiser war für alle eine unbekannte Größe: Bevor er vor acht Jahren nach Spanien ging, war er im Schatten seines älteren Bruders gestanden. Mittlerweile war er Mitte zwanzig, schien sehr viel reifer geworden und sah seinem Vater sehr ähnlich: ein untersetzter Mann, der sich linkisch bewegte, die große habsburgische Unterlippe aufwies, große brennende Augen, braunes Haar und einen rötlichen Teint. Obwohl er sich sehr sorgfältig kleidete, verdarb er die Wirkung durch seine nie richtig passenden Perücken. Trotzdem machte er auf alle einen günstigen Eindruck: Er wirkte bescheiden, ernst, pflichtbewußt und arbeitswillig. Weder Frauen noch Priester hatten Einfluß auf ihn, und die Männer, die er aus Spanien mitbrachte, galten allgemein als vernünftig. Er begann seine Regierung mit der schriftlichen Anweisung, alle Pensionen bis zu seiner Rückkehr vorläufig einzustellen: „Unnötige Ämter sind zu beschneiden, der Beginn ist schon mit der Entlassung der meisten Musiker und Jäger etc. gemacht worden."[22] Der englische Gesandte Whitworth berichtete, Kaiser Karl scheine mehr „Sinn für die Regierung und gutes ‚Management' zu entwickeln als sein Vorgänger".[23]

Nach seiner Rückkehr bestätigte Karl sofort Wratislaw und Eugen in ihren Ämtern. Es gab nur ein Anzeichen für eventuellen zukünftigen Ärger: die Gründung eines Spanischen Rates im Frühling 1712. Aber vorläufig war kein Grund zur Sorge: Karl stand mit Wratislaw in bestem Kontakt und schien für Eugens Bedarf an Geld und Truppen volles Verständnis zu haben. Während er noch in Barcelona war, hatte sich Eugen bei ihm beklagt, daß die ihm bewilligten Gelder nie bis zur Armee durchdrängen.[24]

Die Einigkeit und Entschlossenheit der herrschenden österreichischen Kreise zur Zeit von Karls Thronbesteigung war beeindruckend, umso schockierender wirkte der Verrat der Engländer. Nun war bekannt, daß die Tories nie viel übrig für Marlboroughs Krieg auf dem Kontinent gehabt hatten und die Holländer mehr als Handelskonkurrenten denn als Alliierte betrachteten. Nach ihrer Machtübernahme 1710 galt daher ihre Hauptsorge der Wiederherstellung des Friedens. Im Sommer 1711 wurden die geheimen Friedensverhandlungen, die Harley im vergangenen Jahr mit den Franzosen geführt hatte, sehr viel energischer von St. John, dem jungen Staatssekretär, fortgesetzt. Er wollte Frieden, auch auf Kosten der Alliierten, ja, er hielt die letzteren bald für die größere Gefahr als die Franzosen. Vor allem war er bereit, Philipp als König von Spanien anzuerkennen, und konnte nun mit Nachdruck auf die Absurdität eines Krieges hinweisen, dessen Ziel darin bestand, einen einzigen Mann zum Herrscher von Österreich und Spanien zu machen. Jedenfalls war er kein Freund der Habsburger und schrieb im November 1711: „Das Haus Österreich ist der böse Geist Britanniens gewesen. Das Verhalten dieser Familie erinnert mich an einen Mann, der ein Seil aus Heu knüpft, während sein Esel es am anderen Ende auffrißt."[25] Einen Monat vorher hatte Ludwig, während in Frankfurt die Wahl stattfand, mit England ein stilles Abkommen geschlossen, daß Philipp Spanien bekommen sollte, wenn er dafür auf alle englischen Forderungen einginge und alle Präliminarien für den im nächsten Jahr in Utrecht stattfindenden Friedenskongreß unterschriebe.

Als Karl sich mit seinen Ministern in Innsbruck traf, waren diese ziemlich sicher, daß die Engländer beabsichtigten, Spanien zu opfern. Früher hätte das Wratislaw und Eugen wenig ausgemacht. Ihre Interessen waren immer mehr auf Italien als auf Spanien gerichtet gewesen. Inzwischen aber fühlte sich der Kaiser persönlich Spanien verpflichtet, da sah die Sache ganz anders aus. „Er ist mehr Spanier", schrieb der englische Gesandte Whitworth, „als man es in seinem Rat für wünschenswert hält, und die spanische Monarchie wird nicht mehr länger als Sonderinteresse behandelt werden."[26]

So war es nicht weiter überraschend, daß es bei dem ersten Treffen zwischen Kaiser Karl und seinen Ministern in Innsbruck recht hitzig zuging. Eugen war außer sich über die Separatverhandlungen der Engländer und schlug vor, der Kaiser solle den Utrechter Kongreß boykottieren. Der Kaiser war vom Auftreten Prinz Eugens sehr beeindruckt: „Prince Eugene votiert gut, laconisch, kurz; Sinzendorf schwatzt vill."[27] Am Ende siegten jedoch Wratislaws realistischere Argumente, und Karl entschied, daß seine Minister an dem Kongreß teilnehmen sollten. Außerdem sah man langsam ein, daß man wohl einer Teilung des spanischen Reichs zuzustimmen haben würde. Diese Erkenntnis vertiefte sich innerhalb der nächsten Monate, aber es wurde nicht für nützlich befunden, das zuzugeben. Die österreichischen Minister einigten sich auf eine Art Verzögerungstaktik, in der Hoffnung, ein neuer Regierungswechsel in England könnte die Situation verändern.[28]

Da aber möglicherweise ein solcher Wechsel noch lange nicht eintreten würde, folgte man dem Rat Marlboroughs und schickte Eugen nach England, um die bestehende Regierung zur Fortführung des Krieges zu überreden. Wratislaw hoffte, mit diesem Trick „die Friedenspartei aufs äußerste zu verwirren".[29] Sobald Karl gekrönt war, verließ Eugen daher Frankfurt und machte sich über Den Haag auf den Weg nach England.

Denain und Rastatt

Die Tories „hatten eine schreckliche Angst vor dem Besuch Eugens" in London.[1] Gerade jetzt, im Dezember 1711, standen sie mitten im Kampf um die Entlassung Marlboroughs als Oberbefehlshaber und um die Zustimmung des Parlaments zu ihrer Friedenspolitik. Tatsächlich erledigten sie beide Punkte, bevor sich Eugen im Januar einschiffte. Außerdem starteten sie einen wilden Propagandafeldzug gegen die Holländer und Österreicher; den Startschuß gab die Schrift von Jonathan Swift „Das Verhalten der Alliierten".

Auch Strafford gab sich in Den Haag alle Mühe, Eugen davon zu überzeugen, daß sein Besuch eine reine Zeitvergeudung sei, da die englischen Minister erst beim kommenden Kongreß über die Friedensbedingungen verhandeln würden. Er warnte ihn zudem vor dem Londoner Mob, der ganz auf Frieden aus sei. Schließlich gab St. John Strafford den Befehl, dem Prinzen die Jacht zu verweigern: „Es ist höchste Zeit", fügte er hinzu, „daß dem ausländischen Einfluß in britischen Räten ein Ende gemacht wird; wir müssen uns entweder jetzt emanzipieren oder auf ewig Sklaven bleiben."[2]

Eugen war jedoch nicht der Mann, der sich durch solche Drohungen einschüchtern ließ. Zudem kam St. Johns Befehl zu spät. Eugen war bereits mit kleiner Begleitung – darunter sein Neffe Eugen – auf einer englischen Jacht in See gestochen. Eine Woche kämpfte sich die Jacht duch die Winterstürme bis nach Harwich. Als sie am 16. Januar 1712 die Themse hinaufsegelten, hatten sich in Greenwich und beim Tower dichte Menschentrauben gebildet, um den Prinzen willkommen zu heißen. Um den vielen Menschen zu entgehen, ging er aber erst in der Dämmerung, in Whitehall, an Land, wo er einen gewöhnlichen Leihwagen nach Leicester House bestieg. Hier empfing ihn der Österreicher Hoffmann.

Eugens Besuch dauerte zwei Monate und erwies sich als politischer Fehlschlag. Obwohl er in aller Öffentlichkeit seine Sympathie für Marlborough bekundete, konnte er seinen Freund nicht mehr retten. Die Führer der Tories behandelten ihn ausgesucht höflich, aber lehnten entschieden ab, jetzt und hier ihre Friedensbedingungen zu erörtern. Die wiederholten Memoranden des Prinzen beantwortete man mit Klagen über die geringe österreichische Beteiligung an den Kriegskosten, und selbst Eugens Angebote, die Zahl der kaiserlichen Truppen in Spanien zu erhöhen, blieben ohne Wirkung. Auch mehrere Audienzen bei der Königin hatten keinen Erfolg: Anna wollte sich

Prinz Eugen von Savoyen. Stich von Bernhard Vogel nach einem Gemälde von Johann Kupetzky.

Eugen Moritz, Prinz von Savoyen-Carignan, Graf von Soissons, Prinz Eugens Vater (1635—1673). Stich von Moncornet.

Maximilian Emanuel, Kurfürst von Bayern (1662—1726). Unbekannter Stich.

Philipp Ludwig Graf Sinzendorf (1671—1742), österr. Hofkanzler. Stich von Johann Chr. Sysang.

Prinz Eugen von Savoyen zusammen mit Marlborough und Ludwig von Baden. Stich von I. Mehl nach einer Zeichnung von Karl Josef Geiger.

Das Wappen Prinz Eugens.

Das Winterpalais Prinz Eugens in der Wiener Himmelpfortgasse (heute Finanzministerium). Stich von J. A. Delsenbach nach einer Zeichnung von Johann B. Fischer von Erlach. Um 1711.

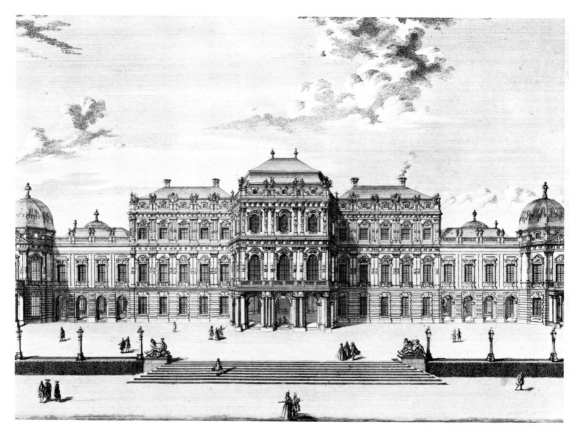

Oberes Belvedere, Nordfront. Stich von Johann August Corvinus nach einer Zeichnung von Salomon Kleiner, 1731.

Schloß Schloßhof im Marchfeld, Westseite mit Ehrenhof. Radierung von Ludwig Hans Fischer nach einem Gemälde von Canaletto.

Prinz-Eugen-Zimmer aus Schloßhof (Schausammlung im Bundesmobiliendepot, Wien).

Das Trauergerüst für Prinz Eugen im Stephansdom zu Wien, entworfen von Johann Lukas von Hildebrandt. Stich von Salomon Kleiner.

nicht überzeugen lassen und machte einen „befangenen und zurückhaltenden" Eindruck.[3] An ihrem Geburtstag jedoch beschenkte sie Eugen mit einem kostbaren Schwert. Bei dieser Gelegenheit trat der sonst so bescheidene Prinz sehr glanzvoll auf.[4] Die Sorge der Tories, er könne sich in ihre Politik einmischen, erwies sich als unbegründet. So hatte ihn die Hofkammer mit Kreditnoten ausgestattet, die von jüdischen Bankiers in London eingetauscht werden konnten, aber als der hannoveranische Gesandte Bothmer ihm vorschlug, fünfzehn Parlamentsmitglieder im Namen des Kurfürsten von Hannover, dem wahrscheinlichen Nachfolger Annas, zu bestechen, lehnte er mit der Begründung ab, „die vorgeschlagene Summe sei zu hoch".[5] Die Schecks blieben unbenutzt.

Warum blieb Eugen so lange in London, wo er doch bald merkte, daß die Regierung ihre Meinung nicht ändern würde! Einmal, weil ihn offensichtlich Wratislaw in vielen Briefen drängte zu bleiben[6]; denn die Regierung in Wien schien weiter an die Bedeutung ihrer Allianz mit England zu glauben und hoffte, Königin Annas Minister umstimmen zu können.

Möglicherweise gab es für Eugen noch einen anderen Grund: Gesellschaftlich war Eugens Besuch ein großer Erfolg. Jonathan Swift hatte richtig vorausgesagt, daß die Reise als „Vergnügungsreise" enden würde.[7] Damals befand er sich „in Gefahr, an zu viel gutem Essen zu sterben, da man ihm nur einen Tag erlaubt hatte, zu Hause zu speisen."[8] Sowohl die Tories wie die Whigs überhäuften ihn mit Einladungen, und mehr als einmal ging er im Park von Richmond auf die Jagd mit Ormonde, dem Tory-Nachfolger von Marlborough als Oberbefehlshaber. Bei einem Besuch schoß Eugen „mehrere Fasane und einen Hasen".[9] Auch Harley, inzwischen Graf Oxford, gab ihm ein Essen und sagte zu seiner Begrüßung, er schätze sich glücklich, „den größten General seiner Zeit in seinem Haus empfangen zu dürfen", worauf Eugen mit einer Anspielung auf die Entlassung und Abwesenheit Marlboroughs geantwortet haben soll: „Wenn dem so ist, dann verdanke ich es nur Eurer Lordschaft."[10] Der glanzvollste Empfang fand jedoch beim Herzog von Portland, einem Whig, statt, wo nach einem Mahl von 60 Fleischgerichten und 41 Desserts die Gäste eine Stunde lang unermüdlich tanzten, obwohl Eugen und Marlborough bei dieser Gelegenheit beide ablehnten, sich an den französischen Tänzen zu beteiligen, und der Prinz erklärte, er könne nur den Husarentanz tanzen.

Aber auch der Londoner Durchschnittsbürger war darauf erpicht, Eugen kennenzulernen; denn während des Krieges war er in England sehr populär gewesen. Überall, wo seine Kutsche auftauchte, kam es zu Menschenansammlungen, und es besuchten ihn so viele Leute in Leicester House, daß der Boden Risse bekam. Auf besonderen Wunsch besuchte der Prinz auch einige große Damengesellschaften, aber Lady Strafford schrieb ihrem Mann nach Den Haag, daß die Damen Londons Eugen nicht sehr bewunderten; denn „er scheint wenig Notiz von ihnen zu nehmen"[11], um später hinzuzufügen: „Ich bilde mir ein, er muß irgendwann einmal am ... verwundet worden sein; denn ich habe noch nie jemanden gesehen, der sich so steif hinsetzte wie er."[12] Während Swift nach dem ersten Treffen geschrieben hatte, er sei gar nicht so ein häßlicher Kerl, wie das Gerücht ginge, sondern mache eine ganz gute Figur, ließ er sich einen Monat später von politischen Gefühlen hinreißen und schrieb, der Prinz sei „sehr unansehnlich" und habe eine „verwünscht gelbe" Gesichtsfarbe.[13]

Abgesehen von der politischen Erfolglosigkeit fiel noch ein weiterer Schatten auf die sogenannte Vergnügungsreise: Eugens zwanzigjähriger Neffe Eugen starb plötzlich an den Blattern. Wie groß der Schmerz Eugens darüber war, wissen wir allerdings nicht. Wie immer äußerte er sich nicht über seine Gefühle. Lord Berkeley zufolge war es die Trunksucht, die die Gesundheit des jungen Prinzen zerrüttet hatte. Sein Onkel soll nicht sehr zufrieden mit ihm gewesen sein und ihm wenig Freundlichkeit erwiesen haben. Da er selbst noch nicht an Blattern erkrankt war, mußte sein Neffe Leicester House verlassen.[14]

Der junge Eugen wurde in Ormondes Familiengruft in Westminster Abbey begraben.[15] Er war ein typischer Sohn von Eugens älterem Bruder Ludwig Thomas, dessen Kinder Eugen alle viele Sorgen bereiteten. Der Onkel versuchte, sehr streng mit seinen Neffen umzugehen. So hatte er Maurice gedroht, sich nicht mehr um ihn zu kümmern, wenn er sich nicht ändere, gab ihm allerdings dennoch 200 Louisdors kurz vor seinem Tode 1710.[16] Den anderen beiden Neffen, Emmanuel und Eugen, verschaffte er zwei Kommandeursposten in der kaiserlichen Armee und bestand darauf, daß sie diese ernst nahmen.[17] Emmanuel schrieb er, er solle sich ja nicht an der Armeekasse vergreifen, er könne nicht auf die Hilfe seines Onkels zählen, wenn es zu Regelwidrigkeiten käme.[18]

Eugen verließ London im März 1712 mit der Überzeugung, daß die englische Regierung ohne Rücksicht auf die Alliierten mit Frankreich Frieden schließen wollte. Er befürchtete, daß dies nur der erste Schritt eines Bündnisses zwischen England, Frankreich und dem bourbonischen Spanien sein würde, welches die Teilung des Welthandels unter den drei Genannten unter Ausschließung der Holländer zum Ziel haben würde. Außerdem, so nahm er an, sollte der nach Annas Tod freiwerdende englische Thron dem Stuartprätendenten und nicht dem protestantischen Kurfürsten von Hannover angeboten werden. Eugen und die Whigs waren der Meinung, daß das von den Österreichern und Holländern nur durch die Weiterführung des Krieges beantwortet werden konnte. Bis auf die Thronprätendentenfrage hatte Eugen recht mit seiner Einschätzung der Ziele der Tories. Das offenbarte sich schon beim Utrechter Kongreß im Januar 1712. Denn hier mußten die Kaiserlichen und die Holländer bald feststellen, daß über die wichtigeren Probleme die Engländer und Franzosen privat miteinander verhandelten.

Um die englische Öffentlichkeit zugunsten einer Weiterführung des Krieges zu beeinflussen und um die Franzosen zu Konzessionen zu zwingen, verstärkte Eugen 1712 die kaiserlichen Truppen in Flandern durch Soldaten aus Ungarn und vom Rhein und hoffte, Villars zu einer Schlacht herauszufordern und dann siegreich nach Paris zu marschieren. Leider sollten die Dinge ganz anders verlaufen. Obwohl Eugen dem englischen Oberbefehlshaber Ormonde, einem General ohne Felderfahrung, ohne Ressentiments entgegengetreten war, fiel ihm bald auf, daß dieser sich überaus zurückhaltend verhielt. Diese zögernde Haltung entsprang aber nicht etwa seiner Unerfahrenheit, sondern war auf Geheimbefehle aus England zurückzuführen. Am 6. Mai befahl ihm Viscount Bolingbroke (ehemals Henry St. John), „sich eine Zeitlang jeder Aktion zu enthalten, es sei denn, er befände sich in einem beträchtlichen Vorteil".[19] Am 21. Mai, als die Tories bei ihren Privatverhandlungen mit den Franzosen alle gewünschten Konzessionen erreicht hatten und fürchteten, ein Sieg der Alliierten würde diese Ergebnisse nur gefährden, schickte Anna ihren berühmten „Stillhaltebefehl" aus, welcher Ormonde die Teilnahme an jeder Belagerung oder Schlacht verbot. Dieser Befehl wurde vor Eugen geheimgehalten, wohl aber Villars mitgeteilt. Das Komplott sollte nämlich Villars ermöglichen, Eugen zu besiegen. Bolingbroke gab sogar Gaultier, dem französischen Gesandten in London, zu verstehen, er habe nichts dagegen, daß Villars über Eugen herfiele und ihn in Stücke haue, ihn und seine Armee.[20] Im Oktober ging das Tory-Regime dann so weit, den Franzosen alles zur Kenntnis zu bringen, was die Engländer über Eugens Pläne wußten.

Eugen war jedoch über den „Stillhaltebefehl" durch seinen Informanten im englischen Lager, Cadogan, informiert worden. Als Ormonde sich immer schwerer tat, Entschuldigungen für seine Passivität vorzubringen, nannte Eugen ihn in seiner Korrespondenz mit Sinzendorf in Utrecht verächtlich einen „Dummkopf"[21], versuchte aber dennoch das Beste aus der Situation zu machen, indem er eine neue Belagerung begann, nämlich die von Le Quesnoy. Außerdem schickte er 2000 Husaren auf einen Terrorstreifzug rund um Paris. Eine Woche lang plünderten und brandschatzten die Husaren alle Bauernhäuser und Landsitze, die sich nicht freikaufen konnten.[22]

Le Quesnoy fiel in der ersten Juliwoche, aber schon am 17. Juli verkündete Ormonde seinen Waffenstillstand mit den Franzosen und versuchte alle seine Truppen von den Alliierten abzuziehen. Aber nur die 12.000 englischen Soldaten wollten ihm folgen, die Führer der deutschen und dänischen Hilfstruppen gingen mit ihren Leuten zu Eugen über. Nun konnte Eugen wenigstens die ihm verbleibenden alliierten Truppen – und das war der größere Teil – so einsetzen, wie es ihm paßte. Trotzdem griff er nicht Villars an, sondern belagerte Valenciennes und Landrecies. Erst nach dem Fall dieser beiden Festungen hatte er vor, ins „Herz des Königreichs" vorzudringen.[23] Obgleich er in dieser Zeit einmal äußerte, er hoffe, „dem Feind, wenn er sich nähern sollte, eine glückliche Schlacht zu liefern"[24], war er jetzt der Belagerungsmentalität verhafteter als noch vor zwei Jahren. Trotzdem erwog der französische Hof, Versailles zu verlassen; denn Ludwig XIV. hatte große Befürchtungen, daß der diesjährige Feldzug ihn endgültig erledigen würde. Villars hatte er im April vertraulich mitgeteilt, daß er, wenn Villars geschlagen würde, selber zur Armee stoßen würde, um bei der letzten Schlacht dabeizusein. „Ich habe nicht vor", sagte er, „mit eigenen Augen anzusehen, wie der Feind in meine Hauptstadt einmarschiert."[25]

Bei der Belagerung von Landrecies war Eugen insofern benachteiligt, als die Holländer, die jetzt die finanzielle Hauptlast des Feldzugs zu tragen hatten, sich weigerten, Nachschubbasen in der Nähe zu finanzieren. Eugens eigene Basen lagen aber 90 Kilometer zurück; die lange Nachschublinie forderte zum Angriff geradezu heraus. Villars erkannte denn auch bald den exponiertesten Punkt dieser Linie, die holländische Garnison bei Denain an der Schelde. In der Nacht des 24. Juli startete er einen Überraschungsangriff auf die Garnison, der zur vollständigen Vernichtung der holländischen Truppen unter Albermarle führte. Eugen kam erst dazu, als die Holländer in voller Panik über die Schelde flohen. Er konnte noch nicht einmal Verstärkungen über den Fluß schicken, da die einzige Brücke unter dem Gewicht der holländischen Gepäckwagen zusammengebrochen war. Während er sich sehr zornig über die Feigheit der Holländer äußerte – vier Bataillone „warfen ihre Waffen nach dem ersten Feuer nieder"[26] – versuchte er, Albermarle zu entschuldigen und versicherte Heinsius: „Er tat alles, was ein tapferer, verständiger und wachsamer General tun kann."[27]

Nach Napoleons Worten „rettete Denain Frankreich". Villars gelang es nach diesem Sieg, auch die Hauptnachschubbasen der Alliierten bei Marchiennes zu erobern. Diese sukzessiven Mißerfolge nahmen den Holländern die letzte Lust, den Krieg weiterzuführen. Am 8. August mußte sich Eugen in eine Defensivstellung bei Lille zurückziehen. Von hier schrieb er an Sinzendorf verzweifelt über die holländischen Felddeputierten: „Niemand wird mir glauben, was ich mit diesen Leuten durchmachen muß."[28] Dagegen konnte Villars seine Truppen verstärken und noch vor dem Winter Douai, Le Quesnoy und Bouchain zurückerobern. Für Eugen war das ein deprimierendes Ende seines Feldzugs. Aber wie immer konnte er sich seinen Gleichmut bewahren, so daß die hannoveranischen Offiziere in der alliierten Armee erstaunt feststellten, daß er „lustiger und witziger als je"[29] war.

Eugen wußte genau, wo die Ursache für das Debakel dieses Felgzugs lag: im Verrat der Engländer, die seiner Meinung nach verdient hatten, „gehängt zu werden". Das Verhalten der Holländer war jedoch fast genauso schlimm gewesen, denn, erklärte er Sinzendorf am 3. Oktober: „Der üble Erfolg des Feldzugs darf nicht dem Treffen von Denain, sondern einzig und allein jenem Geiste der Furcht und Unentschlossenheit zugeschrieben werden, welcher in

Holland regiert und dessen Deputierte und Generale ergriffen hat."[30] Seiner Ansicht nach mußte sich nun der Kaiser entscheiden, ob er den Krieg ganz alleine weiterführen wollte oder nicht. Eugen und Sinzendorf waren allerdings in diesem Sommer überzeugt, daß es ohne die Holländer unmöglich sein würde.

Die Niederlagen der Alliierten in den Niederlanden stärkten die englische und französische Verhandlungsposition beim Utrechter Kongreß 1712. Die Kaiserlichen waren hier nicht viel mehr als hilflose Zuschauer, die weder militärisch noch diplomatisch etwas zu bieten hatten. So kam man ohne ihre Teilnahme zu einer Regelung, bei der Philipp von Anjou auf Frankreich verzichtete – Ludwigs direkter Erbe war nun nach einer Reihe von Todesfällen sein einziger noch lebender zweijähriger Urenkel –, Spanien und Indien aber behielt, während Karl die spanischen Niederlande und die italienischen Besitzungen außer Sardinien und Sizilien zugesprochen bekam.

Karls deutsche Minister waren 1712 einmütig dafür, daß Karl Frieden schlösse. Trautson meinte schon im April, daß der Krieg gegen Frankreich und Spanien ohne England nicht zu gewinnen sei[31], aber nur Wratislaw wagte es, diese Erkenntnis im Juli dem Kaiser vorzutragen. Am Ende des Jahres war Wratislaw außerdem davon überzeugt, daß Österreich Englands Vermittlung brauchen würde. So schrieb er Sinzendorf nach Utrecht, man müsse taktvoll mit England umgehen, da Österreich sich in seiner Hand befände. Man dürfe nichts mehr drucken, sagen oder schreiben, was England und seine Minister beleidigen könnte, man müsse ihnen schmeicheln, um möglichst viel zu erreichen.[32] Unter Wratislaws Führung bewegte sich die österreichische Politik schrittweise auf den Verzicht Spaniens zu, wozu Sinzendorf schon im Februar dringend geraten hatte. Es war für Wratislaw keine leichte Arbeit, den Kaiser zu diesem Verzicht zu bewegen und trug ihm natürlich die harte Kritik der spanischen Minister ein, die ihn einen Feind „Spaniens und der Spanier" nannten.[33] Wratislaws Ziel war nach wie vor die Schaffung eines kompakten österreichischen Staates, der sich auf die Erbländer und Italien stützte. Auch die südlichen Niederlande hätte er gerne gegen Bayern getauscht. Und auch in diesem Punkt hatte er Eugen auf seiner Seite, der fürchtete, die südlichen Niederlande würden dem Kaiser keinen Nutzen und nur eine Last bedeuten.[34]

Unglückseligerweise erkrankte Wratislaw Ende 1712 an der Wassersucht. Als Eugen am 9. Dezember nach Wien kam, war er schon zu schwach, um sich aus seinem Bett zu erheben. Der Kaiser ließ öffentlich für seine Genesung beten, aber er starb am 21. Dezember. Sein Tod war ein harter Schlag für Eugen. Wratislaw, wie Eugen Junggeselle und ein Liebhaber des Schnupftabaks, war nicht nur ein enger Freund, er war auch Eugens engster politischer Verbündeter über mehr als zehn Jahre gewesen. Alle Streitfragen dieser Zeit hatten sie Seite an Seite durchkämpft. Wratislaw hatte ihm den notwendigen politischen Rückhalt geliefert, wenn er sich auf seinen Feldzügen befand, und als Vertrauter beider Kaiser hatte Wratislaw den Übergang von einem Bruder auf den anderen erleichtert und Eugen bei Karl sozusagen eingeführt. Keiner der deutschen Minister sollte sich je einer so intimen Stellung bei Karl erfreuen. In seinem Testament bedachte er Eugen als einziges Nichtmitglied der Familie, und zwar mit zwei indischen Schreibtischen.[35]

Der Tod des Freundes machte Eugen zum unbestrittenen Ersten Minister, obgleich er niemals so betitelt wurde. Wenn er in Wien war, führte er den Vorsitz über die Geheime Konferenz, und während seiner Abwesenheit vertrat ihn Trautson. Alle wichtigeren Minister waren seine engen Verbündeten. Neben dem loyalen und aufrechten Trautson gab es in der Konferenz den tauben und pedantischen Seilern, den ehrgeizigen Sinzendorf und Gundaker Starhemberg, der mit Wratislaw so verfeindet gewesen war, daß auch seine Beziehung zu Eugen darunter litt. Nach Wratislaws Tod besserte sich das Verhältnis zwischen den beiden Männern, und Starhemberg sollte Eugen in den nächsten zwanzig Jahren sehr nützlich sein. Beide Männer schienen im Augenblick das volle Vertrauen des Kaisers zu besitzen. Nach seinen ehrerbietigen und gefühlvollen Briefen zu schließen, schien zu jener Zeit der Kaiser besonders Eugen hoch zu schätzen[36], und Eugen förderte diese Wertschätzung, indem er sich mit einem der spanischen Minister Kaiser Karls anfreundete, dem Grafen Stella, der, Liechtenstein zufolge, den Kaiser vollständig in seinen Bann gezogen hatte.

Nach Wratislaws Tod übernahm Eugen die Friedensinitiative. Zusammen mit den anderen Mitgliedern der Konferenz wurde beschlossen, daß die Fortführung des Krieges in den Niederlanden und Spanien ohne die Seemächte nicht in Frage käme. Auf diesen Druck hin gaben die spanischen Minister ihren Widerstand auf, so daß am letzten Tag des Jahres 1712 der Kaiser den englisch-französischen Friedensbedingungen zustimmte. So unterzeichnete Sinzendorf in Utrecht nicht nur im März 1713 eine Abmachung über die Räumung Kataloniens und die Neutralität Italiens, sondern wurde auch dazu ermächtigt, einen Vertrag zu unterschreiben, der Karl die südlichen Niederlande, Mailand und Neapel, nicht aber Sardinien und Sizilien gebracht hätte. Es war nicht leicht gewesen, den inneren Widerstand des Kaisers gegen diese Friedensbedingungen abzubauen. Am 1. April schrieb Trautson warnend an Sinzendorf: „Der Kaiser scheint einigen Groll gegen uns deutsche Minister zu hegen, als hätten wir keine Gefühle für die Spanier und keine großen Skrupel, sie zu opfern. Dies ist aber ganz und gar unrichtig."[37]

Am Ende aber sollten weder der Kaiser noch die meisten deutschen Fürsten am 12. April den Vertrag von Utrecht mit den anderen Partnern unterschreiben. Gewisse Forderungen, die in letzter Minute gestellt wurden, nämlich Luxemburg und Bayern an Max Emanuel abzutreten, die Kaiserlichen aus Mantua abzuziehen und Philipp V. als König von Spanien anzuerkennen, waren zu viel für Karl und seine Minister. Eugen, der sich am meisten für die

Beendigung des Krieges eingesetzt hatte, war besonders verärgert über diese neuen französischen Forderungen. Als der holländische Gesandte in Wien Eugen alles Gute für den neuen Feldzug wünschte, bemerkte er, daß „der gute Prinz Tränen in den Augen hatte".[38]

Da sie nun ganz allein auf sich angewiesen waren, mußten die Kaiserlichen ihren Feldzug 1713 auf das Rheinland beschränken. Um ihre Chancen war es schlecht bestellt. Karl VI. mußte in seinem Brief vom 19. Dezember 1713 an Eugen zugeben, daß seine ersten Versuche, die Finanzen neu zu ordnen, wenig erfolgreich gewesen waren: „Die Kammer ist noch in der alten Confusion und ist noch an der neuen Einrichtung nicht angefangen worden."[39] Die Erbländer waren total erschöpft, und die Stände weigerten sich, zu weiteren Kontributionen zuzustimmen. Als erschwerender Umstand kam dazu, daß die Pest sich von Ungarn, wo sie während des Aufstands gewütet hatte, nach Westen ausbreitete. In Wien und Prag wurden Militärkordons errichtet, welche „Juden, Schwaben, Bettler und Serben fernhalten sollten".[40] Besonders drastische Maßnahmen traf man in Wien: Alle Juden und Hausierer, die versuchten, in die Stadt einzudringen, wurden bei den Toren gehängt, Obdachlose wurden auf die Donauinsel abgeschoben, Prozessionen waren verboten, und die Messen mußten im Freien gelesen werden. Der Kaiser blieb während der Krise in der Stadt, was einen sehr guten Eindruck machte, aber man gab sich alle Mühe, ihn bei Ausgängen von Kranken und Totenwagen entfernt zu halten. Bei Herbstbeginn nahmen die Krankheitsfälle ab, aber Tausende waren bereits gestorben.

In Oberösterreich und Vorarlberg wurden den Forderungen des Hofkriegsrates am meisten Widerstand entgegengesetzt, so daß Eugen, der allerdings nie viel Geduld mit den Ständen gezeigt hatte, erbittert schrieb: „Ich habe die Tag meines Lebens keine dergleichen Lande wie die vorderösterreichischen gesehen, welche über alle Bagatelle schreien und in allen Dingen ... Difficultäten und Schwierigkeiten machen."[41] Die Hauptlast mußte wie immer von den böhmischen Kronländern getragen werden sowie von Ober- und Niederösterreich: Von den Ende 1712 eingezogenen neuen Rekruten stellten Böhmen 60 Prozent, Nieder- und Oberösterreich 20 Prozent. Die Steuerzahlungen standen in ähnlichem Verhältnis.

Um die Kriegslast gerechter zu verteilen, versuchte man die deutschen Fürsten zu überzeugen, daß Frankreich für sie eine ebenso große Gefahr darstelle wie für den Kaiser, so daß, als Eugen am 23. Mai in Mühlberg den Befehl über die kaiserliche Armee übernahm, das Reich ihm 8 Millionen Gulden und eine große Zahl Truppen in Aussicht stellte. Leider handelte es sich um leere Versprechungen. Im August waren erst 10.000 Gulden gezahlt worden, und Eugen konnte sich ausrechnen, daß es bei diesen Raten dreißig Jahre dauern würde, bis die ganze Summe zur Auszahlung gekommen wäre. Die südlichen und westlichen deutschen Staaten konnten keine weiteren

Zahlungen aufbringen, weil Franken und Schwaben bereits für den Unterhalt der kaiserlichen Armee während des Krieges aufgekommen war. Die nördlichen Staaten waren dagegen weit mehr an einer Wiederaufnahme der Kämpfe zwischen Dänemark, Rußland und Schweden in Norddeutschland interessiert. Der Kaiser mußte sich also an holländische Bankiers wegen einer Anleihe von 1 Million Gulden wenden, damit er selber Truppen anwerben und bezahlen konnte. Trotz dieser Anleihe war Eugens Bewegungsfreiheit wieder einmal durch Geld- und Lebensmittelmangel stark eingeschränkt. Im Herbst sahen sich die hannoveranischen Truppen gezwungen, sich von Eicheln zu ernähren, da kein Geld vorhanden war, um Brot zu kaufen.

Währenddessen zog Villars auf der anderen Rheinseite mit gewaltigen Truppenmassen auf, die säulenartig in alle Richtungen vorstoßen, um alle Bewegungen Eugens unter Kontrolle zu haben. Der Prinz konzentrierte sich daher darauf, eventuelle Durchbrüche zu verhindern und mußte den Verlust von Landau und Freiburg einstecken.

Er war so unglücklich über diesen Feldzug, daß er dem Kaiser im Juni schrieb, daß ein schlechter Friede besser sei, als von „Freund und Feind zugleich ruiniert" zu werden.[42] Aber auch Ludwig XIV. wünschte den Frieden herbei, trotz seiner Erfolge am Rhein. Er hatte nicht damit gerechnet, daß die Kaiserlichen seine letzten Forderungen in Utrecht abweisen und ihn damit zu einem neuen Feldzug zwingen würden. Mit dem Kurfürsten von der Pfalz als Vermittler kamen beide Seiten überein, daß Villars und Eugen im November in Rastatt zu Verhandlungen zusammentreten sollten.

Am 26. November 1713 trafen sich die beiden Generale mit etwa hundert Begleitpersonen bei der Fanfare von Trompeten im Schloßhof von Rastatt. Dann zogen sie sich in getrennte Flügel des Schlosses zurück. Sie kannten einander von den gemeinsamen Feldzügen gegen die Türken in den achtziger Jahren, und es gelang ihnen schnell, die gute Beziehung wiederherzustellen, indem sie alle hindernden Formalitäten fallenließen und sich als das behandelten, was sie beide waren, als zwei ehrenwerte Mitglieder derselben Gesellschaftsschicht.

Bei den Verhandlungen erwies sich dagegen Eugen als der stärkere Spieler. Während er auf die volle Unterstützung Wiens rechnen konnte, mußte sich Villars, der seine militärischen Taten durch eine günstige Friedensregelung krönen wollte, vor gewissen oppositionellen Gruppen am französischen Hof fürchten, besonders vor dem Außenminister Torcy, der ihn gerne kritisierte und auf eine härtere Verhandlungstaktik drängte. Villars war beim Verhandeln ungeschickt und leicht zu verwirren. Nachdem Eugen ihn davon überzeugt hatte, daß er ihm helfen wolle, seine Feinde in Versailles zu überspielen, stand er mehrere Male energisch auf, nahm seinen Hut und drohte, die Gespräche bei der geringsten Provokation abzubrechen. Nach einer Woche schrieb Eugen an Sinzendorf: „Villars ist furchtsam, schlecht informiert über die vorausgegangenen Verhandlungen und will Frieden. Wenn es von ihm abhänge, würde er alles opfern, um etwas zustande zu bringen, was seinen Kredit am Hof erhöht."[43] Obgleich die Kaiserlichen in mehreren Punkten bereit waren nachzugeben, konnte Eugen Villars überzeugen, daß sie sogar weiterkämpfen würden, wenn die Franzosen bis Linz kämen. Im Februar 1714 kam es endlich zur Abfassung eines Friedensvertrages, worauf die beiden Generale Rastatt verließen. Sie hatten übrigens mehrmals ihre Gespräche unterbrechen müssen, um die Zustimmung Ludwigs XIV. abzuwarten, und Villars hatte mehrmals gedroht, nicht mehr weiter zu verhandeln. Daraufhin hatte Ludwig nachgegeben.[44]

Durch den Vertrag von Rastatt wurde die im Frieden von Rijswick festgelegte Reichsgrenze nochmals bestätigt. Das hieß, Frankreich behielt das Elsaß, Straßburg und die drei lothringischen Bistümer. Dazu erhielten sie Landau und Ludwigsburg, aber dem Kaiser wurde nicht abverlangt, auf seine spanischen Ansprüche formell zu verzichten. Außerdem wurde die in Utrecht getroffene italienische Regelung anerkannt, und die Franzosen stimmten zu, daß Karl Sardinien erhielt, obgleich Sardinien in Utrecht Max Emanuel zugesprochen worden war.[45]

Eugens Erfolg in Rastatt war nach dem fehlgeschlagenen Feldzug von 1713 und angesichts des Friedensverlangens in Wien eine beachtliche Leistung. Bei seiner Rückkehr wurde er wie ein Held gefeiert, und selbst der normalerweise reservierte Karl umarmte und küßte ihn. Immerhin hatten die Kaiserlichen durch dieses weitere Kriegsjahr erreicht, daß ihr Einfluß in Italien nicht geschmälert wurde und sie nun die Herrschaft über Neapel, Mailand, Mantua, Mirandola, gewisse Enklaven an der toskanischen Küste und Sardinien besaßen. Mit dem Besitz der südlichen Niederlande und Ungarns war „die Schaffung einer österreichischen Großmacht vollkommen gelungen".[46] Das Reich allerdings hatte trotz der langen, an Opfern reichen Kriegszeit nichts gewonnen, ja noch dazu Landau verloren, denn keiner der Minister in Wien, einschließlich Eugens, war bereit, die Interessen des Reichs vor die Interessen Österreichs und der habsburgischen Dynastie zu stellen. Habsburgs Versuche, die Gebietserweiterungen, die Frankreich seit 1648 auf Kosten Deutschlands gemacht hatte, rückgängig zu machen, waren gescheitert, aber wenigstens hatte man Frankreichs Vordringen ein Ende bereitet. Die Übermacht Frankreichs war in ganz Europa gebrochen, und zwischen den drei Großmächten England, Frankreich und Österreich schien jetzt ein Gleichgewicht hergestellt. Aber auch Villars hatte recht, wenn er sagte: „So wurde nach einem vierzehn Jahre langen Krieg, in dessen Verlauf der Kaiser und der König von Frankreich fast ihre Hauptstädte verlassen und fast alle italienischen Kleinstaaten ihre Herrscher wechseln mußten, nach einem Krieg, der den größeren Teil Europas verwüstet hatte, ein Frieden zu fast denselben Bedingungen geschlossen, welche die Ursache der Feindseligkeiten gewesen waren."[47]

Karl VI. und seine Minister

Während des Krieges hatte der neue Herrscher auf seine Minister und außenstehende Beobachter einen sehr positiven Eindruck gemacht. Als aber der Druck der Kriegsjahre nachließ, zeigten sich bei ihm gewisse Charakterschwächen.[1] Es fiel allgemein auf, daß er bei der Abwicklung der Regierungsgeschäfte immer langsamer wurde und direkte Fragen gerne mit einem so schnellen Reden beantwortete, daß auch „der geschickteste Zauberkünstler ihn nicht verstanden hätte".[2] Wie Eugen neigte er dazu, äußerst zurückhaltend und schweigsam zu sein. Seine Minister lernten schnell, mit größter Behutsamkeit aufzutreten: So gab Windischgrätz 1716 dem hannoveranischen Gesandten Huldenberg zu verstehen, daß mit Karl schwieriger umzugehen sei als mit seinem Vater und Bruder, weil „er ganz Spanier" und sehr empfindlich sei, was seine Autorität beträfe; so bestehe er darauf, alles allein zu entscheiden.[3] Andererseits wollte er aber auch nicht wirklich die Führung der Regierung übernehmen und verbrachte viel Zeit damit, sich alles mögliche Gerede anzuhören, während seine Minister heftig gegeneinander intrigierten. Man kam also selten zu einem gemeinsamen Entschluß, und niemand wagte, auf eigene Initiative zu handeln.[4] Huldenberg, der 26 Jahre in Wien verbracht hatte, schrieb, daß sich die Minister noch nie so geheimnistuerisch gegeben hätten wie jetzt.[5] Daß Karl VI. so schlecht mit seinen Ministern fertig wurde, lag möglicherweise daran, daß er viele von seinem Bruder übernommen hatte. Im Lauf der Zeit mochte er sie nun immer weniger, brachte es aber nicht über sich, sie zu entlassen. Wie sein Vater war er ein solcher Traditionalist, daß er niemandem den Abschied gaben wollte, am wenigsten loyalen Dienern.

Je älter er wurde – 1714 war er erst neunundzwanzig – umso verschlossener zeigte er sich und beschränkte seine Kontakte außerhalb des engsten Familien- und Freundeskreises auf einen sehr formellen Verkehr. Die zeremoniellen Aspekte seiner Regierungstätigkeit wurden überbetont, während er mit Botschaftern und Ministern am liebsten schriftlich verkehrte. Nur sehr selten nahm er persönlich an Konferenzen teil. Zugleich aber war er sich seiner Isolierung bewußt und fühlte sich von der Verantwortung bedrückt, die er als der letzte männliche Habsburger trug.[6] Obwohl er bis zu seinem Tode in seiner merkwürdig eckigen Handschrift ein Tagebuch führte, wissen wir wenig über sein Denken und Fühlen. Die Eintragungen beschränken sich im allgemeinen auf tägliche Banalitäten. Auffallend ist jedoch, daß er immer wieder auf seinen

Aufenthalt in Spanien zu sprechen kommt. Auch der Tod seines ältesten Kindes und einzigen Sohnes 1716 ist ihm offensichtlich sehr nahegegangen. Der Verlust des Erben, auf dessen Geburt man acht Jahre gewartet hatte, muß, ebenso wie die drei aufeinanderfolgenden Geburten von Erzherzöginnen, für den dynastisch denkenden Menschen eine furchtbare Enttäuschung gewesen sein.

Seit seiner Thronbesteigung quälte ihn das Nachfolgeproblem. Am 19. April 1713 ließ er – noch kinderlos – seinen Hofkanzler Seilern ein Dokument verlesen – die Pragmatische Sanktion –, welches die Nachfolgefrage für alle seine Länder zugunsten seiner männlichen und weiblichen Erben und dann der Töchter Josefs regelte. Dadurch sollte die Erbschaft zusammengehalten werden und eine neue Krise wie jene der ungeregelten spanischen Erbfolge vermieden werden.

In seinem Lebensstil unterschied sich Karl nur wenig von seinem Vater und Bruder. Wie sie wechselte er je nach Saison die Residenzen. Im Winter lebte der Hof in der Hofburg im Herzen der Inneren Stadt. Verglichen mit Versailles oder auch kleineren deutschen Schlössern, wirkte die kaiserliche Residenz eng und düster. Als Pöllnitz die Hofburg 1729 zum ersten Mal erblickte, erschien sie ihm als ein „so armseliges Haus, daß nur wenige Monarchen schlechter wohnen als der Kaiser. Auch die Möbel sind altmodisch und nicht sehr reich".[7] Das Hofzeremoniell war spanisch und die Kleidung schwarz wie zu Leopolds Zeiten. Es war also für Außenstehende sehr schwer zu erkennen, ob der Hof Trauer trug oder nicht. Der Hannoveraner Keysler beschreibt Karl folgendermaßen: „In Kleidungen führen sie (die Majestät) keinen großen Staat, sind ein Feind aller affectirten französischen Moden und lieben insbesondere die offenen Ermel nicht. Bei Solennitäten erscheinen sie in einem spanischen schwarzen Habit, dessen kleine Aufschläge so wohl als die Laschen auf den Schuhen gemeiniglich dunckelroth und mit Silber gestickt sind. Von gleicher rother Farbe sind die Federn, welche sie auf dem Hute tragen."[8] Den Hut behielt er auf, auch wenn er speiste, und nahm ihn nur ab zum Beweis besonderer Gunst oder wenn die Kaiserin ihm zutrank.

An diesem „größten und prächtigsten Hof Europas"[9] lebten etwa 20.000 Menschen. Da in der Hofburg für so viele Menschen kein Platz war, pflegten die meisten Höflinge im zweiten Stock von Bürgerhäusern zu wohnen, wo sie eine nominelle Miete zahlten. Da die Korruption unter den Höflingen weit verbreitet war, lebte angeblich halb Wien von Küche und Keller des Kaisers. Der französische Gesandte Du Luc beklagte sich im Juli 1715, daß er den Bediensteten der kaiserlichen Hofhaltungen 2000 Louisdors zu zahlen hatte: „Sie halten nicht nur ihre Hand auf, sie kommen sogar ins Haus, um sich ihre Gratifikation wie ein angestammtes Recht zu holen."[10]

Das Jahr des Kaisers verlief wie jeder einzelne Tag nach einem präzisen Kalender, wobei die religiösen Zeremonien an erster Stelle standen. Gerade diese bereiteten den Gesandten katholischer Mächte viel Kummer; denn der Kaiser erwartete, daß an ihnen teilgenommen wurde. So schrieb der Herzog Richelieu 1726, daß „nur ein Kapuziner von ausgezeichneter Gesundheit die Fastenzeit überstehen kann". Und ein mitfühlender Kardinal meinte, daß die Kardinäle in Rom für so ein anstrengendes Leben wenigstens bezahlt würden.[11]

In jedem April übersiedelte der Hof in das Sommerschloß Laxenburg, wo er bis Juni blieb. Das Schloß war ein turmartiges Gebäude, welches Montesquieu an einen Taubenschlag erinnerte, als er es 1728 zum ersten Mal erblickte. Trotz der kleinen Räume waren Karl und seine Vorgänger gerne hier, um zu jagen. Die kaiserliche Familie saß jeden Tag von sechs bis zehn am Vormittag und von drei bis sechs am Nachmittag in einer Laubhütte und ließ gezähmte Falken auf Reiher, Krähen, Enten und Hasen los. In der übrigen Zeit spielte man Karten.

Anfang Juli übersiedelte der Hof ins Schloß Favorita — das heutige Theresianum – an der Wieden, damals ein Vorort von Wien, wo er sich bis zum Herbst aufhielt. Hier wie in Laxenburg war das Zeremoniell weniger streng als in der Hofburg, und man trug auch deutsche Kleidung. Die Uniform wurde übrigens erst unter Josef II. hoffähig. Unter Karl VI. mußte selbst ein so berühmter General wie Prinz Eugen Hofkleidung anlegen. Das Schloß Favorita war heiß, dunkel und eng, so daß man die meiste Zeit in den großen Billard-Sälen und im schattigen Garten verbrachte. Zum Billard und zum Kartenspiel trat hier als Zeitvertreib das Zielscheibenschießen im Garten, bei dem sich die Frauen als ebenso erfahren wie die Männer erwiesen.

Der Kaiser war jedoch auch ein Freund der Kultur. Schon als junger Mann sprach er Latein, Italienisch, Französisch und Spanisch genauso gut wie Deutsch.[12] Er sammelte Münzen und Bücher und kaufte schließlich die beiden so berühmten Privatsammlungen von Eugen und vom Adjutanten des Prinzen, Hohendorff, welche die Grundlage der Nationalbibliothek in Wien bilden sollten. Täglich verbrachte er einige Zeit in seiner Bibliothek, die auch anderen Besuchern offenstand. Diese Bibliothek wurde von seinem Arzt Nicholas Garelli betreut. Auch auf Reisen hatte er stets eine Handbibliothek bei sich. Seine größte Liebe galt jedoch der Musik. Sie kostete ihn trotz der Einsparungen bei seiner Thronbesteigung 200.000 Gulden jährlich. 1715 ernannte er Johann Joseph Fux zu seinem Kapellmeister und gewährte ihm ein Gehalt von 3100 Gulden. Das kaiserliche Orchester bestand aus 26 Geigern, 13 Trompetern und 24 anderen Instrumentalisten, und außerdem gab es einen Chor, der 28 Mitglieder zählte. Unter Karl VI., der selber komponierte, nahm Wiens Entwicklung zum Musikzentrum Deutschlands und Europas seinen Anfang.

Die Höhepunkte des Musiklebens waren die Opernvorstellungen zu besonderen Gelegenheiten wie kaiserlichen Geburtstagen. Sie fanden entweder im Opernhaus nächst der Burg oder in den Gärten von Schloß Favorita statt. 1724 veranstaltete der Kaiser „eine Lotterie mit Gewinnen für alle Mitwirkenden, im Werte von 2000, 1000 oder 500 Gulden: Juwelen, goldene Uhren, Etuis usw. Der Kaiser begleitete während der ganzen Oper die Sänger auf einem Cembalo, und die älteste der Erzherzoginnen (Maria Theresia) sang auf der Bühne".[13]

Weniger kostspielige Vergnügungen waren besonders im Februar, vor der strengen Fastenzeit, die sogenannten „Wirtschaften", an welchen auch Eugen und Peter der Große unter Leopold I. teilgenommen hatten. Während der Wintermonate, wenn es genug Schnee gab, wurden mehrere Straßen für den Verkehr gesperrt, und man veranstaltete Schlittenpartien mit kleinen geschnitzten und vergoldeten Holzschlitten, die von reichgeschmückten Pferden mit Glockengehängen gezogen wurden.

Nach dem Krieg nahmen in Karls Leben die privaten und familiären Interessen immer mehr Platz ein. Zweifellos war er seiner Frau und seinen Töchtern sehr zugetan. Man betonte immer wieder, daß er „sehr glücklich in seiner Ehe" sei. Als seine jüngste Tochter mit vier Jahren starb, war er so betroffen, daß der dem Hofmaler Meytens verbot, ein angefangenes Porträt der ganzen Familie fertigzustellen.[14] Seine Frau Elisabeth war eine große, üppige und blonde Frau, mit eher groben als feinen Gesichtszügen und einer so weißen Haut, daß Karl sie „seine weiße Sissy" nannte. Auch als sie älter wurde, konnte man sie „ungeachtet der Pickel in ihrem Gesicht und ihrer Korpulenz in die Zahl der schönen Fürstinnen einreihen".[15] Aber was sie Karl so teuer machte, war die Begeisterung, mit der sie seine Interessen teilte. Diese Konzentration auf seine Familie, seine Gelassenheit in Regierungsgeschäften und seine Mäßigung bei allen Vergnügungen verleiteten Beobachter, anzunehmen, daß Karl zu denen gehörte, die mit dem Leben gut fertig wurden. Huldenberg war überzeugt, daß er ein hohes Alter erreichen würde:[16] Er war aber erst fünfundfünfzig, als er 1740 starb.

Außerhalb seiner Familie schafften es nur wenige, Karl näherzukommen: Sie gehörten der spanischen Camarilla an, welche Karl nach Wien gefolgt war. Diesen Männern, die seinetwegen freiwillig ins Exil gegangen waren, fühlte er sich besonders verpflichtet. Einer von ihnen war Graf Michael Johann Althann aus Böhmen, der Karl nach Spanien gefolgt und dort sein unzertrennlicher Freund geworden war. Seine Frau wurde gerne für Karls Mätresse gehalten, aber dafür gibt es keine Anhaltspunkte. Althann gehörte zu den wenigen Privilegierten, die mit Karl Billard spielen durften und erwarb sich die Achtung des Kaisers durch sein Desinteresse an Geld und Titeln.

In den ersten Jahren seiner Regierung dachte und handelte der Kaiser noch immer als König von Spanien. Obgleich er niemals ernstlich versuchte, den spanischen Thron zurückzuerobern, hielt er an seinen spanischen Titeln fest, und das war nicht nur reine Halsstarrigkeit. Indem er so tat, stärkte er seine

Position in den ehemaligen spanischen Besitzungen in Italien und betonte die Kontinuität der habsburgischen Herrschaft. Hier, in Italien, in den südlichen Niederlanden und in Ungarn respektierte der Kaiser immer die bestehenden Institutionen, so daß er, der Kaiser, das einzige Bindeglied zwischen diesen Ländern und den anderen habsburgischen Ländern darstellte. Wie sehr er an seiner spanischen Vergangenheit hing, zeigte sich in der Umbildung seines ehemaligen spanischen Kronrates in den „Consejo de España", der im Dezember 1713 in Wien gegründet wurde. Er hatte doppelt so viele Mitglieder wie vorher, die das doppelte Gehalt bezogen. Dieser Spanische Rat war keineswegs als eine vorübergehende Einrichtung geplant, sondern stellte eine gutorganisierte Körperschaft mit eigenem Sekretariat dar. Die Mitglieder waren Spanier und Italiener, die während der Sitzungen nur Spanisch sprachen. Die Spanischen Niederlande fielen, wie wir sehen werden, nicht in die Zuständigkeit dieses Rates, dafür aber Karls Besitzungen in Italien. Denn der Kaiser teilte die Ansicht des Spanischen Rates, daß die deutschen Minister über keinen Einfluß in Italien verfügen sollten, auch wenn die in Italien stationierten Truppen und die Statthalter gewöhnlich Deutsche waren. Die Verwaltung ließ man laufen, wie sie lief, und es wurde auch kein Versuch unternommen, eine Steuerreform durchzuführen. Die Einnahmen aus Neapel und Mailand wurden zum großen Teil zum Unterhalt der Truppen verwandt und für die Gehälter und Pensionen von Karls Spaniern. Nicht immer wurden diese pünktlich ausgezahlt, besonders nicht in den niedrigeren Rängen.

Der Senior des Spanischen Rates und ein unversöhnlicher Feind Eugens war bis zu seinem Tode 1724 der Erzbischof von Valencia. Wichtiger jedoch war Graf Stella, ein Neapolitaner, der mit Karl nach Spanien gegangen und dort sein engster Berater geworden war. Sein Aussehen war wenig ansprechend; er hatte eine sehr dunkle Haut, die durch die Syphilis einen Stich ins Gelbliche erhalten hatte, aber Karl hielt ihn für den einzigen Mann, der ihm die Wahrheit sagte und wurde immer abhängiger von ihm. Gleich nach ihm kam der Katalane Ramon Rialp, der seit 1706 Karls Staatssekretär gewesen war und als fleißiger und fähiger als Stella galt. Nach Stellas Tod wurde er Karls engster Vertrauter und die beherrschende Figur im Spanischen Rat. Alle Stellenbesetzungen in Italien gingen durch seine Hände, und dafür ließ er sich bezahlen. Karl wußte sehr wohl davon, aber er unternahm nichts dagegen. Ganz im Gegensatz zu den anderen Spaniern, gab sich Rialp viel Mühe, um mit den deutschen Ministern gut auszukommen. Alle führenden spanischen Emigranten hatten Paläste in der Stadt und führten das Leben des österreichischen Hochadels. Es gab jedoch auch eine Menge von niedrigeren spanischen Beamten.

Obwohl die Spanier, und besonders Stella und Rialp, während ihrer ersten Jahre in Wien Eugen und den anderen deutschen Ministern freundlich entgegentraten, begegneten die letzteren ihnen voller Mißtrauen und wünschten nichts sehnlicher, als sie wieder loszuwerden. Nach ihrer Meinung sollte „österreichische Milde nicht mit spanischen Maximen vermischt" werden. Sie fürchteten, die Spanier könnten Karl beeinflussen, wagten jedoch nicht, die spanischen Kollegen öffentlich zu kritisieren.[17]

Zweifellos hielt Karl, besonders zu Beginn seiner Regierung, sehr viel von Eugen, wenn sich auch seine überschwenglichen Gefühle im Lauf der Zeit etwas abschwächten. Die Meinung des Prinzen war ihm jedenfalls wichtiger als die aller anderen, und er fragte ihn in allen bedeutenden Fragen um Rat. Im Februar 1714 bat er ihn dringend um schleunige Rückkehr von Rastatt, damit er wieder jemandem vertrauen könne, „was jetzt nicht der Fall ist ... Obgleich sie arbeiten und ich schimpfe, geht nichts weiter".[18] Während der ersten sechs Jahre seiner Regierung wurde Eugen von Karl und seinen Ministern als Regierungschef behandelt.[19] Und der Prinz akzeptierte diese Position. Ausländische Gesandte hielten es für unklug, bei ihrer Ankunft in Wien irgend jemandem vor Eugen einen Besuch zu machen[20], und der englische Gesandte Schaub warnte seine Regierung 1715, der Prinz sähe es ungern, wenn jemand den Kaiser ohne seine Vermittlung zu erreichen trachte.[21]

Eugens Position stützte sich auf seinen militärischen Ruf, und so sollte es auch bleiben. Dadurch konnte er auch hoffen, über den Parteien zu stehen, obwohl ihm das als Präsident des Hofkriegsrates und als De-facto-Präsident der Konferenz nicht immer gelang. Die ständigen Konferenzmitglieder waren alle österreichische Minister: Trautson, Seilern, Gundaker Starhemberg und Sinzendorf: Gelegentlich nahmen jedoch auch kaiserliche und spanische Minister an der Konferenz teil. In dieser Konferenz wurde fast exklusiv die Außenpolitik behandelt. Gewöhnlich traf man sich in Eugens Stadt- oder Landpalais. Als 1726 der bayerische Gesandte in eine solche Konferenz gerufen wurde, saß Eugen in der Mitte, mit Sinzendorf zu seiner Rechten und Starhemberg zu seiner Linken. Weiter links saß der Referendar Buol, und zwar auf einem Lederstuhl, alle anderen saßen auf grünen Damaststühlen. Es war Buol, der mit seinem Geschreibsel von abgekürztem Latein und Deutsch das Protokoll führte und die Anträge der Konferenz für den Kaiser notierte. Denn erst nach der Genehmigung des Kaisers, die manchmal wochenlang auf sich warten ließ, konnten die Anträge durchgeführt werden. Die Konferenz selber war eine schwerfällige Institution, der von Ausländern Faulheit und mangelnde Sorgfalt vorgeworfen wurde. Während des Sommers, wenn alle aufs Land reisten, konnte es manchmal Monate dauern, bis alle wieder versammelt waren, um ein spezifisches Problem durchzudiskutieren, und oftmals hatten sie dann vergessen, was die ausländischen Gesandten ihnen vor langer Zeit dazu unterbreitet hatten.[22]

Als Seilern im Januar 1715 starb, nahm Sinzendorf seine Position als Kanzler ein. Sinzendorf war bisher ein Verbündeter Eugens gewesen, jetzt tat er alles, um sich beim Kaiser und seinen Spaniern einzuschmeicheln. Mit

Ramon Rialp gelang es ihm eine enge Beziehung anzuknüpfen. Er war kein harter Arbeiter, blieb gerne bis in den Nachmittag im Bett[23]; und war entschlossen, seinem Ruf gerecht zu werden, die beste Küche in Wien zu besitzen, was ihn 70.000 Gulden im Jahr gekostet haben soll. Auf direkte Fragen während eines Essens pflegte er mit Gegenfragen zu antworten, die etwa so lauteten: „Finden Sie nicht, daß diese Suppe exzellent ist?"[24] Ebenso stolz war er auf seine sexuellen Heldentaten. Karl zog ihn damit in „sehr freien und fröhlichen Briefen" auf.[25] Eugen hegte ihm gegenüber immer ein gewisses Mißtrauen, weit wohler war ihm in der Gegenwart des unbedeutenden Trautson oder Gundaker Starhembergs. Starhemberg war der engste Verbündete des Prinzen und beeindruckte alle durch seine Intelligenz und Urteilsfähigkeit. Dabei war er von einer „natürlichen Reserviertheit".[26] Er blieb ein Mitglied der Konferenz während Karls ganzer Regierungszeit, aber seine Position als Minister war oft etwas unklar. Im April 1715 trat er vom Vorsitz der „Hofkammer" zurück, aus Protest gegen Karls Finanzreformpläne. Karl wollte nämlich ein neues Kreditinstitut schaffen, „die Bancalität", welche die Funktionen der Hofkammer und der Wiener Stadtbank übernehmen sollte. Die „Bancalität" war eine Idee von Starhembergs und Eugens Feinden unter den deutschen Ministern, nämlich des böhmischen Kanzlers Schlick und seiner Freunde Mikosch und Walsegg. Daß der Kaiser dieses Projekt trotz des Protestes von Starhemberg und Eugen durchsetzte[27], zeigt, daß selbst damals Eugens Macht keineswegs absolut war. Der Prinz sollte sich im weiteren Verlauf immer mehr über diese „Bancalität" ärgern, welche die finanzielle Unabhängigkeit seines Hofkriegsrates bedrohte. Daher waren er und Starhemberg allem Anschein nach entschlossen, sie von Anfang an zu torpedieren.[28] Schließlich brach sie unter dem Druck des türkischen Krieges von 1716 zusammen. Schon 1715 war es nicht gelungen, Herr des finanziellen Chaos zu werden. Denn nach den Worten des englischen Diplomaten Lukas Schaub verstand keiner der neuen Verantwortlichen etwas von Finanzen.[29] Schließlich gründete man im August 1716 ein neues Organ, die „Finanzkonferenz" zur Überwachung aller Finanzstellen. Starhemberg sollte ihr einflußreichstes Mitglied werden; die Hofkammer blieb allerdings weiter in den Händen von Mikosch und Walsegg.[30]

Während Eugen und seine deutschen Kollegen hauptsächlich an Karls Aufgaben als Herrscher der österreichischen Erbländer interessiert waren, gab es andere Minister in Wien, die ihn vor allem als Haupt des deutschen Reiches sahen, besonders der Reichsvizekanzler Friedrich Karl Graf Schönborn, der jedoch von Seilern, dem geschickten Rechtsanwalt, und von Wratislaw, dem entschiedenen Vertreter der österreichischen Interessen, ziemlich an die Wand gespielt wurde. Auch nach dem Tod der beiden letzteren wurde jeder Versuch, den Machtbereich der kaiserlichen Kanzlei auszudehnen, von Hofkanzler Sinzendorf verhindert, so daß Schönborn niemals den Einfluß und die

Kontrolle über die auswärtigen Angelegenheiten wiedererlangte, die frühere Vizekanzler, zum Beispiel Kaunitz, besessen hatten. Karl selbst betrachtete ihn als „Ausländer",[31] und bis 1720 schloß man ihn einfach von den Verhandlungen mit Gesandten aus, selbst wenn diese aus den deutschen und skandinavischen Ländern kamen. Diese schickte der Kaiser meistens zu Eugen.[32] Dann aber nahm Schönborns Einfluß wieder zu, namentlich als es zu religiösen Differenzen in Deutschland kam und er immer besser lernte, mit den unzähligen Institutionen des Reiches umzugehen. Infolgedessen versuchten die deutschen Fürsten ihn zu bestechen, wo sie nur konnten, um über ihn zu günstigen Entscheidungen am Wiener Hof zu kommen. So steht zum Beispiel fest, daß er 1721 von Hannover Geld für die Investitur in Hadeln annahm.[33] Eugen teilte zwar nicht Schönborns Überzeugung, daß die Reichsinteressen beim Kaiser an erster Stelle zu stehen hätten, aber wegen ihrer gemeinsamen Liebhabereien, Bauen, Sammeln und Gärtnerei, verband die beiden Männer eine freundschaftliche Beziehung.

Nun aber zurück zu Eugen, der jetzt in seinen fünfziger Jahren die ihm ungewohnte Tätigkeit eines schreibtischgebundenen Ministers auszuüben hatte. Wie wirkte er auf andere? Den meisten ausländischen Beobachtern erschien er als ein kühler Mann, dessen einfache Kleidung den Eindruck von Ernst und Bedeutung unterstrich. Er schien sich im Lauf der Jahre nur wenig zu verändern. 1729 beschrieb Pöllnitz den nun Sechsundsechzigjährigen folgendermaßen: „Er ist mittelgroß und gut gebaut. Er ist ungewöhnlich ernst... und reserviert. Er ist vollendet höflich und sehr charmant mit Damen, voller Respekt und Ergebenheit mit seinem Herrn und Meister, jedoch ohne Schmeichelei und Servilität. Er ist in allen Dingen großzügig und nobel, außer in seiner Kleidung."[34]

Sein größtes Interesse galt seinem militärischen Ruf: Sein alter Freund und Bewunderer, der Schweizer St. Saphorin, bemerkte: „Die Liebe des Prinzen zum Ruhm ist stärker als alle anderen Überlegungen."[35] Und weil er sich seiner Reputation sicher sein konnte, brauchte er sich auch nicht so weit zu erniedrigen, seine Feinde zu vernichten oder sich vor seinen Kritikern zu rechtfertigen. Huldenberg charakterisierte ihn 1715 als „unbestechlich und in allen Dingen uneigennützig, sehr hart arbeitend, gerecht und aufrecht".[36]

Aber war er wirklich ein so fleißiger und guter Minister in diesen Jahren nach dem Spanischen Erbfolgekrieg? Es gab auch kritische Stimmen unter den ausländischen Gesandten, die behaupteten, er sei kein begabter Administrator gewesen und habe Angst vor Verantwortung und Niederlagen gehabt. Der französische Diplomat Du Luc und St. Saphorin stimmten darin überein, daß er zwar in allen Dingen um Rat gefragt werden wollte und es haßte, wenn man sich in die Leitung des Hofkriegsrates einmischte, aber andererseits nur zögernd eigene Ideen vorbrachte und ungern alleine Entscheidungen traf.[37] Außerdem kritisierte man am Prinzen, daß er sich zu sehr auf den Rat von unerfahrenen Untergebenen stützte und diesen viel zuviel administrative Freiheit ließ: „Sogar im militärischen Bereich leidet er unter der Tyrannei seiner Stellvertreter, die nur ihren eigenen Interessen nachgehen."[38] Von einem dieser Sekretäre hieß es, daß er bestechlich sei.

Eugen war sich offensichtlich dieser Unzulänglichkeiten nicht bewußt, und niemand machte ihn darauf aufmerksam. St. Saphorin meinte, es wäre besser gewesen, wenn der Kaiser die Konferenzen geleitet und Eugen gezwungen hätte, seine eigenen Vorstellungen vorzubringen, welche gewöhnlich die vernünftigsten waren. Man kann daraus schließen, daß Eugen zwar in den ersten Friedensjahren der Minister mit dem größten Einfluß war, daß er aber zögerte, die politische Führung zu übernehmen, und dadurch versäumte, eine ähnliche Schwäche des Kaisers auszugleichen. St. Saphorin schrieb im Februar 1718: „Er ist nicht beliebt beim Kaiser. Er könnte aber die alles beherrschende Figur sein, wenn er ... nur die Tatsache auszunutzen verstände, daß der Kaiser es für absolut notwendig hält, gut mit ihm auszukommen. ... So unerschrocken er seinen Feinden entgegentritt, so schüchtern ist er in der Innenpolitik."[39]

Was Eugens Privatleben zu dieser Zeit angeht, so muß es in derselben Eintönigkeit verlaufen sein wie das der anderen Aristokraten. Ungewöhnlich war nur, daß er gerne las. Im August 1715 berichtete Du Luc: „Er steht spät auf, gibt kurze Audienzen und nimmt dann an der sogenannten Konferenz teil. Er diniert zu Hause oder sonstwo in einem großen Kreis von Leuten. Danach spielen sie bis spät in die Nacht (Karten), und auf diese Weise werden 24 Stunden ausgefüllt."[40] Huldenberg zufolge verbrachten alle Minister ausnahmslos die meisten Nachmittage und Abende mit dem Kartenspiel, wenn auch seiner Meinung nach Eugen mehr arbeitete als die übrigen.[41] Dennoch stand das seßhafte Leben Eugens in Wien in krassestem Gegensatz zu seinem bewegten Leben im Feld.

Eine wesentliche Rolle in seinem Leben nach 1714 spielte seine Freundschaft mit der Gräfin Batthyány, der verwitweten Tochter des früheren Hofkanzlers Strattmann. Sie spielten miteinander Karten, allein oder mit Freunden, in ihren eigenen Häusern oder bei Freunden, besonders häufig in dem Haus von Sinzendorfs verwitweter Mutter, der Gräfin Rabutin, bis zu deren Tod 1725. Die Gräfin Batthyány wurde allgemein für Eugens Geliebte gehalten. Sowohl Du Luc als auch Huldenberg waren fest davon überzeugt. So schrieb Huldenberg: „Vorgestern, am Montag, verbrachte Prinz Eugen den ganzen Tag in meinem Landhaus bei Weidlingan mit einer Menge Damen, aber besonders mit der verwitweten Gräfin Batthyány, seiner Geliebten."[42] Die enge Liaison brachte ihn zum ersten Mal in den Genuß einer Art häuslichen Lebens.

Ein neuer Krieg mit den Türken

Der Vertrag von Rastatt setzte dem langen Kampf zwischen Österreich und Frankreich ein Ende, aber es wurde kein Friede zwischen Karl VI. und Philipp V. von Spanien geschlossen. Beide Männer glaubten an ihr Recht auf das gesamte spanische Erbe, und keiner wollte die Titel und Besitzungen des anderen anerkennen. Obwohl dies zu einer beträchtlichen Unsicherheit in Südeuropa führte, konnte dennoch fast zwanzig Jahre lang ein größerer europäischer Krieg vermieden werden, da weder England noch Frankreich bereit waren, sich in einen weiteren Konflikt verwickeln zu lassen. In Frankreich war es nach dem Tod Ludwigs XIV. zu einer langen Regentschaftsregierung für seinen Urenkel Ludwig XV. gekommen, und beide Regenten, nämlich sowohl Orléans als auch Bourbon, hatten mehr Angst vor Philipps V. Thronansprüchen als vor Frankreichs traditionellen Feinden. In England hatte 1714 Georg Ludwig von Hannover als Georg I. den englischen Thron bestiegen und hatte die Whigs wieder an die Macht gebracht. Aber auch diese waren jetzt für Frieden und traten lieber mit Philipp V. in Handelsbeziehungen ein, als die alten Wunden wieder aufzureißen.

Angesichts drohender jakobitischer Thronansprüche stützten die Whigs ihre Politik nach 1716 auf das Bündnis mit Frankreich, und diese Allianz sollte der tragende Pfeiler für den europäischen Frieden innerhalb eines Zeitraums von zehn Jahren werden.

Auch Eugen verspürte keine Neigung, das Friedensabkommen von 1713/14 umzustoßen.[1] Er lehnte es auch ab, sich Gedanken über eine zukünftige Eroberung Spaniens zu machen, und in der Konferenz vom 12. April 1715 trat er energisch gegen einen Vorschlag des Kaisers und seiner spanischen Minister auf, Viktor Amadeus Sizilien wegzunehmen. Dieses Projekt sollte schon deshalb nie realisiert werden, weil die Kaiserlichen keine eigene Flotte besaßen und die Engländer ihren Beistand verweigerten.

Fast sein ganzes Leben lang war Eugen der Meinung, die Hauptgefahr für Österreichs Sicherheit drohe vom mächtigen und ehrgeizigen Frankreich, dem Frankreich Ludwigs XIV. Deshalb hatte er auf eine so enge Assoziation mit den Seemächten, besonders mit England, gedrängt. Aber er war nicht bereit, der englischen Regierung wie einem Dogma zu folgen und ihr spezifisch österreichische Interessen zu opfern. Er schaute sich daher nach anderen Möglichkeiten um, welche Österreichs Sicherheit dienen könnten. In dem

Jahr, bevor Ludwig XIV. starb, zeigte sich Eugen durchaus empfänglich für die Annäherungsversuche des alten Königs, während er bei den Verhandlungen mit den Seemächten wegen der Errichtung von holländischen Grenzfestungen in den österreichischen Niederlanden eine ausgesprochen harte Linie vertrat. Der holländische Verrat nach Denain schien ihn viel mehr als der englische geärgert zu haben, für den man immerhin die Entschuldigung eines Regierungswechsels vorbringen konnte. Außerdem war ihm klar, daß die Republik die Festungen weniger als Barriere gegen Frankreich als zur wirtschaftlichen Ausbeutung der Niederlande benötigte und der Kaiser dafür zu zahlen haben würde. So hatte sich eine ganze Reihe von englischen Ministern seine Klagen über die Holländer anzuhören, denen man, wie er sagte, jetzt unbedingt die Zähne zeigen müsse.[2] Schließlich aber wurde im November 1715 doch der Barriere-Vertrag unterzeichnet. Eugen kam damit den Engländern entgegen, welche auf die holländische Hilfe während der Jakobitenrevolte angewiesen waren. Die Niederlande wurden daraufhin von dem englisch-holländischen Kondominium, das die Niederlande seit Ramillies regiert hatte, Karl VI. übergeben. Wie wir sehen werden, wurde der Prinz ihr Statthalter.

Eugen wünschte vor allem deshalb Friede in Westeuropa, weil sich im Osten wieder die Türken rührten und er frei sein wollte, um ihnen entgegenzutreten. Nach 1711 war nämlich in der Türkei der militärische Ehrgeiz wiedererwacht, nachdem es ihnen gelungen war, an der Pruth die russische Armee unter Peter dem Großen zu schlagen. Als sie im Dezember 1714 zum Schlag gegen die Venezianer in der Morea ausholten, war klar, daß sie demnächst zum Angriff auf Ungarn vorgehen würden, um den Frieden von Karlowitz umzustoßen. Im Januar 1715 warnte Eugen den Kaiser, daß man die Armee und die ungarischen Festungen kampfbereit machen müsse. Er selbst unternahm auf der Stelle die notwendigen Schritte. Am 16. April stimmte die Konferenz Eugens Ansicht zu, daß der Krieg ziemlich sicher sei[3] und Österreich am besten im folgenden Jahr zur Offensive überginge.

Opposition kam von zwei Seiten: von Karls spanischen Ministern, welche sich mehr auf den Mittelmeer-Raum konzentrieren wollten und mit Recht fürchteten, daß sie in Kriegszeiten lange auf ihre Pensionen zu warten haben würden, und von der Gruppe deutscher Minister, welche die Gründung der „Bancalität" unterstützt hatten. Dieser Widerstand machte Eugen jedoch nur noch entschlossener. Wenn man dem englischen Gesandten Schaub glauben will, dann sahen Eugen und Starhemberg hier eine Chance, ihre Macht zu stärken: Die finanzielle Anspannung würde die „Bancalität" zum Zusammenbruch bringen und den Kaiser zwingen, sich in die Arme von Eugen und Gundaker Starhemberg zu werfen.[4] Auch Sinzendorf hatte die „Bancalität" unterstützt und war gegen den türkischen Krieg eingetreten, aber er fürchtete, Eugen zu beleidigen, wenn er ihm offen entgegentrat.[5]

Wie bei allen Kriegen ging es auch diesmal darum, für eine gewisse vernünftige Rückendeckung zu sorgen, und diesmal waren die Wiener Politiker darin erfolgreicher als bisher. Die größte Gefahr drohte von Philipp V., der womöglich mit Ludwig XIV. versuchen könnte, die italienischen Territorien zurückzuerobern. Aber Ludwig XIV. starb im September 1715, und damit war die Gefahr eines Krieges im Mittelmeergebiet vorläufig gebannt. Sein Tod brachte auch die Wiener Politiker unter Eugens Führung dazu, von der Idee einer Annäherung an Frankreich wieder Abstand zu nehmen. Denn während Ludwig XIV. genügend Einfluß auf seinen Enkel Philipp gehabt hätte, um ihn von einem Krieg in Italien während des türkischen Krieges abzuhalten, waren der neue Regent, der Herzog von Orléans, und Philipp V. ja Konkurrenten in der französischen Thronfolge im Falle des Todes von Ludwig XV. Unter einer Regentschaft war Frankreich auch sicher nicht bereit, sich in fremde Abenteuer einzumischen. Ende November 1715 waren daher Eugen und Starhemberg endgültig entschlossen, eine neue Allianz mit England einzugehen, das durch seine Flotte Philipp V. im Zaum halten konnte. Zugleich aber wollte man das neue französische Regime durch weitere Annäherungsgespräche freundlich stimmen. Auch die Gegner des türkischen Krieges unter den Wiener Politikern traten für die Allianz mit England ein, da sie auf die englische Flottenhilfe gegen Savoyen und Spanien hofften. Am 5. Juni wurde der Vertrag von Westminster mit Georg I. unterzeichnet. Das Hauptziel dieser Allianz faßte Starhemberg in der Konferenz am 19. Mai 1716 mit den Worten zusammen: „Sicherheit während des türkischen Krieges."[6]

Die ersten Feindseligkeiten im Osten waren vier Tage früher, am 15. Mai 1716, ausgebrochen, und zwar nachdem von den Türken keine Antwort auf die Aufforderung gekommen war, die Friedensregelung von Karlowitz einzuhalten. Von allen Kriegen Eugens war dieser Krieg der selbständigste, den er je geführt hatte. Die meisten Schwierigkeiten, denen er begegnete, kamen aus der inneren Schwäche der Monarchie. Denn Österreich führte diesen Krieg ohne Bundesgenossen. Die deutschen Fürsten stellten nur minimale Geldsummen und Truppenkontingente zur Verfügung; gerade daß sie ihrer Pflicht genügten. Lediglich der Renegat Max Emanuel schickte mehr; denn er wollte unbedingt seinen Sohn mit einer Erzherzogin verheiraten. Und auch der Papst schickte Geld; denn für ihn war der Krieg ein Kreuzzug. Außerdem erlaubte er dem Kaiser, den Klerus in den Erbländern zu besteuern.

Trotz dieser päpstlichen Hilfe hatte aber Österreich die Hauptlast des Krieges zu tragen. Dabei waren die Schulden vom letzten Krieg noch nicht bezahlt worden. Die Höhe des rückständigen Solds und der nicht bezahlten Pensionen belief sich 1714 auf 23 Millionen Gulden. 1716 kam eine neue Anleihe der Vereinigten Niederlande von zwei Millionen Gulden für den neuen Krieg dazu. Die neue „Bancalität" war den Anforderungen nicht gewachsen, und Eugen zögerte nicht, darauf hinzuweisen. Im Sommer 1716 mußte das Finanzwesen durch die Gründung einer „Finanzconferenz" neu organisiert werden. Eugen und Starhemberg hatten sich durchgesetzt. Die Kriegsvorbereitungen waren diesmal schon ein Jahr vor Beginn der Kampfhandlungen angelaufen, und schon im September 1715 hatte man Truppen nach Ungarn gebracht, so daß Eugen jetzt eine Armee befehligte, die er nach seinen eigenen Worten „in recht schönem, dienstbarem Stand" fand.[7] Die Versorgung der Truppen hatte zum größten Teil wieder die Familie Oppenheimer übernommen, aber in vielem griff man auch zur Selbsthilfe. So hatte man dreihundert Bäcker von Nürnberg und Frankfurt kommen lassen und begonnen, eine Donauflotte aufzubauen. Dafür waren Ende 1715 Agenten in die holländischen und Ostseehäfen geschickt worden, um Matrosen und Schiffszimmerer anzuheuern, und in der Nähe des Praters hatte man eine Werft angelegt. Statt der geplanten sieben Schiffe konnten allerdings im Juli 1716 nur drei bewaffnete Galeeren vom Stapel laufen.

Ursprünglich hatte man gehofft, Belgrad noch 1716 angreifen zu können. Aber zuerst hatte Trockenheit, dann hatten übermäßige Regenfälle die Zusammenführung der Truppen verzögert, und auch Eugen konnte Wien vor dem 2. Juli nicht verlassen, bevor er den Nachschub an Geld und Lebensmitteln nicht absolut sicher organisiert hatte. Als er nun seine Truppen bei Peterwardein in Südungarn erreichte, stand die türkische Feldarmee unter dem Großwesir Silahdar Ali Pascha, dem Schwiegersohn des Sultans, bereits vor Belgrad. Er hielt es daher für besser, die Türken an sich herankommen zu lassen, was sie auch taten. Am 26. und 27. Juli überquerten sie die Save. Wahrscheinlich war ihre Armee nicht größer als 120.000 Mann. Davon waren nur 40.000 Janitscharen, 30.000 Spahis, der Rest Tataren, Soldaten aus der Walachei, Ägypter und asiatische Freischärler.

Der Großwesir beabsichtigte die Festung Peterwardein einzunehmen, und er errichtete nicht weit von der kaiserlichen Armee ein Lager, um sich auf den Angriff vorzubereiten. Dazu ließ ihm Eugen jedoch keine Zeit. Ohne einen Kriegsrat einzuberufen, entschloß sich der Prinz, sogleich loszuschlagen, solange seine Truppen noch frisch waren. Außerdem würde ein rascher Sieg alle Kritik in Wien zum Verstummen bringen. Mit dem Schutz der Kanonen von Peterwardein im Rücken stürzten sich am Morgen des 5. August seine 70.000 Mann auf die Türken. Die Janitscharen schlugen zwar anfangs die kaiserliche Infanterie zurück, aber dann konnten sie einer kaiserlichen Kavallerieattacke nicht mehr standhalten und brachen zusammen. Auch die türkische Kavallerie wich unter dem Sturmangriff der kaiserlichen Kürassiere und Husaren zurück und verließ in völliger Auflösung das Schlachtfeld, indem sie die Janitscharen ihrem Schicksal überließen. Etwa 30.000 Türken wurden von den Kaiserlichen niedergemetzelt. Einer von Eugens Offizieren schrieb: „Wir haben nicht mehr als 20 Gefangene bekommen, indem unsere Leute viel zu blutgierig waren und Alles massacrirt haben."[8] Einer der Toten war der Großwesir.

Die Sieger erwartete wie gewöhnlich reiche Beute im türkischen Lager: Juwelen, Kleider und Tiere für die Soldaten, das Zelt des Großwesirs für den Prinzen. Dreihundert Wagen brauchten drei Tage, um alles wegzubringen. Auch die türkische Kriegskasse wurde gefunden, aber sie war bereits von kaiserlichen Soldaten geplündert worden. Einen weniger schönen Anblick boten die enthaupteten Leichen kaiserlicher Soldaten, welche den Türken bei einem früheren Scharmützel in die Hände gefallen waren. In diesem wie in früheren Türkenkriegen ging es auf beiden Seiten unbeschreiblich grausam zu. Türkische Spione, die man unter Eugens serbischen Truppen entdeckte, wurden gepfählt, und niemand gab sich die Mühe, die Toten zu begraben: Eugen verließ mit seiner Armee auf der Stelle das Schlachtfeld, um sich der von den Leichen ausgehenden Infektionsgefahr zu entziehen. Noch im Februar war das Feld „übersät mit Schädeln und Skeletten von unbestatteten Menschen, Pferden und Kamelen".[9]

Obgleich es erst Anfang August war, scheute Eugen vor dem Angriff auf Belgrad zurück. Erstens hatte er zu wenig Schiffe, um die von Flüssen umgebene Stadt zu umzingeln, und zweitens war die geschlagene türkische Armee doch noch stark genug, um die Stadt zu verteidigen. Eugen entschloß sich daher, die Ochsen, Büffel und Kamele der Türken als Zugtiere einzusetzen und gegen Temesvár im Norden zu wandern. Am 26. August erreichte seine Armee diese Festung, die während des letzten Krieges in türkischer Hand geblieben war. Es war ein anstrengender Marsch. Um der Hitze zu entgehen, marschierte man nachts, und viele der Männer waren bereits krank. Einer der Offiziere beschrieb den Feldzug „als viel schwieriger und mühsamer als die Feldzüge am Rhein oder in den Niederlanden".[10]

Temesvár besaß nicht nur die natürlichen Verteidigungsanlagen von Flußarmen, Inseln und Sümpfen, es besaß auch moderne Befestigungsanlagen, welche 13.000 Mann aus der Walachei als Strafe für nicht bezahlte Steuern hatten bauen müssen. Trotzdem ergab sich die Festung Mitte Oktober. Das Artilleriefeuer hatte die Holzhäuser der Stadt schwer beschädigt, und die Bürger hatten begonnen, sich gegen die Besatzung aufzulehnen.[11] Allen Türken, welche mit ihren Familien die Stadt verlassen wollten, wurden Wagen zur Verfügung gestellt und freies Geleit bis Belgrad. Die Verwalter der Stadt und des umgebenden Landes, des Banats, vertraute Eugen dem Lothringer Mercy, einem seiner besten Offiziere, an. Er bekam den Befehl, innerhalb der Befestigungen der Stadt nur deutsche Katholiken anzusiedeln und keine Juden nach Temesvár zu lassen. Eugen behauptete, sie seien unredliche Händler, welche Wucher trieben, aber der wahre Grund war wohl der, daß sie kreuz und quer durch das türkische Reich reisten und sich daher hervorragend als Agenten für die Türken eigneten.

Der Erfolg des ersten Kriegsjahres galt als persönlicher Triumph des Prinzen. Der Kaiser hatte ihm während des Feldzugs eigenhändig Briefe geschrieben, ihn in allen Dingen um Rat gefragt und ihn mit warmer Anteilnahme überschüttet. Als Papst Clemens XI. den Prinzen mit einem geweihten Hut für seinen Sieg beehrte, schrieb der Kaiser amüsiert: „Au reste möchte ich wohl meinen lieben Prinzen in dieser Funktion und mit dem schönen Kappl sehen und im geheimen ein wenig lachen, da ich Euer Liebden Humor in solchen Funktionen kenne."[12]

Als Eugen im November 1716 nach Wien zurückkehrte, erkannten alle Parteien seinen Einfluß an, so daß sein Vorschlag, den Feldzug im folgenden Jahr fortzusetzen[13] und Belgrad einzunehmen, auf keine Opposition stieß.[14] Wenn Belgrad erst in habsburgischen Händen war, würde Zentraleuropa endlich vor weiteren osmanischen Angriffen sicher sein. Denn Belgrad beherrschte die türkische Einfallsroute. Eugen war außerdem überzeugt, daß Österreich Belgrad aus eigener Kraft erobern konnte. Daher wurden die Angebote Peter des Großen, an Österreichs Seite in den Krieg einzutreten, abgelehnt, weil zu befürchten war, daß der Zar lediglich eine russische Expansion in die Donauländer plante. Fürstliche Freiwillige aus Deutschland und Frankreich waren dagegen hoch willkommen. Fünfundvierzig beteiligten sich am Feldzug 1717 und 8000 freiwillige gemeine Soldaten.[15]

In den Erbländern wurden Sondersteuern für den türkischen Krieg erhoben, die Kirchen spendeten weiter, und die jüdische Gemeinde ließ sich zu einem Geschenk von einer halben Million Gulden nötigen. Trotzdem reichte alles zusammen nicht aus, um die Armee im kommenden Jahr regulär zu bezahlen. Dagegen machte man gute Fortschritte beim Schiffsbau. Im Sommer waren bereits zehn Langboote fertiggestellt, einige davon mit 56 Kanonen und der Aufnahmekapazität von 1000 Mann Besatzung. Zusätzlich zu den alten Matrosen vom vergangenen Jahr hatte man neue angeworben, obwohl man bereits die alten nur mit Gewalt daran hindern konnte heimzufahren. Sie bekämen nicht einmal Geld für Bier, beklagten sie sich.

Für die Eroberung Belgrads war es nötig, die Donau zu überqueren und die Stadt zu umzingeln, bevor eine neue türkische Feldarmee zu ihrer Verteidigung unter dem neuen Großwesir Halil Pascha aufgestellt war. Daher verließ Eugen Wien schon am 14. Mai 1717, am Tage nach der Geburt der späteren Kaiserin Maria Theresia. Da Mercy bereits alle Vorbereitungen getroffen hatte, konnte die Armee am 15. Juni östlich von Belgrad die Donau überqueren. Vor der kaiserlichen Armee lag eine gewaltige Aufgabe, denn die Stadt war von drei Seiten durch Wasser eingeschlossen, im Norden und Osten von der Donau, im Westen von der Save. Als die kaiserliche Armee nun an der verbleibenden Südseite ihr Lager errichtete, mußte man einkalkulieren, daß sie sowohl als Belagerungsarmee zu agieren als auch gegen ein heranrückendes türkisches Entsatzheer in die Defensive zu gehen hatte. In größter Eile wurden Brücken gebaut, alle verfügbaren Schiffe ins Wasser gelassen und Truppen auf Sandbänken stationiert, so daß Belgrad zu Lande und zu Wasser von der

Außenwelt abgeschnitten war, während die Kaiserlichen den Kontakt mit Ungarn aufrechterhielten.

Als großes Handelszentrum und als Hauptstadt von Serbien unterhielt Belgrad eine 30.000 Mann starke Besatzung unter dem fähigen Mustafa Pascha. Von ihren kleinen Ruderbooten aus, den Caïques, attackierten die Türken wiederholt die kaiserlichen Schiffe, und den türkischen Reiterschaften gelang es immer wieder, die Kaiserlichen zu überraschen und viele zu töten und zu enthaupten: Jeder Türke erhielt einen Dukaten für jeden Christen.[16] Und schließlich vernichtete am 13. Juli ein starker Sturm viele der kaiserlichen Notbrücken über die Save und Donau, versenkte einige Lebensmittelschiffe und warf ganze Wagen samt Ochsen um. Als aber Ende Juli die ausgeschickten Reiter das Herannahen der türkischen Feldarmee meldeten, waren bereits große Teile Belgrads vom kaiserlichen Artilleriefeuer zerstört.

Anfang August etablierte sich die Armee des Großwesirs auf einem Hochplateau im Osten der Stadt und begann mit dem schweren Beschuß der Kaiserlichen, welche sich nun zwischen zwei Feuern befanden. Die Belagerung von Wien wiederholte sich hier auf umgekehrte Weise. In ihrer Größe und Zusammenstellung glich die türkische Armee ziemlich genau der vorjährigen. Reguläre Truppen waren in der Minderzahl. Der Großteil bestand aus undiszipliniertem und schlechtbewaffnetem Mob. Das türkische Lager mit seinen bunten Zelten glich einem „riesigen Blumenbeet voll der verschiedensten Blüten". Das Prunkstück bildete wie immer das reich bestickte Zelt des Großwesirs, welches so viele Vorzimmer und Höfe besaß wie ein großes Schloß.[17]

Eugen befand sich demnach in einer gefährlichen Situation. Durch Europa liefen alarmierende Gerüchte, daß er in einer Falle säße. Er aber behielt einen kühlen Kopf und dachte nicht daran, die Belagerung abzubrechen. Er hoffte, die Türken würden ihn entweder angreifen oder wegen Lebensmittelmangels abziehen.[18] Statt dessen sahen sich die Kaiserlichen zwei Wochen lang dem tödlichen Artilleriefeuer des Großwesirs ausgesetzt. Dazu kam die Ruhr, die diesmal auch Eugen befallen hatte. Als es für Eugen klar war, daß die Armee kurz vor dem Zusammenbruch war[19], berief er am 15. August einen Kriegsrat ein und teilte seinen Generalen mit, daß er am nächsten Morgen die Türken angreifen wolle. Niemand widersprach. 10.000 Mann wurden zur Beobachtung der Stadt zurückgelassen, die anderen 60.000 brachen im Schutz der Dunkelheit zum Lager der Türken auf. Sie hatten die Order erhalten, sich dicht zusammenzuhalten und eine Salve nach der anderen in den undisziplinierten türkischen Haufen abzufeuern. Wein und Branntwein waren reichlich ausgeschenkt worden, um ihren Mut zu stärken.

Halil Pascha hatte damit gerechnet, die Kaiserlichen durch Hunger und Beschuß in die Knie zu zwingen. Er war vollkommen überrascht, als der Feind im Morgennebel des 16. August in sein Lager eindrang. Nach drei Stunden heftigen Kampfes brach die türkische Armee zusammen und floh nach Niš. Wieder einmal wurde kein Pardon erteilt und alle Nachzügler von den Kaiserlichen niedergemetzelt. Dann wurde den siegreichen Soldaten das Lager zur Plünderung freigegeben, man hielt jedoch strenge Kontrolle, damit die Beute auch gerecht geteilt und für Eugen das Zelt des Großwesirs reserviert blieb. Im übrigen war die Beute diesmal enttäuschend, da die Türken das meiste Gepäck auf ihren Schiffen flußabwärts gelassen hatten.

Eine Woche später ergab sich Belgrad, obgleich die Stadt noch für weitere sechs Monate Lebensmittel gehabt hätte. Als die Kaiserlichen am 22. August die Stadt besetzten, wurde 60.000 Moslems inklusive 20.000 Soldaten mit ihrem Eigentum der Abzug gewährt. Die verschleierten Frauen riefen bei Eugens Soldaten großes Erstaunen hervor.

Auf der Stelle ging man daran, die Befestigungen und die Stadt wieder aufzubauen. Wie Eugen am 3. November vor dem Hofkriegsrat mitteilte, gab es nicht „ein einziges Haus in der Ober- und Unterstadt, das nicht beschädigt war".[20] Die kaiserliche Feldarmee zog inzwischen wieder nach Norden ab und dann in ihre Winterquartiere: Der Sieg hatte genügt, um den Raubüberfällen der Tataren ein Ende zu bereiten, mit denen sie den ganzen Sommer Ungarn terrorisiert hatten. Die Banden waren gewöhnlich nur mit Pfeil und Bogen, Säbeln und Spießen bewaffnet und hatten dennoch die Bewohner ganzer Dörfer als Sklaven mitgenommen und alles gemordet und verwüstet, was sie nicht mitnehmen konnten.

Am 19. Oktober kehrte Eugen nach Wien zurück, wo ihn der Kaiser willkommen hieß und ihm ein diamantenbesetztes Schwert überreichte. Dieser Sieg sollte der Höhepunkt seiner militärischen Karriere und auch sein letzter sein. Ein bleibendes Denkmal wurde ihm mit dem berühmten deutschen Soldatenlied „Prinz Eugen der edle Ritter" gesetzt, welches wahrscheinlich von den bayerischen Truppen, die an der Schlacht teilgenommen hatten, verfaßt worden ist. Die Einnahme Belgrads löschte die Demütigung von Denain aus und bestätigte einmal mehr Eugens Ruf, der führende General Europas zu sein. Siege gegen die Türken erregten nun einmal die Gemüter, und in dieser Schlacht hatte Eugen seine Stärke gezeigt: sich im Augenblick der drohenden Niederlage den Sieg zu holen.

Die Hauptziele dieses Krieges waren erreicht worden: Der Friede von Karlowitz konnte gerettet werden, und die neuen Eroberungen, Temesvár und Belgrad würden nun als Außenbastionen der kaiserlichen Macht auf dem Balkan dienen. Man mußte nun nur noch die Türken dazu bringen, ihre Verluste anzuerkennen. Eugen verspürte nicht die geringste Neigung, weiter in die Donauländer vorzustoßen oder weiter südwärts in Richtung Niš. Denn die Entfernungen waren für die Armee kaum noch zu schaffen. Und auch angesichts der veränderten internationalen Situation schien es unklug, den Krieg zu verlängern. Philipp V., der spanische König, hatte sich, ermuntert

Älteste Aufzeichnung des Soldatenliedes „Prinz Eugen der edle Ritter".

durch seine ehrgeizige italienische Frau und seinen Minister Alberoni, im Sommer 1717 zu einer expansionistischen Italienpolitik entschlossen: Die spanische Flotte ward ausgeschickt, um das österreichische Sardinien zu erobern. In Wien befürchtete man zuerst, daß die Spanier es auf Neapel abgesehen hatten, so daß die verängstigten Konferenzteilnehmer am 8. August Stellas Forderung stattgaben, den türkischen Krieg zu beenden.[21] Aber Eugen, der noch in seiner Falle vor Belgrad saß, weigerte sich, den Konferenzbeschluß ernst zu nehmen und gab auch keine Truppen ab, als Sardinien fiel. Statt dessen schlug er vor, man solle sich die Soldaten aus Mailand und Neapel holen. Er hoffte, durch die Vermittlung von England und Frankreich zu einer diplomatischen Lösung zu kommen. Am 17. September schrieb Eugen von Semlin an Sinzendorf, daß er Österreichs Beitritt zu der englisch-französischen Allianz immer für nützlich und notwendig gehalten habe, was er auch jetzt noch glaube, obwohl es momentan so aussähe, als „triebe uns die Furcht zu diesem Schritt. Wenn der Herzog von Anjou keine Verbündeten hat, dann glaube ich nicht, daß er, von Sardinien abgesehen, viel Schaden anrichten kann."[22]

Als aber die Türken entscheidend besiegt waren, stimmte Eugen zu, die Anzahl der Truppen in Italien auf 36.000 zu erhöhen. Denn obwohl die italienischen Besitzungen unbedingt zu verteidigen waren und in Ungarn nicht mehr viel zu gewinnen war durch die Fortführung des Krieges, hatte Eugen auch nicht die Absicht, seinen Sieg zu verspielen, indem er hastig Frieden schloß, nur um seine Armee nach Italien schicken zu können. Der Druck aus Wien sollte sich jedoch Anfang 1718 verstärken, und zwar durch den Kaiser selbst.[23]

Dabei war es gar nicht einfach, die Türken zur Anerkennung ihrer Verluste zu bringen. Die Einladung zu direkten Gesprächen lehnten sie ab und bestanden auf der englisch-holländischen Vermittlung. Dem mußten die Kaiserlichen zustimmen, da sie den Schutz der englischen Flotte im Mittelmeer benötigten. So kam es erst im Juni 1718 zu ernsthaften Gesprächen. Eugen war wieder nach Ungarn zurückgekehrt und hatte noch genügend Truppen, um notfalls einen neuen Feldzug zu beginnen. Er beabsichtigte jedoch, die Armee nur als Drohung einzusetzen und tat, was er konnte, um die kaiserlichen Verhandlungspartner zur Eile anzutreiben.

Die Friedensverhandlungen fanden in Passarowitz statt. Die Diplomaten mußten in Zelten wohnen, da das ganze Gebiet zwischen Belgrad und Niš „von beiden Armeen während des letzten Feldzugs vollständig zerstört worden war und alle Einwohner geflohen waren".[24] Nach vierwöchigen Verhandlungen wurde am 21. Juli 1718 der Friede unterzeichnet. Die Türken verzichteten auf den Banat mit Temesvár, auf Belgrad und auf einen großen Teil Serbiens. Dafür trat ihnen Venedig die Morea ab. Außerdem versprachen die Türken den österreichischen Kaufleuten günstige Bedingungen für ihren Handel im osmanischen Reich: Dies war die Basis für die nach 1719 in Triest und Fiume gegründete Ostkompanie, welche sich allerdings als nicht sehr erfolgreich erweisen sollte.

Die eroberten Gebiete wurden, da Eugen immer wieder auf ihre militärische Bedeutung hinwies, direkt von Wien regiert. Am 3. August rief ein Ministerrat unter dem Vorsitz Eugens eine „Subdelegation in Neoacquisitis" ins Leben, die sich aus Mitgliedern des Hofkriegsrates und der Kammer zusammensetzte. Diesem Organ direkt verantwortlich waren zwei Militärstatthalter in Belgrad und Temesvár. Deren Hauptaufgabe bestand in der Wiederbesiedlung der entvölkerten Provinzen. Der Gouverneur von Belgrad schaffte es zwar, Belgrad in den nächsten Jahren zu einer imponierenden Festung auszubauen, aber in der Besiedlung Serbiens war er weniger erfolgreich. Mercy, der Gouverneur des Banat, hatte es in diesem Punkt leichter, da die Türken fast alle geflohen waren und der dagebliebene Rest nicht aus Magyaren, sondern aus Serben und Rumänen bestand. Mercy bemühte sich, die Nomaden unter diesem Bevölkerungsrest seßhaft zu machen und lockte mit Landvergaben und Steuerfreiheit einen ständigen Strom von Einwanderern, zuerst von Handwerkern, dann von Bauern ins Land. Auch ehemalige Soldaten fanden hier eine neue Heimat. Er sorgte dafür, daß in Temesvár deutsche Katholiken dominierten, aber im Banat durften auch Protestanten, Serben, Slowaken, Italiener und Lothringer siedeln. Leider tendierten diese dazu, ihre Dörfer nach Nationalitäten getrennt anzulegen, was den Anwälten der nationalen Unabhängigkeitsbestrebung im zwanzigsten Jahrhundert viel Kopfschmerzen bereiten sollte. Der Banat machte sogleich gewaltige wirtschaftliche Fortschritte. Das verwüstete Land verwandelte sich in wenigen Jahren in fruchtbares Agrarland mit Textilmanufakturen und Bergwerken. „Das Land, welches durch Jahrhunderte unter dem erstarrenden Drucke osmanischer Herrschaft gelegen hatte", schrieb Arneth, der Eugen-Biograph des 19. Jahrhunderts, „gedieh schnell zu blühendem Zustande unter dem erfrischenden Hauche christlicher Civilisation!"[25]

Als ermutigendes Zeichen hatte die kaiserliche Regierung während des Krieges die Passivität aufgefaßt, mit der die ungarische Bevölkerung auf die Appelle Rákóczys aus dem Exil reagiert hatte, den Aufstand weiterzuführen. Leider fielen aber trotz der neuen Befestigungsanlagen Belgrad und Serbien kurz nach Eugens Tod wieder in türkische Hände.

Krieg in Sizilien und die Kabale gegen Eugen

Während Eugen in Ungarn Krieg führte, waren die Diplomaten in Westeuropa nicht untätig gewesen.[1] Die Premierminister von England und Frankreich hatten in der Fortführung ihrer Allianz von 1716 an einer Reihe von Garantieverträgen zu arbeiten begonnen, welche die hannoveranische Dynastie in England und die Thronfolge des Regenten Orléans in Frankreich stützen sollten. Zugleich hofften sie, die bestehende Kriegsgefahr im Westen dadurch zu beseitigen, daß sie gewisse Differenzen bereinigten, die durch die Friedensschlüsse von Utrecht und Rastatt nicht aus dem Wege geschafft worden waren. So glaubten sie, daß Philipp, wenn er sich erst einmal in Spanien sicher fühlte, keine Ansprüche auf den französischen Thron mehr stellen würde. Aber um ihm diese Sicherheit zu verschaffen, war es notwendig, daß Karl VI. endgültig auf den spanischen Thron verzichtete. Eine Möglichkeit, ihn dazu zu bringen, war, Viktor Amadeus von Savoyen zu zwingen, Sizilien an Karl VI. abzutreten.

In den letzten Monaten des Jahres 1716 machte Stanhope Wien mit diesem Projekt bekannt, wo es mit viel Interesse zur Kenntnis genommen wurde. Obwohl es niemand wagte, offen auszusprechen, nahmen nur noch wenige Minister Karls Ansprüche auf den spanischen Thron ernst.[2] Selbst der Spanier Rialp gab im Oktober 1716 einem englischen Minister gegenüber zu, daß sie nicht länger praktikabel seien[3], und Sinzendorf sprach aus, was seit fünfzehn Jahren österreichische Politik gewesen war, wenn er sagte, er erwarte, daß Karl demnächst auf seine Monarchie (Spanien) verzichten werde, um sich in Italien zu etablieren.[4] In der Konferenz vom 5. Januar unterstützte Eugen mit aller Entschiedenheit diesen Plan, worauf Karl keine schweren Einwände erhob.[5] Man hoffte jedoch, daß man Philipp nur „de facto" und nicht „de iure" anerkennen müsse.

Leider hatten sich jedoch Stanhope und Dubois verrechnet, als sie glaubten, Philipp V. sei mit Garantien für seine spanischen Thronrechte zufriedenzustellen. Der schwer geisteskranke Philipp ließ sich von seiner zweiten Frau Elisabeth Farnese beherrschen, die auch seine Außenpolitik bestimmte. Sie war die Tochter des Herzogs von Parma und verfolgte mit großer Energie ihre Thronansprüche in Italien, ebenso wie sie daran arbeitete, Spaniens Macht in Italien wiederherzustellen. Auch Philipps wichtigster Minister Alberoni war als Italiener für diese Ideen leicht zu gewinnen, und schon im Sommer 1717 eroberte und besetzte die spanische Flotte Sardinien.

Diese Provokation bedeutete nicht nur eine schwere Beleidigung für den kaiserlichen Hof, sie weckte auch sofort bei Karls spanischen Ministern den alten Ehrgeiz, selbst eine expansive Politik zu machen: Zuerst das Land des Herzogs von Parma[6] und dann Spanien zu erobern.[7] In diese Atmosphäre in Wien kam Eugen nach seinem Sieg in Belgrad. Er war entschlossen, eine Eskalation des Konfliktes auf alle Fälle zu vermeiden, zumindest im Augenblick. Schon seinem Sekretär Georg Koch hatte er aus dem Lager vor Belgrad geschrieben, daß man „zwei Kriege nicht mit einer Armee führen kann".[8] Seine Entschiedenheit in dieser Frage führte zum ersten Mal zu einem Bruch zwischen ihm und der spanischen Clique, und dieser Bruch sollte in den kommenden zwei Jahren dazu führen, daß der Prinz erheblich an Einfluß verlor.

Obwohl Eugen im November 1717 seine Einwilligung gab, einige Truppen vom Balkan nach Italien abzuziehen, tat er es nur zögernd und nicht ohne schwere Kritik am Spanischen Rat, der es versäumt hatte, die Verteidigungsanlagen in Italien zu verbessern. Eugen versicherte dem Kaiser, daß er den Spanischen Rat schon vor langer Zeit gewarnt habe. Der Prinz rechnete damit, daß sich Österreichs militärisches Einschreiten in Italien als unnötig erweisen würde, wenn der englisch-französische Druck nur stark genug wäre und England sich bereit erklären würde, mit seiner Flotte im Mittelmeer die Rolle des Schutzmannes zu übernehmen. Leider aber wollte England jeden Krach mit Spanien vermeiden, der möglicherweise die Handelsbeziehungen gestört hätte. Und so gaben sich Stanhope und Dubois alle Mühe, Philipp V. zufriedenzustellen, indem sie weitere Konzessionen von Österreich erzwangen. Für die englischen Whigs war es im Augenblick wichtiger, mit Frankreich und Spanien befreundet zu sein als mit Österreich.

Im November und Dezember 1717 forderte man Karl VI. nicht nur auf, in aller Form auf Spanien zu verzichten und Philipp als rechtmäßigen König anzuerkennen, sondern auch, Sardinien an Savoyen im Austausch für Sizilien abzutreten und einer späteren Thronfolge von Philipps und Elisabeths Sohn in Parma und in der Toskana zuzustimmen. Die Söhne aus Philipps erster Ehe waren die Thronerben für den spanischen Thron. Die Konferenz war tief empört. Der Zornigste war Eugen, der den englischen Gesandten St. Saphorin warnte, daß Österreich sich nicht einschüchtern ließe und nicht dulden würde, daß ein Sohn der Königin von Spanien die Toskana beherrscht. St. Saphorin, der Eugen seit zwanzig Jahren kannte, hatte nicht mit einer so heftigen Reaktion gerechnet. „Ich habe den Prinzen oft leidenschaftlich erregt erlebt, aber ich habe ihn noch nie so wütend und heftig reden gehört."[9] Es ist verständlich, daß er wütend war; denn die österreichische Überlegenheit in Italien, die er seit seinem Sieg in Turin Schritt für Schritt aufgebaut und in Rastatt hatte bestätigen lassen, war nun ernsthaft gefährdet.

Die Westalliierten blieben jedoch fest: Es mußte Wien bewußt sein, daß nur die britische Flotte weitere spanische Invasionsversuche verhindern konnte. Und so war es. In mehreren Konferenzen im März und April des Jahres 1718 rangen sich die deutschen und spanischen Minister zu einer realistischen Vorgangsweise durch. Nur der Erzbischof von Valencia verfocht hartnäckig eine aggressive Linie. Eugen war mehr und mehr bereit, die Forderungen der beiden Westalliierten zu akzeptieren: Nur allzu gut erinnerte er sich an die Jahre 1711 bis 1713, um nicht zu fürchten, die Engländer könnten sie im Stich lassen, während die Franzosen und Spanier gemeinsam in Italien einfielen. Man konnte höchstens versuchen, Karls Recht auf den Titel einer Katholischen Majestät zu verteidigen und die Garantie zu bekommen, daß Parma und die Toskana nicht direkt unter spanische Herrschaft kämen. Auch Stella und Rialp beugten sich Eugens Argumenten, so daß Stella in der Konferenz am 4. April, die in Anwesenheit des Kaisers stattfand, zu der Annahme des Vertrages riet, um nicht zu riskieren, ganz Italien zu verlieren.[10] Man akzeptierte damit allgemein Eugens Politik, es England und Frankreich zu überlassen, mit Spanien fertig zu werden[11], besonders da der Friede mit den Türken noch nicht unterzeichnet war.

Der Kaiser selber zögerte jedoch. Am meisten störte ihn, daß er in aller Form auf Spanien zu verzichten hatte.[12] Zwei Monate schob er die Unterschrift unter den endgültigen Vertrag vor sich her. Seine Minister wagten nicht ihn zu drängen, denn wie der Hannoveraner Huldenberg zu Anfang des Jahres bemerkt hatte, fürchteten ihn alle.[13] Aber dann unterzeichneten doch Anfang August England, Frankreich und Österreich die sogenannte Quadrupelallianz. Die Holländer sollten nämlich auch unterschreiben, nur taten sie es nicht. In diesem Vertrag erkannte Karl Philipp an und verzichtete auf Spanien. Sardinien kam im Austausch für Sizilien an Savoyen. Österreich stimmte der Thronfolge eines spanischen Prinzen in Parma und in der Toskana zu, und außerdem wurden alle Erbfolgen und Territorien der Unterzeichneten gegenseitig anerkannt.

Die Engländer und Franzosen hatten gehofft, daß Spanien den Vertrag aus freien Stücken mitunterschreiben würde, waren aber bereit, Philipp V. notfalls dazu zu zwingen. Philipp lehnte tatsächlich den Vertrag ab und startete im Sommer 1718 einen neuen Angriff auf Sizilien. Zu diesem Zeitpunkt bemühte sich Eugen in Ungarn um den Friedensabschluß mit den Türken. Er vertraute darauf, daß die britische Flotte bald im Mittelmeer sein würde, um dem spanischen Abenteuer ein Ende zu setzen.[14]

Sein Optimismus bestätigte sich, als am 11. August die britische Flotte die spanische am Cap Passaro zusammenschoß. Leider jedoch waren Philipps Truppen bereits in Sizilien gelandet. Die Quadrupelallianz funktionierte bemerkenswert gut. An der Jahreswende von 1718/19 erklärten England und Frankreich Philipp den Krieg, wenn sie auch entschlossen waren, ihn wegen seiner Unpopularität möglichst schnell zu beenden. Und im April 1719 marschierten französische Truppen unter Eugens altem Feind Berwick in Nordspanien ein. Die Konferenzminister einschließlich Eugens standen fest zu der neuen Allianz, welche nun auch das Bündnis mit Frankreich beinhaltete. Sie wußten, daß alle ihre Operationen gegen Sizilien und Sardinien von England und dem englischen „goodwill" abhingen.[15]

Eine direkte Aktion, um die Spanier aus Sizilien zu vertreiben, kam jedoch nur schwer ins Rollen. Eugen hätte nach Passarowitz selber hinunterfahren können, glaubte jedoch, die Angelegenheit von Wien aus leiten zu können, da die feindliche Truppenstärke nur gering war. Aber die Generale Zumjungen und später Mercy, die Eugen persönlich ausgewählt hatte, sollten sich nicht als sehr erfolgreich erweisen. Guido Starhemberg, der wohl der geeignetste gewesen wäre, wurde sowohl von Rialp als auch vom Kaiser abgelehnt.[16]

Trotz Englands Flottenhilfe blieben Österreichs militärische Leistungen diesmal unter dem Durchschnitt, sie waren eher ein Vorgeschmack auf die Niederlagen von 1730, als daß sie an die Erfolge des letzten Türkenkrieges erinnerten. Den spanischen Truppen gelang es, sich bis Ende 1719 bei Palermo zu halten; gegen die Besetzung Sardiniens wurde überhaupt nichts unternommen. Die kaiserlichen Generale stritten sich über Kleinigkeiten und betrachteten sich für die echten Probleme nicht zuständig. Eugen tat zwar, was er konnte, um aus der Ferne ihre Schwierigkeiten zu beseitigen, aber er hätte sicher mehr vermocht, wenn er selbst am Kriegsschauplatz gewesen wäre. Der Franzose Bonneval, einer der besten Freunde Eugens, dem wegen seiner guten Leistung vor Belgrad die Expedition gegen Sardinien anvertraut werden sollte, äußerte sich privat sehr kritisch über die Haltung des Hofkriegsrates.

Das Hauptproblem bestand wieder einmal im Fehlen einer entsprechenden finanziellen Unterstützung. Zwischen den deutschen und spanischen Ministern war lang darüber diskutiert worden, wer den Krieg zu bezahlen habe. Schließlich kam man überein, daß die deutschen Länder Menschen und Tiere stellen sollten und Neapel und Mailand für den Unterhalt der kaiserlichen Truppen in Italien zu sorgen hätten. Leider kamen die Verwaltungsstellen des Spanischen Rates in Neapel und Mailand ihren Verpflichtungen schlecht oder gar nicht nach.[17] Die kaiserlichen Truppen, welche von englischen Truppen nach Sizilien gebracht worden waren, standen hier einer feindlichen prospanischen Bevölkerung gegenüber. Alles was sie brauchten, mußte von Neapel auf dem Seewege herangeschafft werden, aber die dortigen Verwaltungsstellen waren noch nicht einmal in der Lage, die auf dem Festland stationierten Truppen zu versorgen.

Schließlich waren es nicht die österreichische Militärmacht, sondern die französische Invasion in Nordspanien und die englischen Flottenangriffe, die Philipp V. dazu brachten, Alberoni als Sündenbock im Dezember 1719 zu entlassen und der Quadrupelallianz beizutreten. Sizilien ging in österreichische Hände über, und dafür erhielt Viktor Amadeus von Savoyen Sardinien. Der

Gewinn Siziliens brachte Österreich nach seinen soeben gemachten Errungenschaften im Frieden von Passarowitz seine bisher größte territoriale Ausdehnung. Auf den ersten Blick stand Österreich auf der Höhe seiner Macht. Andererseits war Sizilien wieder nur eine exponierte Provinz mehr, die es zu verteidigen galt, und die österreichische Machtposition in Italien war nur mit englischer und französischer Hilfe errungen worden. Ohne den „goodwill" dieser beiden Mächte würde die Lage äußerst prekär werden.

Der Mißerfolg des sizilianischen Feldzugs weitete sich im Jahre 1719 zu einer handfesten Regierungskrise aus, in der es um die Machtposition Eugens und der Konferenzminister ging. Bis 1718 hatte der Prinz über gute persönliche Beziehungen zum Kaiser, seinen spanischen Ratgebern und seinem Günstling Althann verfügt. Die Briefe, die der Kaiser dem Prinzen bis zu diesem Zeitpunkt geschrieben hat, zeugen von einem konstanten, wahrscheinlich echten Interesse an Eugens Gesundheit und seiner Sicherheit und von einer großen Wertschätzung. Ein Auszug aus so einem Brief soll uns genügen: Am 25. Juli 1717 schrieb Karl an Eugen, er solle sich in Belgrad nicht dauernd der Gefahr aussetzen; denn „Generale sind endlich noch aufzutreiben, aber ein Prinz Eugen, den ich so liebe und schätze, wäre für mich nicht mehr zu finden".[18]

Diese Liebe sollte jedoch nicht von Dauer sein. Der Krieg in Sizilien führte zu einem Bruch der fragilen Interessengemeinschaft zwischen den spanischen und deutschen Ministern des Kaisers. Plötzlich regnete es Anschuldigungen. Der Spanische Rat forderte eine Schwächung der Armee in Ungarn, Eugen beklagte sich über die Administration in Italien und die Unfähigkeit des deutschen Hofkammerpräsidenten Walsegg. Die Spanier erhoben ihrerseits harte Vorwürfe gegen Eugens erfolglose Generale in Sizilien und gegen das Vorgehen des Hofkriegsrates im allgemeinen. Nach und nach scharten sich Eugens Feinde alle um Althann. Warum dieser seine bisher so passive Rolle ablegte, ist nicht ersichtlich. Die Männer, die jetzt Front gegen Eugen machten, waren jedenfalls seine besten Freunde gewesen.

Althann fand in dem Kaiser einen nur zu bereitwilligen Zuhörer. Karl war immer mißtrauisch und anfällig für Geschwätz gewesen, und vor allem hatte ihn tief verletzt, auf welche Weise ihm die Quadrupelallianz aufgezwungen worden war. Und daß Eugen seine Eroberungen in Ungarn wichtiger als alles andere nahm, warf er ihm ebenso vor, wie er ihm den Mißerfolg in Sizilien zuschrieb. Der Kaiser hatte also seine Gründe, den Prinzen weniger freundlich zu behandeln als bisher. Außerdem war er nun Mitte dreißig und begann sich Gedanken über die Loyalität gewisser Minister zu machen, die er vor nahezu zehn Jahren von seinem Bruder übernommen hatte. Die Zukunft seiner Dynastie war ja noch immer nicht gesichert. 1719 besaß er zwar zwei Töchter, aber noch immer keinen Sohn. So wurde Karl von tiefem Mißtrauen gepackt, wenn irgend jemand für die Töchter seines Bruders Josef allzuviel Interesse zeigte, die sich jetzt bereits in heiratsfähigem Alter befanden. Leider riet ausgerechnet Eugen zu der Verheiratung dieser Töchter mit Sprößlingen aus bayerischen und sächsischen Familien[19] und gab sich damit den Anschein, als trete er für die Thronfolge der eventuellen männlichen Erben aus diesen Ehen ein, für den Fall, daß Karl VI. keinen Sohn mehr bekommen würde.

Im Februar 1719 gerieten Eugen und die anderen Konferenzminister unter schweren Beschuß. Hinter Althann standen die spanischen Minister, besonders Valencia und Stella, der Hofkammerpräsident Walsegg und der Hofkammerrat Mikosch. Fast das ganze Jahr ging es am Hof drunter und drüber: Während die Minister sich um die Macht rauften, ging die Innen- und Außenpolitik verloren. Im September 1719 kam es zu einem vollständigen Stillstand der Regierungsgeschäfte, als Eugen den Vorsitz der Konferenz niederlegte.

Die Kabale wurde von außen mit Geldmitteln unterstützt: Eugens Vetter Viktor Amadeus von Savoyen war tief gekränkt, daß die Großmächte ihm Sizilien, ohne zu fragen, einfach weggenommen hatten, und versuchte nun, sich Ansprüche auf den österreichischen Thron zu sichern, indem er seinen Sohn mit einer der Töchter Josefs I. verheiratete. Durch seinen Gesandten in Wien, San Tomasso, ließ er der Kabale Geld zufließen, damit sie diese Heiratspläne unterstützte und jene Konferenzminister angriff, welche sich für die Verehelichung der Erzherzoginnen einsetzten, und zwar mit den Kurfürsten von Sachsen und Bayern. Indem sie nun versuchte, die Konferenzminister gegeneinander auszuspielen und einen nach dem andern zu zerstören, agierte die Kabale aber nicht nur als Instrument des Herzogs von Savoyen. Die spanischen Minister wollten auch Eugen von seinem Posten als Gouverneur der Niederlande verdrängen, den er seit 1716 innehatte, damit sie auch diese Provinz ebenso wie die italienischen in die Hand bekamen. Mikosch und Walsegg ihrerseits verfolgten das Ziel, Sinzendorf als Leiter der Hofkanzlei loszuwerden. Er stand ihnen bei ihren Reformprogrammen im Wege, die darauf zielten, den Widerstand der vom Adel regierten Stände bei der Besteuerung zu brechen. Außerdem arbeiteten sie darauf hin, die Unabhängigkeit des Hofkriegsrates von der Hofkammer zu beenden, während Eugen fest entschlossen war, diese Unabhängigkeit aufrechtzuerhalten.

Sowohl am Hof wie direkt vor dem Kaiser wurde nun systematisch gegen die Konferenzminister Rufmord betrieben. Die Kampagne wurde hauptsächlich von Althann und den Spaniern angeführt, aber auch Althanns Schwager Nimptsch, der von San Tomasso Geld erhalten hatte, nicht direkt natürlich, sondern durch den Mittelsmann Tedeschi, einem falschen italienischen Priester, war daran beteiligt. Die Schwächen der Konferenzmitglieder ließen sich mühelos aufzeigen: Sinzendorf war faul, und sein extravaganter Lebensstil hielt die Erinnerung an seinen korruptiven Vater wach, der als Präsident der Kammer unter Leopold ungeniert Bestechungsgeschäfte betrieben hatte.

Von Gundaker Starhemberg wurde gemunkelt, er stände unter dem Pantoffel seiner ehrgeizigen Frau, und Eugen warf man vor, er ließe sich von seiner Freundin, der Gräfin Batthyány, und von seinen Sekretären beherrschen, und diese sollten angeblich in bayerischem Sold stehen.

Sinzendorf bekam es bald mit der Angst zu tun und gab die Innenpolitik an seinen zweiten Kanzler Stürgkh ab, während er lediglich die diplomatische Korrespondenz weiterführte. Auf diese Weise begab er sich in die Abhängigkeit von Althann und den Spaniern. Der Prinz dagegen lehnte es seinem Charakter nach ab, auf Verleumdungen zu antworten. Er fand das unter seiner Würde und war der Meinung, daß sein Ruf ihn genügend gegen diese Attacken beschütze. Er lehnte sogar ab, diese Dinge mit seinen Kollegen zu besprechen. Eine Zeitlang glaubte er auch, daß diese sich von ihm abgewandt hatten, worauf er seinerseits nur noch „trocken und verächtlich"[20] mit ihnen sprach. Damals war er schon zum Rücktritt entschlossen und sagte dem englischen Gesandten St. Saphorin, er könne mit 10.000 Gulden jährlich rechnen. „Ich habe mehr als genug Bücher, um mich nicht zu langweilen"[21], fügte er hinzu. Daß er dennoch standhielt, scheint das Werk St. Saphorins gewesen zu sein, der der Meinung war, Englands Interessen würden in Wien am besten von den Konferenzministern wahrgenommen. So agierte St. Saphorin als Verbindungsmann zwischen Eugen, Starhemberg und Sinzendorf und versuchte, sie zu einer stärkeren Frontenbildung zu überreden.

Im September 1719 nahm die unerfreuliche Angelegenheit eine erfreuliche Wendung: Bei Eugen meldete sich ein Diener Nimptschs mit schlüssigen Beweisen von seines Herren unlauteren Geschäften mit Tomasso. Auf der Stelle stürmte Eugen mit dieser Information in die Favorita und verlangte Satisfaktion. Als Karl ihn mit Plattitüden zu besänftigen suchte, drohte Eugen mit seinem Rücktritt und bestand auf einer Untersuchung. Der Hofratspräsident Windischgrätz unterstützte ihn und überraschenderweise auch Rialp, der vielleicht hoffte, auf diese Weise Valencia und Stella zu vernichten. Widerstrebend gründete der Kaiser einen Untersuchungsausschuß mit Windischgrätz an der Spitze. Am Ende des Jahres verurteilte dieser Ausschuß sowohl Nimptsch als auch Tedeschi, nachdem herausgekommen war, daß der letztere 80.000 Gulden von San Tomasso angenommen hatte.[22] Dem Kaiser blieb keine andere Wahl, als Nimptsch in einem verschlossenen Wagen nach Graz zu schicken, wo er eine zweijährige Haft zu verbüßen hatte. Tedeschi wurde aus Österreich verbannt, nachdem man ihn öffentlich verprügelt hatte. Auch San Tomasso wurde nahegelegt, Wien zu verlassen, und damit war es mit Viktor Amadeus' Hoffnungen auf eine österreichische Hochzeit seines Sohnes vorbei.

So hatte Eugen das Komplott zertreten, aber es war ein teurer Sieg. Der Kaiser, der Nimptsch und Althann vertraut hatte, war tief bestürzt. Während der Arbeit des Untersuchungsausschusses hatte er sich betont in Althanns Haus und Garten gezeigt, und die Freundschaft des Kaisers mit seinem

Günstling dauerte bis zu dessen Tod 1722. St. Saphorin fürchtete mit Recht, daß die Affäre den Kaiser mit Bitternis gegen Eugen erfüllen würde, und er nahm an, daß nur das Pflichtbewußtsein Eugen dazu brachte, dem Kaiser weiter zu dienen.[23]

Von Eugen erwartete man sich nun allgemein, daß er darangehen würde, seine politische Macht wieder aufzubauen. Aber das hieß den Prinzen gründlich mißverstehen. Im Gegensatz zu Wratislaw war er kein Politiker und war nur wegen seiner militärischen Erfolge ins politische Geschäft gekommen, aber auch aus Loyalität zur Dynastie und zu seinen Truppen. An politischer Macht an sich hatte er wenig Interesse, so wie er es auch nicht darauf anlegte, sich unersetzlich zu machen. Trotz seiner vielen Posten arbeitete er nur vier oder fünf Stunden am Tag, obgleich er auch damit noch mehr arbeitete als die meisten Minister. Vieles überließ er seinen Referenten im Hofkriegsrat, und anstatt daß er sich gegen den Vorwurf der Nachlässigkeit schützte, indem er regelmäßig Konferenzen einberief und den Hofkriegsrat reformierte, der es laut St. Saphorin „sehr nötig"[24] hatte, schien er mit dem Posten des Hofkriegsratspräsidenten und des Statthalters der Niederlande ganz zufrieden zu sein. Er zeigte auch kein Interesse mehr an militärischen Abenteuern, nachdem der türkische Krieg beendet war, und 1720 stellten Besucher fest, daß seine Gesundheit und sein Aussehen sich sehr verschlechtert hatten. Seine Position als eigentlicher Regierungschef löste sich in dem Grade auf, als er selber nicht mehr darauf bestand, als solcher behandelt zu werden.

Mit der politischen Macht Eugens ging auch die Macht der Konferenz einem Ende zu. Die Führung der Außenpolitik ging immer mehr auf Althann und die Spanier über und in gewissem Maße auf den Reichsvizekanzler Schönborn. Da aber die Konferenz dennoch als das Organ weiterbestand, in dem die Außenpolitik diskutiert und bestimmt wurde, kam es zu immer größerer Verwirrung und zeitweilig zur Lähmung der österreichischen Diplomatie. Es gab in der Konferenz keinen, der es wagte oder dazu in der Lage war, Eugen die Führungsrolle abzunehmen, die er ohnehin nicht mehr ausfüllte. Während Eugen über ein großes Maß an Unabhängigkeit verfügte, da er keine Familie besaß, hatten die anderen Minister an die Zukunft ihrer Kinder zu denken. Sinzendorf sah das klarer als die meisten anderen, und er hatte sich während der Kabale 1719 sehr vorsichtig verhalten, um sich nicht zu sehr mit Eugen zu identifizieren.[25] Der tägliche Kontakt mit dem Kaiser, den er als Hofkanzler hatte, zwang ihn quasi, sich auch mit Althann und den Spaniern nach Möglichkeit zu vertragen. Was Gundaker Starhemberg anging, so zog er sich immer mehr aus dem politischen Leben zurück, da die Hofkammer fest in den Händen von Mikosch und Walsegg lag, die, wie St. Saphorin glaubte, hauptsächlich an Finanzreformen interessiert waren, um rechtzeitig die Pensionen auszahlen zu können, während sie die Armee und der Schuldenberg wenig interessierten.[26]

Eugens Machtverlust und der Mangel an einer festen politischen Führung spiegelte sich in den Beziehungen Karls VI. zu anderen europäischen Mächten wieder. Österreich sollte in eine zehnjährige Isolierung geraten, und zwar sowohl im Mittelmeerraum als auch in Nordeuropa.

Ein Jahr vor dem Ausbruch des Spanischen Erbfolgekrieges hatte 1700 der Große Nordische Krieg begonnen, der sich fast ununterbrochen bis 1721 hinzog. Obwohl sich die Kämpfe meistens auf deutschem Boden abspielten, konnten alle drei Kaiser wegen ihrer Feindseligkeiten mit Frankreich, den Türken und Spanien nur untätig zuschauen, wie Dänemark, Sachsen-Polen und Rußland und später auch noch Preußen und Hannover das schwedische Ostseereich zerstörten. Während Eugen in den ersten Jahren nach Rastatt, rein persönlich gesehen, froh darüber war, daß Schweden aus Deutschland vertrieben wurde – Schweden war lange Zeit hindurch mit Frankreich verbündet gewesen[27]—, mußte es ihn für den Kaiser kränken, in welcher Weise die nördlichen Alliierten das Oberhaupt des Reiches ignoriert hatten. Auch die zunehmende militärische Stärke des preußischen Staates unter dem Soldatenkönig Friedrich Wilhelm I. erfüllte ihn mit Sorge. Dazu kam Preußens immer engere Freundschaft mit Peter dem Großen. Als Folge marschierten 1716 russische Truppen in Deutschland ein und besetzten Mecklenburg. Als die antischwedischen Mächte sich dann über die Beute stritten, stellte sich Österreich hinter Dänemark, Sachsen-Polen und Georg I., den Kurfürsten von Hannover, und schloß im Herbst 1718, als mit den Türken Frieden geschlossen worden war[28], ein gegen Rußland und Preußen gerichtetes Bündnis mit Hannover und Sachsen-Polen. Angesicht dieser Allianz zogen die Russen aus Mecklenburg und Polen wieder ab, was Preußen ohne Widerspruch hinnahm. Die russische Gefahr war dadurch für Österreich gebannt, aber die Militärmacht Preußen mit ihrem großen stehenden Heer blieb weiter eine ernste Bedrohung. Eugen kannte die Stärke dieser preußischen Truppen nur allzu gut aus dem Spanischen Erbfolgekrieg, und er machte aus seiner Sorge kein Geheimnis.[29]

Während Eugen bis Anfang 1719 zu den Problemen Nordeuropas noch eindeutig Stellung bezogen hatte, begann er ab diesem Zeitpunkt immer mehr in den Hintergrund zu treten. Als Georg I. — als englischer König und Kurfürst von Hannover 1719 Verbündeter Preußens — Österreich zu überreden versuchte, der breiten Koalition der Nordmächte beizutreten, welche das Ziel hatte, Rußland aus Schwedens Ostseeprovinzen zu vertreiben, zeigte Eugen sich zwar nicht ablehnend[30], aber er konnte sich andererseits nicht dafür einsetzen, daß Österreich sich aus freien Stücken an irgendwelchen kriegerischen Auseinandersetzungen beteiligte.[31] Österreichs Ablehnung erzürnte aber die englischen Minister Georgs I. so sehr – immerhin hatten sie Karl VI. vor Spanien beschützt –, daß die Beziehungen zwischen Georg I. und Karl VI. sich 1719–1720[32] rapide verschlechterten. Der englische König schloß sich noch enger an das protestantische Preußen an und unterstützte ostentativ die protestantische Seite im deutschen Religionskrieg. Der antiprotestantische kaiserliche Vizekanzler Schönborn betrieb daraufhin eine deutlich gegen diese Mächte gerichtete Politik und tat alles, was er konnte, um Preußen und Hannover Schwierigkeiten zu bereiten, als diese Mächte sich vom Kaiser ihre Gebietsgewinne in Norddeutschland bestätigen lassen wollten. Eugen unternahm nichts, um Schönborn daran zu hindern, sich auf Grund dieser Auseinandersetzung ins Zentrum der kaiserlichen Politik zu drängen und durch die Verhandlungen mit den deutschen Fürsten und den Nordmächten die kaiserliche Vizekanzlei wieder zu aktivieren.[33] Obwohl wir aus Äußerungen Eugens zu dieser Zeit entnehmen können, daß er in diesem Streit kompromißbereit war, tat er nichts, um seine Ansichten durchzusetzen. Außer seinem abnehmenden Einfluß bei Karl VI. gab es wohl noch andere Gründe für ihn, sich aus dem Disput herauszuhalten. Er wollte nämlich nicht jene Leute in Wien vor den Kopf stoßen, welche die Katholiken im Reich unterstützten, „aus Furcht, für ungläubig gehalten zu werden"[34], und reagierte wie Schönborn äußerst empfindlich auf alles, was seiner Meinung nach eine Beleidigung der kaiserlichen Würde im Reich bedeutete.

Nicht nur das zunehmend kühle Verhältnis zwischen Georg I. und Karl VI. war nach 1719 besorgniserregend, auch die Entwicklung im Süden war einigermaßen beunruhigend. Die Konferenzminister und Eugen waren bereit, die Bedingungen der Quadrupelallianz zu befolgen[35], sie waren aber nicht in der Lage, den Kaiser und seine spanischen Minister davon abzuhalten, Schwierigkeiten zu machen. So wollte sich der Kaiser absolut nicht von dem Titel „König von Spanien" trennen.[36] In ihrer Erbitterung wandten sich die Engländer daraufhin wieder mehr den Bourbonen zu, so daß nach dem Tod Stanhopes die neuen führenden Persönlichkeiten der englischen Politik, Townshend und Carteret, im Juni 1721 eine Tripelallianz mit Frankreich und Spanien schlossen.

Der Abstieg der österreichischen Politik auf das Niveau kleinlicher Obstruktion war das Resultat der Kabale gegen Eugen und die Konferenz. Die kaiserliche Politik wurde jetzt hinter der Szene von Althann und den Spaniern gemacht. Sinzendorf war einer ihrer Trabanten.[37] Nur im Reich, wo Schönborn so gut er konnte die politische Szene beherrschte, war etwas österreichische Initiative und Festigkeit zu spüren. Wie der englische Staatssekretär Tilson es formulierte, schienen die Österreicher in Lethargie verfallen zu sein; „bei einem lauten Krach schrecken sie ein wenig auf, aber gleich darauf schlafen sie wieder ein."[38]

Statthalter der Niederlande

Außer durch seine Tätigkeit im Hofkriegsrat nahm Eugen nur wenig an der täglichen Verwaltungsarbeit der zentralen Organe der Monarchie teil. Er war weder an der Formulierung der Pragmatischen Sanktion (1713) beteiligt noch an den Bemühungen des Kaisers, diese Regelung in den frühen zwanziger Jahren bei den Regierungen seiner verschiedenen Länder durchzusetzen. Zehn Jahre hindurch war er jedoch direkt für die Verwaltung eines besonderen Teils der Monarchie verantwortlich, für die Verwaltung der südlichen Niederlande.

Bevor er zum Statthalter der Niederlande ernannt wurde, war er Statthalter von Mailand gewesen. Aber obwohl er die strategische Bedeutung des Herzogtums klar erkannte, bezeugte er ansonsten Mailand nicht viel Interesse und kehrte nach 1707 nie wieder dorthin zurück. Nach der Thronbesteigung Karls VI. hatte der Spanische Rat ohnehin seine Machtfülle erheblich eingeschränkt. Zweifellos reizte ihn vor allem das Einkommen an diesem Posten.

Ein ganz anderes Interesse sollte Eugen für seine neue Aufgabe aufbringen, obwohl er ebenfalls nie vorhatte, sich persönlich in die südlichen Niederlande zu begeben. Die südlichen Niederlande waren dem Kaiser beim Abschluß des Barriere-Vertrages Ende 1715 übergeben worden, und Eugen war im folgenden Juni zum Statthalter ernannt worden. Zu dem Zeitpunkt aber war er mit dem ersten Feldzug gegen die Türken voll beschäftigt. Als der Krieg beendet war, hätte er sich ohne weiteres nach Brüssel begeben können. Aber er machte keine Anstalten dazu, sondern drohte nur gelegentlich damit, wenn er genug von der Wiener Politik hatte. Der Kontakt mit dem Kaiser und die Leitung des Hofkriegsrates waren ihm wohl wichtiger.[1] Er mochte sich auch nicht von seinen Schlössern und seinen Freunden trennen. Besonders die Gräfin Batthyány scheint ihn gedrängt zu haben, in Wien zu bleiben. Nach St. Saphorins Worten „fürchtet die Batthyány, daß er in den Niederlanden eine andere Geliebte findet".[2] Während seiner achtjährigen Statthalterschaft ließ Eugen die Provinz durch seinen permanenten Stellvertreter, den Marquis de Prié, verwalten.

Dennoch war er entschlossen, sich die Kontrolle nicht aus den Händen nehmen zu lassen. Jede Einmischung, besonders von Mitgliedern des Spanischen Rates, lehnte er entschieden ab und bestand auf der Gründung eines eigenen Rates von Flandern in Wien, der aus vertrauenswürdigen Flamen, Spaniern und Deutschen bestand. Alle wichtigeren Angelegenheiten entschied er persönlich, und das bedeutete eine große administrative Belastung.

Wie sah er seine Position als Statthalter? Sicherlich betrachtete er den Posten teilweise als ein einträgliches Amt, das ihm ein jährliches Einkommen von 150.000 Gulden bescherte. Da er mitgeholfen hatte, die Niederlande in den Besitz des Kaisers zu bringen, dürfte er sich wenig Skrupel über seine Amtsauffassung gemacht haben. Er hatte weder Verständnis noch Interesse für die Schwierigkeiten der Politik und der Wirtschaft der Niederlande, sondern sah seine Aufgabe hauptsächlich darin, die Provinz vor Überfällen von französischer Seite durch eine möglichst große Garnison zu sichern. Die neue Regierung hatte aber mit großen Problemen zu kämpfen, die sie nie in den Griff bekommen sollte. Die Städte und der Adel besaßen weitreichende Privilegien, welche sogar die Verwaltung Philipps V. unter Bergeyck überlebt hatten. Die Niederländer waren sehr stolz auf ihre Privilegien und ergriffen jede Gelegenheit, um sie zu vergrößern. Ihren neuen Herrscher und seine Stellvertreter betrachteten sie mit einmütiger Verachtung. Man sagte, alle Klassen sprachen von ihrem obersten Herrscher, dem Kaiser Karl VI., „als ob sie von einem Trommlerbuben sprachen".[3] Ihre Klagen waren berechtigt. Man hatte ihre Herrscher ausgetauscht, ohne sie zu fragen, die vielen Feldzüge und die erpreßten Abgaben des englisch-holländischen Kondominiums hatten sie schwer belastet, und nun hatte ihnen 1715 der Barriere-Vertrag auch noch den Unterhalt der holländischen Garnisonen aufgebrummt. Diese Garnisonen sollten die Provinz vor Frankreich beschützen, und selbst nach einer Vertragsänderung 1718 ging noch immer ein Drittel aller Einnahmen an den Unterhalt der holländischen Truppen. Dies und die günstigen Einfuhrbestimmungen für englische und holländische Waren, welche einen Teil des Vertrages ausmachten, waren für die Niederländer eine solche finanzielle Belastung, daß sie während der Regierung Karls VI. nicht aus ihren Schulden herauskamen. Jede Chance, die Einnahmen durch die Ausweitung des Überseehandels von Antwerpen aus zu vergrößern, wurde durch die englisch-holländische Schließung der Schelde vereitelt, welche schon ein Jahrhundert lang bestand.

Vor allem der Barriere-Vertrag wollte den Niederländern nicht gefallen. 1716 kamen die Abgeordneten der Stände nach Wien, wurden aber von ihrem neuen Statthalter sehr kühl aufgenommen. Besonders erbost war er, als sie sich dann noch hinter seinem Rücken mit Mitgliedern des Spanischen Rates trafen. Weit wichtiger aber war, daß er jetzt, zu Beginn des türkischen Krieges[4] vermeiden wollte, die Seemächte zu vergrämen. Er war sich der strategischen Position der Niederlande als Schutzwall gegen Frankreich voll bewußt. Der französischen Expansion in die bisher übliche Richtung konnte man jetzt in einer Weise Einhalt gebieten, die unter der bisherigen schwachen spanischen Verwaltung unmöglich gewesen war. Österreich, England und Holland waren dadurch in der Lage, notfalls Frankreich direkt im Norden anzugreifen.

Angesichts der Probleme, mit denen die neue Verwaltung in den Niederlanden fertigzuwerden hatte, war die Wahl des Marquis de Prié als

Statthalterstellvertreter in Brüssel recht unglücklich, ja sie sollte sich als katastrophal erweisen. Eugen hatte ihn dazu ernannt. Prié war Savoyer und sprach fließend Französisch und Italienisch. Die beiden Männer kannten sich schon seit mehr als zehn Jahren, als Prié noch Diplomat in Viktor Amadeus' Diensten war. Später trat er dann in österreichische Dienste ein. Eugen hielt ihn wegen seiner diplomatischen Geschicklichkeit, seiner französischen Sprachfertigkeit, seiner nichtspanischen Abstammung und seiner Loyalität für den idealen Mann in Brüssel. Er sollte sich jedoch äußerst unbeliebt in Brüssel machen, indem er zum Beispiel die Einheimischen von den wichtigeren Verwaltungsposten ausschloß. Daß er mit diesen und kirchlichen Ämtern einen einträglichen Handel getrieben haben soll, stellte sich aber bei seinem Tode als unwahrscheinlich heraus: Zu groß waren seine Schulden. Sicher aber machten seine angeborene Faulheit, sein Alter und sein immer schlechterer Gesundheitszustand aus ihm einen sehr unzuverlässigen Verwalter. Meistens vergingen Monate, bis er die Briefe aus Wien beantwortete. Whitworth, ein englischer Diplomat, der ihn gut kannte, bemitleidete seine Untertanen, „die bei der schleppenden Redeweise ihres Herrn eigentlich in die Luft gehen mußten".[5] Joupain, sein Personalleiter, klagte darüber, daß Prié hier und da an Schwindelanfällen leide, „die besonders häufig an jenen Tagen auftreten, wenn die Post aus Wien eintrifft, so daß man sagen kann, er bekommt sie mit der Post".[6]

Eugen waren die Schwächen Priés bekannt. Andere Beamte in den Niederlanden berichteten ihm nur allzu gerne darüber. Er muß sich jedoch schon bei der Ernennung Priés klar über ihn gewesen sein, denn 1721 erzählte er einem englischen Diplomaten: „Als der Marquis de Prié Botschafter in Rom war, erhielt Wien manchmal einen Monat lang keine Post von ihm. Kam sie dann, dann war es ein dreißig Zentimeter dickes Bündel." Ein solches erwarte er auch jetzt gerade und würde zwei Wochen zum Lesen brauchen.[7] Der Prinz zeigte sich bemerkenswert geduldig; er wollte wohl nicht zugeben, daß er die falsche Wahl getroffen hatte. Er beschränkte sich darauf, Prié dringend zu bitten, eine zügigere Korrespondenz zu führen und seinem Beispiel zu folgen, indem er das Briefeschreiben seinem Sekretär überließ, dem er nur den Inhalt zu skizzieren habe. Denn „Briefeschreiben ist kein Geschäft für einen Minister".[8]

Belgische Historiker warfen Prié vor, er habe versucht, eine absolutistische Regierungsweise einzuführen. Er versuchte jedoch nur, den status quo zu verteidigen. Karl VI. bemühte sich nämlich stets, die bestehenden Einrichtungen seiner Länder, besonders der spanischen, zu erhalten; denn, so sagte er 1711 zu Wratislaw, „jedes Land läßt sich am besten in Übereinstimmung mit seinen besonderen Privilegien und Sitten regieren".[9] Auch Eugen hatte nicht die Absicht, Veränderungen durchzusetzen, und riet Prié, die Stände so zu behandeln wie der englische König das Parlament.

Eugen wollte allerdings vermeiden, daß einheimische Privilegien auf Kosten der Krone vergrößert wurden, womöglich noch durch Bürgerunruhen. Vor 1719 kam es tatsächlich in den größeren Städten zu Aufruhr in den Straßen. Die Provokation ging von den Gilden aus, welche den Steuervorschreibungen der Verwaltung nicht nachkommen wollten und statt dessen das mittelalterliche System der städtischen Unabhängigkeit wieder einführen wollten. Obgleich Prié lieber einer direkten Konfrontation ausgewichen wäre, ermunterte ihn Eugen hart zu bleiben und scharf durchzugreifen. Nach Passarowitz ließ man zur Einschüchterung eine große Zahl Truppen in die Provinz einmarschieren, und 1719 war die Garnison von Brüssel 10.000 Mann stark. Prié ließ die Unruhestifter aufgreifen und folterte mit Eugens Rückenstützung den siebzigjährigen Gildenmeister Anneessens, damit er seine Komplizen verrate, und richtete ihn dann öffentlich hin.

Eugen hatte auf dieser Härte bestanden, weil ihm Straßenunruhen an sich ein Horror waren, besonders aber hier, wo einige Rufe nach der Wiedereinsetzung Philipps V. laut geworden waren, was leicht zu französischer Einmischung hätte führen können. Er befahl daher Prié, daß seine Truppen aufgegriffene Randalierer töten sollten, welche zu fliehen oder sich zu wehren versuchten, damit die Bevölkerung das Fürchten lerne. Sie verdiene weder Rücksicht noch Milde.[10] Der Einsatz von Militär schien zu wirken. Die Unruhe in den Städten legte sich. Eugen war daraufhin der erste, der für eine Erleichterung der Situation und für eine Verminderung der Truppen eintrat. Es war keine Rede davon, mit Militärgewalt gegen die städtischen Privilegien vorzugehen. Und die Truppenzahl mußte auf jeden Fall reduziert werden, da ihr Unterhalt zu einer alarmierenden Verschlechterung der finanziellen Situation in den Niederlanden geführt hatte.

Dem Regime gelang also nicht nur, die innere Ordnung wieder herzustellen, es gelang Prié auch, neben den holländischen Garnisonen noch eine ständige Besatzung von 18.000 bis 21.000 Mann zu finanzieren. Dieser Punkt lag Eugen, wie wir wissen, besonders am Herzen. Dagegen hatte er kein besonderes Interesse an der Vergrößerung der Einnahmen der Krone oder am Wohlstand seiner Untertanen. Der Anstoß zur Finanzreform kam vom Kaiser selbst, der nach 1717 forderte, daß in Brüssel über Einkommen und Ausgaben genau Buch geführt würde und die verschiedenen Finanzorgane neu organisiert würden. Denn während Eugen an wirtschaftlichen Dingen komplett uninteressiert war, war Karl seit seinem spanischen Aufenthalt von der Bedeutung der Wirtschaft durchdrungen.[11] In Österreich waren die Möglichkeiten für wirtschaftliche Großunternehmen begrenzt, aber nach Passarowitz engagierte sich Karl für die Gründung einer Osthandelsgesellschaft mit dem Ausgangshafen Triest und trat für den Bau einer Straße über den Semmering ein. Seine spanischen Freunde und auch Sinzendorf ermunterten ihn in dieser Richtung. So verfolgte er mit großem Interesse die Entwicklung des Adriahandels in den zwanziger Jahren und war 1728 in Triest über die Resultate bitter enttäuscht.[12]

Die Niederlande boten Österreich nun an sich eine gute Gelegenheit, um in den Atlantik- und Asienhandel einzusteigen. Aber die Seemächte waren fest entschlossen, ihr Monopol zu verteidigen. Nicht nur, daß sie die Öffnung der Schelde glattwegs abgelehnt hatten, sie standen auch sonst dem Handel in den Niederlanden feindlich gegenüber. Aber der Erfolg von John Laws Mississippi-Kompagnie in Frankreich und der Südsee-Kompagnie in England 1979 weckte unvermeidlicherweise auch in den Niederlanden und in Wien Wünsche, eine ähnliche Kompagnie mit Sitz in Ostende zu gründen. Während der Kaiser sich dafür begeisterte — „dem Kaiser liegt das so sehr am Herzen, wie man es sich kaum vorstellen kann"[13] –, empfand Eugen ein tiefes Mißtrauen vor kommerziellen Programmen und fürchtete sich vor der Reaktion der Seemächte. So gab er sich alle Mühe, ausländische Spekulanten daran zu hindern, den Kaiser in ehrgeizige Abenteuer zu ziehen, und seine Vorsicht sollte durch den Zusammenbruch der Mississippi- und der Südseekompagnie bestätigt werden. „Es genügt, daß sich jemand vor mir als Gründer ausgibt, um meine gute Meinung von ihm zu verlieren. Denn in den meisten Fällen habe ich nur wenig Wert und Aufrichtigkeit bei Leuten entdecken können, die sich mit solchen Dingen beschäftigen."[14] Aber Karl drängte so sehr, daß Eugen 1720 widerstrebend nachgab und Prié beauftragte, eine Kompagnie zu gründen. Der Marquis beeilte sich indessen nicht sehr damit. Wahrscheinlich bezahlte ihn dafür die kleine Gruppe von Kaufleuten, welche jetzt den unregelmäßigen Schiffsverkehr von Ostende zum Fernen Osten organisierte. Der Kaiser wurde aber immer ärgerlicher, so daß Eugen im Sommer 1721 einen Entwurf anforderte. Prié legte daraufhin ein recht vernünftiges Projekt vor. Es lag nicht an Eugen, sondern an dem üblichen Wiener Tempo, daß es noch zwei Jahre dauerte, bis im August 1723 die Ostendische Kompagnie gegründet wurde.

Die Kompagnie mußte dem Kaiser sechs Prozent der Gewinne abtreten. Dafür gewährte der Kaiser der Kompagnie seinen Schutz und einen Freihandelsbrief für den Fernen Osten. Die größten Mitgliedsbeiträge zahlten die flandrischen Adeligen. Es war hauptsächlich ein niederländisches Unternehmen, aber auch Prié gab seinen Widerstand auf und wurde das finanzstärkste Mitglied mit 150.000 Gulden. Rialp und Sinzendorf beteiligten sich mit 100.000. Der Prinz dagegen stieg nur mit 60.000 ein. Er wollte nicht den Anschein erwecken, Profit aus einem von ihm geförderten Unternehmen zu ziehen und hatte überhaupt kein Interesse daran, auf diese Weise zu Geld zu kommen. Aus Loyalität jedoch zu Kaiser Karl VI. arbeitete er trotz seiner anfänglichen Zweifel hart für den Erfolg der Kompagnie und für die Anerkennung durch die Seemächte. Dafür jedoch bestand überhaupt keine Chance. Zu groß war die Eifersucht der englischen und holländischen Ostindien-Kompagnien. Die Gewinne der Ostendischen Kompagnie lagen bei

80 bis 100 Prozent. 1730 waren bereits 6 Millionen Gulden an Dividenden ausgezahlt worden.

Ein Jahr nach der Gründung der Ostendischen Kompagnie trat Eugen als Statthalter der Niederlande zurück. Priés Position war unhaltbar geworden, und Eugen konnte ihn nicht länger unterstützen. Der Kaiser hatte ihm seinen anfänglichen Widerstand gegen die Kompagnie nicht vergeben, aber außerdem übte auch der in seinem Staatsrat in Brüssel vertretene einheimische Adel einen starken Druck auf ihn aus. Der lauteste aller Gegner war der Marquis von Mérode-Westerloo, ein persönlicher Feind Eugens aus dem Spanischen Erbfolgekrieg. Seine ein Jahrhundert später veröffentlichten Memoiren steckten voll heftiger Angriffe auf Eugen. Als er jetzt versuchte, Prié zu verleumden, ließ Eugen ihn auf der Stelle festnehmen und 1724 ins Gefängnis werfen. Er hatte vor, ein Exempel an ihm zu statuieren, aber der Widerstand der Aristokraten gegen Prié ließ nicht nach, und kurz danach entbrannte ein neuer Streit um den kaiserlichen General Alexander de Bonneval. Dieser war ein temperamentvoller Franzose, der am Ende seines Lebens Moslem und ein Reformer der türkischen Armee werden sollte. Er hatte erst den französischen und dann den venezianischen Dienst quittiert, um in die Dienste des Kaisers zu treten. Und hier wurde er schnell ein Günstling Eugens, begleitete ihn nach Rastatt und wurde ein Mitglied des Wiener Kreises um Eugen. Er blieb aber immer ein Mann mit suspekten Ansichten. 1718 bemerkte sein Freund St. Saphorin, daß Bonneval „sehr oft republikanische Ideen ausspuckt" und sich in engem Kontakt mit oppositionellen Elementen in den Niederlanden befände.[15] Kurz nach dem sizilianischen Feldzug zerbrach die Freundschaft mit Eugen, als Bonneval bemerken mußte, daß Eugen ihm nicht die militärischen Posten verschaffte, die er verdient zu haben glaubte. 1723 verließ er Wien und fuhr nach Brüssel, obgleich ihm Eugen in aller Offenheit gesagt hatte, da würde es ihm nicht besser gehen, „da ich nie die Absicht besessen habe, ihn oder einen anderen Franzosen in diesen Frankreich so nahen Ländern einzusetzen".[16] Kaum war er in Brüssel, als er sich auch schon zu der Opposition gegen Prié schlug, aber wie Mérode-Westerloo ging er zu weit und wurde im September 1724 wegen Verrat verhaftet. Eugen war tief verbittert und bezog die Attacken gegen Prié auf sich selbst, womit er wahrscheinlich recht hatte. Jedenfalls benutzte er seinen ganzen Einfluß, um zu erreichen, daß Bonneval in Brünn inhaftiert wurde.

Obwohl nun Mérode-Westerloo und Bonneval unschädlich gemacht waren, hatten ihre Attacken doch erreicht, daß Priés Ruf ruiniert und Eugens Position angeschlagen war. Der Prinz sah endlich ein, daß er Prié nicht weiter unterstützen und sich selbst auf diese Weise gefährden konnte. Der entscheidende Anstoß ging von der Opposition des flandrischen Rates in Wien aus, der bisher so gefügig gewesen war, und von der offenen Sympathie des Kaisers und Sinzendorfs für Bonneval. Möglicherweise hatten sie ihn sogar dazu ermuntert, nach Brüssel zu gehen, um Material gegen Prié zu sammeln. Wie auch immer, Eugens Entfremdung von Sinzendorf nahm hier ihren Anfang. Allem Anschein nach drohte auch der Hofkanzler der Gräfin Batthyány, daß Eugen in die Niederlande versetzt werden würde, wenn er nicht von seinem Posten zurückträte. So ließ er sich am 16. November beim Kaiser melden und legte sein Amt nieder.

Zum Ausgleich bot ihm der Kaiser den Honorarposten eines Generalvikars von Italien an, der 140.000 Gulden jährlich einbrachte, und schenkte ihm einen Jagdbesitz in Siebenbrunn in Niederösterreich. Dennoch war Eugen durch den erzwungenen Rücktritt tief deprimiert. Dazu kam Weihnachten 1724 eine unangenehme Grippeerkrankung, die eine chronische Bronchitis nach sich ziehen sollte. Die letzten zwölf Jahre seines Lebens hatte Eugen jeden Winter mit Infektionskrankheiten zu kämpfen.

Nach dem Rücktritt Eugens war auch Prié erledigt. Im Frühjahr 1725 trat er zurück, um einer Entlassung zu entgehen. Er kehrte nach Wien zurück und starb ein Jahr später. Die Niederlande wurden wieder wie früher von einer Erzherzogin regiert, in diesem Fall von Karls unverheirateter Schwester Maria Elisabeth. Diese Lösung schien der halb autonomen Stellung der Niederlande mehr zu entsprechen. Obgleich ein begeisterter Schriftsteller 1930 schrieb, daß das Regime von Prié und Eugen die „Grundlagen für eine neue Ära" legte[17], tasteten sie weder die Privilegien noch die Unabhängigkeit des Adels an und haben die wirtschaftliche Schwäche der Niederlande nicht behoben. Diese Probleme sollten bis zum Ende der österreichischen Herrschaft in den Niederlanden nicht gelöst werden. Auf der anderen Seite konnten unter Eugens Verwaltung aufrührerische Umtriebe erstickt werden und die Stellung der Niederlande als Barriere gegen Frankreich aufrecht erhalten bleiben. Mehr konnte von einem Statthalter, der mehr als eintausendfünfhundert Kilometer weit entfernt lebte, nicht erwartet werden.

Eugen als Kunstmäzen

In den fünfzig Jahren nach dem Sieg über die Türken 1683 wurden überall in den inneren und äußeren Bezirken Wiens prächtige Stadtpaläste, Kirchen und Klöster gebaut, ebenso wie in den kleineren Städten der Monarchie, wie Prag und Preßburg, und auf den Besitzungen des Adels und der Kirche. In diesen Bauwerken manifestierte sich die eindrucksvollste Seite eines allgemeinen Aufschwungs der bildenden Künste in Süddeutschland und Mitteleuropa in dieser Epoche des „Kaiser-Barock" (1684—1740). Besonders die Orden und allen voran die Jesuiten hatten eine große Anzahl von italienischen Künstlern nach Österreich und Deutschland geholt, aber die ebenso wohlhabende Aristokratie stand ihnen bald in nichts nach. Zweihundert Jahre lang regierte in Österreich auf dem Gebiet der Kunst der italienische Einfluß. Nach der Jahrhundertwende wurden zwar immer mehr einheimische Künstler und Architekten herangezogen, aber gewöhnlich handelte es sich um Männer, die ihr Handwerk in Italien gelernt hatten, und die meisten waren immer noch Italiener.

Das kaiserliche Barock verstand es, den Eindruck von Größe, Farbigkeit und Reichtum zu vermitteln, und zwar sowohl in den Bauwerken, als auch in der Einrichtung und in der Innenausstattung. Die Architektur dominierte. Alle anderen Künste, eingeschlossen die Musik, waren dazu da, sie zu verschönern. Die aristokratischen Bauherren wurden zu Sammlern von Kunstwerken der Vergangenheit und zu Mäzenen lebender Künstler. Karl VI. konnte da ähnlich wie sein Vater mit seinen reichen Untertanen kaum mithalten: Woran man sieht, wo der wahre Reichtum im Reich zu finden war. Er mußte sogar Josefs grandiose Pläne für ein Schloß in Schönbrunn aufgeben, welches die Konkurrenz mit Versailles hätte aufnehmen sollen, und mußte sich mit der Hofbibliothek und mit der Karlskirche zufrieden geben. Seine Minister und Höflinge schienen jedoch keine Geldsorgen beim Bauen zu haben. Ob sie nun aus so wohlhabenden Familien stammten wie Liechtenstein, Sinzendorf und Trautson oder Emporkömmlinge wie Caprara, Rialp und Schönborn waren, alle besaßen mindestens ein bis zwei Paläste, die ihren Namen trugen. Von allen der spektakulärste als Bauherr, Sammler und Mäzen war aber Prinz Eugen.

Die meisten Adeligen finanzierten ihre enorm teuren Bauvorhaben hauptsächlich mit den Einkünften aus ihren ererbten Besitzungen. Adam Liechtenstein, der reichste von ihnen, verfügte über ein Einkommen von 400.000 Gulden im Jahr.¹ Andererseits waren sowohl Eugen wie auch Schönborn vollkommen besitzlos, als sie nach Wien kamen, und starben beide als sehr reiche Männer. Schönborns Einkommen aus kaiserlichen Ämtern betrug 1720 ungefähr 50.000 Gulden jährlich, aber seine Familie half ihm, 1710 einen Besitz zu erwerben, und 1728 schenkte ihm Karl VI. Land in Ungarn. Diese Landübereignungen der Krone bildeten einen wichtigen Faktor in der Vermögensbildung der meisten Minister. Schönborn jedoch kam außerdem in den Genuß von Geschenken von Streitpartnern innerhalb des Reiches, wo er über großen Einfluß verfügte: 1720 zahlte ihm der Minister Georgs I., Cadogan, 20.000 Gulden, damit Georg als Kurfürst von Hannover die Investitur von Hadeln zugesprochen bekam.² Im Falle Eugens ist es aber mehr als unwahrscheinlich, daß er Bestechungsgeschenke annahm. Du Luc, ein französischer Diplomat, hielt ihn 1715 für den einzigen Minister, der nicht käuflich war. Die prachtvollen Geschenke, die er gelegentlich von ausländischen Herrschern erhielt, dienten ihm als Schmuck seiner Schlösser.

Leider sind die meisten Privatbriefe Eugens und alle seine Rechnungen verlorengegangen. Daher ist es unmöglich festzustellen, woher sein immenser Reichtum kam. Wir wissen nur ziemlich genau Bescheid über sein Einkommen, und wir wissen, wie er seine Bauwerke und seine Sammlungen finanzierte. Den Baugrund und die erste Bauphase seines Stadtpalastes finanzierte er mit den Einkünften aus seinen Abteien in Savoyen, ebenso den Baugrund des späteren Belvederes und die Donauinsel Czepel. Ab 1703 konnte er als Hofkriegsratspräsident nun außerdem mit einem ständig steigenden Einkommen rechnen, das wahrscheinlich 100.000 Gulden jährlich betrug, während die Statthalterposten von Mailand und den Niederlanden ihm wahrscheinlich jeweils 150.000 Gulden gebracht haben. Zwar verlor er 1724 die Statthalterschaft, aber der Posten des Generalvikars von Italien bescherte ihm immerhin ebenfalls 140.000 Gulden jährlich. Zwischen 1698 und 1702 hatte ihm Leopold I. Land in Ungarn überschreiben lassen, welches allerdings zum großen Teil wertlos war. Weit wertvoller war dagegen das Geschenk von 400.000 Gulden, das ihm zwischen 1710 und 1717 an der Stelle von weiterem ungarischen Land überreicht wurde, und 1724 bekam er den Besitz in Siebenbrunn, der ebenfalls seine 140.000 Gulden jährlich wert war. 1729 vermutete Pöllnitz — und Keysler kam ein Jahr später zu demselben Schluß —, daß der Prinz 300.000 Gulden jährlich durch seine Ämter verdiente und dazu noch jährlich 100.000 Gulden von seinen Besitzungen einnahm.³ Sein Anteil an der jeweiligen Kriegsbeute wie zum Beispiel in Zenta und Peterwardein würde man heute als Sonderzahlungen bezeichnen. Er nahm somit Summen ein, die ihn durchaus auf die Einkommensstufe eines Liechtenstein erhoben, und daher ist es weiter nicht erstaunlich, daß er genauso verschwenderisch bauen konnte wie die Großen der Monarchie. Dazu kam, daß er kein Geld für eine Familie auszugeben hatte, sich nur wenige Diener hielt und keinen Wert auf seine Erscheinung legte. Als er älter wurde, revidierte er seinen früheren Standpunkt, auf keinen Fall Großgrundbesitzer werden zu wollen. 1726 kaufte er in der fruchtbaren Ebene des Marchfeldes Ländereien, die ihn, zusammen mit Siebenbrunn, zu einem der größten Großgrundbesitzer der Monarchie machten. Dazu hatte ihn wohl sein wachsendes Interesse an der Jagd und die Überlegung, Geld anlegen zu müssen, gebracht. Als er 1736 starb, wurde sein Vermögen, ohne den Besitz in Südungarn, auf zwei Millionen Gulden geschätzt, und dies war wahrscheinlich unterschätzt: Das Belvedere und das Palais in der Himmelpfortgasse bewertete man nur mit jeweils 100.000 Gulden, aber allein manche Einzelstücke der Einrichtung waren mehr als 10.000 Gulden wert.

Leider wissen wir nicht, wie er seine Besitzungen verwaltete. Fest steht nur, daß er lediglich die savoyischen und ungarischen ein- bis zweimal besuchte. Obgleich er also seine Besitzungen nicht direkt verwaltete, schien er sich doch persönlich darum zu kümmern, wie aus einem Brief an seinen Verwalter der savoyischen Klöster 1711 hervorgeht: Er bittet um eine genaue Abrechnung, damit er sich selber einen genauen Saldo errechnen könne.[4] Der oberste Verantwortliche für die Verwaltung aller Ländereien und für Eugens Finanzen war Georg Koch, der „alte Koch", der Vater seines Sekretärs Ignaz Koch. Er war nach Zenta in den Dienst des Prinzen getreten und ihm bis zum Tode Eugens treugeblieben. Eugen hatte einen Mann wie Koch besonders nötig, da zwar seine großen Sammlungen, das Belvedere und Schloßhof, in den Friedensjahren nach dem Spanischen Erbfolgekrieg entstanden waren, er aber auch in den vorangegangenen Kriegsjahren schon gebaut hatte. Während der Feldzüge war es unmöglich gewesen, die Bauwerke selber zu überwachen, aber Eugen hatte alle Baupläne studiert und in vielen Fällen das Material und die Inneneinrichtung selber ausgesucht.

Warum Eugen baute und sammelte, darüber bestehen wenig Unklarheiten. Als er im kaiserlichen Dienst Karriere machte, war es nur zu verständlich, daß er seine Zeitgenossen imitierte. Auch Caprara und Daun, Militärs wie er, bauten und sammelten in Wien, Marlborough baute sein Schloß Blenheim in Woodstock, und in Venedig sammelte General Schulenburg Bilder in wahrhaft königlichem Umfang. Dazu kam, daß Eugen aus einer Fürstenfamilie stammte und im Hotel de Soissons, im Paris Ludwigs XIV., aufgewachsen war; sein Großonkel war Mazarin, einer der größten Sammler und Mäzene des 17. Jahrhunderts.

Eugens Stadtpalais in der Himmelpfortgasse wurde in den Grundzügen vor dem Ende des 17. Jahrhunderts von dem österreichischen Architekten Bernhard Fischer von Erlach fertiggestellt. Daß sich Eugen für diesen Architekten und seine erhabene und idealistische Bauweise entschieden hatte, war ganz natürlich. Fischer von Erlach war der bekannteste Architekt jener

Zeit. Er hatte ein Stadtpalais für Eugens damaligen mächtigen Freund, den Kanzler Strattmann, gebaut, und er sollte später einen für seine Tochter, die Gräfin Batthyány, bauen. Die Zusammenarbeit des Prinzen mit Fischer von Erlach endete 1701. Hinweise auf einen Streit liegen nicht vor. Wahrscheinlich sagte die weniger heroische und elegantere Architektur Johann Lukas Hildebrandts dem Prinzen im Moment mehr zu. Dieser Mann war ein Schützling Eugens, er hatte ihn 1695/96 als Belagerungsingenieur nach Italien begleitet, und möglicherweise war er nur durch Eugens Einfluß 1701 kaiserlicher Hofingenieur geworden. Hildebrandt baute das Palais in der Himmelpfortgasse während der Kriegsjahre um, behielt aber Fischers Grundkonzeption bei. Mit dem Ausbau mußte man warten, bis der Hofhutmacher Fauconct sich bereit erklärte, das Nachbarhaus zu verkaufen, und bis der andere Nachbar, ein Hofzeremonienmeister, starb. Die Arbeit ging auch während des Pestjahres 1713 weiter, als jedermann seine Arbeiter entließ. Den „Helden-Thaten" zufolge, einer hymnischen Biographie Eugens, welche kurz nach seinem Tod erschien, hatte Eugen sich moralisch verpflichtet gefühlt, sie weiter anzustellen, ja, er beschäftigte sogar noch mehr, nämlich 1300, weil er es nach seinen Worten „unchristlich" fand, die Leute mit dem Hunger kämpfen zu lassen, „wenn sie bereits mit dem Tod zu ringen haben".[5]

Von den Zeitgenossen wurde Eugens Winterpalais für den schönsten aller Stadtpaläste gehalten. Hier verbrachte er auch seine meiste Zeit, hielt Konferenzen ab und starb am 20. April 1736 in seinem Bett. Schon damals konnte man die Fassade nur aus einem Winkel heraus betrachten, weil die Himmelpfortgasse damals genau so eng wie heute war. Heute ist in dem Gebäude das österreichische Finanzministerium untergebracht. Erhalten geblieben ist die Fassade, allerdings ohne die ursprünglichen Statuen auf dem Dach; außerdem das Vestibül, das herrlich geschwungene Treppenhaus und zwei Fresko-Decken.

Wie zu erwarten, dominierten im Dekor verschiedene kriegerische Themen, ebenso wie in den Schlössern zweier anderer Soldaten, nämlich Dauns und Batthyánys. Marlborough hatte in Blenheim seine großen Siege auf Wandteppichen darstellen lassen, Eugen auf riesigen Wandgemälden. Aber auch die klassischen Themen waren in der Himmelpfortgasse vertreten: der Mythos des Herkules, wie im Palais Battyány, und der Mythos des Apollo, des Förderers von Kunst und Wissenschaft.

Die Häuser des frühen 18. Jahrhunderts waren nur sparsam möbliert: Fresken, Wandverkleidungen, Spiegel und Prunkmöbel wurden sorgsam plaziert, um ganz bestimmte Wirkungen zu erzielen. Auch die Räume setzte man durch Farben deutlich gegeneinander ab. Eugens Schlösser entsprachen genau dem Stil der Zeit, und glücklicherweise gibt es einige zeitgenössische Beschreibungen von ihnen. Das Winterpalais wurde 1729/30 von den Schriftstellern Karl Ludwig Pöllnitz und Johann Georg Keysler besichtigt. Ihre

Schilderungen sind nicht nur an sich interessant, sie sind auch ein Beweis dafür, wie bereitwillig man Ausländer durch die Schlösser führte, genau wie heute:

„Das Palais des Prinzen Eugen von Savoyen ist stattlich, aber steht in einer sehr engen Gasse mit einem sehr kleinen Hof davor... Es besteht aus vier Stockwerken, davon das dritte das vornehmste ist. Schade ist es, daß wegen der gegenüberstehenden Häuser so wohl die Zimmer als auch Treppen etwas dunkel sind. Die Facciata hat drey Thore mit balcons und in jedem Stockwerk siebenzehen Fenster. Das Dach ist auf Italiänische Art platt gebauet und mit achtzehen grossen steinernen Statuen gezieret. In einem Vorzimmer sind die Batallien von Zenta und Höchstätt nebst vier anderen, welche diesem Printzen sonderlichen Ruhm erworben haben, gemahlt... Unter den schönen Tapeten dieses Palastes ist diejenige vor vielen anderen sehenswürdig, welche einen Schiffbruch, woraus etliche Leute gerettet werden, abbildet. In den nächsten beiden Räumen hängen sehr wertvolle Wandteppiche (von de Vos)[6] aus Brüssel, auf der die Militärwissenschaft zur Darstellung gebracht ist. Etliche Zimmer sind mit rothem Sammet meubliret, sonderlich dasjenige, worin der Printz unter einem Baldachin und auf einem Sessel mit Armen dem Türkischen Botschafter vor etlichen Jahren Audienz ertheilet hat. In diesem gemach ist der Ofen von Metal und stellt Herculem vor, wie er die Hydram erleget. In einem anderen Zimmer stehet ein Schreib-Cabinet, so gantz von Schild-Kröten verfertigt ist. Das Spiegelzimmer ist sehr schön, auch sonst allenthalben an kostbaren Gemählden, Spiegeln und Caminen nichts gesparet, wie denn einer von den letztern aus grauem Marmor 20.000 Gulden gekostet hat."[7]

Das Palais in der Himmelpfortgasse war aber nur eines von Eugens Schlössern. Von Anfang an schien er die Absicht gehabt zu haben, mehrere Schlösser zu besitzen. Hildebrandt mußte ihm Pläne zeichnen für ein Schloß auf seiner Donauinsel Czepel. Zum Zeitpunkt des ungarischen Aufstands war das Schloß bereits fast fertiggestellt, schätzungsweise zu einem Preis von 100.000 Gulden. Es stand am Ufer der Donau und war ein achteckiger Kuppelbau mit geschwungenen Flügeln. Da sich der Prinz nur einmal nach dem Sieg in Belgrad dorthin begeben hat, muß man wohl annehmen, daß er das Interesse an diesem Platz verloren hatte, möglicherweise wegen des ungarischen Aufstands.

Während des Spanischen Erbfolgekrieges legte Hildebrandt Gärten auf dem Landstrich an, den Eugen ein paar Jahre früher im Südosten Wiens gekauft hatte. Mit dem Bauen begann er jedoch erst nach dem Krieg. Man hatte von dort einen herrlichen Ausblick auf die Stadt, und das Areal war groß genug, um eine weit ausladendere Architektur als in der Himmelpfortgasse zu erlauben. Die beiden Belvedere-Schlösser sollten eine Meisterleistung Hildebrandts werden und sollten nach der Fertigstellung alle anderen Schlösser der Außenbezirke an Schönheit übertrumpfen.

Man begann 1714 bis 1716 mit dem Bau eines einstöckigen Gebäudes, dem

Unteren Belvedere, am Fuß des abfallenden Grundstückes. Unmittelbar nach der Fertigstellung entschied sich aber Eugen, ein viel größeres und eindrucksvolleres Gebäude oben auf dem Hügel zu errichten, das Obere Belvedere. Dieses wurde zirka 1720—1722 vollendet, die Einrichtung nahm noch längere Zeit in Anspruch. Zwischen 1717—1719 arbeitete der französische Gartenarchitekt Girard, ein Schüler des berühmten Le Nôtre, an den Gartenanlagen. Er war Eugen von Max Emanuel von Bayern „geliehen" worden. Er legte die Gärten nach dem Vorbild von Versailles an, das heißt, er zeigte die vom Menschen gebändigte Natur: Gerade Linien und geometrische Muster kontrastieren mit den Kurven und Schnörkeln der barocken Architektur.

Das Obere Belvedere stellte sowohl Hildebrandts als auch Eugens Meisterstück dar. Sie hatten das Glück, über soviel Geld zu verfügen, daß sie alle ihre Vorstellungen verwirklichen konnten. Dieses Märchenschloß mit seinen aufgelockerten weißen Stuckwänden und seinem leuchtenden Kupferdach war bald das Wunder Europas: Zwischen 1731 und 1740 stellte Salomon Kleiner von Augsburg hundert Kupferstiche her. Es gab nur eine zeitgenössische kritische Stimme: Montesquieu hielt die Fassade für geschmacklos. Wenn die Besucher damals wie heute den Belevederegarten vom Süden her durch ein riesiges Eisentor betreten, stehen sie vor einem „sehr großen künstlichen See, an dem vorbei zu beiden Seiten Kastanienalleen zum Schloß führen".[8] Der See ist so groß, daß man zu Eugens Zeiten auf ihm Gondel fuhr. Immer noch spiegelt sich das Schloß in ihm. Dieses hat einen dreistöckigen Mitteltrakt, niedrigere Seitenpavillons, und die gedrungenen Kuppeln an allen vier Ecken geben dem Gebäude etwas von einem riesigen Zelt. Das Innere hat sich im Laufe der mehr als zweihundert Jahre alten Geschichte des Schlosses als zunächst kaiserliche und dann staatliche Residenz sehr verändert. Wir haben jedoch zwei zeitgenössische Schilderungen seines ursprünglichen Aussehens. Die eine ist 1730 von J. B. Küchelbecker[9] in Hannover publiziert worden, die andere wurde ein Jahr später gedruckt und wurde von dem Hannoveraner Keysler nach einem Besuch 1730 geschrieben.

Die repräsentativen Haupträume lagen und liegen im ersten Stock; im Erdgeschoß waren die Diener und Küchen untergebracht. Das Schlafzimmer des Prinzen im Ostpavillon betrat der Besucher durch einen „blauen" mit Bildern geschmückten Vorraum. Es enthielt ein kostbares Bett, Spiegel und einige Möbel. Von hier kam man in einen Raum, dessen Wände vom Boden bis zur Decke mit Miniaturmalereien in vergoldeten Rahmen geschmückt waren. In diesem Raum bewahrte der Prinz seine Sammlung von optischen und wissenschaftlichen Instrumenten auf. In einem Eckraum des Schlosses befand sich eine kleine Kapelle aus braunem Marmor mit einem Altarbild, das die Auferstehung zeigte. Im nächsten Eckzimmer, das einen Boden aus vielfarbigem Holz besaß, gab es mehrere vergoldete Spiegel und „vier kleine Tische von schwarzem, braun geäderten Marmor, den man aus Rom hierher hatte transportieren lassen". Westlich davon kam der Besucher in den Audienzraum, dessen Tapeten ein ostindisches Pflanzenmuster trugen und dessen Decke mit einem Apollo-Fresko geschmückt waren. Danach betrat er den Konferenzraum, mit karmesinroten Damastwänden und einem Kristalluster, der angeblich 18.000 Gulden gekostet haben sollte, bis er endlich im zweistockhohen Prachtsaal war, von dem aus man eine weite Aussicht auf den Garten und die Stadt hatte. Vom Grundriß her ein längliches Achteck, besaß der Raum eine Freskodecke und einen Boden aus rotem Marmor. Neben dem Saal befand sich noch ein zweistöckiger Raum, das Marmorzimmer. In diesem Zimmer gab es ein Deckengemälde, welches Eugen als Krieger zum Mittelpunkt hatte. Nach weiteren drei Räumen erreichte der Besucher die enge Bildergalerie des Prinzen, in der seine besten Bilder hingen, die meisten in jenem halberotischen Stil, der damals in deutschen Landen so beliebt war: „Unter denen trefflichen Gemählden soll Adam und Eva in Lebensgröße 50.000 Gulden gekostet haben, ein Frauenzimmer, das einen Jüngling im Bade umhalst 30.000 Fl. und der Jäger Endymion mit der Diana 12.000 Gulden. Eine Copey von den drey Gratien des Rubens wird auch sehr hoch gehalten."

Am äußersten Westende des Schlosses lagen der „weiße" Raum und der „ostindische" mit Lackarbeiten und viel Porzellan. In allen Räumen gab es mit Goldbrokat verzierte Sofas und Sessel. Die Räume waren mehr als Ausstellungsräume gedacht, als zum Wohnen bestimmt. Der Prinz benutzte das große Schloß hauptsächlich für Empfänge. Er selber wohnte im Sommer im Unteren Belvedere.

Die streng symmetrischen Gärten besaßen mehrere Brunnen, einen Springbrunnen und kunstvoll geschnittene Hecken und Bäume. Wegen der Aussicht wurden keine großen Bäume gepflanzt. Die Längsseiten der Gärten waren mit Buchsbäumen eingefaßt und einer Reihe von Statuen. Ein Nachteil bestand jedoch darin, „daß das von der Kaiserin Amalia angelegte Closter der Salesianerinnen diesen Garten dergestalt gleichsam commandirt, daß niemand darin herumgehen kan, ohne aus den Fenstern des Closters gesehen zu werden". Wie in Versailles gab es eine Orangerie für tropische Pflanzen. Angeblich sollte sie zweitausend verschiedene Pflanzen vom Mittelmeer, dem Fernen Osten und Südamerika enthalten, darunter „Drachen-, Kaffee-, Dattel- und Muskatbäume". Außerdem gab es „ein großes Vogelhaus und einen Zoo mit acht kleinen Höfen, Brunnen und Kastanienalleen".[10] Der Prinz besaß eine große Sammlung tropischer Vögel, vielfarbige Spatzen und Schwalben. Außer einem Löwen und einigen Affen gab es ein Stachelschwein, einen siebenbürgischen Ochsen, einen russischen Fuchs, einen indischen Wolf und andere Tiere.

Während man noch mit der Inneneinrichtung des Belvederes beschäftigt war, baute Eugen bereits woanders. Ende der zwanziger Jahre bat Eugen Hildebrandt, ein bestehendes Bauwerk im Marchfeld in ein Landschloß umzubauen. 1729 war Schloßhof fertiggestellt. Es war weniger kunstvoll als Eugens andere Schlösser und robust genug, um notfalls als Festung zu dienen. Eigentlich war es ein Jagdschloß, und da es nur eine Tagreise von Wien entfernt war, hielt sich der Prinz dort in seinen letzten Jahren viel auf. Es war ebenfalls reich dekoriert und eingerichtet und enthielt eine weitere Bildersammlung, zum Teil mit Darstellungen seiner Pflanzen und Tiere im Belvedere.

Dadurch, daß er so viele Schlösser auszustatten hatte, entwickelte sich Eugen zu einem der größten Mäzene seiner Zeit. Man nannte ihn den „grandiosesten und einflußreichsten privaten Kunstförderer Europas".[11] Während seine Architekten Deutsche waren, waren die Künstler, die nach Wien kamen, um seine Fresken und viele seiner Bilder zu malen, Italiener. Hierbei folgte er dem Beispiel anderer reicher Adeliger wie Liechtenstein und regierender Fürsten wie Max Emanuel von Bayern und August von Sachsen. Er liebte besonders die klassischen Themen und hatte einen Hang zum „Pompösen und Schweren".[12] Seine großen Siege ließ er allerdings nicht von einem Italiener malen, sondern von Jan van Huchtenburg aus Haarlem. Obgleich Eugen ihm Einzelheiten für diese zehn Schlachtenszenen geschildert hatte, die, wie wir gesehen haben, im Winterpalais hingen, lieferte Huchtenburg dennoch eine sehr romantische Darstellung des Krieges. 1720 brachte Huchtenburg sie als Drucke heraus.[13] Auch die meisten von Eugens Plastiken wurden in Italien in Auftrag gegeben, besonders bei Lorenzo Mattielli und Domenico Antonio Parodi. Aber die berühmteste und teuerste schuf der Salzburger Künstler am sächsischen Hof, Balthasar Permoser: ein großes Standbild Eugens in weißem Marmor. Es wurde 1721 vollendet und im Marmorsaal des Oberen Belvederes aufgestellt. Georg Koch zufolge mochte Eugen „die Positur" der Figur nicht sehr[14], und tatsächlich war Eugen in einer ziemlich linkischen Stellung dargestellt: Er hat zwar einen Fuß energisch auf einen Türken gesetzt, kann sich aber andererseits kaum der Engel und der Fama erwehren, die ihn von allen Seiten bedrängen.

Außer einigen Sonderanfertigungen sammelte Eugen systematisch Möbel, Statuen und Gemälde für seine Schlösser, sowie Pflanzen und Tiere für seine Gärten. Wie andere führende Männer seiner Zeit ließ er sich gerne von den Diplomaten Europas helfen. So bat er 1709 zum Beispiel den Gesandten des Kaisers in London, Gallas, Porzellan und Bilder für ihn zu kaufen.[15] Und jedes Schiff, das in Ostende einlief, wurde mit Neugierde erwartet, ob sich nicht Kunsthandwerk oder exotische Tiere an Bord befanden.

Alle seine Schlösser besaßen Bildergalerien. Mit dem Sammeln der Bilder hatte er im Spanischen Erbfolgekrieg begonnen. In der Biographie von Nicholas Henderson gibt es einen Druck, auf dem der Prinz bei einem Amsterdamer Händler kniend ein Bild aussucht. Wie am Ende seine Sammlung beschaffen war, wissen wir nicht genau, weil es keinen Katalog gab und die Sammlung nach seinem Tod aufgelöst wurde. Die bedeutenderen Bilder kaufte er aber beim Herzog von Savoyen, und manche von ihnen sind wieder nach Turin zurückgekehrt. Das italienische 16. und 17. Jahrhundert und das holländische und flämische 17. Jahrhundert scheinen dominiert zu haben. Aber die Tizian, Raffael, Correggio, Guercino und Holbein zugeschriebenen Werke waren höchstwahrscheinlich nur Werke aus der Schule der großen Meister oder Kopien und die Werke weniger bedeutender Künstler.[16]

Genauso viel Zeit wie mit dem Bildersammeln verbrachte der Prinz mit dem Sammeln von Pflanzen für seine Gärten, und dies vertiefte seine Beziehung zum Vizekanzler des Kaisers, Graf Schönborn, der ein „großer Blumenzüchter" war.[17] Die beiden Männer zeigten ein lebhaftes Interesse für die Gärten des anderen, und selbst als Schönborn Bischof von Bamberg geworden war, tauschten sie weiter Pflanzen aus.

Während das Sammeln von Kunstgegenständen und Möbeln nichts Besonderes bei einem Mann in Eugens Position war, stellte die berühmte Sammlung von Büchern und Drucken des Prinzen eine Ausnahme dar. Bei seinem Tod hinterließ er eine Bibliothek von 15.000 gedruckten Bänden und 237 Handschriften und zirka 500 Schachteln voller Drucke, welche sich heute in der Nationalbibliothek und in der Albertina befinden.[18] Gewöhnlich heißt es, daß er mit dem Büchersammeln bei seinem Besuch in London 1712 begonnen hatte, wir wissen aber von Drummond, dem Agenten der Tories, einem Geschäftsmann in Den Haag, daß er und Eugen bereits im Juni 1712 ein gemeinsames Interesse an Büchern und Bildern festgestellt hatten.[19] Möglicherweise hat sein Adjudant, der Preuße Hohendorff, ihn in diese Richtung gezogen. Hohendorff war ein großer Bücherfreund und ein außergewöhnlicher Gelehrter. Er begleitete Eugen auch 1712 nach London, und die beiden Männer verbrachten einen Gutteil ihrer Zeit beim Bücherkauf, zumeist bei Christopher Bateman in der Paternoster Row.[20] Es war auch Hohendorff, dem es gelang, den Pariser Buchbinder Stephan Boyet in Eugens Dienste zu bringen, wo er von 1713 bis zu Eugens Tode blieb und nicht nur das Binden der Bücher, sondern auch die Ankäufe und den Transport überwachte. Der Prinz interessierte sich nur für die schönsten Ausgaben. Er fand sie durch Kataloge, durch kaiserliche Agenten, Freunde und Sammler in ganz Europa. Ab 1718 bereiste der junge P. J. Mariette, der Sohn eines Pariser Graveurs und Buchhändlers, ganz Europa für Eugen auf der Suche nach Büchern und Drucken. Selbstredend wurde die Kollektion systematisch aufgebaut. Eugen begeisterte sich besonders für illustrierte Bücher der Naturgeschichte und Geographie. Die militärische Sparte war nur schwach vertreten. Die meisten Bücher waren französische, italienische und lateinische, die deutschen waren, wie nicht anders zu erwarten, in der Minderzahl.[21] Alle Bücher waren in Leder gebunden mit goldgeprägtem Titel und dem Wappen Eugens auf der Vorder- und der Rückseite. Die Bücher, meist in Folioformat, waren durch Farben in drei Kategorien gegliedert: Blau für Theologie und Jurisprudenz, rot für Geschichte und Dichtung und gelb für die Naturwissenschaft. Sie wurden in drei Räumen in der Himmelpfortgasse aufbewahrt. Die Regale waren aus Buchsbaumholz, „jede Bücherreihe stand auf grünem Tuch wegen des Staubes".[22]

Natürlich stellt man sich hier die Frage, ob er alle seine Bücher je gelesen hat. Am Ende seines Lebens waren es so viele, daß dies zu bezweifeln ist. Es wurde auch nie berichtet, daß er wie Friedrich der Große Bücher auf seine Feldzüge mitnahm. Aber wie bereits zitiert wurde, sagte er zu St. Saphorin, er habe genug Bücher, damit es ihm auch nach seinem Rücktritt nicht langweilig würde, und 1716 schrieb Jean-Jacques Rousseau an einen Freund: „Erstaunlicherweise gibt es kaum ein Buch, das der Prinz nicht gelesen oder wenigstens durchgeblättert hat, bevor er es zum Binden schickt. Es ist kaum glaublich, daß ein Mann, der auf seiner Schulter die Last fast aller europäischen Affären trägt... so viel Zeit zum Lesen findet, als hätte er sonst nichts zu tun. Er versteht von allem ein bißchen, hat aber für nichts eine besondere Vorliebe. Da er nur zur Entspannung liest, zieht er genauso viel Gewinn aus seiner Lektüre wie aus seinen Amtspflichten. Sein Urteil ist außergewöhnlich akkurat."[23]

Da Eugen zu jener Zeit ein Förderer Rousseaus war, könnte man meinen, dies sei reine Schmeichelei. Aber was konnte sich Rousseau davon erwarten, daß er sich gerade über die Lesegewohnheiten des Prinzen lobend äußerte? Lady Mary Wortley Montagu, die nicht gerade eine Freundin Eugens war und sich besser mit der spanischen Gruppe in Wien verstand, schrieb allerdings weniger lobend über seine Bibliothek, die ihr 1717 von Rousseau, Bonneval und dem Hausherrn selber gezeigt wurde: „Die Bibliothek ist, obwohl nicht sehr groß, gut ausgewählt. Aber da der Prinz in sie nur schöne und das Auge erfreuliche Ausgaben aufnimmt, führt dieser wählerische und gezierte Geschmack zu unerfreulichen Lücken in seiner Sammlung. Die Bücher sind pompös in Saffianleder gebunden. Bonneval meinte aus Spaß, daß es mehrere Quartbände über die Kriegskunst gäbe, deren Einband aus der Haut der Spahis und Janitscharen bestände. Diese geistreiche Bemerkung rang dem berühmten und würdevollen Krieger sogar ein Lächeln ab."[24]

Eugen und seine Freunde

In den zwei Jahrzehnten nach dem Frieden von Rastatt lernte Eugen durch seine Sammelwut eine große Zahl von Literaten kennen. Er fragte sie nach ihrem Rat, und sie berieten ihn gerne. Zwei seiner besten Freunde unter den Militärs, Hohendorff und Bonneval, waren Männer mit vielseitigen kulturellen Interessen. Andererseits sollte man vorsichtig mit dem Beinamen „philosophe guerrier"[1] umgehen, den Rousseau ihm verliehen hatte. Er war kein Friedrich der Große und hatte selber keinen literarischen Ehrgeiz: Seine Briefe waren schlicht und sachlich, ohne literarische Verspieltheiten und ohne Zuhilfenahme der Phantasie. Wie Marlborough gehörte er nicht zu jenen Soldaten — Montecuccoli, Marschall de Saxe, Villars —, die sich zu Memoiren oder Büchern über Kriegskunst hinreißen ließen.[2] Sein Schriftwechsel mit Autoren beschränkte sich auf höfliche Briefe. Einen Ideenaustausch sucht man vergeblich. Es ist für uns schwierig zu sagen, was er von den Büchern hatte, die er sammelte. Rousseau und Leibniz glaubten, oder sagten, sie glaubten, daß er sich auf vielen Gebieten sehr gut auskannte. Natürlich mag das Schmeichelei gewesen sein, andererseits besteht kein Grund dafür anzunehmen, das sei nicht wahr gewesen. Für Villars waren jedenfalls Eugens Religionskenntnisse zu hoch. Eugen hatte dem französischen General in Rastatt die Unterschiede zwischen den Religionen erklärt und sprach so wissenschaftlich, daß Marschall Villars, der kein Theologe war, ganz verblüfft war, nichts mehr zu antworten wußte und schließlich mit den Worten aufstand: „Geben Sie acht, Monsieur, Ihre Bildung wird Sie noch in die Hölle bringen, während meine Unwissenheit mein Heil sein wird."[3]

Die Literaten hatten allen Grund, Eugen zu schmeicheln. Denn in jener Zeit konnten nur wenige ohne einen Mäzen existieren, und dies war wahrscheinlich der Hauptgrund, warum sich Leibniz so eng an ihn anschloß. Der größte deutsche Philosoph seiner Zeit lernte den Prinzen 1714 kennen, als er in Wien war, um Karl VI. dazu zu bringen, eine Akademie der Wissenschaften zu gründen. Eugen war sehr für dieses Projekt — Leibniz schrieb, er sei überzeugt, niemand würde die Sache der Wissenschaft weiter bringen als Prinz Eugen[4] — und auch der Kaiser und Sinzendorf waren positiv eingestellt, aber es fehlte an Geld. Vorher schon hatte Leibniz dem Prinzen eine gekürzte Version seines schwierigen philosophischen Systems, die „Monadologie" übersandt, die Eugen so viel Freude bereitete, daß er sie, dem zynischen Bonneval zufolge, der ihn und Leibniz zusammengeführt haben mochte, fest in einen Schrank verschloß und sie hegte, „wie die Priester in Neapel das Blut des heiligen Januarius. Er reicht sie mir zum Kuß und verschließt sie sofort wieder in ihrer Kassette".[5]

Der Kontakt mit Leibniz, der nach einigen Monaten Wien verließ, dauerte nur noch kurz; denn 1716 starb Leibniz. Zu anderen Kontakten mit deutschen Schriftstellern sollte es nicht kommen. Eugen fühlte sich nun einmal in der lateineuropäischen Kultur wohler, obwohl er deutsch sprechen und diktieren konnte und den türkischen Gesandten 1719 mit einer Rede in Deutsch begrüßte. Ein Zeitgenosse berichtete, daß „seine Rede überlegt, aber nicht langsam ist, und er spricht Deutsch ziemlich fließend, obwohl er sich bemüht, niemals mehr als er muß zu sagen".[6] Es existiert aber nicht ein einziger schriftlicher Satz in Deutsch von ihm, und 1705 gab er Josef I. gegenüber zu, er sei „nicht daran gewöhnt, Deutsch zu schreiben".[7] Seine Briefe schrieb er in Französisch und Italienisch. Die deutschen diktierte er und fügte manchmal einen oder zwei Sätze in Französisch bei. Alle waren kurioserweise mit „Eugenio von Savoy" unterschrieben: Dies stellte keineswegs den Versuch dar, sein bewegtes Leben in dieser Mischung von Italienisch, Deutsch und Französisch auf einen Nenner zu bringen, sondern war seine irrige Ansicht, dies sei die korrekte deutsche Form seines Namens. Wenn er französische Briefe unterschrieb, dann immer mit „Eugene de Savoye". Auch im Lateinischen kannte er sich trotz seiner einstigen klerikalen Ausbildung offensichtlich nicht sehr gut aus. Zumindest nicht mehr im Alter. Im Jänner 1731 legte ihm der englische Diplomat Robinson den Vertragsentwurf lieber in Französisch als in Latein vor, da er wußte, „daß die lateinische Sprache Seiner Hoheit nicht sehr vertraut ist".[8]

Der einzige Autor, für den Eugen ein wirklicher Mäzen war, war ein Franzose, der populäre Verfasser von Oden und satirischen Versen: Jean-Jacques Rousseau. Er kam im Gefolge des französischen Gesandten Du Luc nach Wien, wurde von Eugen zum Essen eingeladen und wurde ab 1716 vom Prinzen finanziell unterstützt. Bis er sich 1722 in die Niederlande absetzte, weil sich alle Aussichten auf einen festen Posten in Wien zerschlugen, gehörte er zu Eugens Haushalt, half wahrscheinlich in der Bibliothek mit und verfaßte ziemlich süßliche Oden an Eugen und die Gräfin Batthyány. In den Niederlanden gehörte er bald mit seinem Freund Bonneval zu dem Zirkel, der gegen den Marquis de Prié intrigierte. Aber obwohl Eugen darüber verletzt war — „ich hätte nicht geglaubt, daß Rousseau sich in eine solche Kabale einlassen würde"[9], schrieb er ihm weiter Briefe, bis ihre Verbindung langsam einschlief.

Eugen liebte Rousseaus Gedichte und freute sich, wenn sie ihm von Brüssel zugeschickt wurden. Als Rousseau ihm 1723 mitteilte, er gedenke, sich in der Geschichte zu versuchen, riet er ihm davon ab: „... Es ist sehr viel riskanter über Geschichte zu schreiben als Gedichte zu verfassen; denn die Forschungsarbeit für eine Arbeit über die Vergangenheit ist mühselig. Behandelt man aber die Gegenwart, ist es auch nicht leicht, jedermann zufriedenzustellen und weder zu viel noch zu wenig über Angelegenheiten zu sagen, die besonders delikat sind, weil sie Menschen betreffen, die noch am Leben sind."[10]

Vielleicht mochte Eugen Rousseaus Gedichte deshalb so gerne, weil sie im Stil Boileaus geschrieben waren und ihn an jene erinnerten, die er in seiner Jugend gelesen hatte. Außerdem war Rousseau sehr beliebt zu seiner Zeit. Ein Mensch allerdings mochte ihn nicht. Das war Lady Mary Wortley Montagu. Nicht so sehr, weil er ein „Freidenker" war, sondern weil „er nicht mit dem Herzen hinter den Lobreden auf Tugenden und Ehre in seinen Gedichten stehe".[11]

Der literarische Geschmack des Prinzen war konservativ. Moderne Richtungen betrachtete er eher skeptisch. Rousseau, der selber der Vorkämpfer der „Alten" gegen die „Modernen" war, hatte ihn 1719 in Voltaires „Oedipus" eingeführt und konnte dem Autor mitteilen, daß Eugen das Werk mit Freude gelesen habe und „mit mir ehrfürchtig darüber sprach".[12] Aber als ihm Rousseau später von Brüssel die „Henriade" schickte, gestand der Prinz: „Ich habe versucht, das Gedicht Voltaires zu lesen, das sich in einem Ihrer letzten Briefe befand, aber um Ihnen die Wahrheit zu sagen, habe ich in dem nicht ganz die Befriedigung gefunden, die ich erwartet hatte, nachdem Sie den Autor so gelobt hatten."[13] Immerhin war er genügend interessiert, um Rousseau zu bitten, er möge die Passagen anstreichen und kommentieren, die seiner Meinung nach die besten und die schlechtesten seien.

Während Eugen Voltaire weder traf noch ihm schrieb, lernte er einen anderen politischen Schriftsteller des frühen 18. Jahrhunderts persönlich kennen: Montesquieu. Als dieser 1728 nach Wien kam, war er bereits wegen seiner „Lettres Persianes" ein berühmter Mann. Eugen lud ihn auf der Stelle an seine Tafel, und zwanzig Jahre später sollte Montesquieu die „zauberhaften Augenblicke"[14] beschreiben, die er in Eugens Haus verbracht hatte. Ein weniger glücklicher Kontakt verband Eugen mit dem Utopisten Abbé St. Pierre, dessen „Project für einen ständigen Frieden" Eugen 1727 mit einiger Skepsis gelesen hatte. Als der Abbé dann ihm und mehreren europäischen Staatsmännern weitere Betrachtungen zuschickte, erhielt er vom Prinzen keine Antwort, und es ist anzunehmen, daß Eugen sich nicht die Mühe genommen hat, sie zu lesen.

Man sollte also nicht wegen ein paar zufälliger Begegnungen und des Austausches einiger höflicher Briefe Eugen zum Vorläufer Friedrichs des Großen oder Katharina der Großen machen. Diese unterhielten viel engere und substantiellere Kontakte mit zeitgenössischen Schriftstellern. Auf der anderen Seite muß man aber darauf hinweisen, daß der Prinz verstanden hat, in Wien einen Kreis von gebildeten Menschen um sich zu versammeln. Anfangs gehörten Bonneval und Rousseau dazu, dann in den zwanziger und dreißiger

Jahren war der Arzt und Bibliothekar des Kaisers, Garelli, ein häufiger Gast. Dieser hatte den Ruf, eine „Person von außergewöhnlicher Bildung und Urteilskraft" zu sein. Immerhin verwaltete er die beste Bibliothek gedruckter Bücher in Europa.[15] Durch die Vermittlung Garellis lernte Eugen den antiklerikalen italienischen Historiker Giannone kennen, mit dem er sich während der elf Jahre, die dieser in Wien lebte, anfreundete.

Eugens Freunde waren sowohl orthodoxe wie unorthodoxe Katholiken oder Protestanten, wie St. Saphorin und Hohendorff und Freidenker wie Rousseau und Bonneval. Er empfand keinerlei Skrupel, 1710 mit dem englischen Deisten John Toland zu korrespondieren, der für ihn und Hohendorff Bücher einkaufte. Es gab auch Werke Tolands in Eugens Bibliothek, aber wir wissen nicht, ob Eugen sie je gelesen und verstanden hat.

Zwei Freunde Eugens, Garelli und der päpstliche Nuntius Passionei, waren führende Köpfe der katholischen Reformbewegung, die als Jansenismus in Österreich bekannt wurde, aber der Prinz weigerte sich entschieden, Stellung zu beziehen. Er hatte beobachtet, teilte er Montesquieu mit, wie diese Kontroverse auf alarmierende Art Frankreich zerriß. Und als Statthalter der Niederlande versuchte er zu verhindern, daß der Streit zwischen den orthodoxen Jesuiten und den Jansenisten von Frankreich auf die Niederlande übersprang. Mit Karls Rückenstützung verbot er die Veröffentlichung der päpstlichen Bulle „Ubi genitus", die er als provokativ empfand, und verurteilte den Erzbischof von Malines, der sie zugelassen hatte. Er war fest entschlossen, die Krone aus diesem Streit herauszuhalten, obgleich er wie Schönborn ein Protagonist für die Unterordnung der Kirche unter den Staat war. Dennoch hatte seine Haltung den Jesuiten gegenüber nichts Feindseliges an sich; sie hatten ihn ja auch immer als vorbildlichen militanten Christen hingestellt. Nach seinem Tod konnte der Jesuit und Prediger Reickhardt seine Leistungen und Frömmigkeit nicht hoch genug preisen.

Während Eugen sich also durchaus für die Leute interessierte, die sich später zu führenden Förderern des Jansenismus und der Aufklärung in Österreich entwickeln sollten, blieb er selbst im Hintergrund und war sich wohl auch nicht der Bedeutung dieser neuen Ideen bewußt. Karl VI. dagegen öffnete diesen Entwicklungen bewußt die Tür: Garelli und Giannone standen mit dem Kaiser in viel engerem Kontakt als mit Eugen. Der Prinz empfand gegen Ende seines Lebens immer weniger Sympathie für die moderne Welt. 1733, als Österreich von Frankreich angegriffen wurde, teilte er dem englischen Diplomaten Robinson verächtlich mit, dies sei ja zu erwarten gewesen, da es ja überall in der Welt mit der Kunst und Wissenschaft abwärts gehe.[16]

Die Intellektuellen, die er in sein Haus einlud, lagen ihm wahrscheinlich weniger am Herzen als die Aristokraten und Diplomaten, mit denen er dinierte und fast jeden Abend Karten spielte. Diese Freunde mußten ihm im Alter die Familie ersetzen. Im Spanischen Erbfolgekrieg lebte nur noch seine jüngste

Schwester Luise in einem Kloster bei Turin. Ihr Tod soll ihm sehr nahe gegangen sein. Da er selber keine Nachkommen hatte, setzte er die Kinder seines ältesten Bruders Ludwig Thomas als Erben ein, obwohl er, wie wir gesehen haben, sich wenig Illusionen über ihre Charaktere machte. Der einzige überlebende Neffe Emmanuel wurde aber, vielleicht dank der Strenge seines Onkels, ein tüchtiger Soldat. Er diente am Rhein und in den Niederlanden und stieg schließlich im türkischen Krieg zum Rang eines Generalleutnants auf. Eugen arrangierte daraufhin eine gute Heirat für ihn, und zwar mit einer Tochter des reichen Fürsten Adam Liechtenstein, 1714 wurde dieser Ehe ein Sohn geboren und Eugen getauft. Eugen mochte das junge Paar sehr gern und ließ sich von ihm zur Jagd in Böhmen einladen. Das Problem, wer seinen Reichtum einmal erben sollte, schien nun geregelt, aber unglückseligerweise erlag Emmanuel 1729 den Blattern, und der junge, vielversprechende Eugen starb, nachdem er 1734 den Feldzug seines Großonkels am Rhein mitgemacht hatte, im November 1734. Mit ihm war der letzte männliche Verwandte, der Eugen hätte beerben können, tot. Und Eugen, der jetzt Anfang siebzig war, schien kein Interesse mehr an dem Problem zu haben, was nach seinem Tod mit seiner Habe geschehen würde, und machte kein Testament.[17] Seine nächste Verwandte war die unverheiratete Tochter Viktoria seines Bruders Ludwig Thomas. Er kannte sie nicht und machte auch keine Anstalten, sie kennenzulernen, da er nur Schlechtes von ihr hörte.

Trotz Eugens Interesse an Emmanuel und seiner Familie zog er es vor, alleine zu leben. Während der letzten zwanzig Jahre seines Lebens unterhielt er allerdings eine so nahe Beziehung zu einer Frau, daß sie einer Ehe gleichkam: Das war die Freundschaft mit Eleonora Batthyány. Sie wohnten jedoch getrennt. Ab Mitte dreißig scheint er eine Heirat nicht mehr ernsthaft erwogen zu haben. Wahrscheinlich nahm er sich keine Zeit für Romanzen, obwohl er sich sehr charmant und galant Frauen gegenüber verhalten konnte. Sein Biograph Mauvillon erklärte seine Einstellung zur Liebe folgendermaßen: „Die Liebe war für den Prinzen Eugen eines jener frivolen Gefühle, denen sich ein vernünftiger Mann nie hingeben sollte. Er pflegte zu sagen, Verliebte seien wie religiöse Fanatiker, nämlich nicht recht bei Sinnen."[18] Andererseits ist es durchaus möglich, daß er seine kleinen Affären gehabt hat, besonders in Kriegszeiten. Daß es dafür keine besonderen Hinweise gibt, spricht nicht dagegen. Auch in den Berichten über den Spanischen Erbfolgekrieg gibt es nur wenige Andeutungen, daß die Armeen von Frauen begleitet wurden. So war es aber. Der Beweis sind die Frauen der französischen Offiziere, die in Blindheim festgenommen wurden.[19] Über Eugens Abstinenz oder Nichtabstinenz während der Feldzüge liegt nur die Bemerkung Schulenburgs aus dem Jahr 1709 vor, der Prinz liebe eine „petite débauche et la p... au delà de tout". Max Braubach, Eugens wichtigster Biograph unseres Jahrhunderts, interpretierte Schulenburgs diskretes p... als Liederlichkeit oder Prostitution.[20]

Es gibt einen einzigen Hinweis darauf, daß Eugen vor der Gräfin Batthyány schon eine Geliebte hatte, und dieser stammt von dem schwedischen Gesandten in Wien, Stiernhöök. Dieser schrieb 1713, daß Gräfin Maria Thürheim, die Frau von einem Untergebenen Eugens und die Tochter des früheren Hofkammerpräsidenten Salaburg, mehrere Jahre lang seine Geliebte gewesen sei.

Über die Freundschaft des Prinzen mit der Gräfin Eleonora Batthyány dagegen besteht kein Zweifel. Wenn wir allerdings wissen wollen, welcher Art die Beziehung des nicht mehr jungen Paares beschaffen war, dann sind wir auf bloße Spekulation angewiesen. Die meisten ausländischen Diplomaten waren überzeugt davon, daß sie seine Geliebte war. Eugen erwähnte sie aber nie in seinen Briefen, und der österreichische Historiker Srbik hat vergeblich nach ihrer Korrespondenz geforscht.[21] Welcher Art auch immer ihre Beziehung sein mochte, man sah sie bei allen Empfängen und Essen zusammen, und sie verbrachten fast jeden Abend bis zu Eugens Tod beim Kartenspiel. Eugens Abende in ihrem Haus wurden zum Gegenstand eines Wiener Märchens: Eugens Pferde konnten, so hieß es, ihren Weg von der Himmelpfortgasse zu ihrem Haus ganz alleine finden. Wenn sie dort ankamen, waren der alte Prinz, sein Kutscher, seine Wache und sein Lakai, die zusammen 310 Jahre alt waren, fest eingeschlafen und rührten sich nicht, bis die Diener der Gräfin sie aus den Wagen holten.

Eleonora Batthyány, geborene Strattmann, war neun Jahre jünger als der Prinz. Das einzige Porträt, das wir von ihr besitzen, zeigt sie zwanzigjährig, mit tiefschwarzem Haar und feinen, eher scharfen Zügen. Sie kannte den Prinzen von Jugend auf, da er als ständiger Gast in ihrem Vaterhaus verkehrte, als ihr Vater noch Kanzler war. 1692 heiratete sie Adam Batthyány, den Banus von Kroatien, der 1703 starb und ihr ein großes Vermögen vermachte. Zwei Söhne waren 1696 und 1697 geboren worden. Es wurde in Wien gemunkelt, dies seien Eugens Kinder, Maria Theresia nannte sie „Eugens Kodizill"[22], aber das ist höchst zweifelhaft, da es keinen Hinweis gibt, daß Eleonore bereits vor 1715 die Geliebte des Prinzen war. Die beste Freundin der Gräfin Batthyány war ihre Schwägerin Eleonore Strattmann, die ihren Bruder Heinrich geheiratet hatte und früh verwitwet war. Die beiden Frauen begleiteten ihn zumeist gemeinsam auf die Empfänge, und ein französischer Berichterstatter meinte 1725, daß möglicherweise die Intelligentere, nämlich Eleonore Strattmann, den größeren Einfluß auf den Prinzen besaß.

Wie groß war nun der Einfluß der Gräfin Batthyány? Ihre Feinde zweifelten nicht, daß er sehr groß war, besonders während der Nimptsch-Tedeschi-Krise. Und auch die ausländischen Diplomaten hielten sie für sehr mächtig. Allgemein hielt man sie auch für korrupt, und der französische Gesandte Du Luc hielt es für angebracht, ihr Geschenke in Höhe von 1200 Livres zu machen, darunter achtzehn Paar Schuhe und Pantoffeln, einen Schal und eine goldene

Toilette-Garnitur. Mehr als achtzehn Jahre später schrieb der Engländer Waldegrave, der ein häufiger Gast von Eugens und Eleonoras Kartenpartien war, daß „ihre Ansichten sehr verschieden sind. Er ist unbestechlich, sie erniedrigt sich für die kleinste Summe... Der Prinz erlaubt ihr nie, sich in die Außenpolitik zu mischen. Ihre Macht besteht hauptsächlich in militärischen Beförderungen, und das ist ihr Geschäft. Es wird allgemein angenommen, daß sie diesen Handel ohne das Wissen des Prinzen betreibt..."[23] Was ihren politischen Einfluß angeht, so nahm Waldegrave an, daß sie ihn indirekt ausübte, indem „niemand zu seinen Diners und Parties eingeladen war, den sie nicht mochte". Eugen wußte sehr wohl, was über sie gesagt wurde, und war sehr empfindlich, wenn Bemerkungen über seine „Schwäche für diese Dame"[24] fielen, aber er hielt es für unwahrscheinlich, daß sie oder die Gräfin Strattmann je einen direkten Einfluß auf ihn ausübten. Er äußerte sich auch in der Tat nur verächtlich über die weiblichen politischen Fähigkeiten und sagte bei einer Gelegenheit, Politik sollte nicht mit Frauen diskutiert werden: „Sie haben nicht die Stabilität der Männer, werden leicht unvorsichtig, lassen sich von ihren Gefühlen beherrschen, und daher kann man sich nicht auf ihre Diskretion verlassen."[25]

Eugens größtes Vergnügen war nach dem Spanischen Erbfolgekrieg das abendliche Kartenspiel mit seinen Freunden. In diesem Punkt war er ein typischer Wiener Aristokrat. Er teilte jedoch nicht die zeitgenössische Begeisterung für Musik, Theater und Hofspektakel. So schrieb er Villars in einem Brief 1728, er schaue sich kein Theater an, habe aber vor, in die Oper zu gehen, wenn er Zeit habe. Er setzte hinzu: „Ich muß viel Zeit für meine Arbeit aufwenden, und mein Beruf, Minister von jemandem zu sein, der nicht von Jugend auf an diese Arbeit gewöhnt war, ist hart genug. Abends gehe ich gewöhnlich zu einer Gesellschaft, wo ich Piquet spiele."[26]

Wer waren außer seinen zwei Eleonoren die regelmäßigen Mitglieder seines Zirkels? Nichtadelige Intellektuelle und verschiedene adelige Besucher aus dem Ausland waren häufige Gäste, aber ständig mit von der Partie waren, besonders in den letzten zehn Jahren, einige ausländische Diplomaten. Zum Beispiel gingen Richelieu und Waldegrave während ihrer Wiener Zeit in Eugens Haus ein und aus, und eine noch längere Freundschaft verband ihn mit dem Dänen Berkentin, dem Portugiesen Tarouca und dem päpstlichen Nuntius Passionei. Berkentin kam mit dreißig Jahren nach Wien und blieb achtzehn Jahre da. Er wurde sehr bald von der Gräfin Batthyány und Eugen akzeptiert, durfte mit ihnen Karten spielen und wurde auch nach Schloßhof eingeladen. Ein noch älterer Freund als Berkentin war Tarouca, den der Prinz 1710 in Den Haag getroffen und mit ihm korrespondiert hatte, bis er als Gesandter Portugals 1726 nach Wien kam. Tarouca war ein guter Unterhalter und interessierte sich für Architektur; Montesquieu empfand seine und Berkentins Gesellschaft als sehr angenehm, als er in Wien war.[27] Auch

Passionei hatte Eugen in Den Haag kennengelernt und korrespondierte mit ihm, bis er 1731 als Nuntius nach Wien kam. Sie hatten viele gemeinsame Interessen, darunter das Büchersammeln. Keiner dieser Männer wird über politischen Einfluß beim Prinzen verfügt haben. Eugen versicherte einmal dem kaiserlichen Gesandten in Preußen, Graf Seckendorf, der habe „nicht die mindeste Vertraulichkeit mit demselben gehabt"[28], und Waldegrave fand ihn bemerkenswert geschickt, enge gesellschaftliche Beziehungen herzustellen und die Politik auszuklammern: „Ich sehe den Prinzen jeden Tag und spiele Karten mit ihm... aber er vermeidet so gut er kann, über wichtigere Angelegenheiten zu sprechen... Er antwortet kaum mit Ja oder Nein und wechselt das Thema so schnell er kann."[29]

Was nun die kaiserlichen Minister anging, so arbeitete Eugen zwar lang mit Gundaker Starhemberg und Sinzendorf zusammen, ein freundschaftliches Verhältnis schien sich jedoch nicht entwickelt zu haben, möglicherweise, weil sie seine Sammlerleidenschaft nicht teilten. Mit dem kaiserlichen Vizekanzler Schönborn dagegen kam es in seinen späteren Jahren zu einer politischen und persönlichen Beziehung. Ihre Briefe zeugen von gegenseitiger Achtung und Sympathie. Sie waren aber sehr verschiedene Männer. Der urbane Schönborn, der den Worten des englischen Diplomaten Robinson zufolge „wie ein Engel spricht und auch so zu handeln scheint"[30], war nicht nur durch und durch korrupt, man begegnete ihm auch überall mit Mißtrauen. Der hannoveranische Gesandte Huldenberg verglich ihn mit einem Ball, der einem dauernd aus der Hand springt.[31] Eugen war jedoch gerne in seiner Gesellschaft. Sie besuchten sich gegenseitig auf ihren Besitzungen. Besonderen Spaß hatten sie bei der Hasenjagd. Ein Porträt Schönborns zeigte ihn daher auch mit einem Gewehr unter dem Arm. Obgleich es kein Porträt Eugens in derselben Pose gibt, verbrachte auch der Prinz im Sommer und Herbst viel Zeit bei der Jagd, wie Max Braubach nachweisen konnte. Auch Waldegrave schrieb im Oktober 1729, daß er eine Woche lang „täglich mit dem Prinzen Eugen fischen war".[32]

Da nun die anstrengenden Feldzüge hinter ihm lagen, verbrachte Eugen seine mittleren und späten Jahre mit Routinearbeit am Morgen und Freizeitbeschäftigung am Nachmittag, entweder lesend oder mit seinen Freunden in der prachtvollen Umgebung, die er sich selber erschaffen hatte. Auf diese angenehme Weise verbrachte er seine letzten Jahre.

Kalter Krieg in Europa

Obwohl er der Kabale um seine Person im Jahre 1719 Herr geworden war, nahm Eugens politischer Einfluß in den folgenden Jahren weiter ab: Es dauerte lange, bis Karl ihm die Demütigung vergeben hatte. Auch der Tod von Eugens schärfsten Widersachern änderte nichts an der Situation. Im Oktober 1720 starb Graf Stella. Der Kaiser beschrieb ihn in seinem Tagebuch als denjenigen, „auf den mich meist verlassen, vertraut auch in fr(emden) Sachen".[1] Nur ein Jahr später starb Mikosch, und im März 1722 folgte ihm Althann. Er war das Opfer eines „in seinem Herzen gewachsenen Polyps". Karl war von seinem Tod so mitgenommen, daß „der Arzt es für angemessen hielt, ihn zur Ader zu lassen".[2] Voller Schmerz schrieb er in sein Tagebuch „Mein Trost, mein treuester Diener, mein Herzensfreund, der mich wie ich ihn 19 Jahre inniglich geliebt in wahrer Freundschaft."[3] Er vergaß ihn sein Leben lang nicht, und niemand konnte ihn beim Kaiser ersetzen.

Eugen nützte es nichts, daß diese Männer starben, nicht nur, weil der Kaiser ihm nicht vergeben konnte, sondern auch, weil die deutsche Partei sich seit langem gespalten hatte. Eugen lehnte es ab, die Geschlossenheit wieder herzustellen: Er war nicht der Typ eines Parteiengründers oder -leiters. Trautson und Windischgrätz hatten sich nämlich von Eugen und Gundaker Starhemberg abgewandt und waren zu Sinzendorf übergetreten. Das war nach Althanns Tod geschehen und bedeutete auch eine Annäherung an den Spanier Rialp. Dieser Abfall glich sich aber durch Eugens engere Beziehung mit dem Vizekanzler Schönborn wieder aus. Ihre Freundschaft, die sich immer enger gestaltete, sollte eine der solidesten Beziehungen der nächsten zehn Jahre darstellen. In den frühen zwanziger Jahren nützte sie jedoch wenig, da nicht nur Eugen und Starhemberg, sondern auch Schönborn nur sehr wenig kaiserliches Vertrauen besaßen.[4]

Wenn der Kaiser in dieser Zeit jemandem zuhörte, dann Rialp, Sinzendorf und Savalla. Letzterer war Präsident des Spanischen Rates und ein besonderer Freund des Kaisers. Diese Männer bildeten zusammen eine Art Triumvirat und teilten die Begeisterung des Kaisers für Handelsunternehmungen. Sinzendorf war als einziger ein reguläres Mitglied der Geheimen Konferenz. Als Hofkanzler war er in diesen Jahren hauptsächlich damit beschäftigt, die Zustimmung der Erbländer zur Pragmatischen Sanktion, der Erbnachfolge von Karls Töchtern, zu erhalten. Er hoffte natürlich, einmal wie Salm erster Minister zu werden, aber er war nicht so rücksichtslos wie der Verstorbene und machte sich nur ungern Feinde.

In den fünf Jahren nach der Nimptsch-Tedeschi-Affäre litt die österreichische Politik, und namentlich die Außenpolitik, an dauernden Streitereien unter den Ministern und einer offensichtlichen Ziellosigkeit. Huldenberg, der seit den neunziger Jahren in Wien lebte, kam es vor, als sei er in eine „andere Welt" versetzt.⁵ Der Kaiser war nicht bereit, die politische Führung zu übernehmen oder zumindest das Gezänk zu beenden. Statt dessen zögerte er seine Entscheidungen hinaus und unterschrieb lieber sich vollständig widersprechende Resolutionen seiner verschiedenen Räte. Es war damals für die Minister sehr einfach, das zu sabotieren, was sie nicht mochten. In der Art, wie Eugen St. Saphorin die Situation schildert, tritt auch seine eigene Loyalität dem Kaiser gegenüber aufs schönste zutage: „Wenn ich mich so aufgeführt hätte wie die anderen Minister, wäre die Heeresreform, die gegen meinen Rat beschlossen worden war (es handelte sich um eine von der Hofkammer beantragte Truppenreduzierung), nie durchgeführt worden, denn ich hätte so viel Gegeneinwände erheben können, daß die Reform bis zum nächsten Krieg hinausgeschoben worden wäre, und der Krieg hätte sie unmöglich gemacht. Aber da es meine Pflicht ist, die Befehle des Kaisers zu befolgen, selbst wenn ich nicht mit ihnen übereinstimme, begann ich sofort, die Reform durchzuführen. Wenn alle anderen auch so handelten, würde wenigstens etwas getan werden, sei es nun gut oder schlecht. Aber da sie wissen, wie sie vermeiden können, etwas zu tun, wird nichts getan."⁶

Der Kaiser stimmte seine europäische Politik in den frühen zwanziger Jahren auf die Bedürfnisse seiner spanischen Länder in Italien und der südlichen Niederlande ab. Das brachte ihn dazu, an seinen spanischen Titeln festzuhalten, was Frankreich, England und Philipp V. schwer verärgerte. Außerdem weigerte er sich, die verbleibenden rechtlichen Hindernisse für Don Carlos' Thronbesteigung in Parma und in der Toskana aus dem Weg zu räumen, da die Staaten immer noch als kaiserliche Lehen galten. Diese Haltung führte auch zur Gründung der Ostendischen Kompagnie und zu dem Versuch, Triest als Handelshafen und Flottenstützpunkt zu benutzen. Denn Karl VI. reizte es, Österreich als Seemacht zu etablieren.⁷

Außenstehenden erschien Karls Entschlossenheit, seinen eigenen Weg zu gehen, als der unheilvolle Versuch, sich zum „Schiedsrichter Europas" aufzuschwingen,⁸ und dieser Ehrgeiz schien von Rialp und Sinzendorf unterstützt zu werden. In Wirklichkeit wurde Österreichs Position international gesehen immer schwächer und isolierter, da England und Frankreich sich nach 1721 Spanien annäherten und Philipp V. gegenüber dem Kaiser in Schutz nahmen. Die Beziehungen mit England sollten sich nach der Gründung der Ostendischen Kompagnie noch verschlechtern und durch die Annäherung Georgs I. als hannoveranischer Kurfürst an Preußen, womit er eine protestantische Front gegen die Habsburger im Reich gründen wollte. Während Sinzendorf für den Kompromiß war, vertrat Schönborn eine harte Linie, worin ihn Eugen und Gundaker Starhemberg bestärkten,[9] einmal aus Loyalität zu ihrem neuen Freund, zum andern, weil sie der Bedrohung der kaiserlichen Würde durch den norddeutschen Protestantismus einen Riegel vorschieben wollten. Die zunehmende Macht und Feindseligkeit Hannovers und Preußens unterminierten die Position des Kaisers in Deutschland immer mehr. So schwach wie jetzt war sie noch nie seit Leopolds Tod. Und hier lag wahrscheinlich der Grund für Eugens zunehmendes Interesse an den Angelegenheiten des Reiches und seine vergleichsweise nachlässige Haltung den italienischen Problemen gegenüber.

Obgleich Eugen in den frühen und mittleren zwanziger Jahren über wenig direkten politischen Einfluß verfügte, unterstützte er stets loyal die kaiserliche Politik, wie immer sie ausfiel, und er erschien zu dieser Zeit überhaupt als der kompromißloseste aller kaiserlichen Minister. Der französische Diplomat Du Bourg wurde dadurch im Februar 1725 zu der Bemerkung veranlaßt: „Auf was sich der Kaiser auch einläßt, Prinz Eugen unterstützt alles mit größter Arroganz."[10]

Ende 1724 war Österreich in Europa vollständig isoliert: Frankreich und England unterstützten die Ansprüche des spanischen Prinzen Don Carlos auf Parma und die Toskana, und sowohl England wie Holland waren entschlossen, die Ostendische Kompagnie abzuschaffen. Aber Anfang 1725 tauchte plötzlich aus heiterem Himmel ein holländischer Abenteurer mit Namen Ripperdà in Wien auf: Er kam von Königin Elisabeth Farnese von Spanien mit folgendem Angebot: Spanien bot die Anerkennung der Pragmatischen Sanktion und Handelskonzessionen für die Ostendische Kompagnie gegen die Thronbesteigung des Don Carlos in den italienischen Herzogtümern und die Eheschließungen zwischen den Töchtern des Kaisers und den spanischen Prinzen Don Carlos und Philipp. Obwohl Karl damit die Politik revidierte, die er seit seiner Thronbesteigung befolgt hatte, ergriff er die ausgestreckte Hand. Dazu rieten auch Sinzendorf und Rialp. Der wirtschaftliche Aufstieg und die Zukunft seiner Dynastie waren ihm nun wichtiger als der alte Streit mit Philipp von Anjou.

Sinzendorf wurde mit den Verhandlungen beauftragt, die zügig fortschritten. Eugen und Starhemberg standen jedoch den Gesprächen skeptisch gegenüber. Sie hielten sie für eine List der spanischen Königin, um zu Land für ihre Kinder zu kommen, und fürchteten, daß dies zu einer totalen Entfremdung zwischen England und Frankreich führen könnte.

Schließlich unterschrieb am 30. April und 1. Mai 1725 Karl VI. den ersten Vertrag von Wien mit Philipp V., nachdem Ripperdà durch gewichtige Geschenke für Sinzendorf und Rialp die Verhandlungen beschleunigt hatte. (Der Kaiser hatte davon gewußt und darauf bestanden, daß man ihm die

Hälfte zu privaten Verwendungszwecken abträte.) Der Vertrag stellte eine gegenseitige Anerkennung und Garantie für die Besitzungen und Erbfolgen der beiden Herrscher dar, gab der Ostendischen Kompagnie gewisse Handelskonzessionen und bestätigte die Rechte des Don Carlos in Italien. Karl VI. versprach außerdem, Spanien in seinen Ansprüchen auf Gibraltar und Minorca zu unterstützen, das sich momentan im Besitz von England befand. Der Vertrag war ein klarer Triumph für den Kaiser. Er hatte vermeiden können, seine Töchter mit den spanischen Prinzen zu verheiraten und hatte zwei wichtige Punkte gewonnen: Handelskonzessionen für die Ostendische Kompagnie und die erste internationale Zusage zur Pragmatischen Sanktion.

Leider sollten sich diese Gewinne bald als wertlos erweisen, weil die Westmächte über den Vertrag in eine solche Wut gerieten, daß Frankreich, die Seemächte und Preußen im September 1725 die Allianz von Hannover schlossen, um Österreich und Spanien einzuschüchtern. Diese waren dadurch gezwungen, noch dichter zusammenzurücken und unterzeichneten zwei Monate später eine zweite Allianz. Karl bekam finanzielle Unterstützung zugesagt und stimmte seinerseits zu, daß zwei seiner drei Töchter die Söhne von Elisabeth und Philipp heiraten sollten. Und weiter erklärte er sich einverstanden, daß im Falle seines Todes seine älteste Tochter Maria Theresia auf der Stelle Don Carlos heiraten sollte. Da aber seine Kinder erst acht, sieben und ein Jahr alt waren, schienen die Heiraten noch in weiter Ferne zu sein und nach Oswald Redlichs Worten „so gut wie illusorisch",[11] besonders da das Kaiserpaar sich eigentlich Franz Stephan von Lothringen als Mann für seine Tochter Maria Theresia wünschte. Der junge Herzog war 1723 nach Wien gebracht worden und als Mitglied der kaiserlichen Familie aufgewachsen. Karl hoffte auf diese Weise eine Heirat in eine der größeren europäischen Herrscherfamilien, die die habsburgische Familie womöglich absorbiert hätte, zu vermeiden. Wegen seiner schlechten Erfahrungen bei den bayerischen Heiratsverhandlungen von 1719 hielt sich Eugen strikt aus allen Diskussionen über die Heiraten der kaiserlichen Töchter heraus und weigerte sich in der Konferenz am 20. Juli 1725, den Kaiser in diesem Punkt zu beraten, weil er ja „ein Ausländer" sei.[12]

Der zweite Vertrag mit Spanien verschärfte nur die internationale Krisensituation, und für die nächsten drei Jahre befand sich Europa wieder einmal in akuter Kriegsgefahr. England und Spanien waren ausgesprochen kriegslüstern. In Frankreich war jedoch Fleury, der siebzig Jahre alte und ehemalige Lehrer von Ludwig XV., 1726 erster Minister geworden, und dieser war fest entschlossen, den Krieg zu vermeiden und an dem Bündnis mit England festzuhalten. Den Engländern aber war die Ostendische Kompagnie ein furchtbarer Dorn im Auge. Englands feindselige Haltung kulminierte in der aggressiven Parlamentsrede Georgs I. im Januar 1727 und der Ausweisung des österreichischen Gesandten aus London, worauf auch St. Saphorin Wien verlassen mußte. Es blieb aber den Spaniern vorbehalten, den ersten Schritt in den Krieg zu tun, indem sie im Februar Gibraltar besetzten. Widerstrebend antworteten die Engländer mit einer Blockade und einem kurzen Flottenkrieg gegen Spanien. Mit wesentlich größerem Einsatz stellten sie im Reich ein Söldnerheer auf, um Karl VI. einen Schrecken einzujagen, und parallel dazu bewegten sich französische Truppen auf die deutschen und spanischen Grenzen zu.

Krieg war das letzte, was sich Karl VI. und Sinzendorf wünschten. Sinzendorf hatte gehofft, die spanische Allianz würde als Basis zu einem neuen europäischen Bündnissystem dienen, welches wiederum die internationale Anerkennung der Ostendischen Kompagnie und der Pragmatischen Sanktion nach sich ziehen würde. Der Hofkanzler gewann aber bald die Überzeugung, daß dies am besten durch eine Verständigung mit Fleury zu erreichen sei, und indem man Frankreich von den Seemächten zu lösen versuche, obwohl er auch die Hoffnung auf Verständigung mit den letzteren bis zuletzt nicht aufgab.[13]

Eugens Versuche, die Krise zu beheben, führten zu nichts, ja haben sie möglicherweise verlängert. Er hatte keinerlei Interesse an den wirtschaftlichen Vorteilen, welche der spanische Vertrag Österreich bringen sollte, und betrachtete die Aussichten der Ostendischen Kompagnie so pessimistisch, daß er seine Anteile verkaufte, was ihm einen Gewinn von 41.145 Gulden einbrachte. Dennoch unterstützte er in der Öffentlichkeit die neue Orientierung auf Spanien und ärgerte sich über England, besonders über Staatssekretär Townshend und seinen alten Freund St. Saphorin. Die Korrespondenz des letzteren nannte er „giftig und voll schamloser Lügen".[14] Aber daß das englisch-preußische Bündnis von Hannover die Position des Kaisers im Reich total unterminierte, irritierte ihn wohl am meisten. Obwohl Eugen für seine Person alle Lust an militärischen Abenteuern verloren zu haben schien und sich immer mehr seinen Schlössern und Gärten und seinem zunehmend schlechten Gesundheitszustand widmete, stammten die meisten kriegerischen Bemerkungen, welche die ausländischen Gesandten in jenen Jahren in Wien zu hören kriegten, von ihm. Möglicherweise steckte mehr als nur ein Körnchen Wahrheit in den Worten St. Saphorins, Eugen und Schönborn haßten Sinzendorf derartig, daß ihnen der Krieg gerade recht käme, der Sinzendorfs Position schwächen und ihre eigene stärken würde.

Ab Januar 1726 ging man mit aller Kraft daran, die Truppenstärke des stehenden Heeres zu vergrößern. Dies war keine leichte Aufgabe: Am Rhein befanden sich die kaiserlichen Stützpunkte in schlechtem Zustand, und in den Niederlanden beklagten sich die kaiserlichen Truppen über ihren Soldrückstand: Es war unmöglich gewesen, die 8 Millionen aufzutreiben, die man für den Unterhalt der 90.000 Mann in Friedenszeiten benötigte. Das Jahr 1725 war mit einem Defizit abgeschlossen worden, und die Kammer hatte sich über die Unsummen beklagt, die der Kaiser für seine Musik ausgegeben hatte. Dennoch mußte man 1726 versuchen, zusätzliche 5 Millionen für Rekrutierungen aufzutreiben. Die Spanier hatten einen jährlichen Beitrag von 3 Millionen Gulden versprochen, zahlten jedoch im Ganzen nur 2 Millionen. Dennoch brachte man es fertig, die Truppenstärke Ende 1726 auf 125.000 Mann zu bringen, obwohl man dazu sagen muß, daß der Großteil der Truppen fest an ihre Garnisonen in Italien und Ungarn gebunden war und ein Viertel der Kavallerie keine Pferde besaß. Da diese Zustände nicht geheim zu halten waren, ließen St. Saphorin auch die Drohungen der Offiziere aus Eugens Zirkel kalt, daß sie den Winter in Hannover verbringen wollten. St. Saphorin sah den Grund für die Schwäche der österreichischen Armee in dem Machtverlust Eugens, dem es nicht gelungen war, den Kaiser und die Hofkammer dazu zu bewegen, mehr Geld für die Armee auszugeben.

Es war allen klar, daß der Kaiser unmöglich aus eigener Kraft einen Krieg gegen die Westmächte führen konnte, und niemandem war das klarer als Eugen. Obwohl er sich mit dem spanischen Bündnis, nun da es einmal geschlossen war, abgefunden hatte, setzte er wenig Hoffnung auf die militärische und finanzielle Stärke der Spanier und auf die Loyalität ihrer Herrscher. Aber anstatt sich Sinzendorfs Bemühungen um eine Aussöhnung mit Frankreich und den Seemächten anzuschließen, schaute er sich nach anderen Bündnispartnern um. Ab 1726 kann man den Beginn einer Geheimdiplomatie Eugens beobachten, die ohne Wissen der Hofkanzlei, wohl aber mit Wissen des Kaisers durchgeführt wurde. Bemerkenswerterweise hatte Eugen damit zu einer Zeit begonnen, da Sinzendorf und Rialp noch über den größeren Einfluß am Hof verfügten. Aber der Kaiser war nicht nur zur Zusammenarbeit mit Eugen bereit, er hielt auch diese Zusammenarbeit vor Sinzendorf und Rialp geheim. Wenn man weiß, wie gerne sich Karl geheimnisvoll gab und wie gerne er mehrere Karten in der Hand hatte, ist das nicht weiter verwunderlich.

Ab 1726 erlangte Eugen Schritt für Schritt seinen politischen Einfluß zurück. Dabei wurde er von Starhemberg und Schönborn unterstützt. Es war die Geschicklichkeit, mit der er während der nächsten sieben, acht Jahre sein weitreichendes Netz der Geheimdiplomatie zu knüpfen verstand, die den Kaiser erneut so abhängig von ihm werden ließ. Eugen zeigte sich dabei viel raffinierter als bei direkten diplomatischen Verhandlungen, bei denen „seine exzessive Hartnäckigkeit, verbunden mit seinem natürlichen Stolz, ihn... sehr unzugänglich" gemacht hatte. Der englische Diplomat Waldegrave beklagte, daß er, „wenn er sich einmal etwas einbildet, ihn nicht mehr davon abbringen kann, und man muß sich überzeugen lassen, weil er es ist und weiß, daß es so zu sein hat, und so antwortet er auf alle Argumente".[15]

Eugens Ausgangsstellung für eine geheime Diplomatie war geradezu ideal, da er in ganz Europa Kontaktmänner sitzen hatte, die ihm immer schon Informationen geschickt hatten, für die er teilweise bezahlt hatte. Ende der zwanziger Jahre schickten ihm jetzt aber auch die regulären Minister, die teilweise seine Untergebenen im Krieg gewesen waren, aus dem Ausland geheime Briefe, manchmal sogar kodifiziert, und zwar zusätzlich zu den offiziellen, die Sinzendorf als Hofkanzler erhielt. Die Briefe kamen durch besondere Kuriere oder mittels Deckadresse an Eugen — in Berlin stellte man dafür zum Beispiel einen Kaufmann an – und sie wurden nur vom Kaiser, von Eugen, seinem Sekretär Ignaz Koch und manchmal vom Sekretär der Konferenz, Bartenstein, gelesen. Die Schreibarbeit übernahm Koch. Da Eugen ihm meist nur den Inhalt des Briefes skizzierte und ihm die Formulierung überließ, kann man den Fleiß und die Intelligenz dieses Mannes abschätzen, der sogar dazu ermächtigt war, in Eugens Abwesenheit mit dem Kaiser die Korrespondenz zu besprechen.

Das Geschäft der Geheimdiplomatie erforderte viel Geld, um Menschen und Informationen einzukaufen. Man zahlte entweder direkt durch Boten oder durch das Wiener Bankhaus Palm. Die genaue Höhe der Summen ist uns nicht bekannt, da keine Rechnungsbücher geführt wurden und das Geld aus der Privatschatulle des Kaisers entnommen wurde. Die meisten Verbindungsleute saßen in Preußen: Ab 1726 erhielt einer von Friedrich Wilhelms wichtigsten Ministern, Grumbkow, eine jährliche Pension von 1000 Dukaten dafür, daß er Österreichs Politik unterstützte und Kopien seiner eigenen Briefe an den König und die preußischen Gesandten im Ausland nach Wien schickte.

Die ersten Resultate von Eugens Geheimdiplomatie waren die Allianzen mit Rußland und Preußen. Denn 1725 machte der Tod Peter des Großen und die Thronbesteigung seiner Frau Katharina und dann des kleinen Peter II. Rußland zu einer viel weniger furchteinflößenden Macht als bisher. Nun war die Möglichkeit gegeben, Rußlands Stärke für die Unterstützung der österreichischen Interessen einzusetzen. Auch Schönborn hatte auf die Notwendigkeit einer Verständigung mit Rußland hingewiesen, aber Eugen trieb die Angelegenheit energisch weiter, als er am 2. Oktober 1725 in der Konferenz erklärte: „Es besteht kein Zweifel, daß wir ohne eine Allianz nicht überleben können:[16] Eine Allianz mit Rußland würde eine unmittelbare Antwort auf die Allianz von Hannover sein." Daraufhin schickte man Rabutin, einen Untergebenen Eugens, zu Verhandlungen nach Rußland. Eugen blieb in Kontakt mit ihm und gab ihm von Wien aus Ratschläge, wie er mit Mitgliedern des russischen Hofs umzugehen habe, indem er ihn zum Beispiel warnte, nicht zu viele Geschenke anzubieten. Im April 1726 wurde ein Vorvertrag unterzeichnet, und im August trat Rußland der österreichisch-spanischen Allianz bei. Bei der Zeremonie führte Eugen den Vorsitz. Die Russen erklärten sich mit der Pragmatischen Sanktion einverstanden, und beide Mächte versprachen sich im Angriffsfall zu helfen. Dies war der Beginn einer lang dauernden Beziehung zwischen Österreich und Rußland. Die Russen zeigten sich sofort als gute Alliierte und stellten Truppen für den Bedarfsfall zur Verfügung.

Sinzendorf konnte aus diesen Verhandlungen herausgehalten werden, weil die Beziehungen mit Rußland und den deutschen Staaten noch immer Sache der kaiserlichen Kanzlei, also Schönborns, waren. Eugen hatte sich bei den Verhandlungen mit Rußland ganz auf Schönborn verlassen können. Als Eugen jetzt aber auch mit Preußen Beziehungen aufnehmen wollte, war Schönborn wenig begeistert. Zu sehr haßte er Friedrich Wilhelm und die Allianz von Hannover, die er mit Georg I. von England und Hannover zur Unterstützung der protestantischen Sache im Reich geschlossen hatte. Die Mißachtung, welche diese beiden Herrscher für die kaiserliche Autorität bekundeten, zerstörten den letzten Rest eines gemeinsamen Reichsinteresses – Karl VI. war viel weniger „Deutscher Kaiser" als sein Bruder und noch sein Vater gewesen war, so daß man von den deutschen Fürsten nur noch mit Geld etwas erreichen konnte. Und in diesem Punkt waren England und Frankreich entschieden im Vorteil.

Eugen war in den vergangenen zehn Jahren Preußen fast ebenso feindselig wie Schönborn gegenübergestanden, aber das machte ihn nicht blind für die Tatsache, daß besonders nach der Allianz von Hannover Friedrich Wilhelm für Österreich gewonnen werden mußte. Mit seinem großen Heer und seiner vollen Schatzkammer war er eine starke Bedrohung für die kaiserliche Position in Deutschland. Daher wandte sich Prinz Eugen 1726 an den sächsischen General Seckendorf, den er wie Friedrich Wilhelm während der Feldzüge in Flandern kennengelernt hatte, mit der Bitte, eine Einladung des preußischen Königs zu seinen Manövern anzunehmen und zu versuchen, ihn von den Westmächten abzubringen. Seckendorf war für diesen Posten wie gemacht. Er paßte sich leicht in die Kasernen-Atmosphäre des Berliner Hofs ein und nahm an den königlichen „Tabak-Kollegien" teil, wo man rauchte und trank und derbe Witze erzählte. Friedrich Wilhelm war trotz seines militärischen Auftretens ein sensibler Mensch, der es schätzte, wenn man sich um ihn bemühte, besonders wenn es sich um Eugen und den Kaiser handelte. Im Mai 1725 hatte er seinerseits Eugen eine Freude machen wollen, und ihm preußische Pferde für seine Ställe und ein Paar Elche und einen Büffel für seinen Zoo angeboten. Eugen jedoch hatte dieses offensichtliche Bestechungsgeschenk abgewiesen und geantwortet, er nähme keine Geschenke an und sein Zoo sei voll.

Peter der Große beschrieb den preußischen König als einen Menschen, der gerne fischt, aber dabei keine nassen Füße bekommen will.[17] 1726 traf das der Wahrheit mitten ins Herz. Beim Abschluß der österreichisch-russischen Allianz wurde es Friedrich Wilhelm plötzlich bewußt, daß er bei dieser Allianz die Last eines eventuellen Krieges zu tragen haben würde. Daher schloß er im Oktober 1726 einen gegenseitigen Defensivvertrag (Vertrag von Wusterhausen) mit Karl VI. ab, dem 1728 ein weiterer folgte. In diesen Verträgen stimmte er der Pragmatischen Sanktion zu, während der Kaiser versprach, die preußischen Ansprüche auf das Herzogtum Berg zu unterstützen. Der erste Vertrag wurde durch den schon klassischen Tribut von zwanzig riesigen Rekruten für die preußische Armee besiegelt, worauf Eugen 1727 die Tiere des preußischen Königs für seinen Zoo akzeptierte und ihm einige spanische Zuchthengste für das königlich-preußische Gestüt übersandte. Friedrich Wilhelm war entzückt und bat Eugen um ein Porträt für sein Arbeitszimmer. Die beiden Männer brachten es zu einem guten Verhältnis, und Eugen sollte Friedrich Wilhelm immer mehr schätzen lernen, obwohl er sich weiter vor dem „wankelmütigen Gemüt"[18] des Königs sehr in acht nahm.

So nahm durch Eugens persönliche Bemühungen die Isolierung Österreichs in Europa ein Ende. Trotzdem wäre es nicht ratsam gewesen, sich Anfang 1727, als die spanischen Verbündeten mit der erfolglosen Belagerung von Gibraltar begannen, auf einen Krieg mit Frankreich und den Seemächten einzulassen. Daß es zu diesem Krieg nicht kam, war weitgehend der festen Hand des französischen Ministers Fleury zu danken. Indem er klarmachte, daß Frankreich sich den Holländern bei der Unterdrückung der Ostendischen Kompagnie anschließen würde, schlug er als Kompromiß eine vorübergehende Stillegung der Kompagnie für sieben Jahre vor.

Karl akzeptierte die Pariser Präliminarien im Mai 1727. Eugen und Gundaker Starhemberg, denen bekanntlich nicht viel an der Kompagnie lag, hatten ihn dazu gedrängt und ihn vor der drohenden Kriegsgefahr gewarnt. Heimlich hofften der Kaiser und Sinzendorf, durch ihre Zustimmung Frankreich für sich zu gewinnen und die Kompagnie doch noch irgendwie retten zu können, zum Beispiel durch ihre Verlagerung nach Triest. Für alle Parteien in Wien und auch für den Prinzen Eugen war England der gefährlichste Antagonist in allen Angelegenheiten der Kompagnie und des Reiches. Als daher im Juni 1727 der erste Hannoveraner auf dem englischen Thron, Georg I., starb, wurde sein Tod von dem propreußischen General Anhalt-Dessau als ein „österreichisches Wunder"[19] begrüßt. Aber die Hoffnung, daß der neue König, Georg II., seine Whig-Minister Walpole und Townshend entlassen würde, erwies sich bald als falsch, und im Dezember 1727 erklärte Eugen, daß er „ebenso schlimm, wo nicht schlimmere principia als sein Vater" zeige. Gegenüber Seckendorf betonte er, an Europas Problemen sei England schuld: Denn unter dem Vorwand, die protestantische Religion zu verteidigen, hätte England das Reich in „Verwirrung" gesetzt und „unter dem scheinbaren Namen eines Aequilibrii" versucht, „sich das Praedominium über alle übrigen Mächte anzueignen".[20]

Trotz der Pariser Präliminarien und der Beendigung des englisch-spanischen Konfliktes bestand die Kriegsgefahr zwischen den europäischen Mächten in den Jahren 1727/28 weiter fort, bis endlich Ende 1728 der Kongreß von Soissons eröffnet wurde. Österreichs Armee war angeblich kriegsbereit, aber keiner der Feinde nahm das ernst. Als der englische Gesandte Waldegrave

1728 nach Wien kam, glaubte er nicht, daß Österreich mehr als 30.000 Mann ins Feld führen könne. Seiner Meinung nach verstärkten sich die finanziellen Probleme der österreichischen Regierung von Jahr zu Jahr, weil die Armee ständig in Alarmbereitschaft gehalten werde, was die Staatsschuld jährlich um vier bis fünf Millionen Gulden vergrößere.[21] Ende 1728 war er überzeugt, daß niemand eigentlich einen Krieg wolle: „Er (Karl)... will nichts anderes, als sich an dem erfreuen, was er schon hat, und daran, daß seine Nachfolge gesichert ist... Seine Minister sind genauso gegen Krieg und Eugen am allermeisten... Er steht wieder sehr gut mit seinem Herrn und sieht am Beispiel der anderen, daß seine Abwesenheit dieses Verhältnis verändern könnte... Er würde aber auch sehr ungern jemanden anderen an der Spitze der Armee sehen. Er genießt den Ruf, den er bereits hat, und ist sich bewußt, daß eine verlorene Schlacht oder irgendein anderes Mißgeschick den Ruhm von zwanzig Jahren vernichten könnte. Vielleicht... fühlt er auch, daß er nicht mehr kräftig genug ist, um die Anstrengungen eines Feldzugs durchzustehen."[22]

Waldegrave charakterisiert interessanterweise Eugens Position und Charakter, wie er sie damals sah, und zeigt auf, daß der Prinz sich jetzt ähnlich verhielt, wie jene Kollegen, die er vor sieben Jahren so heftig verurteilt hatte: „... Ich habe ihn früher nicht gekannt, aber so wie er jetzt wirkt, würde ich ihn nicht für den großen Mann halten, als der er gilt... Er verhindert mehr, als daß er eigene Vorstellungen durchsetzt."[23]

Ob Eugen sich nun wirklich so negativ verhielt oder nicht, jedenfalls hatte er seinen politischen Einfluß zurückgewonnen. Ende 1728 begab sich Sinzendorf auf den Kongreß in Soissons, in der Hoffnung, dort einen Handel mit Fleury abschließen zu können. Zur gleichen Zeit unternahm der Kaiser eine ausgedehnte Reise nach Triest, von wo er sehr enttäuscht zurückkehrte. Da Sinzendorf für die Unternehmungen in Triest die Verantwortung trug,[24] war dies für Eugen und Starhemberg eine hervorragende Gelegenheit, um, während er sich in Soissons aufhielt, gegen ihn zu arbeiten. Auch Rialp, der sich von Sinzendorf in den Schatten verdrängt fühlte, trat zu ihnen über. Eugen war wieder so sehr in der Gunst, daß er während der Abwesenheit des Kaisers dessen Korrespondenz öffnen durfte,[25] aber es scheint eine rein geschäftliche Beziehung gewesen zu sein. Waldegrave berichtete, daß „Prinz Eugens Trockenheit und Starhembergs Pedanterie den Kaiser daran hindern, mit ihnen mehr als das absolut Notwendige zu besprechen".[26]

Eugens und Starhembergs Kritik an Sinzendorfs diplomatischen Fähigkeiten bewahrheitete sich Ende 1728, als Sinzendorf von Soissons zurückkehrte und zugeben mußte, daß seine Mission gescheitert war. Man hatte zwar viel gejagt und gut gespeist, aber Fleury hatte in keinem Punkt nachgegeben. Seitdem er 1726 zur Macht gekommen war, hatte der französische Kardinal es darauf angelegt, die spanischen Besitzungen von Österreich zurückzugewinnen und seinen kriegslüsternen englischen Alliierten in Schach zu halten. Das bedingte die Isolierung Österreichs, und daher verspürte er nicht die geringste Neigung, der Pragmatischen Sanktion oder der Ostendischen Kompagnie zuzustimmen, denn damit hätte er nicht nur Österreichs bestehende Größe, sondern auch noch den Erwerb Lothringens durch eine eventuelle Heirat Maria Theresias und Franz Stephans bestätigt.

Eugen hatte sich, wie gesagt, nie viel von Sinzendorfs Mission erwartet. Er war der Ansicht, daß sich die habsburgische Politik fest auf das Prinzip zu stützen habe, daß „Österreich, Brandenburg und Moskau zusammenhalten und in allen Vorfallenheiten wie ein Mann stehen" sollten.[27] Wenn eine der Westmächte zu gewinnen war, dann eher England als Frankreich: Seit dem österreichischen Bündnis mit Preußen stellte England im Reich nicht mehr ein solches Problem dar und war wahrscheinlich mit der Aufgabe der Ostendischen Kompagnie zu befriedigen. Im Mai 1728 hatte er Waldegrave „seinen aufrichtigen Wunsch" mitgeteilt, zu einer Aussöhnung mit England zu kommen. Dabei hatte er eine interessante Charakterisierung seiner selbst angefügt: „Sie können sich darauf verlassen, ich täusche Sie nicht. Ich kann meinen Mund halten, wenn es nötig ist, aber ich kann nicht lügen."[28]

Eugen bekundete nun offen seine Verachtung für Sinzendorf. Bei einem Abendessen lobte ein Gast die feinen Dinge, die der Hofkanzler aus Soissons mitgebracht hatte, worauf „der Prinz höhnisch antwortete, er habe auch viel Schlechtes mitgebracht".[29] Auch Karl sah nun ein, daß es nicht möglich war, mit den Franzosen auf gleich zu kommen. Die Ergebnislosigkeit von Soissons brachte den Kaiser dazu, sich von seinen Wirtschaftsprojekten zu lösen und sich immer mehr auf die internationalen Garantien für die Pragmatische Sanktion zu konzentrieren.

Als 1729 die spanisch-österreichische Allianz platzte, war dies der letzte Schlag für Sinzendorfs Diplomatie. Die Allianz war für Österreich nach dem Ende der Kompagnie wertlos geworden. Es war aber Elisabeth Farnese, welche das Bündnis aufkündigte. Da Karl sich kein Heiratsversprechen abringen ließ, sah sie ihres Sohnes Ansprüche auf Parma und die Toskana besser durch ein Bündnis mit England und Frankreich gestützt. So unterzeichnete Spanien im November 1729 mit diesen Mächten den Vertrag von Sevilla: Spanien durfte Garnisonen in den italienischen Herzogtümern Parma und Toskana errichten, und die drei Vertragspartner waren sich einig, daß die Ostendische Kompagnie abzuschaffen sei.

Die kaiserlichen Minister waren wie vom Donner gerührt, als sie diese Nachricht erhielten. Eugen nannte in der Konferenz vom 20. Dezember den Vertrag von Sevilla ein Ereignis, „wie es in der Geschichte selten vorkomme".[30] Der Vertrag wurde dem Kaiser wie ein Ultimatum präsentiert: als eine bewußte Beleidigung. Die Spanier schienen sich bereits als Herren von Italien zu fühlen. Eugen bestand daher darauf, daß Österreich sich wehren solle. Und der Kaiser schob Sinzendorfs Einwände zur Seite und schickte Truppen nach Italien, um sich dem Einmarsch der spanischen Truppen in Parma und in der Toskana in den Weg zu stellen. Anfang 1730 lag die österreichische Politik wieder in den Händen Eugens.

Eugens militante Haltung während der vorausgegangenen Krise machte es nun schwierig, mit den Westmächten zu einer diplomatischen Regelung zu kommen. Entweder glaubte er wirklich, die kaiserliche Würde erfordere es, daß Österreich sich nicht einschüchtern ließ, oder er versuchte tatsächlich, auf diese zweifelhafte Weise seinen eigenen Einfluß zu stärken und den der anderen zu zerstören.[31] Das Resultat war jedenfalls die Verlängerung der Krise. Die ständige Alarmbereitschaft, in der die Truppen jahrelang gehalten werden mußten, führte zum Ruin des österreichischen Finanzsystems.

Der zweite Vertrag von Wien und Fleurys Rache

In diesem Winter 1729/30, der auf den Abschluß des Vertrags von Sevilla folgte, rasselten Eugen und seine Freunde weiter mit den Säbeln und streuten Salz in Sinzendorfs Wunden, indem sie ihm und dem von ihm abgeschlossenen Vertrag mit Spanien alle Schuld an Österreichs mißlicher Lage zuschoben. Eugen dachte nicht daran, mit den Westmächten einen Kompromiß zu schließen. Im Februar sagte er dem Kaiser, er sei sehr froh, daß Gott der Allmächtige ihn während seiner letzten Krankheit am Leben gelassen habe, damit er noch einmal sein Schwert für die Sache Seiner Kaiserlichen Majestät ziehen könne. Hinter diesen großen Worten verbarg sich eine tiefe Besorgnis. Der Wiener Hof mußte sich nach dem Vertrag von Sevilla auf einen Angriff der Bourbonen in Italien gefaßt machen, bei dem möglicherweise Mailand und Neapel fallen würden und England sicherlich nicht zugunsten Österreichs eingreifen würde. Der englische Gesandte Waldegrave war überzeugt, daß Eugen täuschte. Er zweifelte, ,,ob dieser in der Lage sein würde, die Anstrengungen eines Feldzugs auf sich zu nehmen".[1] Der Gesundheitszustand des Prinzen hatte sich nämlich sichtlich verschlechtert. Jetzt, in seinem siebenundsechzigsten Jahr, stellte man fest, daß ,,er seit kurzem sehr nachgelassen habe".[2] Während des Winters erkrankte er so schwer an Grippe, daß Waldegrave fürchtete, ,,sollte sein Husten noch länger andauern, kann ihn das sein Leben kosten". Ärztliche Hilfe hatte er abgelehnt und war ,,so mager wie nur möglich geworden".[3]

Glücklicherweise blieb es Eugen diesmal noch erspart, erneut ins Feld ziehen zu müssen, da die Westmächte nicht beabsichtigten, den Vertrag von Sevilla mit Gewalt durchzusetzen, wenn Karl VI. nicht versuchte, seine Ostendische Kompagnie wieder flottzumachen. Fleury konnte die Weiterführung des kalten Krieges nur recht sein. Er wußte genau, daß für Österreich die dauernde Alarmbereitschaft genauso tödlich war wie jeder Konflikt. 1730 kündigte sich jedoch in der englischen Innenpolitik ein bedeutsamer Wechsel an. Dem pazifistisch eingestellten Robert Walpole war die kriegstreibende Politik Townshends immer unangenehmer geworden; denn er fürchtete, daß ein Krieg mit Österreich nur den beiden bourbonischen Staaten nützen würde. Er gab ihm daher den Laufpaß und versuchte, sich mit Karl VI. zu einigen, ohne die Beziehung zu Spanien abzubrechen. Die enge Assoziation mit Frankreich, welche für mehr als zehn Jahre den Eckstein der englischen Politik gebildet hatte, schien damit dem Ende entgegenzugehen, umso mehr, als sich auch in Frankreich durch den wachsenden Einfluß des Staatssekretärs Chauvelin und der aufkommenden Freundschaft mit Spanien eine gewisse Kühle in das Verhältnis mit England eingeschlichen hatte. Die Geburt eines Dauphin hatte 1729 die Nachfolge Ludwigs XV. vorläufig gesichert, so daß Frankreich nicht mehr so erpicht auf die englische Unterstützung sein mußte und es statt dessen vorzog, sich mit Spanien auszusöhnen.

Walpole wußte, daß der Preis für das Bündnis mit Österreich die Anerkennung der Pragmatischen Sanktion war. Eugen hatte schon 1729 erklärt, daß dies eine Conditio sine qua non sei[4]; Townshend hatte jedoch abgelehnt, darauf einzugehen, einmal aus Rücksicht auf Frankreich, zum zweiten, weil damit Karls Position im Reich wieder gestärkt worden wäre. Walpole nun war bereit, eine englisch-hannoveranische Garantie für die Pragmatische Sanktion abzugeben, wenn Österreich endgültig auf die Ostendische Kompagnie verzichtete und dem Einmarsch der spanischen Truppen in die italienischen Herzogtümer zustimmte. Im Juni 1730 wurde Thomas Robinson nach Wien geschickt, um Karl diese Vorschläge zu unterbreiten.

Über die spanischen Garnisonen und über die Forderungen, die Georg II. als Kurfürst im Reich stellte, kam es nun zu langwierigen Verhandlungen. Aber Robinson gewann bald den Eindruck, daß alle kaiserlichen Minister, auch Eugen, sehr für eine Versöhnung waren. Am meisten schien Sinzendorf auf eine Verständigung aus gewesen zu sein. Er zählte immer wieder die Vorteile auf, „die Seine Majestät (Georg II.) haben würde, wenn er zum alten System zurückkehrte".[5] Eugen war anfangs viel zurückhaltender als Sinzendorf und beklagte sich über Englands Verhalten und über Georgs Umtriebe im Reich,[6] aber als immer klarer wurde, daß es den Engländern wirklich ernst war in ihrem Wunsch, die frühere enge Beziehung wiederherzustellen, zeigte sich Eugen immer begeisterter und versicherte Robinson im November, er wünsche die Verständigung „viel ernster als irgend jemand sonst im Dienst des Kaisers".[7] Im Januar konnte der englische Gesandte heimschreiben, daß die bisherigen Fortschritte ganz auf Eugens Konto gingen.[8] Obwohl Sinzendorf sich so sehr für die Verständigung mit England engagiert hatte, vertraute der Kaiser die Verhandlungen zur Gänze Eugen und dem Konferenzsekretär Bartenstein an. Der Prinz war nun zutiefst überzeugt, daß man diesen Vertrag brauche, um Österreichs Isolierung in Westeuropa ein Ende zu bereiten.[9] Außerdem war er zu dieser Zeit sehr besorgt darüber, daß das Haus Habsburg womöglich aussterben könnte; denn Karls jüngste Tochter war im April 1730 gestorben. Als er dies Robinson mitteilte, vergoß er angeblich eine Träne.[10] Die älteste Erzherzogin Maria Theresia war nun dreizehn. Mit dem Einsetzen der Geschlechtsreife konnte ernsthaft an eine Heirat gedacht werden.[11] Eine Heirat aber mit Franz Stephan von Lothringen mußte die Franzosen verstimmen.

Im März 1731 unterzeichneten Österreich und England den zweiten Vertrag von Wien, dem die Holländer sich bald anschlossen. Karl verzichtete auf die Ostendische Kompagnie, stimmte den spanischen Garnisonen in Parma und in der Toskana zu und übertrug Georg als Kurfürst von Hannover die Herzogtümer Bremen und Verden. Georg dagegen gab als König und Kurfürst der Pragmatischen Sanktion seine Zustimmung. Die lange Periode der Isolierung von den Großmächten ging damit dem Ende zu.

Eine kritische Stimme, nämlich Johann Graf Harrach, bemerkte, daß man schon Jahre vorher zu dieser Verständigung hätte kommen und sich viel Geld ersparen können,[12] und Robinson war überzeugt, daß an der überstandenen Kriegsgefahr auch Eugens Starrsinnigkeit schuld gewesen sei. Der Prinz war sichtlich betroffen, als Robinson bei Abschluß des Vertrages erzählte, daß die Westmächte nahe daran gewesen seien, den Vertrag von Sevilla mit Gewalt durchzusetzen.[13] Um aber Eugen gerecht zu werden, muß gesagt werden, daß der jetzt abgeschlossene Vertrag mit England zu einem früheren Zeitpunkt kaum möglich gewesen wäre, weil der Kaiser viel zu sehr an der Ostendischen Kompagnie hing und England noch fest mit Frankreich alliiert war. Der Prinz wurde nun quasi zum Wächter des neuen Systems, das er als Ergänzung zu den Allianzen mit Preußen und Rußland auffaßte: ein Schutzsystem vor der französischen und spanischen Gefahr. Als im Juli 1731 Fleury sich persönlich bei Eugen um eine französisch-österreichische Verständigung bemühte, wies Eugen seine Angebote schroff zurück, als unvereinbar mit der englischen Allianz. Persönlich hielt er Fleury für „einen schurkischen alten Priester",[14] aber nicht nur deshalb lehnte er die Annäherung ab. Frankreich verlangte nach wie vor Luxemburg als Gegenleistung für die Anerkennung der Pragmatischen Sanktion und bestand auf der Heirat Maria Theresias mit einem spanischen Prinzen.

Es war hauptsächlich Eugens Geheimdiplomatie zu verdanken, daß im Januar 1732 der Reichstag die Pragmatische Sanktion guthieß. Nur Sachsen und Bayern legten Protest ein: Die Kurfürsten von Sachsen und Bayern waren nämlich mit Töchtern von Kaiser Josef I. verheiratet. Zu jenem Zeitpunkt schien ihr Veto jedoch noch ziemlich bedeutungslos.

Der Vertrag mit England und die Annahme der Pragmatischen Sanktion durch das Reich stellen den Höhepunkt von Eugens Diplomatie dar. Die Nachfolge Karls VI. schien jetzt so sicher zu sein, so sicher Zusagen auf dem Papier nun einmal waren. Obwohl Eugen angeblich einige Zweifel an dem Wert dieser papiernen Abmachungen empfand,[15] hatte er hart daran gearbeitet, um sie zu erreichen. Der venezianische Gesandte am kaiserlichen Hof schrieb 1732 tief beeindruckt: „Seit Karl V. hat kein Habsburger sich mehr einer so imponierenden Machtposition erfreut wie der jetzige Kaiser. Das Kaiserhaus steht in voller Blüte und der Kaiser auf dem Höhepunkt seines Ansehens und Ruhms."[16] Für diese Ansicht sprach in der Tat vieles; denn die großen Gebietserweiterungen Leopolds und Josefs wie auch Karls waren noch intakt, und Österreich war ohne Zweifel ein Riesenstaat. Dennoch war diese Sicht oberflächlich und unverhältnismäßig optimistisch: Die exponierten Gebiete in Italien und in den Niederlanden waren nur mit dem Wohlwollen der Seemächte zu verteidigen; die Finanzlage der Monarchie hatte sich nicht gebessert, mit den Hoffnungen auf eine Ausweitung des Handels von Ostende und Triest aus war es vorbei, und die Armee würde bald zeigen, wie schwach sie war. Die Abrechnung konnte nicht mehr lange auf sich warten lassen.

In Frankreich war die Lage eine völlig andere: Unter Fleury waren die Finanzen geheilt, die Wirtschaft wiederhergestellt und die Armee wieder aufgebaut worden. Obgleich der alte Kardinal ein Diplomat und keineswegs ein Kriegshetzer war, schäumten er und alle französischen Minister vor Wut, als der zweite Vertrag von Wien abgeschlossen und die Pragmatische Sanktion anerkannt wurde. Daß die Erbin Karls VI. Franz Stephan von Lothringen heiraten würde, bedeutete für Frankreich eine nicht zu akzeptierende Gefahr an seiner Grenze. Fleury hatte schon 1728 Sinzendorf gewarnt, daß er im Falle dieser Heirat Lothringen besetzen würde, und 1731 zog er so viele Truppen zusammen, daß eine Besetzung Lothringens schon vor der Heirat zu drohen schien.[17] 1732 erwogen die Franzosen sogar einen direkten Angriff auf Österreich, mit Erfolg bemühten sie sich, Spanien und Savoyen auf ihre Seite zu bringen und einen profranzösischen Block im Reich rund um Bayern aufzubauen. Anfang 1733 war die französische Armee für den Krieg gerüstet: Es fehlte nur noch der Vorwand, und zwar einer, der die Seemächte davon abhalten würde, sich einzumischen. Diesen Vorwand sollte Polen liefern.

Im Februar 1733 starb nämlich der polnische König und Kurfürst von Sachsen. In Wien war er nicht sehr beliebt gewesen, da er sich standhaft geweigert hatte, die Pragmatische Sanktion gutzuheißen. Sein Tod wurde also nicht sehr bedauert. Unglückseligerweise schien jedoch der polnische Landtag Stanislaus Leszczyński wählen zu wollen, den Schwiegervater Ludwigs XV. Damit war die Möglichkeit für einen französischen Satelliten in Osteuropa gegeben. Um diese Wahl zu verhindern, stellten sich Rußland, Österreich und Preußen, wenn auch widerwillig, mit ihrem ganzen Gewicht hinter die Kandidatur von Augusts Sohn, August von Sachsen, und Österreich benutzte die Gelegenheit, um ihm die Zustimmung zur Pragmatischen Sanktion zu entlocken. Rußland übernahm in dieser Angelegenheit die Führungsrolle. Aber als Rußland in den ersten Monaten des Jahres 1733 Truppen an die polnische Grenze heranführte, sandte auch Österreich sofort seine Truppen nach Schlesien. Das schien nicht weiter gefährlich zu sein, da auch England die Kandidatur Sachsens unterstützte.

Zweifellos war Eugen ein Befürworter dieser Politik, aber zu Beginn des Jahres 1733 spielte er keine sehr aktive Rolle in der Politik, da es mit seinen physischen und geistigen Fähigkeiten stark bergab ging. Besonders sein

Gedächtnis hatte nun, da er fast siebzig war, sehr nachgelassen. Während des letzten Winters hatten ihm Grippen und Erkältungen schwer zu schaffen gemacht, und die Folge war ein Dauerhusten, der die Minister dazu brachte, sich vor ihm so kurz wie möglich zu fassen.[18] Die Briefe Karls VI. enthielten in jener Zeit häufig einen oder zwei Sätze in Französisch, die sich mit Eugens Gesundheit befaßten. Im November 1729 schrieb er: „...Lassen Sie Garelli (Karls Leibarzt) zu sich kommen und vertrauen Sie ihm, gehen Sie möglichst sorgfältig mit Ihrer Gesundheit um." Und im Januar 1733 bat er ihn, er möge auf seine Gesundheit aufpassen, sich nicht dem schlechten Wetter aussetzen und ein bißchen länger im Bett bleiben.[19]

Mit zunehmender Senilität verlor Eugen immer mehr an politischem Einfluß. Er konnte sich auch nicht mehr so wie früher auf Schönborn verlassen, seitdem der kaiserliche Vizekanzler sich immer häufiger in seinen neuen Bistümern Bamberg und Würzburg aufhielt. Der Kaiser war ihm deswegen sehr ungnädig gesinnt und schrieb im März 1733 verärgert an Eugen, sein Freund solle zurücktreten, die kaiserliche Kanzlei sei schlecht geführt und die Regierung sei für ihn, den Kaiser, ohnedies schwierig genug.[20] Obgleich der Prinz ihm die Stange hielt, trat Schönborn im Sommer 1734 von seinem Amt zurück.

Karl VI. mußte sich nun an andere wenden, wenn er Rat suchte: an Sinzendorf wie einst[21] und an Gundaker Starhemberg, vor allem aber an Bartenstein, der seit 1727 Sekretär der Konferenz war. Er war einer dieser Juristen aus Deutschland, die sich durch eigene Kraft durch die kaiserliche Bürokratie hochgearbeitet hatten. Er war fleißig, intelligent und ehrgeizig. Er verstand es, seine Position als Bindeglied zwischen der Konferenz und dem Kaiser sehr gut zu nützen, und bestimmte mehr und mehr die Resolutionen der Konferenz, während Eugen das Präsidium nur noch mit Mühe führte. Der einzige Minister, der versucht hatte, seinen Einfluß zu bremsen, war Schönborn gewesen, der ihm sogar einmal während einer Konferenz ins Gesicht sagte, sein Geschäft bestände im Schreiben, nicht im Reden.[22] Als der Kaiser sich des Zustands Eugens bewußt wurde – er sprach von „Gedächtnismangel und Altersschwäche"[23] –, stützte er sich immer mehr auf Bartenstein, und Bartenstein war es, der die österreichische Politik bis zum Tode des Kaisers bestimmte, obwohl behauptet wurde,[24] daß der Kaiser die Direktiven gab und der Sekretär sie ausführte.

Leider besaßen weder Karl noch Bartenstein die politische Erfahrung, um zu erkennen, wohin die polnische Krise 1733 führte, und gingen ahnungslos den Franzosen in die Falle. Von Beginn an war Fleury entschlossen, den Streit um die polnische Erbfolge dazu zu benutzen, um Österreich anzugreifen, Lothringen zu besetzen und Karl VI. zu zwingen, Neapel und Sizilien an Don Carlos abzutreten.

Auch wenn die Österreicher bemerkten, was vorging, so reagierten sie doch nicht so, wie sie hätten sollen. Schon im Januar 1733 machte Eugen den Kaiser darauf aufmerksam, daß die Franzosen aufrüsteten und ihre Magazine am Rhein auffüllten, und die Bayern, ihre Verbündeten, ebenso verfuhren. Auch die Informationen, die Eugen durch seine Geheimdiplomatie zuflossen, verstärkten den Eindruck, daß Frankreich und Spanien demnächst losschlagen würden, daß Savoyen wahrscheinlich auf ihre Seite treten würde und die Seemächte entschlossen waren, sich herauszuhalten. Aber erst in den Konferenzen am 14. und 16. Juli befaßten sich die kaiserlichen Minister mit der Möglichkeit, daß die polnische Frage zu einer direkten Auseinandersetzung mit Frankreich führen könnte, und selbst dann wollten sie nicht begreifen, daß ihnen die Gefahr unmittelbar bevorstand, und ließen sich von Sinzendorfs Versicherung einlullen, er kenne Fleury gut genug, um zu wissen, daß er Frankreich niemals in den Krieg führen würde. Wenn es zum Krieg kommen sollte, meinten sie in seltener Einmütigkeit, dann erst im folgenden Jahr und eher am Rhein als in Italien. Auch Eugen glaubte nicht daran, daß Österreich Gefahr in Italien drohe; denn er setzte auf die Loyalität des neuen Herzogs von Savoyen, Karl Emmanuel. Daher zog er im August in seiner Eigenschaft als Präsident des Hofkriegsrates sogar Truppenteile aus der Lombardei ab und ließ nur 16.000 Mann dort. In diesem Augenblick entschloß sich jedoch Karl Emmanuel für das bourbonische Lager.

Im September 1733 wählte der polnische Landtag Stanislaus Leszczyński zum König von Polen. Auf der Stelle marschierten daraufhin russische Truppen in Polen ein, um ihn abzusetzen und einen neuen Landtag zusammenzusetzen. Und obgleich kein österreichischer Soldat die Grenze überschritten hatte, erklärte Frankreich dem Kaiser als Verbündeten der Russen und Augusts von Sachsen den Krieg. Fleury konnte dabei auf die passive Haltung der Seemächte zählen, da es sich um einen auf Polen begrenzten Konflikt zu handeln schien. Französische Truppen besetzten, obgleich es schon Oktober war, Lothringen und nahmen Kehl am Rhein ein, während der Herzog von Savoyen mit Hilfe einer französischen Armee unter dem achtzigjährigen Villars die Lombardei besetzte: Die wenigen österreichischen Truppen ergriffen die Flucht. Der Einbruch des Winters machte diesem dramatischen Feldzug ein Ende, ohne daß eine einzige kaiserliche Armee ins Feld geführt worden wäre, und erst Ende des Jahres gaben die Erbländer ihre Einwilligung, Sondertruppen aufzustellen.

Der kaiserliche Hof befand sich in totaler Konfusion. Eugen, den das Verhalten seines jungen Vetters außerordentlich unangenehm berührte, erklärte öffentlich, er glaube, mit der Welt ginge es zu Ende, und es sei ein deutlicher Verfall des gesunden Menschenverstandes und der menschlichen Klugheit zu bemerken.[25] Was war nun eigentlich schiefgegangen? Bartenstein und Karl VI. sollten später die ganze Schuld auf Eugens Konto schieben, auf seine Diplomatie und seine Vernachlässigung der Armee.

Das diplomatische System, das Eugen Anfang der dreißiger Jahre geschaffen hatte, erwies sich in der Tat als Fiasko, als es auf die Probe gestellt wurde. Die Seemächte weigerten sich, Österreich zu Hilfe zu eilen, und die Allianz, die Österreich mit Rußland und Preußen geschlossen hatte, zog Österreich nun in den Polnischen Erbfolgekrieg hinein. Aber konnte man deshalb Eugen für den Krieg verantwortlich machen? Während der entscheidenden Epoche, Anfang 1733, verfügte er über wenig politischen Einfluß, und gerade da wirkte sich die Unentschlossenheit des Kaisers übel aus; denn er folgte den Russen blind in der Verteidigung ihrer polnischen Ziele. Bedeutsamer als dies war aber die Entschlossenheit Frankreichs, Lothringen in seinen Besitz zu bringen, und zwar wegen dieses dem Kaiser so sehr am Herzen liegenden Plans einer Heirat zwischen seiner ältesten Tochter und Franz Stephan von Lothringen. Eugen hatte an diesen Heiratsplänen aber nie mitgewirkt. Sein diplomatisches System hatte sich zwar als zu schwach erwiesen, um Frankreichs Kriegsgelüste zu bremsen, aber an dem Konflikt selbst hatte er weniger Schuld als andere. In einem Punkt jedoch war die Kritik Bartensteins und des Kaisers begründet: das war der schlechte Zustand der österreichischen Armee.

Eugen und die österreichische Armee

Als der Polnische Erbfolgekrieg ausbrach, war Eugen bereits dreißig Jahre lang Präsident des Hofkriegsrates und hatte vor fünfzig Jahren seine Karriere in der kaiserlichen Armee begonnen. Für die meisten war daher sein Name gleichbedeutend mit der österreichischen Armee.

In der Schlacht und in Friedenszeiten waren Eugens Talente als militärischer Führer unübersehbar. Keinem anderen kaiserlichen General war es gelungen, einen größeren Sieg gegen die Franzosen zu gewinnen, und es ist unwahrscheinlich, daß Österreich seine Gebietserweiterungen von 1718 ohne seinen militärischen Genius geschafft hätte. In der Schlacht führte er persönlich seine Soldaten an, zeigte großen persönlichen Mut und nahm direkten Einfluß auf das Geschehen der Schlacht. Als Feldherr war es seine Fähigkeit, das Beste aus seinem Material herauszuholen, seine Angriffsfreudigkeit und seine schnelle Entscheidungsgabe, die ihn zu einem großen General machten. Dabei glichen die ihm zur Verfügung gestellten Armeen oft mehr den Haufen des Dreißigjährigen Krieges als den Armeen Marlboroughs. Er war allerdings auf taktischem Gebiet kein Erneuerer und ließ seine Truppen in durchaus konventioneller Weise aufmarschieren. Darin unterschied er sich wenig von seinen französischen Gegnern. Vor den letzteren besaß er jedoch den großen Vorteil, nicht einem Kriegsminister oder gar einem Ludwig XIV. unterstellt zu sein. Als Präsident des Hofkriegsrates war er beinahe sein eigener Herr. Der Kaiser mischte sich nur wenig ein.

Die österreichische Armee aber war nicht Eugens Schöpfung, sondern die Montecuccolis. Eugen nahm nur geringfügige Änderungen an der Organisation der Regimenter und der Bewaffnung vor und gab jenen berühmten Befehl von 1707 heraus, nachdem alle Infanteristen die gleiche hellgraue Uniform zu tragen hatten. Darüber hinaus aber gab er der Armee durch seine ständige Kontrolle allmählich die Form, die seinen Ansprüchen in etwa nahe kam. Nachdem er Hofkriegsratspräsident geworden war, erreichte er, daß nur noch Offiziere seiner Wahl befördert wurden und jegliche Einmischung von anderer Seite, selbst des Kaisers, ausgeschlossen wurde.[1] Seine Kriterien für die Beförderung waren jetzt nicht mehr die soziale Stellung der Kandidaten, sondern Gehorsam und Tapferkeit vor dem Feind. Denn er glaubte fest, daß nur Offiziere dieser Art sich den Respekt ihrer Soldaten verschaffen konnten. Er vertrat aber auch die Ansicht, daß der Offizier unbedingt gut gekleidet und beritten sein mußte. Im Ganzen gesehen beklagte er sich nur wenig über seine Offiziere und hielt es nicht für notwendig, eine Kadettenschule zu gründen, weil er den Krieg für die beste Ausbildungsart hielt. Als jedoch die alliierte Armee bei der Belagerung Lilles und Tournais eine ziemlich schlechte Figur machte, gründete er 1717 eine Ingenieurschule. Selbst während der langen Friedensperiode vor dem Polnischen Erbfolgekrieg scheint sich die Qualität seiner jungen Offiziere nicht verschlechtert zu haben, da man bei der Beförderung weiter Eugens Normen anwandte. 1727 schrieb St. Saphorin: „Die besten Offiziere der Armee kommen aus dem niederen Adel und dem kultivierten Bürgertum. Sie wissen, daß sie sich nur durch eigenes Verdienst hocharbeiten können und zeigen daher extremen Eifer."[2]

In einer Zeit, da die Kriegführung in zunehmendem Maße Truppen brauchte, welche in der Lage waren, in genau festgelegten Intervallen zu schießen und zu laden, war die augenblickliche Ausführung der Befehle die wichtigste Voraussetzung für den Sieg. Während seiner ganzen militärischen Laufbahn sollte der Prinz nachdrücklich auf dem Gehorsam auf allen Ebenen bestehen. Daher beklagte er sich auch so sehr über Heisters Verhalten in Ungarn, weil dieser nämlich die Anweisungen des Hofkriegsrates einfach nicht zur Kenntnis nahm. Wenn gewöhnliche Soldaten während der Schlacht nicht parierten, erschoß er sie oft mit eigener Hand und ermunterte seine Generale, dasselbe zu tun. Im März 1728 schrieb er an Traun: „Man sollte ohne Ursache den gemeinen Mann nicht zu sehr anstrengen und die Schärfe nur gebrauchen, wo die Güte, wie öfters geschieht, nicht verfanget."[3]

Obwohl es während des Spanischen Erbfolgekriegs viele Klagen über die Zügellosigkeit der deutschen Truppen gab, bezogen sich diese Klagen gewöhnlich auf die Hilfstruppen unter den eigenen Generalen. Eugen hatte seine eigenen Truppen fest in der Hand und gab jährlich Edikte über disziplinäre Angelegenheiten heraus: Vor allem wollte er Desertionen verhindern und erreichen, daß seine Truppen eine feste Kampfeinheit bildeten. Auch sollte die einheimische Bevölkerung nicht unnötig verschreckt werden. 1710 befahl er, daß alle Soldaten, die sich beim Marsch 100 Meter vom Rest der Armee entfernten oder 1000 Meter vom Lager „ohne Gnade aufgehängt" werden sollten. Und dasselbe sollte mit denen geschehen, welche Kirchen und Privathäuser plünderten.[4] Auch von seinen Generalen erwartete er sich diese Selbstbeherrschung und drohte 1705, zwei Feldmarschälle, nämlich Gronsfeld und Herbeville, vor ein Kriegsgericht zu stellen, als der Verdacht auf sie fiel, in Bayern Geld für den eigenen Bedarf erpreßt zu haben. Niemals wurde gegen ihn selber der Vorwurf erhoben, geplündert oder Geld für die eigene Tasche eingetrieben zu haben.

Dabei war es keine einfache Aufgabe, der kaiserlichen Armee Disziplin beizubringen und ihr das Plündern zu verbieten. Da Eugen nicht über die Mittel der anderen Westmächte verfügte, waren seine Soldaten meist schlecht bezahlt und unterernährt. So war es um ihre körperliche Konstitution meist schlimm bestellt, was Eugen aber niemals von schnellen Truppenbewegungen abhielt. Er erwartete von seinen Truppen, dann zu marschieren und zu kämpfen, wenn er es für angebracht hielt. Meistens folgten sie ihm aufs Wort, wenn sie nur den Eindruck hatten, daß er sich auch nicht schonte. So äußerte er auch wenig Schmerz über gefallene Soldaten, vorausgesetzt, sie waren als tapfere Streiter untergegangen. Nur einmal, als sein Freund Commercy fiel, zeigte er sich erschüttert. In dieser Gleichgültigkeit spiegelte sich nur die zeitgenössische Verachtung des Lebens. Die jüngeren, noch unverheirateten Söhne des europäischen Adels, die die Masse der jungen Offiziere aller Armeen bildeten, schätzten die eigene Sicherheit überaus gering ein.

Für den gewöhnlichen Soldaten gab es wenig Belohnung, auch wenn er sehr tapfer gewesen war. Beförderungen waren hier fast unbekannt, der Sold betrug weniger als einen Gulden wöchentlich, und die Aussicht auf Beute wurde außer im Balkan immer geringer, da das Plündern immer weniger erlaubt war. Dem Ex-Soldaten blieb wenig mehr als die Bettelei, und zu Eugens Ehre sei gesagt, daß er der Meinung war, daß die Verwundeten und Alten ein Recht auf Versorgung hätten. Er selber spendete 15.000 Florin jährlich für Pensionen[5] und bestand darauf, daß es wie in Frankreich in jeder Garnison eine Kompanie von Invaliden gab; denn diese konnten in Krisenzeiten mit ihrer Erfahrung dienen.

Die meisten Soldaten stammten aus dem Bauernstand der Erbländer und waren von den Großgrundbesitzern in die Armee getrieben worden. Der Prinz fand an dem System nichts Schlechtes und machte keinen Versuch, die Aushebung zu systematisieren, wie es zu seiner Zeit in Preußen und Rußland geschah. 1703 schrieb er an Guido Starhemberg: „Was nun die Aushebung der Bauern angeht, so waren alle alten Soldaten Bauern, und die Armee kann nur auf diese Art expandieren und in eine zweckmäßige Form gebracht werden."[6] Die Aushebungsoffiziere, welche ausgesandt wurden, um zusätzlich zu den vom Adel aufgestellten Truppen Soldaten auszuheben, bekamen den Befehl, keine Handwerker, Studenten und Adelige zu rekrutieren, sondern Freiwillige, die „groß, stark und zwischen fünfundzwanzig und dreißig" waren. In einer Verfügung Eugens von 1722 hieß es, sie sollten „verbotene Nationalitäten" vermeiden, besonders Franzosen, Italiener, Schweizer, Polen, Ungarn und Kroaten, da sie sich nicht leicht in die Gemeinschaft einfügten und die größten Feiglinge und Aufschneider seien, die von einer Armee zur anderen zögen und einen schlechten Einfluß auf die guten Soldaten ausübten.[7] Es gab auch separate kroatische und ungarische Regimenter, und Eugen trat auch für die Aufstellung von italienischen Regimentern ein, aber der Großteil der Armee sollte nach seinen Vorstellungen deutsch sein, besonders die Feldarmee, die er sich möglichst homogen wünschte und erfüllt von dem stolzen Bewußtsein, dem Kaiser zu dienen.[8]

Auf dem Schlachtfeld ging Eugen sehr persönlich und diktatorisch vor. Für Kriegsräte hatte er wenig Zeit: Er traf die Entscheidungen und erwartete von seinen Untergebenen, daß sie seine Befehle befolgten. Traf er jedoch einen Gleichwertigen, war er sofort zur Kooperation bereit, zum Beispiel mit Ludwig von Baden und Marlborough.

St. Saphorin meinte 1727, daß Eugens Erfolge nicht seiner Strategie und Planung, sondern seinem entschiedenen Handeln in der Schlacht zuzuschreiben waren.[9] Als Beispiele zitierte er Peterwardein und Belgrad, wo der Prinz es zugelassen hatte, daß seine Position mehr als kritisch geworden war. Zenta und Turin sind allerdings nicht auf diese Weise zu erklären. Im Gegenteil: Eugen versuchte stets so viel wie möglich über die Operationen und Lage des Gegners zu erfahren. Allerdings forderten gerade verfahrene strategische Lagen ihn zu Höchstleistungen heraus. Außer Zenta errang er fast alle seine größeren Siege aus einer fast hoffnungslosen Lage heraus. Paradoxerweise war er weit weniger erfolgreich und viel vorsichtiger, wenn er sich in einer starken Position befand, wie zum Beispiel nach Oudenaarde.

Trotz seiner taktischen und strategischen Fähigkeiten und seiner Begabung, sich in Kriegszeiten die Unterstützung Wiens zu sichern, konnte man ihn im Frieden kaum einen erfolgreichen Hofkriegsratspräsidenten nennen. Am besten arbeitete er in Situationen, in denen andere unter dem Druck und der Belastung zusammengebrochen wären. Eine dieser Belastungsproben war die Praktik der europäischen Staaten, ihre Feldarmeen zwischen den Kriegen aufzulösen und sie beim Herannahen neuer Konflikte Stück für Stück wieder aufzubauen. Schon aus finanziellen Gründen konnten die Österreicher sich zwischen den Kriegen unmöglich mehr als Garnisonstruppen halten. Und Ludwigs XIV. Stärke beruhte zum größten Teil darauf, daß er es sich auch in Friedenszeiten leisten konnte, starke Armee-Einheiten in Alarmbereitschaft zu halten. Im Laufe des 18. Jahrhunderts sollten die europäischen Mächte lernen, wie wichtig es für den Ausgang eines Krieges war, daß man als erster losschlagen konnte. Das hieß, daß die Armeen in dem Moment, da der Krieg ausbrach, einsatzbereit zu sein hatten, was wiederum so teuer war, daß die Kosten von den meisten Herrschern nicht aufgebracht werden konnten. Das Modell einer immer alarmbereiten Armee war die preußische Armee, die Friedrich Wilhelm I. durch ständigen Drill und regelmäßige Manöver auf einen hervorragenden Stand gebracht hatte. Diese Armee unterschied sich deutlich von den anderen stehenden Heeren, die in Friedenszeiten beschäftigungslos in ihren Garnisonen herumlungerten.

Im Polnischen Erbfolgekrieg stand die österreichische Armee einer weit größeren, gut ausgerüsteten französischen Armee gegenüber. Außerdem wurde sie vom Ausbruch der Feindseligkeiten überrascht und befand sich am falschen Platz. Was sie aber dann im Verlauf des Krieges bot, war kaum besser, und wurde vollends katastrophal nach Eugens Tod im Türkenkrieg von 1737 bis 1739. Eugen war zwar während des Krieges mit Frankreich noch Hofkriegsratspräsident und Oberbefehlshaber, aber es gelang ihm nicht mehr, die Improvisationswunder von früher zu wiederholen: Dazu war er zu alt. Und kein anderer war fähig oder willens, seine Position einzunehmen. Daß während der langen Friedensjahre nach dem türkischen Krieg von 1716—1718 kein Versuch unternommen wurde, eine wenn auch kleine Kampfeinheit zu schaffen, die im Krieg den Kern einer größeren Feldarmee gebildet hätte und die Monarchie auch in Zeiten mangelnder militärischer Führung geschützt hätte, war ein schwerer Unterlassungsfehler, für den Eugen selbst verantwortlich zu machen war.

Dabei wäre Eugen in der Zeit vor dem Polnischen Erbfolgekrieg für die Schaffung einer solchen Kerntruppe in einer besseren Ausgangsposition als jeder andere gewesen. Alle seine Untergebenen im Hofkriegsrat waren sorgfältig ausgesuchte Soldaten, und die zentrale Macht des Hofkriegsrates war nach der Abschaffung der separaten Provinzkriegsräte von Graz und Innsbruck 1705 und 1709 unbestritten.

Wie nutzte Eugen nun diese absolute Machtposition? Da er wenig Zeit und Interesse für verwaltungstechnische Details hatte, überließ er diese weitgehend seinen Referenten des Hofkriegsrates. Öttel, Brockhausen und Ignaz Koch waren fleißige und fähige Männer, trotzdem gab es viel Kritik an ihrem Einfluß auf die Kriegsmaschinerie. Wenn sie auch nicht wirklich korrupt waren, so setzten sie anscheinend doch eigene und Freunde der Gräfin Batthyány auf Posten, welche diese nicht verdient hatten. Möglicherweise war es ihr Fehler, daß so fähige Generale wie Bonneval und Schulenburg den Kaiserlichen verlorengingen: Der erste wurde dahin gebracht, daß er zum Verräter in den Niederlanden wurde, der zweite, daß er in venezianische Dienste trat. Doch hatten sie wahrscheinlich wenig mit der Beförderung jener drei Generale zu tun, die Eugen sich als Nachfolger ausgesucht hatte: Mercy, Seckendorf und Königsegg. Diese Männer waren Eugen seit langem bekannt und vertraut. Alle drei sollten sich, sobald sie unabhängige Kommandeure waren, als äußerst schwach erweisen: Mercy in Italien während des Polnischen Erbfolgekriegs, Seckendorf und Königsegg auf dem Balkan während des Türkischen Krieges nach Eugens Tod, wo eine Serie von österreichischen Fehlern und Niederlagen zum Verlust Belgrads führte. In der Beförderung dieser Männer erwies sich der Prinz leider als schlechter Menschenkenner.[10] In seiner Biographie Guido Starhembergs schreibt Arneth, die kaiserlichen Generale hätten besser sein können, wenn sie immer in solchen Kriegszeiten konsultiert und instruiert worden wären, wie sie Starhemberg abzuhalten pflegte, nicht aber Prinz Eugen.[11] Der Prinz versäumte es auch, einen ständigen Generalstab zu gründen, der separat vom Hofkriegsrat existiert hätte. Statt dessen bestand er streng auf Gehorsam und Hierarchie und erstickte damit wahrscheinlich jede militärische Eigeninitiative im Keim.

Zweifellos erkannte auch Eugen, wie notwendig es war, auch in Friedenszeiten eine möglichst große und zweckmäßig ausgerüstete Armee zu haben. Die Monarchie hatte viele Garnisonen zu füllen, und im großen und ganzen gelang ihr das auch. Aber für das Training und die Ausbildung dieser Truppen geschah nichts,[12] und die Idee, eine separate Feldarmee zu unterhalten oder die Garnisonstruppen ständig so zu trainieren, daß man auf der Stelle aus ihnen eine Feldarmee machen konnte, diese Idee ist von Eugen anscheinend niemals ernsthaft in Erwägung gezogen worden. Nach seiner Ansicht war der Moment zur Ausbildung gekommen, wenn der Krieg vor der Tür stand, und dies war auch der Moment, wo er aus seinen Schlössern ins Feld zog. Für ihn waren Krieg und Frieden vollständig getrennte Begriffe. Denn trotz seines militärischen Berufes war er kein Militarist. Wie wir gesehen haben, fügte er sich sehr gut ins zivile Leben ein und nahm die Anstrengungen des Lagerlebens nur gezwungenermaßen auf sich. In seiner Ablehnung, während des Friedens Truppen zu trainieren, zeigt sich eigentlich nur seine unmilitaristische Einstellung. Den Drill und die Manöver, die nach der Thronbesteigung Friedrich Wilhelms in Preußen an der Tagesordnung waren, hielt er für gänzlich ungeeignet als Ausbildung für den Krieg. Genauso wenig schätzte er die preußischen Generale, die oft überhaupt keine Kriegserfahrung hatten, und er war sicher, daß die gutgenährten riesigen Soldaten unter der Anstrengung eines richtigen Feldzugs zusammenbrechen und mindestens ein Drittel der Truppen bei erster Gelegenheit desertieren würden. Als allerdings seine eigene Armee 1733—1735 wieder Krieg führen mußte, fiel ihr Mangel an Drill und Training allen unangenehm auf, am meisten Karl VI. Als der Kaiser im Juni 1734 klagte, die Infanterie schösse in Italien aufeinander anstatt auf den Feind, da verteidigte sich der Prinz folgendermaßen: „Denn so wenig ich für das unnötige Schießen im Frieden bin, so sehr erkenne ich, daß die Leute in Kriegszeiten im Feuer geübt sein müssen. Daher lasse ich auch die Regimenter all hier täglich exerciren."[13] Als Karl sich bald wieder beklagte, gab er zu, daß er „den Unterschied gar wohl begreife, wie Dero Truppen ehedem waren und wie sie nun sind. Es ist dies jedoch nur die natürliche Folge eines langen Friedens, während dessen Dauer sich Unordnungen und Mißbräuche bei den Regimentern eingeschlichen und auch viele Offiziere einen Teil ihres Dienstes vergessen haben".[14]

Der Zustand der Armee bei Ausbruch des Polnischen Erbfolgekriegs war aber nur ein Teil eines weit größeren Problems. Ebenso wichtig wie die Ausbildung der Soldaten war die Versorgung der Truppen mit Geld und Lebensmitteln durch die Institutionen in Wien. In den Kriegen mit den Türken und im Spanischen Erbfolgekrieg hatte Eugen sich nicht gescheut, kräftig in die Verwaltung einzugreifen, nicht nur in die militärische, und hatte durch seine Dynamik die Lücke gefüllt, welche drei aufeinanderfolgende Kaiser im Zentrum der Macht hinterließen. Vermutlich hätte er, wäre er zwanzig Jahre jünger gewesen, dasselbe auch 1733 getan und das System nach Kräften gestützt. Nun aber, da er alt war, betrachtete er es nicht mehr als seine Pflicht, sich um anderes als um das Militär, die Niederlande und die österreichische Außenpolitik zu kümmern. Aus der Innenpolitik hielt er sich bewußt heraus; sie war Sache der Hofkanzlei. Und er griff auch nicht mehr in das Finanzgebaren der Hofkammer ein.

In den ersten Jahren der Regierung Maria Theresias beruhte die Schwäche der Monarchie hauptsächlich auf dem Mangel an Zentralisierung und dem zu geringen Einkommen des Staates. Maria Theresia gelang es, wirksame Maßnahmen anzuwenden und die Monarchie Schritt für Schritt aus dem Tief der dreißiger und vierziger Jahre herauszuführen. Aber Eugen mußte sein Leben lang mit einem System auskommen, das nicht in der Lage war, eine angemessene Armee im Krieg und im Frieden zu finanzieren. Trotz der großen Wirtschaftsprojekte Karls VI. konnte man die staatlichen Einnahmen nur unwesentlich erhöhen. Sie betrugen nur ein Fünftel der Einnahmen des französischen Staates. Die Einnahmen ließen sich in zwei Kategorien teilen: Das Geld, das direkt aus eigenem Landbesitz, den Bergwerken und durch indirekte Steuern an die Krone kam, wurde dazu benutzt, um den Hof und den zivilen Verwaltungsapparat zu finanzieren, während die Kontributionen der Stände für die Armee gebraucht wurden. Diese letzteren stellten eine viel weniger verläßliche Quelle dar als die ersteren. Sie waren nur durch langes Feilschen der Hofkammer mit den verschiedenen Ständeregierungen einzutreiben. Von diesen Kontributionen wurden außerdem die bestehenden Schulden der Krone abgezogen und nur ein Teil in bar, der andere in Kleidung und Ausrüstung für die Truppen gezahlt.[15]

Da die Kontributionen unregelmäßig waren, mußte sich die Monarchie in Kriegszeiten Geld ausleihen. In Kriegszeiten konnten die jährlichen Ausgaben für die Armee 20 bis 35 Millionen Gulden betragen. Nach 1721 wurde auf Druck der Hofkammer eine fixe Summe von jährlich 8 Millionen Gulden mit den österreichischen, böhmischen und ungarischen Erblanden vereinbart, um ein Friedensheer von 90.000 Mann unterhalten zu können. Mit den zusätzlichen Kontributionen der übrigen Länder hoffte man im Ganzen 140.000 Mann aufstellen zu können. Aber der zweimalige Versuch, während der diplomatischen Krisen der späten zwanziger Jahre diese Zahl zu erreichen, scheiterte an dem Widerstand der Hofkammer, die schon 1721 und 1731 die Zahl der Truppen reduzieren wollte. Als 1733 der Polnische Erbfolgekrieg ausbrach, bestand die Armee auf dem Papier aus 117.000 Infanteristen und 36.000 Kavalleristen. Es ist aber zweifelhaft, ob die wirklichen Zahlen nur halb so groß waren. Schon 1734 betrugen die Kontributionen der Länder fast zwei Millionen weniger als das 8-Millionen-Soll in Friedenszeiten.

Diese Abhängigkeit der Monarchie von den Ständen war der Grund, warum sie sich nie ohne Hilfe von außen eine adäquate Friedensarmee leisten konnte, ganz zu schweigen von mehreren tüchtigen Feldarmeen in Kriegszeiten. Die Beamten der Hofkammer Karls VI. waren nach 1716 nur darauf aus, die Truppenanzahl zu senken. Dies mußte natürlich zu Konflikten mit Eugen führen. Aber weder Eugen noch die Hofkammer wollten dem eigentlichen Problem zu Leibe rücken, daß nämlich die Stände über die Größe der Armee zu bestimmen hatten. Obgleich sich Eugen dauernd über die Widerspenstigkeit der Stände beschwerte und sie in Kriegszeiten einzuschüchtern verstand, unterließ er es, wenn wieder Frieden war, grundlegend etwas zu ändern. Er interessierte sich auch nur wenig für die Herkunft der staatlichen Einnahmen, besonders kalt ließen ihn Steuerfragen. 1728 erzählte er Montesquieu, er habe den Finanzfachleuten nie zugehört, denn ob man nun Pantoffeln oder Perücken besteuere, käme aufs selbe heraus.[16] Max Braubach hat richtig bemerkt, daß Eugen weit davon entfernt war, „ein Reformer oder Revolutionär sein zu wollen".[17] Die Vorschläge der Konferenzen vom 30. Dezember 1720 und 27. Januar 1726, der Kaiser solle ein „Totum" aus allen seinen Ländern machen, kam so nicht von Eugen allein, sondern von der ganzen Konferenz. Auch wurde noch keineswegs eine Zentralisierung sämtlicher Räte und Verwaltungsstellen angepeilt (dies sollte erst der nächsten Regierung gelingen), sondern man wollte lediglich sicherstellen, daß alle Länder des Kaisers, auch die einst spanischen, die gleichen Unterhaltungskosten für die Armee zu tragen hätten. Wenn Eugen wirklich dem Kaiser geraten hatte,[18] die Erbfolge seiner Tochter nicht durch Zusagen auf dem Papier, sondern durch eine starke Armee und eine volle Kasse zu sichern, dann hat er eigentlich sehr wenig dazu beigetragen.

Der Polnische Erbfolgekrieg und Eugens Tod

Das Schicksal wollte es, daß Eugen als nunmehr siebzigjähriger Greis seine letzten Lebensjahre im Feld verbringen mußte. Er begann zudem den Polnischen Erbfolgekrieg unter wesentlich ungünstigeren Bedingungen als jeden anderen Krieg: Seine Truppen bestanden aus Rekruten und wild zusammengewürfelten Garnisonssoldaten. Die Aufstellung weiterer Truppen hing von der Zustimmung der Stände ab; die Hofkammer krankte jedenfalls noch an den Folgen der Kriege des letzten Jahrzehntes. Vor allem aber war der Prinz selbst schwer beeinträchtigt durch das Nachlassen seiner eigenen physischen und geistigen Kräfte und seines politischen Einflusses. Als Präsident des Hofkriegsrates und als Oberbefehlshaber hatte er jedoch die Hauptverantwortung für den Krieg zu tragen. Am 25. Oktober 1733 warnte er den Kaiser vor der großen Gefahr, in der sich die Monarchie befand — im Herbst hatte man die ersten Niederlagen einstecken müssen —, wenn man den Krieg nicht so schnell wie möglich beendete.

Österreich mußte gegen die Franzosen am Rhein und gegen die Verbündeten Ludwigs XV., nämlich Savoyen und Spanien, in Italien kämpfen, und zwar ohne daß ihm jemand dabei half. Die Russen waren zu sehr auf Polen konzentriert, um Truppen schicken zu können, und Friedrich Wilhelm hatte bereits 10.000 preußische Soldaten zur Verfügung gestellt. Um mehr wollte man ihn nicht bitten, denn Österreich hatte selbst für den Unterhalt dieser Truppen aufzukommen und fürchtete außerdem, der preußische König würde versuchen, Einfluß auf die Kriegführung zu nehmen. Auch der Kurfürst von Hannover sandte Hilfstruppen, aber im Ganzen ließ das Reich den Kaiser schmählich im Stich. Die Kurfürsten von Bayern, Köln und der Pfalz strichen ihre Neutralität heraus, und jedermann war klar, daß sie so bald wie möglich zu Frankreich übergehen würden. Einige deutsche Fürsten waren zwar bereit, für den Kaiser Truppen anzuwerben, aber er hätte sie bezahlen müssen. Der Reichstag hatte zwar im Mai 1734 2,5 Millionen Gulden für den Feldzug bewilligt, aber im Januar waren weniger als ein Achtel dieser Summe bezahlt worden. In diesem Krieg fielen auch zum ersten Mal die Hilfstruppen der Seemächte weg. Denn England und Holland waren entschlossen, neutral zu bleiben. Weder wollten sie in einen Krieg gegen Frankreich gezogen werden, noch wollten sie ihren florierenden Handel durch einen Krieg gegen Spanien aufs Spiel setzen. Robert Walpole hatte den zweiten Vertrag von Wien mit der

Absicht abgeschlossen, den drohenden Krieg zu vermeiden. Fleury half ihm dabei, indem er der Versuchung widerstand, die österreichischen Niederlande anzugreifen, was als Bedrohung Englands und der Republik aufgefaßt hätte werden können. Aber der Entschluß der Seemächte, sich nicht in den Krieg zu mischen, schmälerte die österreichischen Aussichten auf einen Sieg erheblich. Nach Benedikts Worten war „ohne englisches Geld kein Sieg der österreichischen Armee möglich".[1]

Niemand war über die englische Zurückhaltung so erschrocken und empört wie Eugen. Er war der Verantwortliche für die Allianz von 1731 gewesen, und er hatte zu den spanischen Garnisonen in Parma und in der Toskana nur zugestimmt, um den Engländern entgegenzukommen. Heimlich versuchte er sogar, Kontakte zu Walpoles Opposition im Parlament aufzunehmen und richtete zugleich einen leidenschaftlichen Appell an die Regierung, England solle sich vor den Bourbonen hüten und sie nicht zu den Herren Italiens machen. Der Albtraum von Ludwig XIV. und seiner Universalmonarchie ließ ihn nicht los. Am 30. Dezember 1733 schrieb er an Kinsky, den österreichischen Botschafter in London: „Die Anstrengungen, die wir machen, überschreiten weit unsere Kräfte. Sie sind derart, daß wir sie nicht fortsetzen können, ohne binnen kurzem des Kaisers Erbländer zugrunde zu richten... ist es unerläßlich, daß die übrigen Mächte, welche an dieser Freiheit gleiches Interesse haben, hiezu ihrerseits mit dem notwendigen Nachdruck mitwirken."[2]

Es sollte ein deprimierender Winter für den Prinzen werden. Eine schwere Bronchitis hinderte ihn daran, die Vorbereitungen für das nächste Jahr zu leiten, und dennoch zweifelte niemand daran, daß er im Frühling die Armee ins Feld führen würde, in welch schlechtem Gesundheitszustand er sich auch befände. Sein Name allein war mächtig genug, um nach Meinung der Leute Wunder zu wirken. Sein Piquet-Partner, der dänische Gesandte Berkentin, meinte, selbst wenn Eugen vorher stürbe, brauchte man nur seinen ausgestopften Körper der Armee mitzugeben, und sein Geist würde den Soldaten Respekt und Glück verschaffen.[3]

Als der Frühling kam, reiste Eugen an den Rhein, wo den Erbländern und Deutschland die größte Gefahr drohte. Er mußte sich jedoch damit begnügen, eine Verteidigungsstellung in Bruchsal zu beziehen; denn die Franzosen waren in der Überzahl, seine eigenen Truppen untrainiert und die Generale unerfahren.

Der Kaiser sah zwar ein, daß man sich vorläufig mit der Defensive begnügen mußte, und hatte Eugen im Mai 1734 versichert, er vertraue seiner „Loyalität, Liebe, Intelligenz, Mut und Erfahrung"[4], als aber Philippsburg fiel, wurde er ungeduldig und drängte Eugen, zu einem Entscheidungsschlag auszuholen: „Ein glücklicher Hauptstreich ist das einzige noch übrige menschliche Mittel, um mich, das erzherzögliche Haus und ganz Europa von der Übermacht des

Hauses Bourbon zu retten."⁵ Eugen war jedoch der Ansicht, daß jeder übereilte Schritt, besonders solange Bayern sich nicht entschieden habe, die Armee gefährdete, so daß er dem Kaiser am 19. Juli antwortete: „... So lang hingegen die hiesige Armee beisammen ist, sind die Erblande bedeckt und wird Bayern im Zaume gehalten."⁶ Hier lag seiner Meinung nach seine Aufgabe für den Rest dieses Jahres. Inzwischen war in Italien sein Schützling Mercy, selber halb blind und taub nach einer Verwundung, zur Offensive geschritten und dabei getötet worden. Seinem Nachfolger Königsegg gelang es nicht, die Herrschaft der Alliierten über Mailand abzuschütteln. Im Süden begrüßten Neapel und Sizilien eine erfolgreiche spanische Invasion.

Der Feldzug in Deutschland hatte im April und Mai mit großen Brutalitäten auf französischer Seite bei der Besetzung von gewissen Gebieten am Oberrhein begonnen. Eugen richtete einen erfolgreichen Appell an den französischen Kommandanten Berwick, er möge seine Leute schärfer kontrollieren, er selbst würde jeden bestrafen, der sich so benähme: „Die Drangsale des Krieges haben ihre Grenzen, und die Gesetze der Menschlichkeit sollten nie außer acht gelassen werden."⁷ Wenige Monate nach dieser Bitte starb der Herzog von Berwick durch eine Kanonenkugel während der Belagerung von Philippsburg. Noch ein anderer Gegner Eugens aus dem letzten Krieg starb in jenem Sommer: Villars. Damit endete eine Korrespondenz, die seit Rastatt, also zwanzig Jahre lang, zwischen den beiden Männern geführt worden war. Eugens Generation war im Aussterben begriffen. Er selbst gab jedoch nicht auf und hatte noch die Kraft, einen so klugen Feldzug zu führen, daß man sich an 1713 erinnert fühlte. Die Aufklärungsarbeit und vieles andere überließ er allerdings jetzt anderen. Auch mußte er sich gefallen lassen, daß der Kaiser ihm seinen Lieblingsgeneral Hamilton ins Lager schickte, um über Eugens körperlichen Zustand Bericht zu erstatten. Diese Berichte sind leider nicht gefunden worden. Glücklicherweise sind aber die Schilderungen Friedrichs des Großen erhalten geblieben. Der preußische Kronprinz war von seinem Vater 1734 in Eugens Lager abkommandiert worden, um bei Eugen in die Schule der Kriegführung zu gehen. Friedrich Wilhelm hatte darauf bestanden, Eugen solle seinen Sohn wie einen gewöhnlichen Offizier behandeln, aber Eugen lud ihn jeden Tag zum Essen. Das geschah nicht ohne Berechnung: Friedrich Wilhelm war so krank, daß man mit seinem Tod rechnen mußte. Eugen fand den zweiundzwanzigjährigen Kronprinzen „ganz französisch gesinnt" und schrieb dem Kaiser: „Unendlich viel liegt daran, diesen jungen Herrn zu gewinnen, der sich dereinst mehr Freunde in der Welt machen kann als sein Vater und eben so viel Böses wie Gutes wird tun können."⁸ Der junge Friedrich war seinerseits entsetzt über das im kaiserlichen Lager herrschende Chaos und über die stagnierende Art, in der der Feldzug geführt wurde. Daß Philippsburg von den Franzosen „unter den Augen des Prinzen Eugen erobert wurde, ohne daß jemand einschritt",⁹ schockierte ihn am meisten. Ebenso erschrocken war er über den physischen Zustand des berühmtesten Generals seiner Zeit: „Sein Körper war noch hier, aber seine Seele war schon weit weg",[10] sollte er später schreiben. Dennoch hinterließen die Gespräche, die er mit Eugen führte, einen nachhaltigen Eindruck auf ihn; den Rat des alten Mannes, immer im Detail zu planen und jede Gelegenheit beim Schopf zu packen, sollte er nicht vergessen.

Immerhin war es dem alten Prinzen noch gelungen, die Armee während des Feldzugs zusammenzuhalten. Als er aber Ende 1734 nach Wien zurückkehrte, war er sichtlich sehr krank und deprimiert. Sein Freund Schönborn hatte wenige Monate vorher resigniert, und im November starb sein letzter männlicher Erbe: Eugen. Ein französischer Agent berichtete aus der kaiserlichen Hauptstadt, er könne sich nicht vorstellen, daß der Prinz noch einen weiteren Feldzug führen könne: Sein Gedächtnis sei so schlecht geworden, daß Ignaz Koch und sein Adjutant Philippi „alle Geschäfte des Prinzen führen. Er gibt nur noch Anweisungen und spielt die übrige Zeit Tricktrack, indem er manchmal lächelt und wenig sagt, aus Angst, man könne bemerken, wie sehr sein Gedächtnis nachgelassen und wie niedergeschlagen er sei."[11] Eugens politischer Einfluß, der im vergangenen Jahr rapide abgenommen hatte, löste sich nun vollends auf. Die Konferenz wurde von Gundaker Starhemberg und Bartenstein beherrscht. Anscheinend dachte man jedoch nicht daran, den Prinzen seines Amtes zu entheben.

Sein Rat jedoch war wie einst auch jetzt der denkbar vernünftigste: den Krieg so schnell wie möglich zu beenden. Da er zu krank war, um im Winter an den Sitzungen der Konferenz teilzunehmen, hatte er Koch die Direktive gegeben, daß angesichts Österreichs Mangel an Alliierten, der Unsicherheit mit den Bayern und den Türken und angesichts der Finanzmisere „jeder Friede besser als der gegenwärtige Krieg" sei. Er war sogar bereit, Neapel und Sizilien Don Carlos zu überlassen und einen Teil von Mailand Karl Emmanuel von Savoyen, wenn er nur die Erbländer retten konnte, welche die „eigentliche Stärke der Monarchie ausmachten".[12] Der Kaiser meinte jedoch es besser zu wissen und glaubte, die Seemächte würden ihm bald zu Hilfe kommen. Während die kaiserlichen Truppen nur durch Plündern den Winter 1734/35 überstanden, verhandelte man in England wegen eines Darlehens. Selbst unter diesen Umständen weigerte sich der Kaiser, den Verlust seiner spanischen Besitzungen in Italien ins Auge zu fassen und verwarf den Rat Eugens, sich ganz aus der Halbinsel zurückzuziehen, um sich auf den Rhein zu konzentrieren.

Im Frühling und Sommer 1735 führte der Prinz einen weiteren Feldzug in Deutschland an. Wie im Vorjahr gelang es ihm, eine vernünftige Verteidigungsstrategie zu verfolgen, die seinen Mitteln entsprach. Jetzt war es allerdings schon schwierig für ihn, das zu behalten, was man ihm vor einer Stunde gesagt hatte. Die Bayern hatten sich noch immer nicht für die Franzosen erklärt, und diese zögerten, die Rheingrenze anzugreifen. Eugens

Name wirkte noch immer Wunder, und Fleury wollte keinesfalls durch zu forsches Auftreten die Seemächte zur Intervention provozieren. Eine schnelle diplomatische Lösung und die Anerkennung der französischen Gebietserweiterungen wäre ihm am liebsten gewesen. Der Kaiser hingegen hoffte noch immer auf das Wunder eines Sieges. Auch Bartenstein hoffte auf ein neues Blindheim. Aber die Seemächte hatten nicht die Absicht, einen neuen Marlborough zu schicken.

Im Sommer begann Karl jedoch realistischer zu denken und antwortete auf die Friedensangebote, die Fleury ihm machte. Eugen wurde nur noch der Form wegen konsultiert: Der Kaiser und Bartenstein versahen seine Depeschen mit sarkastischen Randbemerkungen und warfen ihm vor, Österreich in den Krieg getrieben zu haben, um ihn dann zu verlieren.

Selbst wenn der Kaiser und Bartenstein gewillt gewesen wären, sich Eugens Rat anzuhören, gefolgt wären sie ihm wohl kaum. Denn dies war der Rat eines Verzweifelten. Im August schrieb er dem Kaiser: „Früher, wenn Eure Majestät sich erinnern wollen, war niemand mehr gegen eine Allianz mit dem Hause Bourbon als ich und niemand mehr für eine Allianz mit den Seemächten als ich."[13] Er schlug daraufhin nicht nur ein Bündnis mit Frankreich vor, sondern meinte auch, die einzige Möglichkeit, die Erbländer zu stützen, bestände in der Heirat der achtzehn Jahre alten Maria Theresia mit dem acht Jahre alten bayerischen Kronprinzen. Dieser Vorschlag versetzte Karl in höchsten Zorn, denn er hielt unerschütterlich an seiner ursprünglichen Absicht fest, sie mit Franz Stephan von Lothringen zu verheiraten. Ebenso entschlossen zeigte sich die Erzherzogin und bewies damit, wie hartnäckig auch sie sein konnte.[14]

Die Friedenspräliminarien, die Fleury dem Kaiser im Oktober 1735 unterbreitete, waren viel besser, als er verdient hatte: Neapel und Sizilien sollten Don Carlos und ein Stück von Mailand Savoyen abgetreten werden, aber dafür erhielt Karl VI. Parma. Zugleich erreichte auch Fleury sein ursprüngliches Ziel dieses Krieges: Franz Stephan mußte sein Herzogtum Lothringen dem Schwiegervater Ludwigs XV., Stanislaus Leszczyński, überlassen und bekam dafür die Erbfolge in der Toskana zugestanden. In beiden Fällen wurde die Möglichkeit offengehalten, daß beide Herzogtümer später von der französischen und österreichischen Krone absorbiert würden. Franz Stephan wollte sich zunächst dieser Abmachung nicht beugen und tat es erst, nachdem Bartenstein ihm kurzerhand erklärt hatte: „Hoheit, ohne Nachgeben keine Erzherzogin."[15] Fleury gab sogar seine Zustimmung zur Pragmatischen Sanktion, da er Österreich in seinem gegenwärtigen Stadium für keine große Gefahr mehr hielt. Bei Karls Tod waren jedoch die französischen Garantien genauso wertlos wie die meisten anderen, um die der Kaiser sich seit 1725 bemüht hatte. Die französische Kriegspartei bestand darauf, daß Fleury sein Versprechen brach.

Die Regelung von 1735 brachte Österreich zwar einige Vorteile, nämlich den Gewinn Parmas und die Aussicht auf die Toskana und damit die Chance einer Konsolidierung in Norditalien rund um Mailand, Karl mußte aber seinen Traum einer Wiedergewinnung der spanischen Monarchie endgültig aufgeben. Der Verlust Neapels und Siziliens war die unausweichliche Folge der übermäßigen Ausdehnung dieses Reiches, das ohne eine Flotte nicht zu verteidigen war. Genauso ernst war jedoch die Aufgabe Lothringens: Damit gab man zu, daß Österreich seine Rolle im Reich und als Hüter der Rheingrenze ausgespielt hatte. Daß die südlichen Niederlande bei Österreich blieben, war das Resultat eines stillschweigenden Übereinkommens zwischen Frankreich und den Seemächten, diese Ära zu neutralisieren. Als Karl VI. 1737 in den Krieg mit den Türken gezogen wurde – der zum Verlust von Belgrad führen sollte –, hatte er nur dem Zögern Fleurys vor dem tödlichen Schlag zu verdanken, daß die österreichischen Länder intakt blieben. Tatsächlich war Österreich so eher ein Satellit Frankreichs, als die Großmacht, von der Österreich geträumt hatte. Außer gegen die Türken waren selbst Eugens Siege, so bedeutend sie waren, nur deshalb errungen worden, weil die Seemächte und die deutschen Fürsten geglaubt hatten, daß ein starkes Österreich Frankreich in seine Schranken verweisen könnte. Erst in den vierziger Jahren sollte sich dieser Glaube wieder durchsetzen und erst dann machte die österreichische Monarchie unter Maria Theresia die ersten schwankenden Schritte auf dem Weg zur Großmacht aus eigener Kraft.

Eugen sollte die Katastrophen der späten dreißiger und frühen vierziger Jahre nicht mehr erleben, ebenso wenig wie die Wiederbelebung der Monarchie. Im Oktober 1735 kehrte er recht mitgenommen nach Wien zurück und versuchte sich auf seinem Besitz in Schloßhof zu erholen. Eine Freundin der Kaiserin Elisabeth, die Gräfin Fuchs, beschrieb ihn in einem Brief an Schulenburg am 29. Oktober: „Er kam, wie er gegangen war, schwach an Geist und Körper. Er hatte eine Menge Gesellschaft und alle versuchten, ihn mit Maskeraden und Kinderspielen zu amüsieren, die eher zu seiner Altersschwäche als zu seinem Charakter paßten."[16] Auch seinem alten Gegner Guido Starhemberg ging es nicht gut, er war an beiden Beinen gelähmt, aber geistig noch so frisch, daß er sarkastisch feststellen konnte: „Ich werde von den Füßen aufwärts alt. Aber ich kenne jemanden, dessen Zustand sich genauso rasch vom Kopf abwärts verschlechtert."[17]

Fast den ganzen Winter verbrachte der Prinz in der Himmelpfortgasse, ohne vor die Tür zu treten. Politisch war er so unwichtig geworden, daß der englische Diplomat Robinson ihn nicht mehr in seinen Berichten erwähnte. Mit dem Kaiser verkehrte er nur noch schriftlich. Für sein Fernbleiben von einer Audienz gab er in einem Brief vom 28. November als Grund seinen ...„hartnäckigen Katarrh" an, „der das Sprechen schwer macht... Aber sobald es meiner Brust besser geht, werde ich Eurer Kaiserlichen Majestät ehrerbietigst die Aufwartung machen."[18]

Auch an der Hochzeit Maria Theresias und Franz Stephans im Februar 1736 konnte Eugen wegen seines Gesundheitszustandes nicht teilnehmen. Mit dem Frühling schienen aber auch seine Kräfte wieder zu erwachen, und er begab sich wieder außer Haus. Zweifellos zum Mißvergnügen des Kaisers und seiner Minister sah es so aus, als würde er wieder zu arbeiten anfangen. Am 20. April speiste er mit seinen Freunden mittags in seinem eigenen Palais und bestand darauf, in militärischer Haltung auf einem Stuhl zu sitzen. Abends begab er sich zur Gräfin Batthyány zum Kartenspiel. Er schien ruhiger als sonst, atmete aber schwer durch den Mund. Um 9 Uhr brachte sein alter Freund Tarouca ihn nach Hause, und seine Diener legten ihn zu Bett, nachdem er abgelehnt hatte, etwas „zum Lösen des Schleims" einzunehmen. Als sie am nächsten Morgen kamen, um ihn zu wecken, wobei ihnen schon sonderbar vorkam, daß sie ihn nicht husten hörten, fanden sie ihn tot in seinem Bett liegen. Die Obduktion stellte fest, daß er vermutlich an dem Schleim in seiner Brust erstickt war. Lungenentzündung würde man heute sagen. „Sein Leben war ruhmreich und sein Tod leicht", schrieb Robinson nach Hause.[19]

Drei Tage lang lag Eugens Leichnam feierlich aufgebahrt im Winterpalais in der Himmelpfortgasse. Er trug die Uniform seines Dragonerregiments, eine rote Tunika mit Goldtresse und schwarzem Samtbesatz, und war gestiefelt und gespornt. Neben ihm lagen auf einer Seite seine Fürstenkappe, sein Schwert, seine Handschuhe und sein Marschallsstab, auf der anderen der geweihte Hut und das große Schwert, die der Papst ihm nach einem seiner Siege über die Türken geschickt hatte. Dieser Sieg schien jetzt schon so weit zurückzuliegen, daß der Schreiber dieses Berichtes nicht mehr wußte, um welchen es sich handelte.[20] Tag und Nacht brannten sechs riesige Kerzen in silbernen Leuchtern, und ein Leutnant von Eugens Dragonerregiment hielt mit gezogenem Schwert die Totenwache.

Eugens Herz wurde nach Turin gebracht und dort begraben. Seine sterbliche Hülle geleitete man in einer langen Prozession quer durch Wien zum Stephansdom, wo sie in der Kreuzkapelle bestattet wurde. An der Spitze des Zuges trug man seine Orden, am Schluß ging sein reiterloses Pferd. Auch Karl nahm mit seinem Hof an der zweistündigen Prozession teil. Da der Verstorbene jedoch kein Mitglied der Familie Habsburg war, ging sie der Etikette gemäß inkognito.

Eugens Besitz fiel, außer seinen Ländereien in Ungarn, die die Krone für sich beanspruchte, zur Gänze an seine unverheiratete, zweiundfünfzig Jahre alte Nichte Viktoria in Savoyen. „Wer hätte geglaubt, daß Prinz Eugen ohne ein Testament sterben würde", schrieb Robinson, „daß eine fünfzigjährige Nichte die schönste Bibliothek, die schönsten Bilder und das schönste Mobiliar erben würde, das je ein ungekröntes Haupt in Europa besessen hat. Seine Besitzungen in Ungarn fallen wieder an den Kaiser, weil kein Testament existiert, und Gott weiß, wie alles übrige verstreut werden wird. Dabei hat er am Tage vor seinem Tod noch daran gedacht, ein Testament zu machen, hauptsächlich zugunsten der Offizierswitwen. Es wurden jedoch nur Notizen gefunden. Für keinen seiner alten Domestiken, die ihm mehr Freunde als Diener waren, ist gesorgt. Das ist unverzeihlich."[21]

Viktoria kam auf der Stelle nach Wien, um ihre Erbschaft zu übernehmen, und bald war auch ein Ehemann da, um sie mit ihr zu teilen: Joseph Friedrich von Sachsen-Hildburghausen. Sechzehn Jahre lang verbrachte sie damit, das Erbe zu verkaufen, alle Sammlungen und alle Paläste. Dann verließ sie Wien und ihren Gatten. Man hat geschätzt, daß Eugens Wiener Schlösser je 100.000 Gulden wert waren, 600.000 der Besitz im Marchfeld mit Schloßhof, 150.000 die Besitzungen in Savoyen und Frankreich (wir wissen nicht, worum es sich dabei handelte), 150.000 die Bibliothek, 100.000 die Gemälde, 170.000 das Silber, 100.000 die Juwelen; dazu kamen 200.000 in bar und weitere 200.000 auf der Bank. Die Bibliothek kaufte Karl VI. 1737. Die meisten Gemälde wurden vom Haus Savoyen aufgekauft, aber viele gingen auch während der Revolutionskriege verloren. Das Belvedere, das Winterpalais und Schloßhof wurden von Maria Theresia als kaiserliche Residenzen erworben.

Obgleich der Prinz schon lange keinen politischen Einfluß mehr besessen hatte, sein Tod also eigentlich nichts veränderte,[22] war der Kaiser doch sichtlich erleichtert. Er war wie viele der Ansicht, daß Eugen ausgedient hatte, und hatte sich außerdem eingeredet, daß an vielen seiner Probleme eigentlich Eugen schuld war. Bei seiner Tagebucheintragung über Eugens Tod stehen die aufschlußreichen Worte: „Nun ja, alles wird jetzt besser geordnet werden."[23] Als sich jedoch bald nach Eugens Tod Österreich noch größeren Problemen gegenüber sah, begann man ihn in Wien wieder in einem besseren Licht zu sehen, besonders als sich im Türkischen Krieg 1737-1739 die Niederlagen häuften. Kurz nach seinem Tod schrieb Robinson an Walpole: „...Der Schatten seiner selbst, der er in den letzten beiden Jahren gewesen war, hielt zumindest die Dinge in einer gewissen Ordnung, so wie sein klares Ja und Nein sie früher in bester Ordnung gehalten hatte. Der große Unterschied zwischen dem Verlust dieses großen Mannes und anderen Katastrophen liegt darin, daß die Zeit, die große Heilerin, in diesem Fall das Unglück nur verstärkt."[24]

Während Robinson nur allzu recht in seinen düsteren Prophezeiungen haben sollte, überschätzte er das, was Eugen getan haben würde oder getan hatte. Auch Eugen hatte die Probleme des Kaisers nicht zu lösen vermocht. Er hatte nur, wie auch die anderen Minister, dafür gesorgt, daß sie nicht im Sinne des Gegners gelöst wurden.

Nachwort

In der Zeit, da Prinz Eugen seinen Höhepunkt erreichte, wurde Österreich eine Großmacht. Prinz Eugen zerstörte sowohl das türkische Imperium in Mitteleuropa als auch die französische Oberherrschaft im Westen. Österreichs Expansion nach Ungarn und Italien bestimmte nun die Politik der Monarchie für die nächsten zwei Jahrhunderte. Der Prinz errang die entscheidenden Siege sowohl über die Türken als auch über die Franzosen, und man kann wohl sagen — soweit man hier überhaupt das Individuum ins Spiel bringen will —, daß er der Schöpfer des modernen österreichischen Vielvölkerstaates gewesen ist.

Eugen war der ruhmreichste aller Sieger über die Türken. So war es ganz natürlich, daß er als letzter Streiter für das Christentum in die österreichische und deutsche Legende einging, als der „edle Ritter" des Prinz-Eugen-Liedes. Viele deutsche Historiker priesen ihn, obwohl er Französisch sprach und eigentlich aus Italien stammte, als deutschen Volkshelden,[1] dazu bestimmt, die deutsche Kultur im Westen und Osten zu verteidigen und zu verbreiten. Es besteht tatsächlich kein Zweifel darüber, daß Eugen seine Siege deutschsprachigen Truppen aus Österreich und dem Heiligen Römischen Reich verdankte und daß sie, zumindest in Ungarn, zu einer ausgedehnten deutschen Besiedlung führten. Der Prinz zog tatsächlich die deutschen Truppen allen anderen vor und versuchte stets, die Kontrolle über die eroberten Gebiete in deutsche Hände zu legen.

Allerdings heißt das noch lange nicht, daß er ein bewußter Vorkämpfer des Deutschtums gewesen ist. Sein Kulturkreis war Latein-Europa, der Staat, dem er diente, war nicht ein großdeutsches Reich der Nationalen des 19. und 20. Jahrhunderts, sondern die österreichische Monarchie des frühen 18. Jahrhunderts. In Übereinstimmung mit den meisten Ministern seiner Zeit sah er sich auch weniger als Diener eines Staates als einer Dynastie, eben des Hauses Habsburg.

Eugen engagierte sich für drei Kaiser und ihre Familie, und dieses Engagement galt den Habsburgern als Herrschern über die österreichischen Erbländer. Er lehnte es ab, Provinzen zu erobern, nur weil die Habsburger dynastische Besitzansprüche zu stellen hatten. Die Gebiete mußten für das österreichische Mutterland strategisch und politisch bedeutsam sein. Nur dann trugen sie zur „Stärke der Monarchie" bei. Italien und Ungarn hatten eine solche strategische Bedeutung, und die südlichen Niederlande dienten als politisches Bindeglied zu den Seemächten. Der Prinz war also der Diener einer Dynastie, aber einer Dynastie, die nicht nur die Interessen Österreichs zu wahren hatte, sondern aus der Tatsache, daß sie das Oberhaupt des Heiligen Römischen Reiches war, zusätzlich Prestige und Macht bezog. Im Laufe der Jahre wußte Eugen das immer mehr zu schätzen und war fest entschlossen, diese Stellung aufrechtzuerhalten, und zwar weniger durch territoriale Ausdehnung — obgleich er den Wert Bayerns für die Monarchie klar erkannte —, sondern eher durch Diplomatie und die Berufung auf gemeinsame politische und militärische Interessen, besonders hinsichtlich Frankreichs.

Die Gefahr, welche die territorialen und dynastischen Ansprüche des französischen Königshauses für Österreich und das europäische Gleichgewicht darstellten, bewog Eugen, europäische Politik zu betreiben. Sein eigenes Ressentiment Ludwig XIV. gegenüber bestärkte ihn wohl in seiner Furcht vor der bourbonischen Bedrohung, einer Bedrohung, die ihn mehr beschäftigte als die des Osmanischen Reiches. In seiner antifranzösischen Politik zeigte sich Eugen außerordentlich flexibel und war bereit, die verschiedensten diplomatischen Konstellationen auszuprobieren, von Bündnissen mit den Seemächten bis zu Bündnissen mit Preußen und Rußland. Zugleich war ihm jedoch bewußt, daß alle diese Mächte zu einer ebenso großen, wenn auch nicht so permanenten Gefahr werden konnten wie Frankreich und Spanien. Obgleich er seine diplomatische Karriere sehr im Schatten von Johann Wenzel Graf Wratislaw von Mitrowitz begann, erwies er sich in den nächsten zwanzig Jahren als ebenso geschickt wie sein Mentor. In einem Punkt zeigte er sich weniger einfallsreich, und dies war auch der Grund, warum sich Karl VI. in den zwanziger Jahren des 18. Jahrhunderts gegen ihn wandte. Er tat wenig für die Entwicklung Österreichs zu einer Wirtschaftsmacht und wenig für seine Mittelmeerposition.

Napoleon zählte Eugen zu den sieben großen Feldherren der Geschichte, aber im großen und ganzen war die spätere Militärwissenschaft nicht dieser Meinung. Denn der Prinz war kein Erneuerer der Kriegsführung; auch andere hatten Siege gegen die Türken errungen, wenn sie auch vielleicht nicht so entscheidend waren. Und seine Siege über die Franzosen mußte er außer in Turin mit einer ebenso starken Persönlichkeit wie er selber eine war, teilen: mit Marlborough. Zweifellos jedoch war Eugen der größte österreichische Feldherr. Er verstand es, mit einem unzureichenden System zu arbeiten und Österreich den Anschein — und für einige Zeit mehr als den Anschein — einer England und Frankreich ebenbürtigen Großmacht zu verleihen. Er war als Feldherr ein Organisationstalent, ein guter Stratege und sehr guter Taktiker. Eine seiner größten Stärken war seine detaillierte Kenntnis der feindlichen Stellungen. Denn er benutzte die Husarenregimenter in der österreichischen Armee, um Informationen einzuholen. Wie Marlborough glaubte er an die

Bedeutung der Entscheidungsschlacht und besaß wie er die Fähigkeit, den richtigen Augenblick für den Angriff zu erfassen. Obgleich er nach 1708 dazu neigte, eher vorsichtig zu sein und sich den Spielregeln der Franzosen anzupassen, wiesen weniger als zehn Jahre später seine zwei Siege über die Türken alle Zeichen seiner früheren Triumphe auf. Als Feldherr konnte man ihm nur eines vorwerfen: Er hinterließ weder eine Offiziersschule noch eine Armee, die in der Lage war, ohne ihn zu funktionieren. Ebenso wenig hatte er in einem „Letzten Willen" dargelegt, was mit seinen kostbaren Sammlungen und Schlössern zu geschehen habe.

Während Eugen in Kriegszeiten das Beste aus dem österreichischen System zu machen verstand, lag es außerhalb seiner Fähigkeiten und Möglichkeiten, die Monarchie zu einer Macht auszubauen, die in einen permanenten Wettstreit mit England und Frankreich hätte treten können, ohne dauernd auf finanzielle Hilfe von außen angewiesen zu sein. Er fand auch keine Antwort auf Probleme wie Armut, Partikularismus und ökonomische Rückständigkeit. Nicht nur das, er war auch uninteressiert an diesen Problemen und hat sie möglicherweise nie richtig eingeschätzt. Er wäre allerdings auch kaum in der Lage gewesen, sie ernsthaft anzupacken, da er kein Usurpator und kein Wallenstein zu sein gedachte. Er hielt sich an die Grenzen seiner militärischen und diplomatischen Position, und die Nimptsch-Tedeschi-Episode von 1719 hat ihm wohl klargemacht, welchen Neid seine Amtsfülle bei anderen erweckte. Nur kurze Zeit, nämlich zwischen 1714 und 1718, war er praktisch Regierungschef.

Obgleich das Leitmotiv von Eugens politischem und militärischem Leben die Loyalität zu den drei aufeinanderfolgenden Kaisern war, war ihm auch Treue zu seinen eigenen Idealen sehr wichtig. Er betrachtete sich keineswegs als bloßen Untertanen eines österreichischen oder französischen Herrschers, sondern als einen Prinzen mit eigenen Rechten, als ein Mitglied einer europäischen Herrscherfamilie, des Hauses Savoyen. Offensichtlich hat er sich nie als Franzose gefühlt: So verweigerte er Bonneval einen militärischen Posten in Eugens eigener Provinz, den südlichen Niederlanden, weil er Franzose war. Aber er erhob auch keinen Anspruch darauf, als Österreicher zu gelten: Er lehnte es ab, Karl VI. in familiären Angelegenheiten zu beraten, da er „Ausländer" sei. Als es zu einer Heirat in seiner eigenen engeren Familie kam, als nämlich sein Neffe Emmanuel 1713 heiratete, hielt er es für notwendig, Viktor Amadeus als Haupt der Familie um Erlaubnis zu fragen. Aber die Mitgliedschaft des Hauses Savoyen zwang ihn nicht zur politischen Loyalität seinen Herzögen gegenüber, sondern gab ihm nur das nötige Unabhängigkeitsgefühl, um sich aus freien Stücken den Habsburgern zu verpflichten.

Ebenso auffallend ist die Treue, die er seinen Idealen hielt[2]: Das waren körperlicher Mut, Treue zu seinen Herren, die Bewahrung eines untadeligen Rufes, Selbstbeherrschung in allen Dingen. Das Resultat war eine strenge, kalte Persönlichkeit, deren „Reserviertheit sie fast unzugänglich machte".³ Oft aber machten sich dennoch Ärger und Sarkasmus bemerkbar. Man sagte von ihm, er zeige Unzufriedenheit durch seine Zurückhaltung stärker als jeder andere.⁴ Er konnte auch rachsüchtig sein, besonders als er älter wurde — so verfolgte er unbarmherzig sowohl Mérode-Westerloo als auch Bonneval —, und er war immer sehr ungeduldig mit Menschen, die er für dumm hielt, besonders mit jenen, die ihm im Weg standen, ob es sich nun um Mansfeld, Salm oder Sinzendorf handelte. Obgleich er sich sehr heiter auf Feldzügen und beim Kartenspiel mit Freunden zeigen konnte, flößte er mehr Respekt und Bewunderung ein als Zuneigung und Sympathie. So kann man sagen: Wenn auch die „Pose" von Balthasar Permosers weißer Marmorstatue nicht stimmte, das Material war richtig.

Anmerkungen

Abkürzungen

BA   Bernstorff Archiv, Gartow, BRD
BL   British Library, London
FE   Feldzüge des Prinzen Eugen von Savoyen, hg. vom K. K. Kriegsarchiv, Abteilung für Kriegsgeschichte (20 Bde., Wien 1876–92)
HHSA Haus-, Hof- und Staatsarchiv, Wien
HMC Historical Manuscripts Commission
MIÖG Mitteilungen des Instituts für österreichische Geschichtsforschung
MM   Mémoires militaires relatifs à la succession d'Espagne sous Louis XIV., hg. von F. E. de Vault und J. J. Pelet (11 Bde., Paris 1835–42)
MÖS Mitteilungen des österreichischen Staatsarchivs
NSA Niedersächsisches Staatsarchiv, Hannover
PRO Public Record Office, London
WG   Weensche Gezantschapsberichten 1670–1720, hg. von G. Antal und J. C. H. De Pater (2 Bde., Den Haag 1929, 1934)

Ein Prinz von Savoyen

1 H. Oehler, Prinz Eugen im Urteil Europas, München 1944, S. 109. Die Bemerkungen Elisabeth Charlottes stammen aus späterer Zeit, nachdem Eugen ihrem Sohn in der Schlacht von Turin 1706 eine empfindliche Niederlage beigebracht hatte. 1682 gab es tatsächlich eine homosexuelle Affäre unter den jungen Aristokraten am französischen Hof; es ist jedoch nicht bewiesen, daß Eugen daran beteiligt war.
2 H. L. Mikoletzky, Österreich: Das große 18. Jahrhundert, Wien 1967, S. 32.
3 The Lexington Papers, hg. v. H. Manners Sutton, London 1851, S. 339.
4 S. Riezler, Geschichte Bayerns, Gotha 1913, VII, S. 595.

Leopold I. und sein Reich

1 The New Cambridge Modern History, Bd. V: The Ascendancy of France, F. L. Carsten, Cambridge 1961, S. 475.
2 HMC, Bath MSS, III, London 1908, S. 9f.
3 J. Bérenger, La hongrie des Habsbourgs au XVIIe siècle. République nobilitaire ou monarchie limitée, in: Revue historique, 1967, S. 31.
4 P. Rycaut, The History of the Turks Beginning with the Year 1679... until the End of the Year 1698 and 1699, London 1700, S. 24.

Die Befreiung Ungarns

1 HMC, Downshire MSS, I, London 1924, S. 190f.
2 Ibd., S. 191.
3 Rycaut, S. 217.
4 The Letter Book of Sir George Etherege, hg. v. S. Rosenfeld, London 1928, S. 430.
5 Rycaut, S. 247.
6 Siehe Osman Aga, Der Gefangene der Giauren, übersetzt v. F. Kreutel und O. Spies, Graz 1962.
7 Riezler, S. 298.
8 Oehler, S. 156.

Krieg in Savoyen

1 Letter Book of Etherege, S. 432, Etherege an Preston, 3. Jan. 1689.
2 D. Carutti, Storia della diplomazia della corte di Savoia, Turin 1879, III, S. 148.
3 13. Juli 1690, W. Paget an Colt, BL, Add. MS. S. 340/95.
4 M. Braubach, Prinz Eugen von Savoyen, München 1963–1965, I, S. 164.
5 Mémoires et correspondance du maréchal de Catinat, hg. v. B. le Bouyer de Saint-Gervais, Paris 1819, I, S. 130.
6 Braubach, Eugen, I, S. 164.
7 27. Juni 1693, Wien, G. Stepney an W. Blathwayt, PRO, London, S. P. 10559.
8 HMC, Bath MSS., III, 13, Stepney an J. Trenchard, 20. Oktober 1693.
9 P. Frischauer, Prinz Eugen, London 1934, S. 182.
10 Riezler, VII, S. 361.
11 A. Arneth, Prinz Eugen von Savoyen, Wien 1864, I, S. 455.
12 Vgl. 29., 31. Jänner, 14. Februar 1692: Paget an Nottingham, S. P. 80/17.
13 Catinat, Mémoires, II, S. 89.
14 E. Mauvillon, Histoire du Prince François Eugène de Savoye, Wien 1790, I, S. 164.
15 J. B. Wolf, Louis XIV, London 1970, S. 87.
16 S. B. Baxter, William III., London 1966, S. 341
17 Wilhelm III. hielt dies für die einzige Stelle, an der man Frankreich mit der Hoffnung auf Erfolg angreifen konnte, Carutti, S. 206, Wilhelm III. an Heinsius, 11. März 1693.
18 Eugen beschrieb die Region zwischen Po und Pineroli als eine „für lange Zeit" verwüstete Gegend, Militärische Korrespondenz des Prinzen Eugen von Savoyen, hg. v. F. Heller, Wien 1848, I, S. 78, 79, Eugen an Leopold, 18. Juni 1696.
19 In Ungarn wurde jedoch immer noch geplündert, ebenso wie in Italien unter dem Oberbefehl Capraras und Caraffas.

Zenta

1 Lexington Papers, S. 101.
2 A. Arneth, Das Leben des kaiserlichen Feldmarschalls Grafen Guido Starhemberg, Wien, 1835, S. 168, 182f.
3 13. Juli 1692, Harbord an Blathwayt, PRO, S. P. 80/17.
4 Arneth, Eugen I, S. 96.
5 V. Bibl, Prinz Eugen: Ein Heldenleben, Wien 1941, S. 72.
6 Arneth, Starhemberg, S. 187.

7 Lexington Papers, S. 278.
8 FE, II, Supplement, S. 42.
9 Eugenius Nummis Illustratus. Leben und Thaten des Grosen Printzen Egenii, Nürnberg 1736, S. 122.
10 Mauvillon, I, 230.
11 Heller, I, S. 171.
12 Rycaut, S. 553.
13 Frischauer, S. 197.
14 Rycaut, S. 557.
15 FE, II, Supplement, S. 93, Eugene's „Journal de la marche en Bosnie".
16 Vgl. die unveröffentlichte Dissertation von M. Baratta-Dragono, Prinz Eugen von Savoyen in der Publizistik seiner Zeit, Wien 1960.

Zwei Jahre Frieden

1 F. Hennings, Das barocke Wien, Wien 1965, II, S. 18.
2 17. September 1701, Wien, R. Sutton an Blathwayt, PRO, S. P. S. 105/63.
3 J. G. Keysler, „Neueste Reise", Hannover 1740.
4 I. Barea, Vienna, Legend and Reality, London 1966, S. 60.
5 C. L. von Pöllnitz, The Memoirs of Charles Lewis Baron de Pöllnitz, 2. Ausg., London 1739, I, S. 253.
6 1. Mai 1715, Wien, D. Huldenberg an A. G. Bernstorff (der hannoverianische Minister Georgs I. in London), BA, A. G. S. 63.
7 Lady Mary Wortley Montagu, The Complete Letters, hg. v. R. Halsband, Oxford 1965, I, S. 273.
8 Eugen sagte dem französischen General Villars 1713, daß er anders als Villars nicht vorhabe, sich Landbesitz zu kaufen, denn er habe keine Familie, und so sei es ihm gleichgültig, ob sein Einkommen eine Million oder zwölftausend Livres betrage. Oehler, S. 161.
9 Arneth, Starhemberg, S. 215.
10 Braubach, Eugen, I, S. 155.
11 Vgl. Braubach, Geschichte und Abenteuer: Gestalten um den Prinzen Eugen, München 1950, S. 108ff.
12 Andererseits wurde zur damaligen Zeit, wie Oehler S. 10, feststellt, überhaupt wenig über Gefühle geäußert.
13 Über Saint Saphorin vgl. S. Stelling-Michaud, Les Aventures de M. de Saint-Saphorin sur le Danube, Paris 1934, S. 154ff.
14 Lexington Papers, S. 307f.
15 Ibd., S. 290, A. Prior an Lexington, 6. August 1697, Den Haag.
16 Ibd., S. 252, Stepney an Lexington, 26. März 1697.
17 4. August 1700, Wien, Sutton an Blathwayt und Brief vom 10. Juli, BL, Add. MS. 9736.
18 A. Gaedeke, Die Politik Österreichs in der spanischen Erbfolgefrage, Leipzig 1877, II, S. 171.
19 4. August 1700, Sutton an Blathwayt, Add. MS. 9736.
20 Gaedeke, II, S. 203f.

Der Ausbruch des Spanischen Erbfolgekriegs

1. 4. Mai 1701, Wien, Stepney an Hedges, PRO, S. P. 105/62.
2. FE, III, Supplement, 18, Eugen an Leopold, 26. Mai 1701.
3. Wie Eugen in seinem Kriegstagebuch berichtet, ibd., S. 160.
4. W. Erben, Prinz Eugens italienischer Feldzug im Jahre 1701, MIÖG XXXVIII, 1920, S. 615f.
5. Vgl. Heller, I, S. 195—201, 272.
6. MM, I, S. 290, Catinat an Ludwig XIV., 4. August 1701.
7. Ibd. I, S. 600.
8. Mauvillon, I, S. 310.
9. 10. September, Stepney an Blathwayt, S. P. 105/63.
10. 4. Oktober, Stepney an Blathwayt, S. P. 105/64.
11. FE, III, Supplement, S. 59.
12. 19. November, Stepney an Blathwayt, S. P. 105/64.
13. MM, I, S. 375.
14. Ibd., S. 586.
15. Obgleich die Engländer ihm nur Mailand gönnten, wollte Leopold auch Neapel und Sizilien haben. 4. Mai 1701, Stepney an Blathwayt, S. P. 105/62, 20. Mai 1702, Stepney an Vernon, S. P. 105/65.
16. Vgl. die Korrespondenz zwischen Stepney und C. Hedges im Juli 1702 in S. P. 105/65.
17. 26. April 1702, Wien, Stepney an Vernon, ibd.
18. FE, IV, Supplement, S. 56.
19. MM, II, S. 671.
20. N. Henderson, Prince Eugen of Savoy, London 1964, S. 68.
21. Frischauer, S. 229.
22. Henderson, S. 70.
23. 31. Mai, Stepney an Vernon, S. P. 105/65.
24. 16. August, Stepney an Hedges, S. P. 80/19.
25. Bibl., S. 107.
26. Heller, I, S. 493.
27. Henderson, S. 75.
28. 12. Juli, Stepney an Hedges, S. P. 105/65.
29. 19. August, Stepney an A. Stanhope, ibd.
30. 18. Oktober, Stepney an Hedges, S. P. 105/66.
31. 23. September, Stepney an Hedges, S. P. 80/19.
32. 23. Dezember, Stepney an Hedges, S. P. 105/66.
33. 25. November, Stepney an Hedges, S. P. 80/19.
34. MM, II, S. 280.

Präsident des Hofkriegsrats

1. 10. Jänner 1703, Stepney an Nottingham, PRO, S.P. 105/67.
2. 28. Februar, Stepney an Aglionby, ibd.
3. H. Wendt, Der italienische Kriegsschauplatz in europäischen Konflikten, Berlin 1936, Eugen an Starhemberg, 30. Mai.
4. FE, IV, Supplement, 17, Eugen an Starhemberg, 21. Februar.
5. Ibd., 20, Eugen an Starhemberg, 7. März.
6. 4. April, Stepney an Hedges, S. P. 105/68.

7 FE, V (sic), Supplement, 61, Eugen an Starhemberg, 7. März.
8 23. Juni, Stepney an Hedges, S. P. 105/68.
9 Braubach, Eugen, I, S. 364.
10 Ibd.
11 24. März, Stepney an Hedges, privat, S. P. 105/67.
12 Ibd.
13 Ibd. und 23. Juni, Stepney an Buckingham, S. P. 105/68.
14 28. Februar, Stepney an Hedges, S. P. 105/67.
15 2. Mai, Stepney an Hedges, S. P. 105/68.
16 23. Juni, Stepney an Hedges, ibd.
17 2. Juni, Stepney an Hedges, ibd.
18 Bibl., III.
19 7. Juli, Stepney an Hedges, S. P. 105/69.
20 Braubach, Eugen, II, S. 28.
21 Heller, II, S. 56, 57, 103.
22 10. Jänner, Stepney an Nottingham, S. P. 105/67.
23 Wendt, S. 30.
24 3. Oktober, Stepney an Hedges, S. P. 105/70.
25 4. April, Stepney an Hedges, S. P. 105/70.
26 13. Oktober, Stepney an Hedges, S. P. 105/70.
27 Arneth, Starhemberg, S. 304.
28 4. August, Stepney an Cardonnel, S. P. 105/69.
29 E. Frauenholz, Prinz Eugen und die Kaiserliche Armee, München 1932, S. 9f.
30 7., 12. Dezember, Wien, C. Whitworth an Hedges, S. P. 105/70.
31 Braubach, Eugen, II, S. 22.
32 29. Dezember, Whitworth an Hedges, S. P. 105/70.
33 Henderson, S. 89.
34 Ibd. 90.
35 15. März 1704, Stepney an Marlborough, S. P. 105/71.
36 9., 10. Jänner, Whitworth an Hedges, ibd.
37 C. F. J. Noorden, Europäische Geschichte im 18. Jahrhundert, Düsseldorf 1870, I, S. 458.
38 Vgl. Stepneys Berichte in S. P. 105/72.
39 30. Dezember 1702, Whitehall, Hedges an Stepney; 3. Februar 1703, Wien, Stepney an Hedges, S. P. 105/67.
40 25. April 1703, Stepney an Hedges, S. P. 105/68.
41 4. August 1703, Stepney an Hedges, S. P. 105/69.
42 Stepney wußte nichts von dem Familienvertrag, war aber sicher, daß die beiden Herzogtümer an Josef fallen würden; vgl. die Korrespondenz in ibd. und seinen Brief an R. Harley vom 3. Oktober 1704, S. P. 105/74.

Blindheim

1 17. Mai 1704, Stepney an Hedges, PRO, S. P. 105/72.
2 Die Korrespondenz wäre sicher sehr aufschlußreich gewesen, da Wratislaw in vieler Hinsicht Eugens politischer Mentor war. Während E. Mezgolich in „Graf Johann Wenzel Wratislaw von Mitrowitz: Sein Wirken während des Spanischen Erbfolgekrieges" (Universität Wien, Phil. Diss. 1967, S. 97ff.), erklärt, daß Eugen die treibende Kraft hinter der Donauexpedition war, argumentiert E. Jarnut-

Derbolav wesentlich überzeugender, daß Wratislaw der Initiator gewesen war (in „Österreichische Gesandtschaft in London, 1701–1711", Bonn 1972, S. 158ff).
3 D. Chandler, Marlborough as Military Commander, London 1973, S. 121.
4 W. S. Churchill, Marlborough: His Life and Times, London 1967, II, S. 250/51.
5 Ibd. S. 253.
6 Heller, II, S. 192.
7 WG, II, S. 295/96; FE, VII, S. 545.
8 Frischauer, S. 251.
9 Churchill, II, S. 288.
10 25. September 1704, Kronweißenburg, Stepney an Whitworth, S. P. 105/73.
11 Henderson, S. 101.
12 H. L. Snyder, The Marlborough-Godolphin Correspondence, Oxford, 1976, I, S. 316.
13 Einundzwanzig Jahre später gab Max Emanuel dieser Entscheidung Villeroys die Schuld für die nachfolgenden Niederlagen, Riezler, VII, S. 614.
14 Military Memoirs: The Marlborough Wars, Robert Parker and Comte de Mérode-Westerloo, London 1968, S. 160/61.
15 J.-M. de la Colonie, The Chronicles of an Old Campaigner, engl. Übers. und Herausg. W. C. Horsley, London 1904, S. 173.
16 Churchill, II, S. 325.
17 Noorden, I, S. 546.
18 A. Schwenke, Geschichte der Hannoverschen Truppen im Spanischen Erbfolgekriege, 1701–1714, Göttingen 1862, S. 75.
19 The Life and Adventures of Mrs. Christian Davies, commonly called Mother Ross, Oxford 1840, S. 294. Herausgeber unbekannt. Das Original von 1740 stammt von Daniel Defoe, der sich auf Mother Ross' Erinnerungen stützte.
20 Henderson, S. 104.
21 Heller, II, S. 183/84.
22 Mezgolich, S. 134.
23 Frischauer, S. 253.
24 Chandler, Marlborough, S. 140.
25 Bibl, S. 135.
26 Arneth, Eugen, I, S. 266.
27 R. Kane, Campaigns of King William and Queen Ann, London 1745, S. 56.
28 W. Coxe, Memoirs of John Duke of Marlborough, 2. Aufl., London 1820, II, S. 7f.
29 Heller, II, S. 200.
30 Snyder, I, S. 354, Marlborough an Godolphin, 21. August 1704.
31 Braubach, Eugen, II, S. 78.
32 Heller, II, S. 197.

Die Thronbesteigung Josefs I.

1 Braubach, Eugen, II, S. 97f.
2 24. Jänner 1705, Stepney an Cardonnel; vgl. auch Stepneys Berichte bis April, PRO, S. P. 105/75.
3 4. März, Stepney an Cardonnnel, ibd.
4 Braubach, Eugen, II, S. 128.
5 18., 21. März, Stepney an Harley, S. P. 105/75.
6 22. April, Stepney an Halifax, ibd.
7 21. März, Stepney an Marlborough, ibd.

8 18. April, Stepney an Harley, ibd.
9 WG, II, S. 314.
10 25., 29. April, 9. Mai, Stepney an Harley, S. P. 105/75.
11 23. Mai, Stepney an R. Hill, ibd.
12 1. August, Stepney an Harley, S. P. 105/76.
13 Arneth, Starhemberg, S. 366.
14 MM, V, S. 246f.
15 Eugen sympathisierte mit Viktor Amadeus; er schrieb am 25. August an Josef: „Ich kenne besser als jeder andere die schlechte Laune des Feldmarschalls" in „Prinz Eugen von Savoyen", Katalog zur Ausstellung anläßlich des 300jährigen Geburtstags, herausgegeben vom Heeresgeschichtlichen Museum, Wien 1963, S. 92.
16 Heller, II, S. 514f., Eugen an Guido Starhemberg, 29. Juni.
17 24. Dezember, Stepney an Vernon, S.P. 105/76.
18 Heller, II, S. 595.
19 Braubach, Eugen, II, S. 114.
20 7. August, Stepney an Hill, S.P. 105/76.
21 Coxe, Marlborough, II, S. 251.
22 Henderson, S. 119.
23 15. Februar, Frankfurt, H. Newton an Blackwell, S.P. 98/22.
24 Churchill, III, S. 37f.
25 22. April, Stepney an Harley, S.P. 105/75.
26 9. November 1707, Wien, P. Meadows an Harley, S.P.S. 80/29.
27 Braubach, Eugen, II, S. 447.
28 Braubach, ibd. S. 130ff., steht Josef weniger positiv gegenüber als zum Beispiel Mikoletzky, S. 75f., 96, oder K. O. Aretin, „Kaiser Josef I. zwischen Kaisertradition und österreichischer Großmachtpolitik", Historische Zeitschrift CCXV (1972), S. 533, und W. Bauer, „Josef I.", Mitteilungen des Oberösterreichischen Landesarchivs IV, 1955.
29 18. Jänner, 28. Juli 1708, Meadows an H. Boyle, S.P. 80/29.
30 22. April 1705, Stepney an Halifax, S.P. 105/75.
31 Wratislaw spürte, daß Gundaker Starhemberg genauso schlecht wie Salm war, vgl. A. Arneth, Eigenhändige Correspondenz des Königs Karl III. von Spanien mit dem Obersten Kanzler des Königreiches Böhmen Grafen Johann Wenzel Wratislaw, Archiv für Kunde österreichischer Geschichtsquellen XVI, 1856, S. 60.
32 7. Jänner 1706, Stepney an Cardonnel, 12. März, Stepney an Marlborough, S.P. 105/77.
33 FE, IX, Supplement, 27–28, Eugen an Salm, 16. Februar 1707, Mailand. Im offiziellen Sitzungsprotokoll wird dieser Zwischenfall nicht erwähnt. Außer Eugen und Salm waren Moles, der Marquis de Prié und Seilern anwesend, und es ist anzunehmen, daß Eugen von Seilern so gemaßregelt wurde. 22. März 1706, Sitzungsprotokoll, HHSA, Vorträge 12.

Turin und Toulon

1 Henderson, S. 125.
2 Obgleich sich Viktor Amadeus „wenig Hoffnung auf irgendeine Hilfe von seiten des Prinzen Eugen" machte, war er anscheinend entschlossen, bei den Alliierten zu bleiben. 23. Juli 1706, Vibran, P. Methuen an Hedges, PRO, S.P. 89/19.

3 MM, VI, S. 200.
4 Ibd. 277; dazu siehe Churchill, III, S. 164.
5 Henderson, S. 132.
6 G. M. Trevelyan, England under Queen Anne, London, Fontana, 1965, II, S. 163.
7 FE, IX, Supplement, 54, Eugen an Joseph, 9. März 1707.
8 Ibd. IX, Supplement, 27f., Eugen an Salm, 16. Februar.
9 Wolf, Louis XIV, S. 660.
10 Braubach, Eugen, II, S. 176.
11 Wegen der italienischen Aspekte der kaiserlichen Politik siehe Aretin, S. 544ff. Die Kontributionszahlungen der italienischen Staaten waren ein Rest der alten Feudalrechte. Zu besonders hohen Abgaben zwang man 1707 Florenz, weil, dem Kurfürsten von der Pfalz zufolge, der Herzog für ein „Werkzeug des Herzogs von Anjou" gehalten wurde. 10. April 1707, Frankfurt, Manchester an Harley, S.P. 80/29.
12 N. Tindal, The Continuation of Mr. Rapins's History of England, London 1762, XVI, S. 449, Manchester an Sunderland, 19. August 1707, Venedig.
13 Churchill, III, S. 231.
14 FE, IX, 77.
15 Tindal, XVI, S. 443, 447, Manchester an Harley, 30. April, Manchester an Godolphin, 18. Mai.
16 18. Mai, Turin, W. Chetwynd an Sunderland, BL, Add. MS. 9099.
17 Tindal, XVI, S. 450.
18 Coxe, Marlborough, II, S. 284.
19 11. Mai, Mailand, Eugen an Marlborough, Add. MS. 9099.
20 Wolf, Louis XIV, S. 665f.
21 29. Juli, La Valette, bei Turin, Chetwynd an Sunderland, Add. MS. 9100. Vgl. auch D. de Visé, The History of the Siege of Toulon, London 1708. Hier findet man alle Details über die Expedition und die Plünderungen der Landarmee und der Seestreitkräfte.
22 Ibd., S. 89ff.
23 9. August, Chetwynd an Sunderland, Add. MS. 9100.
24 8. August, Toulon, Rehbinder an Marlborough, ibd.
25 15. August, Chetwynd an Sunderland, ibd.
26 Churchill, III, S. 238.
27 Henderson, S. 146.
28 25. August, Fréjus, Chetwynd an Sunderland, Add. MS. 9100.
29 Coxe, Marlborough, III, S. 318, Eugen an Marlborough, 19. August 1707, Turin. Wenn dieser Brief wirklich von Turin aus geschrieben wurde, müßte er ein späteres Datum tragen.

Die Eroberung der südlichen Niederlande

1 Wratislaw riet Karl in Spanien, engen Kontakt mit Eugen zu halten, für den Fall, daß der Kaiser sterben würde; denn „der Kaiser hat noch keine Blattern gehabt" und führte als Jäger ein gefährliches Leben. Arneth, Eigenhändige, S. 57, Wratislaw an Karl III., 15. Jänner 1708.
2 15. Oktober 1707, Wien, Meadows an Marlborough, BL, Add. MS. 9100.
3 Braubach, Eugen, II, S. 217.
4 Henderson, S. 120.
5 Braubach, Eugen, II, S. 222.

6 7., 18. Jänner 1708, Wien, Meadows an Boyle, PRO, S. P. 80/29.
7 2. März 1709, Meadows an Boyle, ibd.
8 Coxe, Marlborough, IV, S. 111.
9 J. Banks, The History of Francis-Eugene, Prince of Savoy, London 1741, S. 263.
10 MM VIII, S. 18.
11 Schwenke, S. 141.
12 FE, X, S. 332.
13 K. W. Schöning, Des General-Feldmarschalls Dubislaw Gnemar von Natzmer auf Gennewitz Leben und Kriegsthaten, Berlin 1838, S. 286.
14 Chandler, Marlborough, S. 215.
15 Ibd., S. 222.
16 Churchill, III, S. 360.
17 Henderson, S. 162.
18 J. M. Schulenburg, Leben und Denkwürdigkeiten, Leipzig 1834, I, S. 337.
19 Henderson, S. 162.
20 G. Murray, Letters and Dispatches of John Churchill, Duke of Marlborough, London 1845, IV, S. 129.
21 Wolf, Louis XIV., S. 670.
22 Churchill, III, S. 398.
23 MM, VIII, S. 426.
24 M. Sautai, Une Opération militaire d'Eugène et de Marlborough, le forcement du passage de l'Escaut en 1708, Paris 1905, S. 9.
25 O. Klopp, Der Fall des Hauses Stuart und die Succession des Hauses Hannover, Wien 1875 etc., XIII, S. 154.
26 Coxe, Marlborough, IV, S. 238, 243.
27 Schwenke, S. 171.
28 24. September 1708, Lanoy, A. Cardonnel an G. Tilson, S. P. 87/4.
29 Murray, IV, S. 271f., 294–99.
30 Coxe, Marlborough, IV, S. 269.
31 The Life and Diary of Lieutenant Colonel John Blackader, hg. v. A. Crichton, Edingburgh, 1824, S. 336.
32 Henderson, S. 167.
33 G. Otruba, Prinz Eugen und Marlborough: Weltgeschichte im Spiegel eines Briefwechsels, Wien 1961, S. 63.
34 FE, X, Supplement, 318, Eugen an Thiel, 7. November 1708.
35 Braubach, Eugen II, S. 259.

Der verspielte Friede und Malplaquet

1 Braubach, Eugen, II, S. 277.
2 W. Reese, Das Ringen um Frieden und Sicherheit in den Entscheidungsjahren des Spanischen Erbfolgekriegs, 1708–1709, München 1933, S. 145.
3 Andererseits ging Eugen sicher nicht so weit wie Schönborn und einige Reichsfürsten, welche Neapel und Sizilien opfern wollten, um die Barriere am Rhein besser aufrechterhalten zu können, Arneth, Eigenhändige, S. 167, Wratislaw an Karl III., 27. Mai 1711. Vgl. auch H. Srbik, Aus Österreichs Vergangenheit, Salzburg 1949, S. 7ff., und P. R. Sweet, Prince Eugene of Savoy and Central Europe, American Historical Review LVII, 1951.
4 27. Februar 1709, Meadows an Boyle, PRO, S. P. 80/29.

5 Churchill, IV, S. 58.
6 Der Hauptvorteil für den Kaiser lag nach Eugens Ansicht darin, daß diese Klausel die schnelle Übergabe Straßburgs nach sich ziehen würde. Vgl. V. L. Tapié, Louis XIV.
7 Braubach, Eugen, II, S. 293.
8 Vgl. Murray, IV, S. 505, Marlborough an Townshend, 13. Juni 1709.
9 Sweet, S. 55. Vgl. auch M. A. Thomson, „Louis XIV and the Grand Alliance, 1705–1710" (in: William III and Louis XIV, Liverpool 1967, S. 208).
10 Arneth, Eugen, II, S. 68, Eugen an Sinzendorf, 11. Juni.
11 Braubach, Eugen II, S. 468.
12 Reese, S. 272.
13 Churchill, IV, S. 84.
14 Coxe, Marlborough, V, S. 4f.
15 Chandler, Marlborough, S. 248.
16 I. F. Burton, The Captain-General. London 1968, S. 149.
17 Wolf, Louis XIV, S. 686–88.
18 FE, XI, S. 98, and Supplement, S. 252.
19 Vgl. Schwenke, S. 196, und Schulenburg, I, S. 407ff.
20 Banks, S. 291.
21 26. September, Marlborough an Godolphin, BL, Add. MS. 9107.
22 Matthew Bishop, The Life and Adventures of Matthew Bishop, London, 1744, S. 214f.
23 Schulenburg, I, S. 432.
24 Schwenke, S. 210.
25 Kane, S. 85.
26 Wolf, Louis XIV., S. 690.
27 Arneth, Eugen, II, S. 93.
28 Schulenburg, I, S. 469f., Schulenburg an Werthern (sächsischer Gesandter in Regensburg), 6. Oktober.
29 Vehse, II, S. 127.
30 Schöning, S. 297.
31 Braubach, Eugen, II, S. 475f.
32 Der Geheimen Konferenz gehörten Wratislaw, Trautson, Seilern und der Referendar Buol an, nicht jedoch Gundaker Starhemberg. Eugen und Sinzendorf nahmen an den Sitzungen teil, wenn sie in Wien waren. Der sogenannten großen Konferenz gehörten außer diesen Männern auch noch Starhemberg, Waldstein, Mansfeld, Windischgrätz, der gerade Hofratspräsident geworden war, und Schönborn an. In der „Deputation", wo die Kontributionen der Länder festgesetzt wurden, waren Starhemberg, Seilern und Trautson. Arneth, Eigenhändige, S. 145, Wratislaw an Karl III., 22. April 1711.

Patt in den Niederlanden und Tod Kaiser Josefs

1 Was den Geldmangel anging, vgl. Marlborough an Godolphin, 2. Juni 1710, BL, Add. MS. 9109.
2 FE, X, S. 77, und FE, XI, S. 43.
3 Arneth, Eugen, II, S. 475.
4 Schwenke, S. 215.
5 24. April, Marlborough an Godolphin, Add. MS. 9108.

6 5. Mai, Douai, Cadogan an Sunderland, PRO, S.P. 77/159.
7 FE, XII, S. 296; 315.
8 Vgl. Marlboroughs Korrespondenz im Frühjahr 1710 in Add. MS. 9109.
9 29. Juni, 7. Juli, Marlborough an Godolphin, ibd.
10 Schulenburg, I, S. 473.
11 18., 21., 30. August, 23. September, 3. November, Marlborough an Godolphin, Add. MS. 9110.
12 Klopp, XIII, S. 533.
13 Churchill, IV, S. 212.
14 6., 17. Juli 1711, Wien, Whitworth an H. Saint John, Add. MS. 9112.
15 6. November 1710, Wien, F. Palmes an Marlborough, Add. MS. 9110.
16 W. Coxe, History of the House of Austria, London 1901, III, S. 79.
17 12. April 1711, Palmes an Saint John, S.P. 80/31.
18 Arneth, Eugen II, S. 481.
19 Arneth, Eigenhändige, 158, Karl III. an Wratislaw, 18. Mai 1711, Barcelona.
20 Wolf, Louis XIV. S. 704.
21 Arneth, Eigenhändige, S. 197.
22 5., 16. September, Whitworth an Marlborough, Add. MS. 9113.
23 9., 20. Oktober, Whitworth an Marlborough, ibd.
24 FE, XIII, Supplement, S. 81.
25 The New Cambridge Modern History, Bd. VI: The Rise of Great Britain and Russia, bei J. S. Bromley, Cambridge 1970, S. 458.
26 20. Oktober, Dresden, Whitworth an Marlborough, Add. MS. 9113.
27 Braubach, Eugen, III, S. 74.
28 25. Februar 1712, Wratislaw an Sinzendorf, HHSA, große Korrespondenz, 71.
29 2. Jänner 1712, Wratislaw an Sinzendorf, ibd.

Denain und Rastatt

1 Correspondence of Jonathan Swift, hg. von H. Williams, Oxford 1963, I, S. 285.
2 Henderson, S. 188f.
3 Churchill, IV, S. 430.
4 The Wentworth Papers, 1705–1739, hg. von J. J. Cartwright, London 1883. S. 259, 265.
5 Churchill, IV, S. 417. Thronfolgerin war tatsächlich immer noch Georgs Mutter Sophia.
6 17., 25. Februar 1712, Wratislaw an Sinzendorf, HHSA, Große Korrespondenz 71.
7 Correspondence of Jonathan Swift, I, S. 285.
8 Wentworth Papers, S. 258.
9 Abel Boyer, The Political State of Great Britain, London 1712, III, S. 58, 99.
10 Churchill, IV, S. 433.
11 Wentworth Papers, S. 244.
12 Henderson, S. 198.
13 Braubach, Eugen, III, S. 397.
14 Wentworth Papers, S. 271.
15 Boyer, III, S. 101.
16 FE, XII, Supplement, S. 8, 25, Eugen an Tarini, 4. Jänner, 8. März 1710.
17 Ibd., S. 81f., Eugen an G. Koch, 18. Mai.
18 Ibd., S. 204f., Eugen an Emmanuel, 9. Juli.

19 Churchill, IV, S. 451.
20 Trevelyan, III, S. 236ff.
21 Braubach, Eugen, III, S. 109.
22 De la Colonie, S. 367.
23 M. de Vogué, Malplaquet et Denain, Paris 1893, S. 73.
24 Arneth, Eugen, II, S. 240.
25 C. Sturgill, Marshal Villars and the War of the Spanish Succession, Lexington 1965, S. 113.
26 28. Juli 1712, Brüssel, J. Laws an Bolingbroke, PRO, S.P. 77/61.
27 FE, XIV, S. 190.
28 Arneth, Eugen, II, S. 258f.
29 Schwenke, S. 260.
30 Arneth, Eugen, II, S. 266, 500f.
31 24. April, Wien, Trautson an Sinzendorf, HHSA, Große Korrespondenz 70.
32 3. November, Wratislaw an Sinzendorf, ibd., S. 71.
33 25. Juli, Preßburg, Wratislaw an Sinzendorf, ibd.
34 FE, XIV, Supplement, 204f., Eugen an Sinzendorf, 18. August.
35 Mezgolich, S. 275f.
36 Schon in Spanien schrieb er über die „Liebe und Affektion", die er dem Prinzen seit seiner Jugend und bis zu seinem Tode entgegenbringe. Arneth, Eigenhändige, 116, Karl III. an Wratislaw, 28. April 1710.
37 Arneth, Starhemberg, S. 740.
38 O. Redlich, Das Werden einer Großmacht: Österreich von 1700 bis 1740, Baden bei Wien 1938, S. 121.
39 FE, XV, S. 42.
40 Ibd., S. 45f.
41 Ibd., S. 52.
42 Ibd., S. 222.
43 Arneth, Eugen II, S. 511.
44 Während der Verhandlungen schrieb Ludwig XIV. an Villars folgende rätselhafte Worte: „Ich habe mich schon lange daran gewöhnt, Prinz Eugen als Untertan des Kaisers zu betrachten, und als solcher hat er seine Pflicht getan. Ich freue mich über das, was Ihr mir von ihm berichtet, und Ihr könnt ihm dies mitteilen." Tapié, Louis XIV.
45 Der Friede von Rastatt wurde zwischen Ludwig XIV. und Karl als Erzherzog geschlossen. Zwischen Ludwig und Karl als Kaiser wurde der Friede in Baden im September 1914 von Eugen und Villars ohne irgendwelche Änderungen unterzeichnet. Zwischen Karl und Philipp von Spanien wurde kein Friede geschlossen.
46 Redlich, Großmacht, S. 128f.
47 Coxe, Austria, III, S. 96.

Karl VI. und seine Minister

1 Tatsächlich konnte, wer Augen hatte, diese Züge schon in Barcelona entdecken: D. Francis, The First Peninsular War, 1702–1713, London, 1975, S. 285ff.
2 H. Mercier, Une Vie d'Ambassadeur du Roi-Soleil... Comte Du Luc, Paris 1939, S. 191.
3 12. Februar 1716, Wien, Huldenberg an George I., NSA, Cal. Br. 24 Ö. II 99 i.
4 5. Juni 1721, Saint Saphorin an Townshend, PRO, S.P. 80/43.

5 29. Februar 1716, Huldenberg an Bernstorff, BA, A. G. 63.
6 Mikoletzky, S. 99.
7 CL. Pöllnitz (2. Aufl.) I, S. 234.
8 Keysler, IV, S. 186.
9 Pöllnitz (2. Aufl.) I, S. 224.
10 Mercier, S. 193.
11 Mémoires du Maréchal Duc de Richelieu, Paris 1793, IV, S. 107f.
12 13. Oktober 1703, Stepney an Hedges, S. P. 105/70.
13 24. Mai 1724, Colman an Townshend, S. P. 80/51.
14 Keysler, IV, S. 186.
15 Pöllnitz (2. Aufl.) I, S. 232.
16 5. Oktober 1715, Huldenberg an Bernstorff, BA, A. G. 63.
17 29. Februar 1716, Huldenberg an Bernstorff, ibd.
18 Braubach, Eugen, III, S. 235.
19 5. Oktober 1715, Huldenberg an Bernstorff, BA, A. G. 63.
20 2. Dezember 1716, Stanyan an Townshend, S. P. 80/34.
21 28. September 1715, Schaub an Townshend, S. P. 80/32.
22 16. November 1715, Schaub an Townshend, S. P. 80/32.
23 19. Februar 1716, Huldenberg an Georg I. NSA, Cal. Br. 24 Ö. II 99 i.
24 Mercier, S. 189.
25 4. Dezember 1728, Waldgrave an Townshend, S. P. 80/63.
26 29. Oktober 1728, Waldgrave an Tilson, ibd.
27 19. Dezember 1714, Stanhope an Townshend, S. P. 80/32.
28 Vgl. 13. Mai 1716, Schaub an Townshend, S. P. 80/33; und J. W. Stoye, Emperor Charles VI: The early years of the reign, Transactions of the Royal Historical Society XII, 1962.
29 9. November 1715, Schaub an Townshend, S. P. 80/32.
30 26. August 1716, Schaub an Townshend, S. P. 80/33.
31 Arneth, Eigenhändige, S. 197, Karl III. an Wratislaw, 31. Juli 1711, Barcelona.
32 Vgl. D. McKay, Diplomatic Relations between George I. and the Emperor Charles VI: 1714–1719, Univ. London, Ph. D. Thesis 1971, 67ff.
33 19. November 1721, Saint Saphorin an Townshend, S. P. 80/44; 5., 18., 29. Mai 1720, Huldenberg an Bernstorff, BA, A. G. 63.
34 Pöllnitz (2. Aufl.) I, S. 237.
35 21. Februar 1718, Saint Saphorin an J. Robethon, BL, Add. MS. 35837.
36 5. Oktober 1715, Huldenberg an Bernstorff, A. G. 63.
37 Ibd.; 8. Februar 1719, Saint Saphorin an Stanhope, S. P. 80/38.
38 21. Februar 1718, Saint Saphorin an Robethon, Add. MS. 35837.
39 Ibd.
40 Braubach, Eugen, III, S. 246.
41 5. Oktober 1715, Huldenberg an Bernstorff, A. G. 63.
42 31. Juli 1715, Huldenberg an Bernstorff, ibd.

Ein neuer Krieg mit den Türken

1 Die politischen Möglichkeiten Österreichs, 1714–1716 betreffend, siehe McKay, Diplomatic Relations, 16ff., M. Braubach, Versailles und Wien von Ludwig XIV. bis Kaunitz, Bonn 1952, S. 56ff.
2 2. Februar 1715, Cobham an Townshend, PRO, S. P. 80/32.

3 H. Hantsch, Reichsvizekanzler Friedrich Karl Graf von Schönborn, Augsburg 1929, S. 407.
4 18. September 1715, Schaub an Townshend, S.P. 80/32, u. vgl. 13. Mai 1716, Schaub an Townshend, ibd.
5 11. Dezember 1715, 29. Jänner 1716, Schaub an Townshend, ibd., u. S.P. 80/33.
6 Undatiertes Referat über die Conferenz vom 19. Mai 1716, HHSA, Vorträge 20.
7 Braubach, Eugen III, S. 313.
8 FE, XVI, S. 204.
9 Lady Mary Wortley/Montagu, Letters, I, S. 305.
10 W. Hacker, Das Regiment Hoch- und Deutschmeister, Prinz Eugen und der Türkenkrieg, 1716, Südostdeutsches Archiv XIV, 1971, S. 117.
11 17. Oktober, Schaub an Townshend, S.P. 80/33.
12 Redlich, Großmacht, S. 354.
13 6. Oktober Sitzungsprotokoll, HHSA, Vorträge 21.
14 FE, XVII, Supplement, S. 10, Eugen an Mercy, 27. Jänner 1717: „Mein Blick ist immer auf Belgrad gerichtet."
15 23. Juni 1717, Stanyan an Sunderland, S.P. 80/34.
16 De la Colonie, S. 403.
17 Ibd. S. 415ff.
18 7. August, Wien, Stanyan an Sunderland, S.P. 80/35.
19 Brief vom 28. August, ibd.
20 Braubach, Eugen, III, S. 460.
21 8. August, Sitzungsprotokoll, HHSA, Vorträge 22.
22 17. September, Eugen an Sinzendorf, HHSA, Kriegsakten 287.
23 5. Februar 1718, Huldenberg an Bernstorff, BA, A.G. 63.
24 4. April, Belgrad, Sutton an J. Addison, S.P. 97/24.
25 Arneth, Eugen, II, S. 446.

Krieg in Sizilien und die Kabale gegen Eugen

1 Vgl. McKay, Diplomatic Relations, S. 133ff.
2 10. April 1717, Huldenberg an Bernstorff, BA, A.G. 63: „Sie fühlten tief im Herzen, daß die Hoffnungen für die spanische Monarchie dahinschwanden."
3 31. Oktober 1716, Schaub an Townshend, PRO, S.P. 80/33.
4 26. September, Schaub an Townshend, ibd.
5 16. Jänner 1717, Referat über die Sitzung am 5., HHSA, Englische Korrespondenz 58.
6 28. August, Stanyan an Sunderland, S.P. 80/35.
7 13., 24. November, Huldenberg an Bernstorff, A.G. 63.
8 Braubach, Eugen, IV, S. 25.
9 5. Jänner 1718, Saint Saphorin an Schaub, BL, Add. MS. 35837.
10 Vgl. 3. März, 4. April, Sitzungsprotokolle, 23. März, Referat über die Sitzung desselben Datums, HHSA, Vorträge 22.
11 13. April, Huldenberg an Bernstorff, A.G. 63.
12 23. März, Saint Saphorin an Sunderland, S.P. 80/36.
13 23. Februar, Huldenberg an Bernstorff, A.G. 63.
14 4., 27. Juli, Belgrad, Eugen an Ramon Rialp, HHSA, Verzeichnis 7c (Belgien) 33.
15 7. August 1719, Sitzungsprotokoll, 17. September, Referat über die Conferenz vom 16., Vorträge 23.

16 29. September 1718, 9. August 1719, Saint Saphorin an Stanhope, S. P. 80/36, S. P. 80/39. Starhemberg hatte nach Karls Geschmack zu frei heraus gesprochen. Er hatte in Spanien auch nicht verheimlicht, daß er Kriegsratspräsident werden wollte. Arneth, Eigenhändige, S. 187, Karl III. an Wratislaw, 25. Juni 1711, Barcelona.
17 29. September, 29. November 1718, Saint Saphorin an Stanhope, S. P. 80/36, 9. August, 2., 3. September 1719, Saint Saphorin an Stanhope, S. P. 80/39.
18 Arneth, Eugen, III, S. 33.
19 Maria Josepha heiratete im Oktober 1719 den Kurfürsten von Sachsen und Maria Amelia im Dezember 1722 den Kurfürsten von Bayern; beide mußten auf ihre Thronfolgerechte zugunsten von Karls Töchtern verzichten.
20 12. September 1719, Bericht Saint Saphorins, S. P. 80/39.
21 Braubach, Eugen, IV, S. 74.
22 3. Dezember 1719, Huldenberg an Bernstorff, A. G. 63.
23 11. Oktober, Saint Saphorin an Schaub, S. P. 80/39.
24 10. Februar 1720, Bericht Saint Saphorins, S. P. 80/40.
25 J. M. Graham, Annals of Viscount and First and Second Earls of Stair, Edinburgh 1875, II, S. 391f., Saint Saphorin an Stanhope, 14. Juni 1719.
26 10. Februar 1720, Bericht Saint Saphorins, S. P. 80/40.
27 17. Mai 1715, Sitzungsprotokoll, Vorträge 20. Für die österreichische nordeuropäische Politik dieser Jahre vgl. D. McKay, „The struggle for control of George I.'s Northern Policy, 1718–1719, Journal of Modern History XLV, 1973.
28 Vgl. 1. September 1718, Sitzungsprotokoll, Vorträge 22.
29 J. G. Droysen, Geschichte der Preußischen Politik, Leipzig 1869, IV, S. 241.
30 Vgl. Saint Saphorins Depeschen an Stanhope im Oktober 1719 in Add. MS. 35837 und im Dezember in S. P. 80/39.
31 7. Jänner 1720, Sitzungsprotokoll, Vorträge 23.
32 16., 19. September, 10. Oktober, 3. November 1720, Hannover, C. Starhemberg an Karl VI., HHSA, Englische Korrespondenz 60.
33 28. Februar 1722. Huldenberg an Bernstorff, A. G. 63.
34 Graham, II, S. 391f., Saint Saphorin an Stanhope, 14. Juni 1719.
35 23. August, 6., 11. Oktober 1720, Sitzungsprotokoll, Vorträge 23.
36 7. November, Karl VI. an Windischgrätz und Pendterriedter, die zum Kongreß nach Cambrai gingen, HHSA, Friedensakten 24.
37 Vgl. Saint Saphorins Depeschen vom Juni bis Oktober 1721, S. P. 80/33 und 80/44.
38 2. Mai, Whitehall, Tilson an Whitworth, Add. MS. 37385.

Statthalter der Niederlande

1 19. Jänner 1715, Huldenberg an Bernstorff, BA, A.G. 63.
2 25. Jänner 1719, Saint Saphorin an Stanhope, PRO, S. P. 80/38.
3 A. De Meeüs, History of the Belgians, London, 1926, S. 225.
4 18. März 1716, Schaub an Townshend, S. P. 80/38.
5 19. September 1721, Aachen, Whitworth an Tilson, BL, Add. MS. 37386.
6 M. Huisman, La Belgique commerciale sous L'Empereur Charles VI: La Compagnie d'Ostende, Brüssel 1902, S. 189.
7 9. Juli 1721, Colman an Townshend, S. P. 80/45.
8 Arneth, Eugen, III, S. 157f.
9 Stoye, Charles VI, S. 74.

10 Arneth, Eugen, III, S. 532.
11 Arneth, Eigenhändige, 98, Karl III. an Wratislaw, 14. September 1709, Barcelona. Er hatte nichts dagegen, den Juden in Spanien mehr Handelsmöglichkeiten zu eröffnen.
12 Vgl. Waldegrave-Berichte von Juli bis September 1728, S. P. 80/63.
13 A. F. Pribram, Österreichische Staatsverträge, England, Innsbruck 1907, I, 446, Colman an Townshend, 5. Mai 1723.
14 Frischauer, S. 329.
15 24. Oktober 1718, Saint Saphorin an Stanhope, S. P. 80/36.
16 Arneth, Eugen, III, S. 542.
17 J. Niessen, Prinz Eugen von Savoyen als Statthalter in den Südlichen Niederlanden, 1716–1724, Rheinische Vierteljahrsblätter VI, 1936, S. 165.

Eugen als Kunstmäzen

1 17. September 1701, Stepney an Blathwayt, PRO, S. P. 105/63.
2 Vgl. 16. Kap., Fußnote 33.
3 Pöllnitz, 2. Aufl. I, S. 327; Keysler, IV, S. 178.
4 Braubach, Eugen, V, S. 23.
5 Baratta-Dragono, S. 34.
6 Von de Vos stammten auch die Gobelins in Blenheim.
7 Pöllnitz, 2. Aufl., I, S. 236, Keysler IV, S. 177.
8 Pöllnitz, 1. Aufl., London 1738, IV, S. 48.
9 Die wichtigsten Passagen von Küchelbecker, Allerneueste Nachricht vom Römisch-Kayserl. Hofe... erschienen in H. Aurenhammer, Das Belvedere in Wien, Zehn Stiche und eine Beschreibung von Zeitgenossen des Prinzen Eugen, Wien 1963.
10 Zitiert aus Keysler, IV, S. 175f.
11 F. Haskell, Patrons and Painters, London 1963, S. 201.
12 Ibd.
13 In: Batailles Gagnées par le Sérénissime Prince Fr. Eugène de Savoye, bei J. Dumont, 3 Bde., Den Haag 1725.
14 Braubach, Eugen, V, S. 84.
15 FE, XI, Supplement, S. 36.
16 Henderson, S. 258.
17 23. Februar 1729, Wien, Waldegrave an Townshend, S. P. 80/64.
18 Zu dieser Zeit gab es in England mehrere beeindruckende Sammlungen. Die Sloane-Sammlung enthielt z. B. 40.000 Bücher und 4100 Handschriften und die Sammlung Harley zirka 50.000 Bücher und 7639 Handschriften.
19 Ragnhild Hatton, John Drummond in the War of the Spanish Succession. (In: Studies in Diplomatic History, London 1970, S. 83.)
20 Pöllnitz (1. Aufl.), IV, S. 239, Fußnote des Übersetzers.
21 Vgl. Oehler, S. 21f., 312.
22 W. Suchier, Prinz Eugen als Bibliophiler, Weimar 1928, S. 21.
23 Frischauer, S. 290.
24 Henderson, S. 261f.

Eugen und seine Freunde

1 Oehler, S. 9.
2 Guido Starhemberg schrieb auch keine Memoiren. Montesquieu nannte dennoch ihn und Eugen „die zwei bedeutendsten ‚hommes de lettres' in Wien", Oehler, S. 97. Montesquieu nannte Starhemberg auch einen Philosophen, Voyages, Paris 1894. I, S. 6.
3 Oehler, S. 150, stützt sich auf die „Mémoires" von Qunicy.
4 Frischauer, S. 287.
5 Braubach, Geschichte und Abenteuer, S. 303.
6 Baratta-Dragono, S. 30, ohne Quellenangabe.
7 Heller, II, S. 563, Eugen an Joseph, 9. Juli 1705.
8 13. Jänner 1731, Robinson an Harrington, PRO, S. P. 80/70.
9 Arneth, Eugen, III, S. 522.
10 Oehler, S. 61.
11 Henderson, S. 245.
12 Oehler, S. 73.
13 Braubach, Eugen, V, S. 182.
14 Oehler, S. 104.
15 Keysler, IV, S. 195ff.
16 24. Oktober 1733, Robinson an Harrington, geheim, S. P. 80/100.
17 Daß es kein Testament gab, wird im Tagebuch von Maria Theresias Hofmarschall, Fürst Khevenhüller-Metsch, bestätigt: Aus der Zeit Maria Theresias, Wien, 1907, II, 178, hg. v. R. Khevenhüller-Metsch und H. Schlitter.
18 Braubach, V, S. 412, vgl. auch Oehler, S. 26.
19 Vgl. D. Francis, The First Peninsular War, S. 301. Hier steht, daß 1703 128 Frauen mit drei englischen Regimentern nach Portugal mitzogen und daß es pro Marineeinheit drei Frauen gab.
20 Braubach, Eugen, V, S. 412.
21 Srbik, Aus Österreichs Vergangenheit, S. 13.
22 E. Vehse, Memoirs of the Court, Aristocracy and Diplomacy of Vienna, London 1856, II, S. 140.
23 26. Februar 1729, Waldegrave an Townshend, S. P. 80/64.
24 13. Mai 1728, Waldegrave an Townshend, S. P. 80/62.
25 Mikoletzky, Eugen, V, S. 404.
27 Beide hatten „esprit", Voyages, I, S. 8.
28 Braubach, Eugen, V, S. 164.
29 29. Oktober 1728, Waldegrave an Tilson, S. P. 80/63.
30 2. September 1730, Robinson an Tilson, S. P. 80/68.
31 8. März 1724, Huldenberg an Bernstorff, BA, A. G. 63.
32 22. Oktober 1729, Waldegrave an Townshend, S. P. 80/65.

Kalter Krieg in Europa

1 Braubach, Eugen, IV, S. 89.
2 18. März 1722, Colman an Townshend, PRO, S. P. 80/45.
3 Braubach, Eugen, IV, S. 92.
4 1. Mai 1722, Saint Saphorin an Townshend, S. P. 80/46.
5 18. Februar 1724, Huldenberg an Bernstorff, BA, A. G. 63.
6 1. Mai 1722, Saint Saphorin an Townshend, S. P. 80/46.

7 14. August 1728, Waldegrave an Townshend, S.P. 80/63.
8 7. Jänner 1722, Huldenberg an Bernstorff, BA, A.G. 63.
9 18. Februar 1722, Huldenberg an Bernstorff, ibd.
10 M. Braubach, Die Geheimdiplomatie des Prinzen Eugen von Savoyen, Köln 1962, S. 56.
11 Redlich, Großmacht, S. 239.
12 G. Mecenseffy, Karls VI. spanische Bündnispolitik, Innsbruck 1934, S. 34.
13 Die britischen diplomatischen Dokumente lassen darauf schließen.
14 Braubach, Eugen, IV, S. 231.
15 26. Februar 1729, Waldegrave an Townshend, S.P. 80/64.
16 W. Leitsch, Der Wandel der österreichischen Rußlandpolitik 1724–1726, Jahrbücher für Geschichte Osteuropas, 1958, S. 77.
17 Huisman, S. 333.
18 Braubach, Eugen, IV, S. 299.
19 Arneth, Eugen, III, S. 566.
20 Braubach, Eugen, IV, S. 290f.
21 13. Mai 1728, Waldegrave an Townshend, S.P. 80/63, u. vgl. 8. Jänner 1729, Waldegrave an Townshend, S.P. 80/64.
22 29. Oktober 1728, Waldegrave an Tilson, S.P. 80/63.
23 26. Februar 1729, Waldegrave an Townshend, S.P. 80/64.
24 Vgl. Waldegraves Berichte im Sommer und Herbst 1728 über Karls Enttäuschung und Sinzendorfs Engagement in dieser Sache. S.P. 80/63.
25 Vgl. 21. Juli, Graz, Waldegrave an Townshend, 29. Oktober 1728, Wien, Waldegrave an Tilson, ibd., und 18. März 1729, Waldegrave an Townshend, S.P. 80/64.
26 4. Dezember 1728, Waldegrave an Townshend, S.P. 80/63.
27 Braubach, Eugen, IV, S. 300.
28 7. Mai 1728, Waldegrave an Townshend, S.P. 80/62.
29 25. Dezember, Waldegrave an Townshend, S.P. 80/63.
30 Pribram, I, S. 470.
31 21. Juni 1730, Robinson an Newcastle, S.P. 80/68: „Man ist sich überall einig, daß hauptsächlich Prinz Eugen an der Verbohrtheit dieses Hofes schuld ist, teils, weil er dem Kaiser mit falschen Vorstellungen von Ruhm schmeicheln will, teils, weil er damit Graf Sinzendorff als die Quelle alles Übels hinzustellen hofft."

Der zweite Vertrag von Wien und Fleurys Rache

1 15. Februar 1730, Waldegrave an Townshend, PRO, S.P. 80/66. Eugen gab selber Waldegrave gegenüber zu, daß die ganze Diskussion viel Lärm um nichts sei, 18. März, Waldegrave an Townshend, S.P. 80/67.
2 27. Mai Waldegrave an Townshend, ibd.
3 30. November, 1729, Waldegrave an Townshend, S.P. 80/65.
4 11. Oktober 1729, Waldegrave an Townshend, ibd.
5 15. Juli 1730, Robinson an Harrington, S.P. 80/68.
6 Vgl. Robinsons Berichte vom Juli bis Oktober 1730, S.P. 80/68 und S.P. 80/69.
7 18. November, Robinson an Harrington, ibd.
8 W. Coxe, Memoirs of the Life and Administration of Sir Robert Walpole, London 1798, III, S. 49f., Robinson an Harrington, 16. Jänner 1731.
9 14. Februar, Robinson an Harrington, S.P. 80/71.

10 9. März, Robinson an Harrington, S. P. 80/72.
11 26. August 1730, Robinson an Harrington, S. P. 80/68.
12 H. Benedikt, Das Königreich Neapel unter Kaiser Karl VI., Wien 1927, S. 404.
13 9. März 1731, Robinson an Harrington, S. P. 80/72.
14 29. September, Robinson an Harrington, S. P. 80/80.
15 Der venezianische Gesandte Capello schrieb 1744, daß Eugen von den schriftlichen Garantien für die Pragmatische Sanktion nichts halte und statt dessen auf die Notwendigkeit einer starken Armee und einer vollen Staatskasse hinweise. Oehler, S. 262.
16 K. A. Roider, The Reluctant Ally: Austria's Policy in the Austro-Turkish War, 1737–1739, Baton Rouge 1972, S. 3.
17 Schönborn teilte Robinson mit, Karl hätte die Absicht, daß Franz Stephan auf das Herzogtum zugunsten seines jüngeren Bruders verzichte – 20. September 1730, Robinson an Harrington, S. P. 80/68 –, aber die Franzosen scheinen nicht davon unterrichtet worden zu sein.
18 9. März 1731, Robinson an Harrington, geheim, S. P. 80/72.
19 Braubach, Geheimdiplomatie, S. 43.
20 Hantsch, Schönborn, S. 342.
21 21. Oktober 1733, Robinson an Harrington, geheim, S. P. 80/100.
22 Coxe, Austria, III, S. 195.
23 Braubach, Eugen, V, S. 204.
24 Bei Hrazky, vgl. Bibliographie.
25 24. Oktober 1733, Robinson an Harrington, S. P. 80/100.

Eugen und die österreichische Armee

1 Heller, II, S. 553, Eugen an Josef, 7. Juli 1705. Eugens Säuberungsaktionen waren jedoch nicht wirklich erfolgreich. Die üblen Praktiken waren bei seinem Tod noch immer im Gang. J. Zimmermann, S. 136, siehe Bibliographie.
2 Arneth, Eugen, III, S. 525.
3 Ibd. S. 527.
4 Braubach, Eugen, V, S. 221, u. vgl. Frauenholz, Eugen S. 13f.
5 25. April 1736, Robinson an Tilson, PRO, S. P. 80/121.
6 FE, V, S. 102.
7 Roider, S. 20.
8 Vgl. Redlich, The German Military Enterpriser and His Work Force, Wiesbaden, 1964, I, S. 456.
9 T. Gehling. Ein Europäischer Diplomat am Kaiserhof zu Wien, Bonn 1964, S. 69f.
10 1729 bemerkte Waldegrave, daß der Kaiser außer in Eugen und Guido Starhemberg keinen General besaß, dem er eine Armee anvertrauen konnte, obgleich es in der 2. Reihe eine Menge guter Offiziere gab, 1. Jänner 1729, Waldegrave an Townshend, S. P. 80/64.
11 Arneth, Starhemberg, S. 774.
12 Oehler, S. 264.
13 Arneth, Eugen, III, S. 420f.
14 Braubach, Eugen, V, S. 217.
15 20. November 1717, Stanyan an Sunderland, S. P. 80/35.
16 Oehler, S. 98.
17 Braubach, Eugen, V, S. 211.
18 Vgl. 23. Kapitel, Fußnote 15.

Der Polnische Erbfolgekrieg und Eugens Tod

1 Benedikt, Königreich Neapel, S. 466.
2 Henderson, S. 277.
3 Mikoletzky, S. 137.
4 FE, XIV, S. 190f.
5 Arneth, Eugen III, S. 424.
6 Ibd., S. 428.
7 Ibd., S. 414.
8 Ibd., S. 431f.
9 Braubach, Eugen, V, S. 280.
10 Redlich, Großmacht, S. 257.
11 Braubach, Geheimdiplomatie, S. 59.
12 Arneth, Eugen, III, S. 454.
13 Ibd., S. 477.
14 1730 soll sie angeblich während Franz Stephans Abwesenheit liebeskrank gewesen sein, 25. Februar 1730, Waldegrave an Tilson, PRO, S.P. 80/66.
15 Coxe, Austria, III, S. 195.
16 Henderson, S. 286.
17 Arneth, Starhemberg, S. 781.
18 Bibl, S. 287.
19 21. April 1736, Robinson an Harrington, S.P. 80/121.
20 25. April, Robinson an Tilson, ibd.
21 Ibd.
22 21. April, Robinson an Weston, ibd.
23 Braubach, Eugen V, S. 323.
24 27. Juni 1736, Robinson an R. Walpole, S.P. 80/121, u. vgl. Coxe, Austria, III, S. 193.

Nachwort

1 Über Eugen als Volksheld vgl. Artikel von Sweet.
2 Max Braubach weist darauf hin, daß das Ideal des honnête homme in der europäischen Aristokratie sehr verbreitet war. Braubach, Eugen V, S. 119.
3 15. Juli 1730, Robinson an Harrington, PRO, S.P. 80/68.
4 29. Oktober 1728, Waldegrave an Tilson, S.P. 80/62.

Bibliographie

Quellen

Eugens Korrespondenz mit Herrschern, Staatsmännern und Soldaten findet man fast vollständig bei F. Heller, *Militärische Korrespondenz des Prinzen Eugen von Savoyen*, 2 Bde., Wien 1848, und in *Feldzüge des Prinzen Eugen von Savoyen, herausgegeben vom K. K. Kriegsarchiv*, 20 Bde., Wien 1876–1892. Die Originale und Abschriften befinden sich in den österreichischen Staatsarchiven in Wien, im Kriegs- oder Haus-, Hof-, und Staatsarchiv. Besonders unter den *Conferenz*protokollen, in der *Großen Korrespondenz*, in der Korrespondenz über die Südlichen Niederlande (Belgien, Verzeichnis 7c) und in der Korrespondenz mit England (Englische Korrespondenz) fand ich viel nützliches Material. Die Berichte der holländischen Gesandten sind in den *Weenschen Gezantschapsberichten, 1670–1720*, 2 Bde., Den Haag 1929, 1934 abgedruckt, die venezianischen Berichte in A. Arneth, *Die Relationen der Botschafter Venedigs über Österreich im 18. Jahrhundert*, Fontes rerum Austriacarum XXII, 1863. Die Berichte der englischen Gesandten (von 1680 bis 1730) findet man in den Sammlungen des Public Record Office und der British Library. Der vorliegende Text stützt sich zum guten Teil auf diese Quellen. Einen guten Überblick vermittel D. B. Horn, *British Diplomatic Representatives, 1689–1789*, London 1932. Auch die Abteilungen Add. MS. 9090 bis 9113 und Add. MS. 35837 der Hardwicke-Sammlung in der British Library erwiesen sich als sehr reichhaltig. Die offiziellen Berichte des hannoverschen Gesandten Huldenberg in Wien befinden sich im niedersächsischen Staatsarchiv. Aufschlußreicher sind jedoch seine privaten Briefe an Georgs I. Gesandten A. G. Bernstorff. Diese Briefe sind im Besitz des Grafen Bernstorff in Gartow, BRD.

Über die Feldzüge des Prinzen Eugen informiere man sich in den *Feldzügen*, über den Spanischen Erbfolgekrieg in *Mémoires et correspondance de Tessé*, hg. von M. J. B. R. Froullay, 3 Bde., Paris 1806, und *Mémoires et correspondance du maréchal de Catinat*, hg. von B. le Bouyer de Saint-Gervais, 3 Bde., Paris 1819. Sehr aufschlußreich für die hier behandelte Epoche sind auch die *Mémoires du maréchal de Villars*, hg. von Vogüe, 5 Bde., Paris 1884–1892, und *The Chronicles of an Old Campaigner, 1692 bis 1717*, hg. von W. C. Horsley, London 1904. Weitere ausgezeichnete Quellen sind: W. Coxe, *Memoirs of John Duke of Marlborough*, 6 Bde., London, 2. Aufl. 1820; G. Murray (Hg.), *The Letters and Dispatches of John Churchill, First Duke of Marlborough from 1702 bis 1715*, 5 Bde., London 1845; B. van T' Hoff (Hg.), *The Correspondence, 1701–1711, of John Churchill and Anthonie Heinsius*, Den Haag, 1951; H. L. Snyder (Hg.), *The Marlborough-Godolphin Correspondence*, 2 Bde., Oxford 1976. Im Public Record Office in London befinden sich Briefe von Marlboroughs Sekretär Cardonnel mit graphischen Darstellungen des Feldzugs von 1708 (S. P. 87/4). Von den Kriegsmemoiren sind für den Normalleser die *Military Memoirs: The Marlborough Wars, R. Parker and Comte de Westerloo*, hg. von D. Chandler, London 1968, am verständlichsten. Sehr nützlich sind auch J. M.

Schulenburg, Leben und Denkwürdigkeit, 2 Bde., Leipzig 1834. Über Eugens Privatleben gibt es dagegen wenig Material, keine persönlichen Aufzeichnungen, wenig Briefe an seine Freunde. Da es am Wiener Hof auch keinen Saint Simon gab, sind wir auf die Beobachtungen ausländischer Gesandter und Besucher angewiesen.

Biographien

Die wichtigsten Werke:

A. *Arneth, Prinz Eugen von Savoyen,* 3 Bde., Wien 1858, neu hg. 1864.

Max *Braubach, Prinz Eugen von Savoyen,* 5 Bde., München/Wien 1963-1965. Braubach erweitert unsere Kenntnisse über Eugen als Staatsmann und Mäzen und betont seine Nähe zur italienischen und französischen Kultur.

V. *Bibl, Prinz Eugen, ein Heldenleben.* Leipzig 1941. Trotz einiger nationalsozialistischer Untertöne ist diese von den modernen Kurzbiographien die beste.

P. R. *Sweet, Prince Eugene of Savoy and Central Europe,* in: American Historical Review 57 (1951).

N. *Henderson, Prince Eugen of Savoy,* London 1964, ist das einzige englische Werk, das dem Stand der neuesten deutschen Wissenschaft entspricht. Henderson befaßt sich ausführlich mit Eugens militärischer Karriere und seinen künstlerischen Neigungen. Eugens politische Rolle wird dagegen vernachlässigt.

E. *Mauvillon, Histoire du Prince François Eugène de Savoye,* 5 Bde., Amsterdam 1740. Die hier benutzte Ausgabe stammt von 1790. Dieses Werk hat der Zeit und der modernen Forschung erstaunlich gut standgehalten.

B. *Böhm, Bibliographie zur Geschichte des Prinzen Eugen und seiner Zeit,* Wien 1943, ist eine komplette Bibliographie aller bis dahin bekannter Werke über den Prinzen.

Max *Braubach, Geschichte und Abenteuer: Gestalten um den Prinzen Eugen,* München 1950, enthält Kapitel über Eugens frühen und späten Jahre, über seine Familie, über Hohendorff, Bonneval und Batthyány.

Max *Braubach, Diplomatie und geistiges Leben im 17. und 18. Jahrhundert,* Bonn 1969, ist eine Sammlung von Aufsätzen des Autors, davon einige über Eugens Beziehungen mit Schönborn, Salm und Bartenstein und über seine Haltung zum Jansenismus.

H. *Oehler, Prinz Eugen im Urteil Europas: ein Mythos und sein Niederschlag in Dichtung und Geschichtsschreibung,* München 1944, bringt den besten Überblick über die zeitgenössische Prinz-Eugen-Literatur. Zusätzliches Material findet man bei M. *Baratta-Dragono, Prinz Eugen von Savoyen in der Publizistik seiner Zeit,* Univ. Wien. Diss. 1960.

Bestimmte Aspekte des Lebens Eugens werden von folgenden Autoren behandelt: W. *Erben, Prinz Eugens italienischer Feldzug im Jahre 1701,* in: MIÖG 28 (1920). E. *Ritter, Politik und Kriegsführung, ihre Beherrschung durch Prinz Eugen 1704,* Berlin 1934. G. *Otruba, Prinz Eugen und Malborough: Weltgeschichte im Spiegel eines Briefwechsels,* Wien 1961. A. *Sprunck, Prinz Eugen als Generalstatthalter der österreichischen Niederlande,* MÖS 15 (1962); Ergänzend dazu: L. P. *Gachard, Histoire de la Belgique au commencement du XVIIIe siècle,* Brüssel 1880; M. *Huisman, La Belgique commerciale sous l'Empereur Charles VI: La Companie d'Ostende,* Brüssel 1902; H. *Hasquin, Les difficultés financières du gouvernement des Pays-Bas autrichiens au début de XIIIe siècle, 1717-1740,* in: Revue internationale d'histoire de la banque 6 (1973). Eugen als europäischer Staatsmann in den späten zwanziger Jahren des 18. Jahrhunderts, siehe: M. *Braubach, Die Geheimdiplomatie* *des Prinzen Eugen von Savoyen*, Köln 1962. Über Eugen als Bauherr und Mäzen ergänzend zu Oehler und Braubach B. Grimschitz, *Das Belvedere in Wien*, Wien 1949, und H. Aurenhammer, *J. B. Fischer von Erlach*, London 1973. Über Eugens Rolle in der österreichischen Aufklärung siehe G. Ricuperati, *Libertinismo e deismo a Vienna. Spinoza, Toland e il Triregno*, Rivista storica italiana LXXIX, 1967.

Die habsburgische Monarchie

V. L. Tapié, *Die Völker unter dem Doppeladler*, Graz 1975; E. Zöllner, Geschichte Österreichs, Wien 1961 und spätere Aufl. J. Spielman, *Leopold I.*, London 1977; J. Bérenger, *La monarchie autrichienne au XVIIe (1650–1700)*, in: Information historique 30 (1971); T. M. Barker, *Military entrepreneurship and absolutism*, in: Journal of European Studies 4 (1974); H. L. Mikoletzky, *Österreich: Das große 18. Jahrhundert*, Wien 1966; E. Wangermann, *The Austrian Achievement, 1700–1800*, London 1973; E. Winter, *Barock, Absolutismus und Aufklärung in der Donaumonarchie*, Wien 1971; G. Klingenstein, *Der Aufstieg des Hauses Kaunitz*, Göttingen 1975; trotz einiger Irrtümer E. Vehse, *Memoirs of the Court, Aristocracy and Diplomacy of Austria*, 2 Bde., London 1856; F. Förster, *Die Höfe und Cabinette Europas im 18. Jahrhundert*, 2.Bde., Potsdam 1836; A. Lhotsky, *Kaiser Karl VI. und sein Hof im Jahre 1712/13*, in: MIÖG 56 (1958); O. Redlich, *Die Tagebücher Kaiser Karls VI.*, in: Gesamtdeutsche Vergangenheit, Festgabe für H. von Srbik, München 1938; J. W. Stoye, *Emperor Charles VI: The early years of the reign*, in: Transactions of the Royal Historical Society 12 (1962); F. Mensi, *Die Finanzen Österreichs von 1701 bis 1740*, Wien 1890; B. Holl, *Hofkammerpräsident Gundaker T. Starhemberg und die österreichische Finanzpolitik der Barockzeit (1703–1715)*, Wien 1976, konnte leider für das vorliegende Buch nicht mehr benutzt werden; P. Gasser, *Das spanische Königtum Karls VI. in Wien*, in: MÖS 6 (1953); H. Benedikt, *Das Königreich Neapel unter Kaiser Karl VI.*, Wien 1927. Über führende Persönlichkeiten der Monarchie siehe: M. Grundwald, *Samuel Oppenheimer und sein Kreis*, Wien 1913; H. Hantsch, *Reichsvizekanzler Friedrich Karl Graf von Schönborn*, Augsburg 1929; H. Benedikt, *Der Pascha-Graf Alexander von Bonneval*, Graz 1959; J. Hratzky, *Johann Christoph Bartenstein, der Staatsmann und Erzieher*, in: MÖS 11 (1958); M. Braubach, *Diplomatie und Geistiges Leben*, s. o.

Über barocke Kunst und Architektur: J. B. Aurenhammer, *Fischer von Erlach*, s. o.; V. L. Tapié, *The Age of Grandeur*, London 1960; reiches Bildmaterial bietet F. Hennings, *Das barocke Wien*, 2 Bde., Wien 1965; aber substantieller ist A. M. Leitich, *Vienna Gloriosa*, Wien 1947; einen ausgezeichneten Eindruck vom Wien jener Zeit vermittelt I. Barea, *Wien. Legend and Reality*, London 1966.

Kriegsliteratur

D. Chandler, *The Art of Warfare in the Age of Marlborough*, London 1976; W. H. McNeill, *Europes Steppe Frontier, 1500–1800*, Chicago 1964; T. M. Barker, *Double Eagle and Crescent: Vienna's Second Turkish Siege and its Historical Setting*, Albany 1967; Feldzüge, Bd. I; J. Zimmermann, *Militärverwaltung und Heeresaufbringung in Österreich bis 1806*, Teil 3 des Handbuchs der deutschen Militärgeschichte, Frankfurt 1965; J. C. Allmayer-Beck, *Wandlungen im Heerwesen zur Zeit Maria-Theresias*, Schriften des Heeresgeschichtlichen Museums, Bd. 3, Wien 1967; F. Redlich, *De*

Praeda Militari: Looting and Booty, 1500–1800, Wiesbaden 1956; F. Redlich, *The German Military Enterpriser and His Work Force*, 2 Bde., Wiesbaden 1964; G. Perjés, *Army provisioning, logistics and strategy in the second half of the 17th century*, Acta Historica XVI, Budapest 1970; A. Corvisier, *Armées et sociétés en Europe de 1494 à 1789*, Paris 1976.

Internationale Beziehungen und die Kriege zwischen 1680 und 1700

O. Redlich, *Weltmacht des Barock, Österreich in der Zeit Kaiser Leopolds I*. Wien, 4. Aufl. 1961. J. Spielmann, *Leopold I.*, s. o.; J. B. Wolf, *The Emergence of the Great Powers, 1685–1715*, New York, 1951; J. W. Stoye, *The Siege of Vienna*, London 1964; T. M. Barker, *Double Eagle and Crescent*, s. o.; E. Eickhoff, *Venedig, Wien und die Osmanen. Umbruch in Südosteuropa, 1645–1700*, München 1970; P. Rycaut, *The History of the Turks*, Beginning with the Year 1679... until the End of the Year 1698 and 1699, London 1700; über die Feldzüge in Ungarn siehe A. Arneth, *Das Leben des kaiserlichen Feldmarschalls Grafen Guido Starhemberg*, Wien 1853. Über den neunjährigen Krieg siehe: J. B. Wolf, *Louis XIV*, London 1970; R. M. Hatton, *Louis XIV and Europe*, London 1976; über die Friedensverhandlungen siehe: H. Srbik, *Wien und Versailles, 1692–1697*, München 1944; M. A. Thomson, *Louis XIV and William III, 1689–1697*, in: William III and Louis XIV, Liverpool 1968; über den Spanischen Erbfolgekrieg siehe M. A. Thomson, *Louis XIV and the origins of the War of the Spanish Succession*, in: William III and Louis XIV, Liverpool 1968; A. Gaedeke, *Die Politik Österreichs in der spanischen Erbfolgefrage*, 2 Bde., Leipzig 1877.

Internationale Beziehungen und Kriege zwischen 1700 und 1714

O. Redlich, *Das Werden einer Großmacht: Österreich von 1700 bis 1740*, Baden bei Wien 1938; W. S. Churchill, *Marlborough, His Life and Times*, 4 Bde., London 1967; G. M. Trevelyan, *England under Queen Anne*, 3 Bde., London 1965; A. Arneth, s. o.; H. Wendt, *Der italienische Kriegsschauplatz in europäischen Konflikten: Seine Bedeutung für die Kriegführung an Frankreichs Nordostgrenzen*, Berlin 1936; D. Chandler, *Marlborough as Military Commander*, London 1973; J. B. Wolf, *Louis XIV*, s. o.; C. Sturgill, *Marshall Villars and the War of the Spanisch Succession*, Lexington 1965. L. Hüttl, *Max Emanuel, Der blaue Kurfürst*, München 1976; für die Friedensverhandlungen siehe: R. M. Hatton, *Louis XIV and his fellow monarchs*, in: Louis XIV. and Europe, s. o.; J. G. Stork-Penning, *The Ordeal of the States*, in: Acta Neerlandica 2 (1967); W. Reese, *Das Ringen um Frieden und Sicherheit in den Entscheidungsjahren des Spanischen Erbfolgekriegs 1708–1709*, München 1933; K. O. Aretin, *Kaiser Joseph I. zwischen Kaisertradition und österreichischer Großmachtpolitik*, in: Historische Zeitschrift 215 (1972); O. Weber, *Der Friede von Utrecht*, Gotha 1891. Über die finanzielle Seite des Krieges wird man in *The New Cambridge Modern History*, Bd. VI, s. o., und bei H. L. Mikoletzky, *Österreich*, s. o., informiert.

Internationale Beziehungen und Kriege zwischen 1714 und 1736

O. Redlich, *Das Werden*, s. o., ist noch immer ein Standarddruck für diese Epoche. Über den türkischen Krieg siehe E. Odenthal, *Österreichs Türkenkrieg, 1716–1718*, Düsseldorf 1938, und E. Pruckner, *Der Türkenkrieg von 1716–1718. Seine Finanzie-

rung und militärische Vorbereitung, Wien, Diss. 1946. Über die Politik des kaiserlichen Hofes zwischen 1718 und 1727: T. Gehling, *Ein Europäischer Diplomat am Kaiserhof zu Wien*, Bonn 1964, und H. Hantsch, *Die drei großen Relationen Saint Saphorins über die inneren Verhältnisse am Wiener Hof zur Zeit Karls VI.*, in: MIÖG 58 (1950). Siehe auch die ausgezeichneten Essays von O. Weber, *Die Quadrupelallianz vom Jahre 1718*, Gotha 1887, und G. Mecenseffy, *Karls VI. spanische Bündnispolitik 1725–1729*, Innsbruck 1934. Zur französischen Politik siehe A. M. Wilson, *French Foreign Policy during the Administration of Fleury, 1726–1743*, Cambridge, Mass. 1936; *Max Braubach, Versailles und Wien von Ludwig XIV. bis Kaunitz*, Bonn 1952; M. Naumann, *Österreich, England und das Reich, 1719–1732*, Berlin 1936; W. Strobl, *Österreich und der polnische Thron 1733*, Diss. Univ. Wien 1950. Über die Niederlagen, die Österreich nach Eugens Tod einstecken mußte, siehe K. A. Roider, *The reluctant Ally: Austrias Policy in the Austro-Turkish War, 1737–1739*, Baton Rouge 1972.

Zeittafel

1648   Westfälischer Friede, Ende des Dreißigjährigen Krieges.
1657   Tod Ferdinands III., Thronbesteigung Leopolds I., Kaiserkrönung 1658.
1661   Tod Kardinal Mazarins, des Großonkels von Eugen. Ludwig XIV. beginnt selber zu regieren.
1663–64   Österreichisch-türkischer Krieg. Nach der türkischen Niederlage bei St. Gotthard 1664 wird im selben Jahr in Vasvár (Eisenburg) der Friede geschlossen.
1663   Geburt Eugens von Savoyen.
1671–81   Aufstand in Ungarn, Leopold I. versucht ohne Erfolg, in Ungarn seinen absolutistischen Regierungsstil einzuführen.
1672   Kriegsausbruch zwischen Frankreich und Holland. Österreich tritt 1674 auf holländischer Seite in den Krieg ein. 1678/79 Friede von Nijmwegen.
1681   Ludwig XIV. annektiert Straßburg.
1682   Ausbruch des österreichisch-türkischen Krieges.
1683   Belagerung Wiens durch die Türken. Eugen betritt österreichischen Boden.
1684   In Regensburg wird zwischen Österreich, Polen, Venedig und dem Papst die Heilige Liga gegen die Türken geschlossen. 1684 kommt Rußland dazu.
1686   Kaiserliche Truppen nehmen Buda ein.
1687   Kaiserlicher Sieg am Berg Harsan (Nagyharsány). Die ungarische Thronfolge wird im Hause Habsburg erblich.
1688   Max Emanuel nimmt Belgrad ein. Wilhelm der Eroberer (Wilhelm III.) landet in England. Beginn eines neunjährigen Krieges.
1690   Viktor Amadeus von Savoyen tritt der antifranzösischen Koalition bei. Eugen wird nach Savoyen geschickt.
1696   Frankreich, Savoyen, Österreich und Spanien schließen den Frieden von Vigevano.
1697   Friede von Rijswick, Ende des neunjährigen Krieges. Eugen schlägt die Türken bei Zenta.
1698   Erster spanischer Teilungsvertrag.
1699   Friede von Karlowitz zwischen der Türkei, Österreich, Polen, Venedig und Rußland.
1700   Zweiter Teilungsvertrag und Tod Karls II. von Spanien. Ausbruch des großen Nordischen Krieges zwischen Karl XII. von Schweden, Dänemark, Rußland und Sachsen-Polen.
1701   Kaiserliche Truppen unter Eugen dringen in Norditalien ein.
1702   Tod Wilhelms III. Ausbruch des Spanischen Erbfolgekrieges.
1703   Savoyen und Portugal treten der antibourbonischen Koalition bei. Erzherzog Karl reist nach Spanien, und Eugen wird Präsident des Hofkriegsrats. Beginn des ungarischen Aufstands unter Rákóczi.
1704   Sieg Eugens und Marlboroughs bei Blindheim.
1705   Eugen kehrt nach Italien zurück. Tod Leopolds I. und Thronbesteigung Josefs I.

1706	Sieg Marlboroughs bei Ramillies und Sieg Eugens bei Turin. Eugen wird Statthalter von Mailand.
1707	Erfolgreiche Expedition der Kaiserlichen gegen Neapel, Scheitern der Alliierten vor Toulon.
1708	Eugen nach Flandern; Sieg der Alliierten bei Oudenarde und Eroberung Lilles.
1709	Niederlage Karls XII. von Schweden bei Poltawa. Scheitern der Friedensverhandlungen in Den Haag, Schlacht von Malplaquet.
1710	Weitere erfolglose Friedensverhandlungen in Geertruidenberg. Die Whig-Regierung in England wird von einer Tory-Regierung abgelöst. Fürst Salm tritt zurück.
1711	Tod Josefs I. und Thronbesteigung Karls VI. Entlassung Marlboroughs.
1712	Eugen reist nach England, kehrt nach Flandern zurück und wird von Villars bei Denain geschlagen. Tod Wratislaws.
1713	Friede von Utrecht beendigt den Krieg zwischen den Bourbonen und den Alliierten. Nur Karl VI. und einige deutsche Fürsten sind noch nicht bereit, nachzugeben. Karl VI. erläßt die Pragmatische Sanktion.
1714	Friede von Rastatt/Baden beendet den Spanischen Erbfolgekrieg. Zwischen Karl VI. und Philipp von Spanien wird jedoch kein formeller Friede geschlossen. Tod der Königin Anna von England und Thronbesteigung des Kurfürsten von Hannover als Georg I. Ausbruch des Krieges zwischen der Türkei und Venedig.
1715	Tod Ludwigs XIV. und Thronbesteigung Ludwigs XV. Philipp von Orléans regiert als Regent bis zu seinem Tod 1723. Barriere-Vertrag zwischen Österreich, England und Holland.
1716	Ausbruch des österreichisch-türkischen Krieges und Eugens Sieg bei Peterwardein. Eugen wird Statthalter der Südlichen Niederlande. Beginn der englisch-französischen Kooperation.
1717	Eugens Sieg vor Belgrad. Angriff der Spanier auf Sardinien.
1718	Friede von Passarowitz mit den Türken. Die Spanier greifen in Sizilien an, aber ihre Flotte wird bei Kap Passaro zerstört. Karl VI. stimmt der Quadrupel-Allianz zu.
1719	Bildung der Wiener Allianz zwischen Österreich, Sachsen und Hannover gegen Rußland und Preußen. Man intrigiert gegen Eugen, und französische Truppen dringen in Spanien ein.
1720	Spanien schließt Frieden und tritt der Quadrupel-Allianz bei. Karl VI. erhält von Savoyen Sizilien und tritt dafür Sardinien ab.
1721	Friede von Neustadt zwischen Rußland und Schweden, Ende des Nordischen Krieges.
1722	Tod Althanns, des Günstlings Karls VI.
1723	Gründung der Ostendischen Kompagnie.
1724	Eugen tritt als Statthalter der Südlichen Niederlande zurück.
1725	Erster Vertrag von Wien zwischen Österreich und Spanien unterzeichnet. Darauf Allianz von Hannover zwischen England, Frankreich, Preußen und Holland.
1726	Fleury wird Kanzler in Frankreich. Der Unterzeichnung der österreichisch-russischen Allianz folgt der österreichisch-preußische Vertrag von Wusterhausen.
1727	Die Spanier belagern Gibraltar. Karl VI. akzeptiert die Pariser Bedingungen. Tod Georgs I. von England und Thronbesteigung Georgs II.

1728	Erfolglose Entsendung Sinzendorfs zum Kongreß von Soissons.
1729	Spanien läßt Österreich im Stich und schließt den Vertrag von Sevilla mit England und Frankreich.
1730	Sturz Townshends in England und Entsendung Robinsons nach Wien.
1731	Englisch-österreichische Annäherung im zweiten Wiener Vertrag.
1733	Nach dem Tod Augusts II. von Sachsen-Polen bricht der Polnische Erbfolgekrieg zwischen Österreich, Rußland und Preußen einerseits und Frankreich, Spanien und Savoyen andererseits aus. Österreich verliert Mailand und Neapel im ersten Kriegsjahr.
1734	Eugen hat den Oberbefehl der kaiserlichen Truppen am Rhein. Sein Freund Schönborn tritt als Reichsvizekanzler zurück.
1735	endet der Polnische Erbfolgekrieg mit vorläufigen Friedensvereinbarungen. Endgültiger Friede 1738.
1736	Heirat Maria Theresias mit Franz Stephan von Lothringen. Tod des Prinzen Eugen.
1735–39	Ausbruch eines weiteren österreichisch-türkischen Krieges, bei dem Belgrad verlorengeht.
1740	Tod Karls VI.

PERSONENREGISTER

Alberoni, Giulio Kardinal (1664—1752), span. Minister 155, 158, 161
Alexander der Große, König 112
Althann, Michael Johann (1679—1722) 141, 162—165, 167, 193
Anhalt-Dessau, Leopold Fürst (1676 bis 1747), preuß. General 94, 201
Anna, Königin von England 1702 bis 1714 59, 102, 128f., 131
Anneesens, Franz (1660—1719), Gildenvorsteher in Brüssel 171
Apáfi, Michael II. (1632—1690), Fürst von Siebenbürgen 24
August II., der Starke (1670—1733), König von Polen 1697—1733, als Friedrich August Kurfürst von Sachsen 1694—1733 39—41, 123, 182, 208
August von Sachsen, Sohn Augusts II. 208
Aviano, Marco d' (1631—1699), Kapuzinermönch 19f., 22, 24

Bartenstein, Johann Christoph Frhr. von (1690—1767), Sekretär der Geheimen Konferenz 199, 209, 223f.
Batthyány, Adam Graf (1662—1703), Ban von Kroatien 190
Batthyány, Eleonora Gräfin (1672 bis 1741) 164, 168, 174, 178, 186, 189 bis 191, 226
Bergeyck, J. Graf (1644—1725), span.-niederl. Minister 169
Berkentin, Christian A. von (1694 bis 1758), dän. Diplomat 191, 221
Berwick, James Fitzjames, Herzog von (1670—1734), franz. General 21, 105, 107—109, 161, 222
Biron, C. A. Marquis de (1663—1756), franz. Offizier 107
Bischoff, P. Engelbert (1654—1711), Jesuit, kaiserl. Beichtvater 61, 70

Bishop, M., engl. Korporal 118
Blackader, John, schott. Offizier 110
Bonneval, Claude Alexander Graf (1675—1747), kaiserl. General 161, 173, 184—188, 216, 230f.
Borgomanero, C. E. Marquis (gest. 1695), span. Diplomat 10, 18, 28, 31
Bothmer, H. K. Graf (1656—1732), hann. Diplomat 129
Boufflers, Louis François, Herzog von (1644—1711), franz. Marschall 109f.
Bourbon, L. H., Herzog von (1690 bis 1740), franz. Regent 147
Bourbon-Soissons, Marie, Prinzessin von (1606—1692), Eugens Großmutter 8
Boyet, Stephan, Eugens Bibliothekar 183
Brockhausen, Wilhelm von (gest. 1726), Sekretär des Hofkriegsrates 216
Bruynincx, Hamel, holländ. Diplomat 70f
Buccelini, Julius F. Graf, österr. Hofkanzler 1693—1705 51, 71, 84
Bülow, K. J. von (1658—1733), hann. General 122
Buol, Johann Graf (gest. 1727), Sekretär der Geheimen Konferenz 143
Buonvisi, F. Kardinal (1625—1700), päpstl. Nuntius 22
Burgund, Ludwig, Herzog von (1682 bis 1712), Enkel Ludwigs XIV. 105f., 109
Buys, W. (1661—1749), holländ. Staatsmann 113

Cadogan, Earl W. (1675—1726), engl. General 122, 131, 176
Caprara, Enea Silvio Graf (1631 bis 1701), kaiserl. General 33f., 37, 39, 49, 54, 56

Caraffa, Anton Fürst (gest. 1693), kaiserl. General 32f., 37, 49
Cardonell, Adam (gest. 1719), Sekretär Marlboroughs 109
Carlos, Don (1716—1788), Sohn Philipps V. und der Elisabeth Farnese, Herzog von Parma 1731—1735, König von Neapel und Sizilien 1735 bis 1759, König (Karl III.) von Spanien 1759—1788 195f., 109, 223f.
Carteret, J. (1690—1763), engl. Staatssekretär 167
Catinat, Nicolas Herzog (1637—1712), franz. General, 31f., 34f., 56—58
Chamillart, Michel de (1651—1721), franz. Kriegsminister 63, 93, 109, 112
Chauvelin, G. L. de (1685—1772), franz. Staatssekretär 206, 210, 223
Chetwynd, J., engl. Diplomat 97, 99f.
Clemens XI., Papst 1700—1721 152
Cobham, Lord R., engl. Diplomat 47
Colonie, J. M. de la, franz. Offizier 78
Commercy, Karl Franz, Prinz von (1661 bis 1702), kaiserl. General 20, 33, 39, 41, 44, 50, 54, 56, 60—62, 214
Conti, Ludwig Armand Prinz (1661 bis 1685) 10

Daun, Wirich Graf (1669—1741), kaiserl. General 92, 96, 177f.
Dubois, G. Kardinal (1656—1723), franz. Minister 158f.

Eleonore Magdalena von Pfalz-Neuburg, Kaiserin (1655—1720), Gemahlin Leopolds I. 52, 65, 125
Elisabeth Christina von Braunschweig-Wolfenbüttel, Kaiserin (1691—1750), Gemahlin Karls VI. 125, 141, 225
Elisabeth Farnese, Königin von Spanien (1692—1766), Gemahlin Philipps V. 158f., 195f., 203
Emmanuel von Savoyen-Carignan (1687—1729), Eugens Neffe 130, 189, 230
Esterházy, Paul Graf (1635—1713), ungar. Palatin 70
Eugen von Savoyen-Carignan (1692 bis 1712), Eugens Neffe 128, 130

Eugen Maurice, Prinz von Savoyen-Carignan und Graf von Soissons (1635 bis 1673), Eugens Vater 8

Ferdinand III. (1608—1657), Kaiser 1637—1657, Vater Leopolds I. 12, 16
Feuillade, L. de la, Herzog (1675—1725), franz. General 92f.
Fischer von Erlach, Johann Bernhard (1656—1723), österr. Architekt 177f.
Fleury, André-Hercule Kardinal de (1653—1742), franz. Minister 196f., 201f., 205, 207—210, 221, 224f.
Folch de Cardona, Anton (1658—1724), Erzbischof von Valencia, Präsident des spanischen Rates Karls VI. 1711 bis 1724 142, 163f.
Franz I., Stephan von Lothringen (1708—1765), Herzog von Lothringen 1729—1735, Großherzog von Toskana 1737—1765, Kaiser 1745 bis 1765, Gemahl Maria Theresias 196, 203, 206, 208, 211, 224, 226
Friedrich I., Kurfürst von Brandenburg 1688—1713, König von Preußen 1701—1713 54
Friedrich II. (1712—1786), König von Preußen und Kurfürst von Brandenburg 185, 187, 222
Friedrich Wilhelm I., König von Preußen und Kurfürst von Brandenburg 1713—1740 166, 199—201, 215, 222
Fuchs, Maria Gräfin (1675—1754) 225
Fux, Johann Joseph (1660—1741), österr. Komponist 140

Gallas, Johann Wenzel Graf (1669 bis 1719), österr. Diplomat 182
Garelli, Nikolaus (1675—1739), Arzt Karls VI. 140, 188, 209
Gaultier, F. de, franz. Gesandter 131
Georg I., König von England 1714 bis 1727, Kurfürst von Hannover (Georg Ludwig) 1698—1727 102—104, 147, 149, 166, 176, 194, 196, 200f.
Georg II., König von England und Kurfürst von Hannover 1727—1760 107, 201, 206f.

Giannone, P. (1676—1748), neapolit. Schriftsteller 188
Godolphin, Earl Sidney (1645—1712), engl. Schatzkanzler 59, 74, 78, 82, 102, 105, 115, 122f.
Grémonville, Jean B. de (1625—1686), franz. Diplomat 16
Gronsfeld, Johann F. Graf (1639 bis 1718), kaiserl. General 213
Grumbkow, F. W. von (1678—1739), preuß. Minister und General 81, 105, 119, 199
Gustav II. Adolf, schwed. König 1611 bis 1632 25

Halil, Pascha, türk. Großwesir 152f.
Hamilton, Johann A. Graf (gest. 1738), kaiserl. General 222
Hannibal, pun. Feldherr 56
Harley, Robert, Earl of Oxford (1661 bis 1724), engl. Schatzkanzler 122, 129
Harrach, Ferdinand B. Graf (1637 bis 1706), österr. Hofkämmerer 51, 63, 65, 69, 71, 75, 84, 89
Harrach, Johann Philipp Josef Graf (1678—1764), kaiserl. General 207
Heinrich IV., franz. König 60
Heinsius, Antonius (1641—1720), Ratspensionär von Holland 59, 104, 112f., 116, 125, 132
Heister, Siegbert Graf (1648—1718), kaiserl. General 41, 85, 89f., 111, 121
Herbeville, Ludwig Graf (gest. 1709), kaiserl. General 213
Hermann, Markgraf von Baden (1628 bis 1691), Präsident des Hofkriegsrates 10, 18
Hildebrandt, Johann Lukas von (1668 bis 1745), österr. Architekt 178—181
Hill, Sir Richard (1635—1727), engl. Diplomat 71
Hoffmann, Johann P. (gest. 1724), österr. Diplomat 128
Hohendorff, Georg Wilhelm von (gest. 1719), kaiserl. Offizier 140, 183, 185, 188
Huchtenberg, Jan van (1647—1733), holländ. Maler 182
Huldenberg, D. E. von, hann. Gesandter 138, 145f., 160, 192, 194

Innozenz XI., Papst 1676—1689 19
Jakob II., König von England 1685 bis 1688 21, 29
Jakob Stuart, engl. Thronprätendent („Jakob III.") 107
Johann III. Sobieski, König von Polen 1774—1796 7, 18, 40
Josef I. (1678—1711), Kaiser 1705 bis 1711 17, 50—52, 56, 61, 63, 65—67, 70—72, 84, 86, 88—91, 97f., 103, 113, 117, 119—121, 124f., 139, 162f., 186, 207f.
Josef II., Kaiser 1780—1790 140
Kane, Richard (1666—1736), engl. General 81, 118
Kara Mustafa (1633—1683), türk. Großwesir 7, 18f., 46
Karl V., Kaiser 207
Karl VI. (1685—1740), Kaiser (als Karl III. König von Spanien) 15, 51—53, 59, 72, 85, 90f., 95, 98, 102f., 113, 121, 124—127, 133—135, 137—145, 147f., 158—160, 162—164, 166 bis 172, 174—176, 185, 188, 193—198, 200f., 203, 205—209, 217—219, 225, 227, 229f.
Karl II. (1661—1700), König von Spanien (1665—1700) 17, 51f., 75
Karl XII., König von Schweden 1697 bis 1718 49, 97f.
Karl V. (1643—1690), Herzog von Lothringen, kaiserl. Oberkommandierender 7, 19, 20, 22—25, 39
Karl Albert (1697—1745), Kurfürst von Bayern 1726—1745, als Kaiser Karl VII. 1741—1745
Karl Emmanuel III. (1701—1773), Herzog von Savoyen und König von Sardinien 1730—1773 210, 223
Katharina I., Zarin von Rußland 1725 bis 1727 187, 199
Kaunitz, Dominik Andreas Graf (1655 bis 1705), Reichsvizekanzler 50f., 53, 56, 59, 63, 65, 89, 145
Keysler, Johann Georg (1693—1743), hann. Schriftsteller 139, 178, 180
Kinsky, Philipp J. Graf (1700—1749), österr. Diplomat 221

Kinsky, Ulrich Graf (1634—1699), böhm. Hofkanzler 50
Kleiner Salomon (1703—1761), dt. Maler 180
Koch, Georg, Eugens Sekretär und Verwalter 159, 177, 182
Koch, Ignaz (1697—1763), Eugens Sekretär und Sekretär des Hofkriegsrates 177, 199, 216, 223
Königsegg, Leopold Wilhelm Graf (1629 bis 1694), Reichsvizekanzler 32, 50, 216, 222
Küchelbecker, Johann B. Graf, Kardinal (1651—1712), österr. Minister 180

Lamberg, Johann Philipp Graf, Kardinal (1651—1712), österr. Minister 103
Lamberg, Leopold Graf (1667—1711) 88, 103, 120
Law, John (1671—1729), schott. Banier 172
Leganez, D. F. Marquis de (gest. 1711), span. General 34
Leibniz, Gottfried Wilhelm (1646 bis 1716), dt. Philosoph 185f.
Leopold I. (1640—1705), Kaiser 1657 bis 1705 7, 9—13, 15—17, 19, 22 bis 24, 28f., 33—35, 39f., 43, 45—48, 50—54, 56f., 59—61, 64—66, 69—75, 79, 82, 84—86, 90, 96, 139, 141, 163, 176, 195, 208
Liechtenstein, Adam Fürst (1656 bis 1712) 46, 70, 175f., 182, 189
Liechtenstein, Anton Fürst (1656 bis 1721) 134
Liechtenstein, Prinz Eugen 189
Louvois, F. M. Marquis de (1639 bis 1692), franz. Kriegsminister 9, 28
Luc, C. F. Comte Du (1653—1740), franz. Diplomat 139, 145f., 176, 186, 190
Ludwig II., König von Ungarn 1508 bis 1526 23
Ludwig XIV. (1638—1715), König von Frankreich 1643—1715 8—12, 17 bis 21, 28—31, 33—35, 45, 50—54, 57, 59f., 68f., 71, 73, 77, 79, 82, 93, 95, 98, 102, 105, 108f., 112—117, 119, 121—123, 125, 127, 132f., 136f., 147, 149, 177, 212, 215, 221, 229

Ludwig XV. (1710—1774), König von Frankreich 1715—1774 147, 149, 196, 206, 208, 220, 224
Ludwig, Dauphin von Frankreich (1661 bis 1711) 53
Ludwig Julius, Prinz von Savoyen-Carignan (1660—1683), Eugens älterer Bruder 9, 52
Ludwig Thomas, Prinz von Savoyen-Carignan, Eugens ältester Bruder 50, 130, 189
Ludwig, Wilhelm I., (1655—1707), Markgraf von Baden, kaiserl. General 8—10, 22—24, 32, 35, 40, 48f., 59, 63, 65, 67, 73—79, 108, 215
Luise, Markgräfin von Baden (1627 bis 1689) 8
Luise, Schwester Eugens 183

Maintenon, Madame F. d'A. de (1635 bis 1719), zweite (morganatische) Gemahlin Ludwigs XIV. 57, 95, 109
Manchester, C. Earl of (1662—1722) 97
Mancini, Olympia, Gräfin von Soissons (1640—1708), Mutter Eugens 8f., 21, 33, 50
Mansfeld und Fondi, Heinrich Franz Fürst von (1640—1715), Präsident des Hofkriegsrates 1701—1703, 56, 59f., 62—66, 68f., 74f., 84, 89, 231
Margaretha Theresia (1651—1673), Kaiserin, Gemahlin Leopolds I. 17
Maria, Königin von England, Gemahlin Wilhelms III. 29
Maria Antonia, Kurfürstin von Bayern (1669—1692), Tochter Leopolds I. 52
Maria Elisabeth, Erzherzogin, Schwester Karls VI. 174
Maria Theresia, Kaiserin (1712—1780), Regentin 1740—1780 12, 141, 152, 190, 196, 203, 206f., 218, 224—227
Maria Theresia von Spanien (1638 bis 1683), Königin von Frankreich, erste Gemahlin Ludwigs XIV. 17
Mariette, P. J. (1694—1774), franz. Verlagsbuchhändler 183
Marlborough, John Churchill Herzog von (1650—1722), engl. Oberkom-

mandierender 57, 59, 71, 73—88, 93f., 96—100, 102—119, 122—129, 177f., 185, 212, 215, 224, 229
Marsin, F. Comte de (1656—1706), franz. General 75, 78
Mattielli, Lorenzo (1685—1748), ital. Bildhauer 182
Maurice von Savoyen-Carignan, Eugens Neffe 130
Max(imilian) Emanuel (1662—1726), Kurfürst von Bayern 1679—1726 7, 9f., 18f., 22—25, 28—30, 32, 39, 52, 54, 64, 68, 73—75, 83, 105, 137, 149, 180, 182
Mazarin, Jules Kardinal (1601—1661), franz. Minister und Eugens Großonkel 8, 177
Mehmet IV., türk. Sultan 1649—1687 19, 23
Mercy, Florimund Graf (1666—1734), kaiserl. General 151f., 156, 161, 216, 222
Mérode-Westerloo, Johann P. Graf (1674—1732), fläm.-kaiserl. General 173, 231
Meytens, Martin von (1695—1770), Maler 141
Mikosch, Bernhard G. (gest. 1721), Mitglied der Hofkammer 144, 163, 165, 193
Moles, Franz Herzog von (gest. 1721), span. Diplomat und österr. Minister 75, 90
Montagu, Lady Mary Wortley (1689 bis 1762), engl. Schriftstellerin 47, 184, 187
Montecuccoli, Raimund Graf (1609 bis 1680), kaiserl. General und Präsident des Hofkriegsrates 16, 25f., 67, 185, 212
Montesquieu, Charles de (1689—1755) 187f., 191, 219
Mustafa II., türk. Sultan 1695—1703 39, 42

Napoleon I., Kaiser von Frankreich 132, 229
Natzmer, Dubiskaw N. von (1654 bis 1739), preuß. General 106

Nimptsch, Johann F. Graf, kaiserl. Kämmerer 163f., 190, 194, 230
Nottingham, D. Earl of (1647—1730), engl. Staatssekretär 71

Oppenheimer, Samuel (1630—1703), jüd. Bankier 14, 37, 42, 65f., 140, 158
Orléans, Herzogin von (Liselotte von der Pfalz) (1652—1722), Schwägerin Ludwigs XIV. 28
Orléans, Philipp Herzog von (1674 bis 1723), franz. General und Regent 93f., 147, 149
Ormonde, James Butler Duke of (1665—1745), engl. General 129 bis 131
Öttel, Joseph A. (gest. 1723), Sekretär des Hofkriegsrates 216
Ouwerkerk, H. Graf van (1640—1708), holländ. General 106

Paget, Sir William, engl. Diplomat 30, 33
Pálffy, Johann Graf (1663—1750), kaiserl. General 61, 124
Palm, Wiener Bankier 199
Parodi, Domenico Antonio (1668 bis 1740), ital. Künstler 182
Passionei, Dominik (1682—1761) 188, 191f.
Permoser, Balthasar (1651—1732), österr. Bildhauer 182, 231
Peter I. der Große, russ. Zar 1689 bis 1725 50f., 98, 141, 148, 152, 199f.
Peter II., russ. Zar 1727—1730 199
Philipp IV., span. König 1621—1665, Schwiegervater Leopolds I. und Ludwigs XIV. 17
Philipp V. (von Anjou), span. König 1700—1746 54, 56, 59, 72, 95f., 102, 113f., 121f., 126f., 133f., 147, 149, 154f., 158—161, 169, 194—196, 206
Philipp, Prinz von Savoyen-Carignan (1659—1693), Eugens älterer Bruder 50
Pöllnitz, K. L. Frhr. von (1692—1775), dt. Schriftsteller 139, 145, 178
Prié, Ercole G. Marquis de (1658 bis 1726), Eugens Stellvertreter in den österr. Niederlanden 168—174, 186

Rabutin, Amadeus Graf (1687—1727), kaiserl. General und Diplomat 146, 199
Rabutin, Johann L. Graf (1641—1716), kaiserl. General 39f.
Rákóczy, Franz II. (1676—1735), ungar. Magnat 69f., 124, 157
Rehbinder, Graf, pfälz. General 99
Reickhardt, P. Franz, Jesuit 188
Reventlow, Christian Graf (1671 bis 1738), österr. General 92
Rialp, Ramon Marquis de (1663 bis 1741), Sekretär Karls VI. 142, 144, 158, 160f., 164, 172, 175, 193, 195, 198
Richelieu, L. F. Herzog (1696—1788), franz. Diplomat 140
Ripperdà, Jan Willem Baron de (1690 bis 1737), span. Diplomat 195
Robinson, Sir Thomas (1695—1770), engl. Diplomat 186, 188, 192, 206f., 225—227
Rouillé, P. de (1657—1712), franz. Diplomat 112
Rousseau, Jean Jacques (1670—1741) 184—188

Sachsen-Hildburghausen, Joseph Friedrich Herzog von, Gemahl der Nichte Eugens Viktoria 227
Sachsen-Lauenburg, Franziska, Herzogin von (1672—1741), später Herzogin der Toskana 49
St. John, Henry Viscount Bolingbroke (1678—1751), engl. Staatssekretär 126, 128, 131
St. Pierre, Abbé C. I. de (1658—1743), franz. Schriftsteller 187
St. Saphorin, F. L. Frhr. von (1668 bis 1738), engl. Diplomat und kaiserl. Admiral 50, 145f., 159, 164f., 168, 173, 183, 188, 194, 196—198, 215
Salaburg, Gotthard H. Graf, Präsident der Hofkammer 1700—1703 51, 64—66, 89
Salm, Karl Theodor Otto Fürst (1648 bis 1710), österr. Hofkanzler 1705 bis 1709 65, 86, 88f., 90f., 95, 98, 102f., 112, 114, 119, 193, 291

San Tomasso, G. G. Marquis de, savoyscher Diplomat 163f.
Schaub, Sir Lukas (1690—1758), engl. Diplomat 143f., 148
Schlick, Leopold Graf, böhm. Hofkanzler 144
Schönborn, Friedrich Karl Graf (1674 bis 1746), Reichsvizekanzler 46, 89, 98, 112, 114, 144f., 165, 167, 175f., 183, 188, 192f., 195, 197, 200—209
Schulenburg, Johann Mathias Graf (1661—1747), kaiserl. General 79, 107, 117, 119, 123, 177, 189, 216, 225
Schwarzenberg, Ferdinand Fürst 15
Seckendorf, Friedrich Heinrich Reichsgraf (1673—1763), kaiserl. General und Diplomat 192, 200f., 216
Seilern, Johann Friedrich Graf (1646 bis 1715), österr. Hofkanzler 89, 91, 98, 103, 112, 114, 119, 139, 143f.
Shovell, Sir Cloudesley (1650—1717), engl. Admiral 98—100
Silahdar, Ali, Pascha, türk. Großwesir 150
Sinzendorf, Ludwig Philipp Graf (1671—1742), österr. Hofkanzler 50, 65, 89, 112, 114, 119f., 122, 127, 131—134, 136, 143f., 146, 148, 155, 158, 163—165, 167, 171—175, 192f., 195, 197—206, 231
Sophie, Kurfürstin von Hannover (1630—1714), Mutter Georgs I. 104
Stanhope, James Earl of (1673—1721), engl. General und Staatssekretär 124, 158f.
Stanislaus Leszczyński (1677—1766), König von Polen 1704—1709, Herzog von Lothringen 1735—1766 97f., 208, 210, 224f.
Starhemberg, Guido Graf (1657—1737), kaiserl. General 41, 43f., 48, 50, 56, 61, 63f., 69, 71, 73, 84—86, 90, 102f., 110, 161, 192f., 195, 198, 201f., 214, 216, 225
Starhemberg, Gundaker Thomas Graf (1663—1745), Präsident der Hofkammer 1703—1715 und der Finanzconferenz 1716—1745 66f., 84, 89f., 119f., 134, 143f., 148f., 164f., 209, 223
Starhemberg, Rüdiger Ernst Graf

(1638—1701), Präsident des Hofkriegsrates 1688—1701 32, 40f., 50, 54, 56
Stella, Rocco Graf (1670—1720), span. Minister Karls VI. 134, 142, 155, 163f., 193
Stepney, G. (1663—1707), engl. Diplomat 12, 39, 62—64, 66, 69, 76, 85f., 88f.
Stiernhöök, J. K. (1670—1719), schwed. Diplomat 190
Strafford, Thomas, Viscount (1672 bis 1739), engl. Diplomat 128f.
Strattmann, Eleonora Gräfin (1678 bis 1739) 190
Strattmann, Theodor Heinrich Graf (1637—1693), österr. Hofkanzler 28, 31f., 50, 126, 178
Stürgkh, Georg Graf, österr. Minister 164
Suleiman Pascha, türk. Großwesir 23
Suleiman II. der Prächtige, türk. Sultan 22
Sunderland, C. Earl of (1674—1722), engl. Minister 115
Swift, Jonathan (1667—1745), irisch. Schriftsteller 128—130

Tallard, Herzog C. d' H. de (1657 bis 1728), franz. General 73, 77—82
Tarino, Viktor Graf (gest. 1719), savoyscher Diplomat 31, 33
Tarouca, Johann Graf (gest. 1738), port. Diplomat 191, 226
Tedeschi, G. P. 163f., 190, 194, 230
Tessé, M. J. B. Comte de (1651—1725), franz. Diplomat und General 34, 98f.
Thököly, Emmerich Graf (1657—1705) 18
Thürheim, Maria Gräfin 190
Tilson, George, engl. Staatssekretär 110, 167
Torcy, Jean Baptist Colbert Marquis de (1665—1746), franz. Staatssekretär 113, 114, 136
Townshend, C. Viscount (1674—1738), engl. Staatssekretär 167, 197, 201, 205f.
Traun, Otto E. Graf (gest. 1715), Landmarschall von Niederösterreich 65

Traun, Otto Ferdinand Graf (1677 bis 1748), kaiserl. General 213
Trautson, Johann Leopold Donat Fürst (1659—1724), österr. Oberthofmeister 119f., 125, 133f., 144, 175, 193

Vauban, S. Marquis de (1633—1707) 28
Vaudémont, Karl Heinrich Prinz (1642—1723), span. Gouverneur von Mailand 41f., 50, 54, 56
Vendôme, Louis Joseph de, Herzog (1654—1712), franz. Marschall 60, 62f., 68f., 71, 86f., 92f., 106—108
Viktor Amadeus II. (1666—1730), Herzog von Savoyen 1675—1730, König von Sizilien 1714—1720, König von Sardinien 1720—1730 10f., 20f., 23, 30f., 33—35, 54, 71, 73, 84, 86, 90, 92—94, 96f., 99, 147, 158, 161, 163f., 170, 230
Viktoria, Prinzessin von Savoyen-Carignan (1683—1763), Nichte Eugens 189, 226f.
Villars, Claude Louis Hector Herzog von (1644—1730), franz. General 25, 48, 54, 68, 97f., 103, 114—119, 123, 131f., 136, 185, 191, 222
Villeroy, F., Herzog von, franz. Marschall 57—60, 73, 75—77, 93, 95
Voltaire, François Marie Arouet de (1694—1778) 187
Voysin, D. F. (1654—1717), franz. Kriegsminister 114

Waldgrave, J. F. Earl of (1685—1741), engl. Diplomat 191f., 198, 201—203, 205
Wallenstein, Albert, Herzog von Friedland (1583—1634) 90
Walpole, Sir Robert (1676—1745), engl. Premierminister 201, 205, 220f., 227
Walsegg, Franz A. Graf, Präsident der Hofkammer 144, 162f., 165
Whitworth, Charles Baron (1675 bis 1725), engl. Diplomat 127, 170
Wilhelm III. von Oranien, engl. König 1689—1702 28—30, 35, 51—54, 59, 64, 109
Wilhelmine Amalia von Braunschweig-

Lüneburg (1673—1742), Kaiserin, Gemahlin Josefs I. 88, 99f., 103

Windischgrätz, Ernst Graf (1670 bis 1727) 138, 164, 193

Wratislaw von Mitrowitz, Johann Wenzel Graf (1669—1712), böhm. Hofkanzler 50, 59, 71, 73—76, 79, 84f., 88, 90f., 96, 98f., 103, 112, 119—121, 125—127, 129, 133f., 144, 165, 229

Zumjungen, Johann H. Frhr. von (1660 bis 1732), kaiserl. General 161